Das Buch

»... es ist gerade die Verbindung von Sachwissen und Berührtsein von Schicksal und Schönheit Venedigs, die Fähigkeit, Geschichte wie Geschichten zu erzählen, die dieses Buch in der Fülle der jüngsten Venedigliteratur auf einen Sonderplatz stellt. In drei Kapiteln – ›Die Lagune‹, ›Die Küsten‹, ›Die Stadt‹ – werden hier ... 1500 Jahre Geschichte am Bild der Menschen, die sie formten, aufgeblättert ... von den dunklen Anfängen der Stadt, aus der Angst vor dem Hunnensturm in Schlamm und Wasser geboren, über die Entstehung der Republik bis zur Weltmacht der Serenissima. Von der Kapitulation vor Napoleon ... bis zu dem heutigen, unlösbar scheinenden Knäuel von Problemen. Historie wird lebendig im Bild von Dogen und Kaufleuten, Päpsten und Piraten, Künstlern und Kurtisanen, Handwerkern und Gondolieren und in den großen Fremden, die dem Zauber dieser Stadt verfielen. Manche Details dürften selbst Venedig-Experten neu sein. Wer die Stadt und ihre Geschichte noch nicht kennt, der wird nach dieser Lektüre zu ihren Kennern zählen ... Der Anhang mit Bibliographie, Zeittafel, Personen- und Ortsregister erlaubt, dieses ungewöhnliche Sachbuch, das sich wie ein Roman liest, auch als Nachschlagewerk zu benutzen« (Die Welt).

Der Autor

Hermann Schreiber, 1920 in Wiener Neustadt geboren, studierte in Wien Germanistik, Kunstwissenschaft, Philosophie und Geschichte und promovierte 1944 zum Dr. phil. Er lebt als freier Schriftsteller in München. Für sein Buch ›Paris, Biographie einer Weltstadt‹ (1976) erhielt Schreiber vom österreichischen Bundespräsidenten den Professorentitel. Große Erfolge waren seine Bücher ›Die Hunnen‹ und ›Auf den Spuren der Goten‹.

Mit diesem Titel wird die Reihe List Taschenbücher
im Deutschen Taschenbuch Verlag weitergeführt.

Hermann Schreiber:

Das Schiff aus Stein
Venedig und die Venezianer

Deutscher
Taschenbuch
Verlag

dtv

Von Hermann Schreiber
sind im Deutschen Taschenbuch Verlag erschienen:
Die allerletzten 100 Jahre (1098)
Bayern anekdotisch (1663)

Im Text ungekürzte Ausgabe
Juni 1981
Deutscher Taschenbuch Verlag GmbH & Co. KG, München

ISBN 3-471-78727-5
Umschlaggestaltung: Celestino Piatti
Umschlagbild: Canaletto, Dogenpalast und
Piazzetta (Foto: S. Schapowalow)
Karten: Christel Aumann
Gesamtherstellung: C. H. Beck'sche Buchdruckerei, Nördlingen
Printed in Germany · ISBN 3-423-01670-1

INHALT

Erstes Buch
DIE LAGUNE

Bei hellem Südwind
und dunklem
Wind aus Nord
wage dich ins Meer,
dann brauchst du nichts zu
fürchten.

VENEZIANISCHES SPRICHWORT

Es war Europas dunkelste Stunde, in der es seine schönste Stadt gebar. Man schrieb das Jahr 452. Das große Römerreich wehrte sich mit letzten Kräften gegen Germanen und Hunnen, und das frühe Christentum erleuchtete mit seinem zaghaften Licht eine Welt, aus der aller Glanz alter Kulturen, alles Glück der *pax romana* geschwunden war.

Am Nordrand jener schmalen Meeresbucht, die nach einem uralten Städtchen Adria heißt, hatte sich ein römisches Castrum zu einer Stadt entwickelt und am Endpunkt einer langen, zur Ostsee führenden Handelsstraße Bedeutung gewonnen: Die Stadt Aquileia, wo der samländische Bernstein und die Güter Pannoniens in die Schiffe umgeladen wurden, wo eine noch kleine Gruppe von Priestern das Christentum nach Norden und Osten zu verbreiten suchte, in die Weiten der ungarischen Ebenen, in die Einöden des karstigen Berglands, in der Wildnis der Julischen Alpen.

Diese niedrigen Übergänge des Alpenbogens waren die Einfallspforten aller Eroberer, die aus dem Osten ins nördliche Italien kamen. Alarich hatte hier seine halbverhungerten Scharen aus Dalmatien nach Italien geführt; Attila war hier mit den Hunnen eingefallen, in die lombardische Tiefebene vorgestoßen und hatte Aquileia, das ihn nicht aufhalten sollte, mit einem Belagerungsring umgeben, drei Monate lang, bis sich die Stadt ergab. Theoderichs Goten, die Langobardenkönige, die Ungarn und die mongolischen Raubtrupps hatten sich in dieser Landschaft getummelt, die wie die Vorgärten einer herrlichen Villa jeder Gier preisgegeben war.

Alle diese Einfälle lösten Fluchtbewegungen aus. Nach Alarichs schnellem Durchzug mögen die Flüchtenden wieder nach Aquileia zurückgekehrt sein. Attila aber *blieb* drei Monate vor der Stadt, die Hunnen *blieben* beinahe ein Jahr lang in der Umgebung. Seit 451 war hier schon Gefahr, Unruhe, Bedrohung. Floh man nach Osten, so lief man dem anrückenden Feind in die Arme; floh man nach Westen, so gewann man nur ein paar Wochen, bis er auch Piacenza, Mailand, Cremona erreichen würde. Also blieb nur offen, was alle kannten und niemand beachtet hatte, das seltsame Gewirr von Inseln, Halbinseln und Lagunen rund um Grado und westlich davon, ein Gemisch aus Land und Wasser wie vor dem zweiten Schöpfungstag, eine rätselhafte und unübersichtliche Landschaft, in der zwischen großen Schilfwäldern ein flaches Meer seine Zungen ins Land vorschob, verwirrend und für den Unkundigen ein einziges Schrecknis.

Daß hier selbst die Hunnen ihre Pferde nicht tummeln könnten, war klar. Auch verhungern würde man nicht auf diesen Inseln, denn Fische gab es in Fülle, und das Wasser schmeckte zwar brackig und war zu warm, aber wenn es ums Überleben ging, war es immer noch besser als der große Durst am Sklavenstrick hinter einem Hunnensattel. Familien aus Aquileia flohen also nach Grado, aber sie flohen auch auf die Inseln, deren einige bereits von ein paar Bauern und Fischern besiedelt waren, und es gibt sogar eine Überlieferung, die uns erkennen läßt, daß diese Inselbevölkerung nicht allzu glücklich war über den Flüchtlings-Zustrom: Als sich zu den bis dahin recht ruhig von ihrem Fischfang lebenden Insulanern immer mehr Familien aus Aquileia gesellten, weil Attila soviel Angst und Schrecken verbreitete, da sollen die Fischer ärgerlich *veni etiam* gesagt haben, also etwa: Da kommen ja noch immer welche! Aus dieser unzufriedenen Äußerung sei schließlich ein Name für die Zuwanderer geworden – die Veni-Etiam-Neubürger wurden zu Venezianern . . .

Das Geschichtchen findet sich in einem Werk, das in diesem Buch noch einige Male zitiert werden wird, in den unschätzbaren Bänden des Francesco Sansovino von 1658. Er nennt in seinem Titel seine Heimatstadt *Venetia, citta nobilissima et singolare*, was ihn nicht hindert, diese vornehmste und einzigartige Stadt mit einer nicht sonderlich schmeichelhaften Legende über ihre Namens-Entstehung auszustatten.*

* Die Stelle findet sich im ersten der dreizehn Bücher des Sansovino und lautet: Onde peru fù interpretato da alcuni, che questa voce Venetia, voglia dire Veni etiam, cioè vieni ancora & ancora.

Aber vielleicht ist gerade das bezeichnend für jenes sympathische, von der Liebe getragene, aber mit Selbstkritik und Ironie gewürzte Verhältnis der Venezianer zu ihrer Heimatstadt.

Sansovino zählt uns auch schon die Inseln auf, die damals besiedelt waren und Flüchtlinge aufnehmen konnten: Grado, Heraclea, Rialto und Castello Olivolo als die wichtigsten, zu denen sich ein Schwarm weniger bedeutender Eilande gesellte: Caorle, Equilo, Torcello, Burano, Pelestrina, Chioggia, Capodargere, Malamocco und Murano. Das sind Namen, die uns zum größten Teil bis heute bekannt blieben, wenn sie auch heute nicht mehr durchwegs Inseln bezeichnen. Die Verlandung durch die Sandaufschüttung hat an der von Stürmen selten heimgesuchten Adria die Küstenlinie stärker verändert als jene Sturmfluten oder die Arbeit des Meeres, die an nordeuropäischen Küsten Fischerdörfer im Schlick begruben oder Landsäume in Halbinseln verwandelten.

Selbst auf der modernen Autostraße nach Venedig ahnt man ein wenig von diesen Veränderungen, von dem unablässigen Wandel, den Land und Meer in ihrem Zusammenstoßen hier seit Jahrtausenden erleben; vollends deutlich wird die Unsicherheit dieser Grenzen zwischen Wasser und Land, zwischen Inseln, Lagunen und Festland jedoch, wenn man im Lokal-Autobus über holpernde Gemeindestraßen von einem der kleinen Lagunendörfer zum anderen fährt: Wenn Venedig auch gewiß die *Citta singolare* ist, als die Sansovino sie bezeichnet und seit Sansovino alle anderen Autoren, so ist das Land ringsum, das diese Stadt sich erst erschaffen hat, wohl nicht weniger einzigartig. Östlicher und melancholischer als die Camargue, wilder und unergründlicher als Venetiens *Terra ferma*, bietet die Lagune eine Landschaft, in der sich seit Attila nur die Geräusche verändert haben, weil die tuckernden Außenbordmotoren mehr Lärm machen als die langen Ruder.

So fern diese Gründungszeit uns auch heute ist, wir kennen, über eineinhalb Jahrtausende hinweg, einige Namen: In Grado residierte damals Bischof Elia, der Grieche, der Begründer des Patriarchats, das später Aquileia berühmt machte, und aus der Burg von Olivolo ist uns die Familie de Samacali bekannt, die schon damals eine große Rolle spielte und mit ihrem beträchtlichen Vermögen eigene Gotteshäuser und öffentliche Gebäude errichten ließ.

Entscheidend wurde jedoch, daß einzelne der patrizischen Geschlechter, die mit ihrem Gesinde und ihrem Vermögen vom Festland auf die Inseln geflohen waren, in der neuen Situation auch neue Formen des Erwerbs entwickelten, daß sie es verstanden, aus der Not eine Tugend zu machen und sich vom Landhandel auf den Seehandel umstellten. Wann diese Umstellung erfolgte, die aus den Flüchtlingen von Rialto die stolzen Nobili von Venedig machen wird, läßt sich auf das Jahrzehnt genau nicht sagen. Doch hat uns der schreibfreudige Cassiodor, Geheimsekretär und Berater des Königs Theoderich, nicht wenige Briefkopien hinterlassen, aus denen sich diese Umstellung als bereits vollzogen erkennen läßt.

»Wir haben Befehl gegeben«, lesen wir in solch einem Brief vom Ende des fünften Jahrhunderts, »Wein und Öl aus Istrien, wo beides das letzte Jahr sehr gut geriet, nach Ravenna zu bringen. Da ihr Schiffe genug besitzet, so ersuchen wir euch, diese Vorräte mit gewohnter Ergebenheit hierher zu liefern, denn die Anschaffung genügt nicht, sondern schnelle Verschiffung ist nötig. Es wird euch wenig Mühe kosten, solches bei der mäßigen Entfernung zu bewerkstelligen, da ihr oft (!) unermeßliche Räume durchsegelt, denn ihr seid geborne Schiffer, da ihr, um in eurer Heimat von Haus zu Haus zu gehen, den Weg des Wassers wählen müßt. Und wenn euch auch zuweilen die Stürme hindern, euch auf der hohen See aufzuhalten, so öffnet sich euch doch eine andere Bahn, die vollkommen sicher ist: Ich meine die Straßen der Flüsse, auf welchen eure Barken, geschützt gegen Wind und Wetter, das Festland durchschneiden, so daß man, es von ferne sehend, glauben möchte, es sei Wiesengrund, auf dem ihr einherfahret . . . Bei dieser Art der Fahrt dient euch das Zugseil, welches euer Schiffsvolk handhabt, als Segel, und zu Fuß vorwärtsschreitend, bewegt der Matrose die schweren, im Boot befindlichen Lasten.«

Das hört sich heute ein wenig seltsam an, weil Cassiodor damit den Venezianern Dinge sagt, die sie zweifellos besser wissen als er; aber das ist die spätrömische Freude am Brief, an der Formulierung, an der All-Weisheit der königlichen Kanzleien, und wir sind dem schreibfreudigen Herrn dafür nur dankbar. Nach einer kurzen Beschreibung Ufer-Venetiens, die wie sein ganzes Briefwerk eher für seinen Herrn und die Nachwelt bestimmt war als für den Adressaten, fährt Cassiodor fort:

»Dort, in diesem Gebiet, um welches Meer und Erde sich streiten, habt ihr euch Häuser aufgerichtet wie die Nester von Wasservögeln; durch Faschinen und kunstvolle Dämme wußtet ihr eure Wohnungen miteinander zu verbinden; den Meeressand häuftet ihr an, um die Wut der Wellen zu brechen, und der scheinbar schwache Wall trotzt der Stärke des Wassers.«

Dieser Brief wurde frühestens 507, spätestens aber 539 geschrieben, und man versteht eigentlich nicht, daß angesichts eines so eindeutigen Zeugnisses für eine Fernhandels-Metropole im Lagunensaum bei Rialto manche, vor allem deutsche Gelehrte, die Gründung der Stadt Venedig in spätere Zeiten verlegen – in jene Epoche der langobardischen Kämpfe um Aquileia, in der zwar ganz gewiß ein neuerlicher Flüchtlingsstrom die Lagunen und ihre Inseln erreichte, in denen aber eine Fernhändler-Stadt im Raum des heutigen Venedig offensichtlich bereits existiert haben muß. Denn trotz aller Blumigkeit, trotz aller Freude am schwungvoll-wortreichen Brief, wird aus dem Schreiben des Cassiodor doch klar, daß der aktuelle Auftrag eines Seetransportes von Wein und Öl aus Istrien nach Ravenna als eine vergleichsweise geringfügige Aufgabe für die Lagunenschiffer angesehen wird. Es wird weiter klar, daß diese Schiffer sonst und zwar gewohnheitsmäßig, ferne Häfen ansteuern, worunter man schwerlich jene an der Adria verstehen kann. Es muß wohl um den Levantehandel gegangen sein, also um Schiffsverkehr mit Kleinasien und Ägypten, vielleicht auch mit Nordafrika. Und schließlich macht Cassiodor deutlich, daß die angeredeten Schiffer ›mit gewohnter Ergebenheit‹, also bereits seit geraumer Zeit, solche Operationen durchführen, demnach spätestens seit der Wende vom fünften zum sechsten Jahrhundert.

Obwohl im Römerreich, zumindest auf der Höhe der Kaiserzeit, die Bildungs- oder Vergnügungsreise nicht ganz selten war, können wir doch mit Sicherheit annehmen, daß die ›unermeßlichen Räume‹, die nach dem Brief des Cassiodor oft von den Venetianern durchmessen werden, nicht aus purer Lust am Segeln oder an der Weltentdeckung bewältigt wurden. Es muß um Handelsfahrten gegangen sein, und Handel bedeutet Aus- *und* Einfuhr, bedingt also eine gewisse Organisation auch der Zufuhren vom Festland her und des Abströmens importierter Waren in ein Hinterland. Man kann es drehen und wenden wie man will: solche Aktivitäten überfordern winzige Schiffersiedlungen, sie sind aber auch als Gelegenheitsaufträge undenkbar, sie entspringen bewußter und geplanter Tätigkeit kundiger Fernhändler, einer wohl noch nicht sehr zahlreichen Gruppe von Familien mit Vermögen, Erfahrung und internationalen Verbindungen. Derlei aber gibt es nicht in Fischerhütten auf der einen oder anderen Laguneninsel, sondern nur in städtischen Siedlungen. Auf der Insel Rialto muß um 500 und wohl schon seit 460 ein Fernhandelszentrum existiert haben.

Hundert Jahre nach ihrer Gründung hat die kleine Gemeinschaft tüchtiger und begüteter Patrizier die erste Gelegenheit, sich zu bewähren. Der große Theoderich ist tot; das oströmische Reich sieht die Gelegenheit gekommen, Italien wieder zu erobern, unter die Krone von Byzanz zurückzuzwingen. Nach Belisar, der an der zähen Tapferkeit der Goten scheiterte, macht sich der nicht mehr junge, aber von einer dämonischen Intelligenz geleitete Eunuch Narses auf den Weg vor die Mauern von Ravenna.

Die Gotenresidenz Ravenna ist in ihren Sümpfen, hinter

den Kanälen und Salzfeldern eines unsicheren Küstenverlaufs, für ein Landheer so gut wie uneinnehmbar; das hat schon Alarich zornig feststellen müssen. Da entsinnt sich der byzantinische General Ioannis der langen Sandbänke vor den Lagunen See-Venetiens, jener Strandsäume, deren bekanntesten Abschnitt wir heute Lido nennen. Über den Lido des allerfrühesten Venedig, auf den Lidi der anderen Lagunen, pirschten sich die in Dalmatien angeworbenen Söldnertruppen des Narses an Ravenna heran. War ein Meeresarm zu übersetzen, so waren die Leute von Chioggia oder Rialto, von Murano oder einer der anderen Inseln mit ihren Schiffen zur Stelle und setzten – wohl eher gegen Lohn als unter Zwang – die Armee über, die bald Ravenna und Ancona berannte. Und der im Rücken getroffene, überraschte gotische Gegner verliert zunächst seine Flotte, dann aber auch die Landschlachten. Nicht die Architekten, aber die geschickten Poliere dieser großen Wandlung waren die See-Veneter, die man ruhig schon Venezianer nennen kann. Ohne sie konnte dieser amphibische Feldzug ebensowenig gewonnen werden wie ohne die mit den Goten seit jeher rivalisierenden Heruler. Und die Dalmatiner, die harte Küstenbevölkerung eines kargen Landstrichs, die werden nicht nur einem Narses als Söldner dienen, sondern auch in den kommenden Jahrhunderten stets die Landungstruppen jener See-Veneter stellen, die Kämpfer, die man im *dolce vita* einer Handelsmetropole zwar bezahlen, nicht aber aus den Reihen der eigenen Jugend rekrutieren kann.

Nach dem Untergang der römischen Kaiserherrlichkeit ist nun auch das Reich des Theoderich vernichtet, in dem römisches Erbe und germanische Kraft sich für Jahrzehnte glanzvoll vereinigt haben. Europa hat sich wieder verdunkelt. Die Grausamsten – jene langobardischen Scharen, die Narses stets als erste aus seinen Diensten entließ, wenn Frieden eingetreten war – schlagen Goten und Byzantiner und werden für zweihundert Jahre, zwischen Theoderich und Karl dem Großen, die Herren Mitteleuropas. Vor Aquileia verüben sie unaussprechliche Greueltaten. Die Städte erobern sie nicht nur, sie vernichten sie, und die Herrscher werden nicht entmachtet, sondern zu Tode gemartert. Dies war eine Verrohung der Sitten in Krieg und Frieden, die sich von den Langobarden auch auf die Awaren übertrug und in der Pfählung der Fürstin Romilda von Cividale del Friuli im Jahr 611 kulminierte.

In diesen Jahren zwischen der langobardischen Verwüstung der Stadt Aquileia (568) und den Awarenkämpfen im nordöstlichen Italien wurde aus den Fernhändler-Siedlungen auf den noch vereinzelten größeren Inseln der Lagune durch neuerlichen Zuzug und durch den festungsartigen Ausbau die Stadt Venedig. Um 580 war es, daß Paulinus, Patriarch von Aquileia, sich mit allen Schätzen seines Bistums von der berühmten und immer wieder bedrohten Stadt trennte und auf die nördlichste der Lagunen-Inseln zurückzog, auf Grado. Damit hatte See-Venetien nun auch ein eigenes geistliches Oberhaupt und konstituierte sich als eine zwar nicht fest umrissene, aber selbständige Gemeinschaft zwischen den großen Machthabern, zwischen den Langobarden und Ostrom.

Jeder brauchte die Händler mit ihren Schiffen, keiner wollte sich's mit ihnen verderben, und so entstand, was sich durch die Jahrtausende noch bewähren würde, jene seltsame und kostbare Mittler- und Mittelposition des seefahrenden Kaufmanns und seines Gemeinwesens zwischen der primitiven militärischen Überlegenheit der größeren Mächte. Zwischen den Herren der Länder wird Venedig stets nur das wahrnehmen, was ihm und seinen großen Familien Vorteile bringt: Aufträge, Absatz, Gewinn. Und es wird doch von allen geschont werden, man wird ihm alles verzeihen, weil auch die rücksichtslosesten Raubstaaten einen Kaufmann brauchen, der ihnen Silber und Gold für die geraubten Waren gibt, und weil auch im erbittertsten Krieg die eine Pforte offenbleiben muß, durch die Waren hereinströmen können und Diplomaten hinaussegeln. Noch liebt sie niemand, diese neue Stadt zwischen Land und Meer, aber schon gibt es viele, die sie brauchen.

Fahren wir heute mit dem langsamen Dieselboot die Laguneninseln ab, so gleicht das nicht so sehr einer Reise in die Vergangenheit als einer Fahrt quer durch die Zeitlosigkeit. Wir verlassen unser Jahrhundert auf der Höhe von Mestre, tauchen in Venedig ins Ottocento und geraten jenseits des Lido, im Wellengeplätscher der seichten Lagune und zwischen den halbvergessenen Inseln, in jenes malerische See-Venetien, das seinem mittelalterlichen Aspekt nur unerhebliche Farbtupfer aus späteren Zeiten aufgesetzt hat.

Hier draußen konnte Fellini wichtige Szenen seines Casanova-Films drehen, ohne Bauten aufführen oder andere niederreißen zu müssen. Hier bewegen wir uns noch zwischen ausgespannten Fischernetzen, vor Kirchen, die daliegen wie eh und je und für ein schmales Häufchen von Menschen errichtet zu sein scheinen, als wäre jede dieser Inseln heute noch eine Gemeinschaft für sich. Unvorstellbar der Gedanke, daß auch hier einst Venedig war, und daß Venedig lange Zeit nichts anderes war als solch ein Inselchen, von Faschinen zusammengehalten, wie Cassiodor es kundig schildert, eine im Dutzend, in der langen Reihe, aus der sich nur die nördlichste und landnächste heraushob, die Patriarcheninsel Grado.

»Nachdem ich müde geworden«, notiert Goethe am 29. September 1786 in sein Tagebuch, »setzte ich mich in eine Gondel, die engen Gassen verlassend, und fuhr, mir das entgegengesetzte Schauspiel zu bereiten, den nördlichen Teil des großen Kanals durch, um die Insel der heiligen Clara, in die Lagunen, den Kanal der Giudecca herein, bis gegen den Markusplatz, und war nun auf einmal ein Mitherr des Adriatischen Meeres, wie jeder Venezianer sich fühlt, wenn er sich in seine Gondel legt. Ich gedachte dabei meines guten Vaters in Ehren, der nichts Besseres wußte, als von diesen Dingen zu erzählen. Wird mir's nicht auch so gehen? Alles, was mich umgibt, ist würdig, ein großes, respektables Werk versammelter Menschenkraft, ein herrliches Monument nicht eines Gebieters, sondern eines Volks. Und wenn auch ihre Lagunen sich nach und nach ausfüllen, böse Dünste über dem Sumpfe schweben, ihr Handeln geschwächt, ihre Macht gesunken ist, so wird die ganze Anlage der Republik und ihr Wesen nicht einen Augenblick dem Beobachter weniger ehrwürdig sein.«

Die ehrwürdige Republik, später *La Serenissima* genannt, hatte als Staatswesen einen geistlichen Ursprung, denn ihre Keimzelle war das Patriarchat von Grado. Durch die Flucht des Erzbischofs von Aquileia auf die nördlichste Insel der Lagunenlandschaft, war eine zu Byzanz, also zum östlichen römischen Reichsteil gehörende Machtzone entstanden. Aus religiösen und militärischen Gründen machte sie sich vom Festland unabhängig, wo rauhe germanische Sitten herrschten und durch lange Zeit hindurch auch die arianische Spielart des Christentums. Dem Patriarchen auf Grado standen Suffraganbischöfe auf einigen anderen Inseln zur Seite, aus heutiger Sicht verwunderlich kleine Bistümer, die jedoch im alten Europa noch keineswegs selten, sondern beinahe die Regel waren.

Der in karolingischer und ottonischer Zeit noch vollständige Inselsaum zog sich von Grado aus nach Südwesten, also in Richtung der Po-Mündung hin, und es schadet nichts, sich – zum ersten und zum letzten Mal – die wohlklingenden alten Namen der Inseln anzuhören, ehe wir sie mit ihren modernen und vertrauten Bezeichnungen benennen. Auf Stadt, Festung und Insel Grado folgte Bibiones, in seinem heutigen Namen wenig verändert, aber in zwei weit auseinandergezogene Orte aufgespalten, und als dritte Caprulae, das heutige Caorle. Es wurde 615 Bischofssitz, weil der Oberhirte des Städtchens Concordia vor den Langobarden auf die Ziegeninsel geflüchtet war. Die vierte Insel hieß Heraclea; sie trug halbverfallene Gebäude aus römischer Zeit, die von den See-Venetern wieder instandgesetzt wurden, und auch ein Bischof fand sich auf dem sicheren Inselchen ein, als die Langobarden die Stadt Oderzo erstürmten und den dortigen Kirchenfürsten vertrieben. Heraclea scheint das heutige Cortelazzo zu sein. Zuschreibungen und Funddeutungen sind in dem unsicheren Küstensaum außerordentlich schwierig; bald deckt die Ebbe ein Stück Mosaikboden auf, bald verschwinden alte Fundamente dafür im Schlick.

Equilus, die fünfte Insel, ist zu dem lautesten Ferienleben erwacht, und kaum einer von Tausenden Sommergästen, die sich am Lido von Jesolo tummeln, dürfte wissen, daß jenes Jesolo mit seinen Hotelreihen und schnurgeraden Alleen die kleine alte Bischofsstadt Equilus ist. Deutlicher ist die Beziehung auf Torcello, dem alten Torcellus, von dem ein ottonischer Chronist vermerkt, daß diese Insel weniger städtische Gebäude aufweise als die anderen. Nun, von diesem wenigen haben sich aber einige Bauwerke erhalten, die zum Bemerkenswertesten der ganzen Lagunenlandschaft gehören.

Torcello unterscheidet sich von den anderen Inseln auch dadurch, daß es mit Sicherheit später besiedelt wurde, nämlich zur Zeit des Langobardenkönigs Agilulf (590–616), der die letzten noch oströmischen Städte Venetiens eroberte und die Einwohner vertrieb oder versklavte. Aus Padua und aus Monselice wandten sich in dieser Zeit neue Flüchtlingsströme auf die Inseln Chioggia und Malamocco, während die Flüchtlinge aus dem kleinen Altinum (Altino) sich auf Torcello und die umliegenden Inseln verteilten und ihnen Namen aus ihrer eigenen Stadt gaben, die sich schon gegen Attila und Alboin hatte wehren müssen. 590 von den Truppen Ostroms zurückerobert, erlitt Altino 640 eine neuerliche langobardische Verwüstung unter Rothari und wurde nun vollständig verlassen, beinahe zweihundert Jahre nach dem Beginn der Fluchtbewegungen. Eben darum aber haben sich wohl die in Torcello und ringsum gegebenen Namen nach Stadttoren und Stadtvierteln von Altino deutlicher erhalten – sofern die Inseln selbst dem Ansturm des Meeres entgingen. Denn für die Leute aus Altino fanden sich nur noch die exponiert und ungünstig liegenden kleineren Inseln in der Hauptstoßrichtung der Sturmfluten. So verschwand die erste Insel, die nach dem Nordtor von Altino Boreana (Burano) genannt wurde, später in den Fluten, und ein anderes Eiland erhielt den Namen Burano; das nach dem Torturm Maioribus benannte Inselchen Mazzorbo verlor in späteren Jahrhunderten alle seine ständigen Bewohner. Auch Ammiana und Constantiaca gingen zugrunde, während sich Morianas, das spätere Murano, bis heute erhielt. Auch einige wenige Einzelpersönlichkeiten und Geschlechter werden in dieser letzten Fluchtbewegung genannt, nämlich Bischof Maurus und die Patrizierfamilien d'Auro und Falieri.

Dies ist wichtig, weil es so aussieht, als sei dieses Torcello, so spät es auch gegründet wurde, in gewissem Sinn eine Vorgängerin Venedigs, das zu dieser Zeit noch nicht erwähnt wird, das erst eine Keimzelle besitzt in dem Inselchen Rialto, aber noch keine besondere Bedeutung. Torcello hingegen wird zum wirtschaftlichen Mittelpunkt der vom langobardischen Festland völlig losgelösten oströmischen Lagunenkette, es treibt Fernhandel und wird rühmend erwähnt, es hat einen großen und einen kleinen Rat, einen Canal grande und an ihm Kirchen und Paläste. Erst im dreizehnten Jahrhundert soll die Einwohnerschaft von Venedig die Torcellos an Zahl übertroffen haben . . .

Es braucht darum keine Legende zu sein, daß Santa Maria Assunta, die alte Kirche von Torcello, mit ihrem Baubeginn ins Jahr 639 zurückreicht. Damals berannte Rothari wohl schon das tapfere Altino, und die ersten Ankömmlinge auf Torcello, nunmehr entschlossen, die vielgeprüfte Heimatstadt nicht noch einmal aufzubauen, legten die Fundamente zu einer Kirche auf der rettenden Insel. Zu Beginn des elften Jahrhunderts, als Torcello vermutlich auf dem Höhepunkt seiner Geltung stand, wurde die Kirche erneuert und ein Turm errichtet. Die Reste einer kleinen Taufkapelle vor der Kirche weisen ins achte Jahrhundert zurück. Aus dem großen elften Jahrhundert der Insel stammt auch Santa Fosca, in ihrem Charakter ravennatisch gegenüber der byzantinischen Auferstehungskirche. Das stimmt auch zur Legende der Heiligen, die in Ravenna als Tochter heidnischer Eltern patrizischen Standes zur Welt kam, mit einer Gefährtin die Taufe nahm und unter Decius dafür enthauptet wurde. Ihre Reliquien wurden erst in einer der frühchristlichen Gemeinden Nordafrikas verwahrt und schließlich nach Torcello gebracht. Weniger glaubhaft ist eine andere Legende von Torcello, die einen allerdings eindrucksvollen steinernen Stuhl zum Thronsitz Attilas werden ließ.

So, wie Torcello an der Wende vom dreizehnten zum vierzehnten Jahrhundert völlig hinter Venedig zurücktritt, ja von ihm abgelöst wird und zu einem wenig genannten Vorort absinkt, hat es selbst eine andere blühende Lagunenstadt abgelöst, nämlich Malamocco, den einstigen Seehafen von Padua. Unter dem Druck der Eroberungszüge hunnischer und langobardischer Heere hatten die Paduaner ihre Wohnsitze nach und nach in die Meeresnähe verlegt, und seit dem sechsten Jahrhundert spielte Malamocco beinahe eine größere Rolle als das nun langobardische Padua selbst. Es war um 640 Bischofssitz geworden, hatte Palazzi und Verwaltungseinrichtungen erhalten und wird seit 742 als Residenz eines Dogen genannt. Aber die Stadt liegt nicht nur günstig zum Meer, sondern auch stark exponiert an der offenen Abflachung des Lido di San Niccolò, und der Herbstwind drückte immer häufiger die Flut zwischen die Häuser, machte das Wohnen in der Lagunenstadt beschwerlich, schließlich sogar gefährlich. Nach Jahren, in denen die zähen Händler und Schiffer sich noch an das schon langsam versinkende Malamocco klammerten, in denen sie noch hofften, die Flutstände würden wieder abnehmen, wanderte als erster der Bischof ab und gab im Jahr 1110 damit ein Signal. Der Oberhirte wählt Chioggia als neuen Bischofssitz, und wenig später, wann genau weiß man nicht, vollendet das Meer seine Vernichtungsarbeit durch eine jener Springfluten, wie sie im adriatischen Raum nicht ganz selten gemeinsam mit Erdbeben auftreten.

Die Paläste von Malamocco sind zu diesem Zeitpunkt bereits verlassen, nur ein paar streunende Hunde und Katzen und vielleicht ein eigensinniger alter Fischer gehen mit Malamocco zugrunde, die anderen haben sich längst an der vom Meer abgekehrten Seite des Lido, der heute Lido di Venezia heißt und der ganzen Welt bekannt ist, ein neues, ruhiges und von dem großen Ruhm des Welthandels nicht mehr überglänztes Fischerstädtchen gebaut, das inzwischen einer der vielen Badeorte an diesen langen Stränden geworden ist. Wenn man glaubt, daß Venedigs drohender Untergang nur Gerede ist und daß Stürme und Fluten ihren Schrecken verloren haben, dann sollte man an Malamocco denken, weil es vor neunhundert Jahren jenes Schicksal erlebte, das Venedig und seinen Palästen noch bevorsteht.

Chioggia, wo seit 1110 der Bischof von Malamocco residiert, scheint von Anbeginn an nicht so sehr auf den Handel als auf das Salz gesetzt zu haben, das man allerdings auch erst unter die Leute bringen muß, wenn man davon leben will. Die Salinen ernährten das Doppelstädtchen wohl schon im Altertum und auch noch in jenen Zeiten des Mittelalters, da die Landrouten unter der allgemeinen Unsicherheit litten, denn von Chioggia aus konnte man sich das Salz mit dem Schiff holen. Eine wirklich große Rolle hat die Stadt vor dem Emporkommen der Insel Rialto, vor der Blüte Venedigs jedoch nicht gespielt, und die Ansätze zu einer Rivalität zwischen Chioggia und Venedig bleiben im Verborgenen: nur die Eingeweihten wissen, wie viele tapfere Männer aus dem kleinen Chioggia zu der Seegeltung der Republik Venedig beigetragen haben, und niemand käme auf den Gedanken, daß der Schöpfer der venezianischen Komödie, der Dichter, der einer ganzen Welt den venezianischen Spiegel vorhielt, für wichtige Jahre in Chioggia heimisch würde: der Arztsohn Carlo Goldoni (1707–1793).

In der großen Lagune, die sich uns heute mondsichelförmig präsentiert, ist Chioggia der beherrschende Ort des südlichen Winkels, die letzte Pforte zum Meer, auf seinem Damm aber auch schon ein Brückenkopf des Festlandes, gegen das es sich früher durch bedeutende Befestigungen schützen mußte. Da in diesem Punkt das Meer bedrohlich angreifen konnte und tiefe Einbrüche in die eigentliche Lagune möglich waren, entstanden hier jene *Murazzi*, die vielbewunderten Dämme und Schutzbauten gegen die Fluten der Adria, die das im achtzehnten Jahrhundert schon nicht mehr so reiche Venedig ungeheure Summen kosteten. Sie zeigen uns, daß man die Bedrohung der Stadt durch die Elemente schon vor einem Vierteljahrtausend richtig erkannte, obwohl die politische Lage damals zu den größeren Sorgen Anlaß geben mußte. Gegen die Adria hatten die Murazzi sich bewährt, gegen Napoleon erwiesen sie sich als machtlos, und so hörte die Republik Venedig im Frieden von Campoformio am 17. Oktober 1797 zu bestehen auf. Nach ihrer Gründungslegende bestand sie zu diesem Zeitpunkt 1345 Jahre, von Attila wider Willen ins Leben gerufen, von Napoleon wohlüberlegt vernichtet, und wenn es eine Stadt gibt, die ein Recht auf ihre Legenden hat, so ist es Venedig, das steinerne Schiff in der Adria.

Soviel wir vom römischen Altertum wissen, so eindrucksvoll uns von spätrömischen Autoren der Untergang des Römerreiches beschrieben wird, das frühe Mittelalter, die Langobardenzeit, sie sind auch im klassischen Land der Geschichtsschreibung dunkle Jahrhunderte, aus denen nur wenige mit Sicherheit bekannte Fakten aufleuchten.

Fest steht, daß See-Venetien nach dem Ende der Gotenreiche Teil jener oströmischen Reichshälfte blieb, die um diese Zeit schon eher eine griechische als eine römische Monarchie war. Byzanz übte zwar in verschiedenen Teilen des alten Reiches noch immer ein wenig Macht aus, hatte sogar in Spanien noch einige Gebiete unter Kontrolle, war aber praktisch eine römische Verwaltungskarkasse, die sich mit griechischem Geist erfüllt hatte. Und da diese Byzantiner sich mit den Langobarden über eine Grenze geeinigt hatten, die durch Jahrzehnte von beiden Seiten respektiert wurde, gehörte die nördliche Adria von Grado bis Ravenna als italienischer Boden zu einem griechischen Staatswesen.

Im Militärischen wie in der Verwaltung herrschten allerdings nach wie vor die römischen Traditionen und Bezeichnungen. Man mußte sich inzwischen nur etwas bescheidener geben. Aus dem *Magister Militum* war ein simpler General geworden. Der Titel, den einst nicht nur Alarich, sondern sogar Attila begehrt hatte, weil er die Würde eines römischen Oberbefehlshabers über ganz Italien bedeutete, war damit nun etwa dem Verwaltungsrang eines Dux ebenbürtig. Magistri und Duces teilten sich also in die Verantwortung für Griechisch-Venetien, und dabei standen ihnen Tribunen zur Seite, weil die verschiedenen Inseln dieses schwierig zu verwaltenden Gebietes beachtliche Selbständigkeitstendenzen entwickelten.

Man hat aus vereinzelten Dokumenten die Existenz eines *Tribunus princeps* in Torcello erschlossen, dem andere, einfachere Tribunen für die umliegenden, weniger wichtigen Inselchen zugeordnet waren. Der Dux für Venetien hingegen saß in Heracliana, und das noch im achten Jahrhundert. Damit wissen wir, daß dieses See-Venetien eine eigene Verwaltungseinheit geworden war, gleichrangig mit der Toskana, mit Kampanien, Perugia, Comacchio, Ferrara und Rimini. Als frühesten Zeitpunkt für diese Erhebung zu einem Dukat oder Herzogtum, wie man nicht ganz zutreffend verdeutschen könnte, wird allgemein das Jahr 680 angenommen, ein Zeitpunkt, an dem in ganz Europa Staatsmacht wenig ausgeprägt ist, Staatsgrenzen unsicher sind und Herrschaft eigentlich nicht viel anderes bedeutet als ständige Selbstbehauptungskämpfe. Die Reiche sind noch nicht selbstverständlich, sie werden noch nicht als gegeben hingenommen, die Völkerwanderung mit ihren fließenden Machtbereichen ist noch viel zu nahe.

Der Dux mag es in dieser Phase ungleich schwerer gehabt haben als der Tribun einer Insel, der eine lokale und überschaubare Herrschaft ausübte. Manches, was später die Dogenmacht kennzeichnet, wird rückschauend in diese ersten Duces hineingedacht, die gewiß viele Jahre brauchten, um aus den Inseln eine Verwaltungseinheit zu schmieden. Es ist darum ein wenig verwunderlich, aber doch auch sehr typisch für die Venezianer, daß sie ihrem ersten Dogen (der noch in Heracliana residierte) einen Kosenamen geben und ihn Paoluccio nennen, einen Haudegen, der gegen Langobarden wie auch im Innern See-Venetiens Kriege führen mußte, der eine durchaus ungeklärte Situation mit zahlreichen Fehden übernahm, als er 697 an die Macht kam, und der ein befriedetes und gefestigtes Land hinterließ, als er 717 starb. Ja, Luitprand, der Langobardenkönig, soll schließlich sogar ein guter Freund des Paolo Anafesto, Sohn des Lucio geworden sein, weil ihn Güte und Weisheit des Dogen so sehr anzogen.

Es scheint, daß Paoluccio seine großen Taten in relativ hohem Alter vollbrachte, und daß es seine Altersweisheit und seine menschliche Reife waren, die einen Krieger wie Luitprand so stark beeindruckten. Luitprand, 712 König geworden, war viel jünger als Paoluccio und wurde später zum bedeutendsten Langobardenkönig, der sich zeitweise sogar

Ravenna unterwarf. Seine Beziehung zu Paoluccio läßt bereits erkennen, mit welchen Fähigkeiten die Duces und späteren Dogen das militärisch schwache See-Venetien inmitten des Kräftespiels der Mächte über Wasser halten werden: Römische Staatsklugheit und Urbanität, griechische Bildung und levantinisches Handelsgeschick wirken auf europäischem Boden und im Einzugsbereich ältester religiöser Zentren zusammen, um ein Staatswesen ganz neuer Art entstehen zu lassen: einen Stadt-und-Insel-Staat, der in seinem geistigen und politischen Erscheinungsbild ebenso unvergleichlich sein wird wie in seiner geographischen Existenz zwischen Land und Meer, zwischen Sümpfen und Inseln, auf Pfählen und Fundamenten. Paulus, Sohn des Lucius, ist wohl nicht der Schöpfer von Venedig in seinem materiellen Erscheinungsbild, aber er hat die Idee Venedig geprägt, mochte er auch in Heracliana herrschen.

Auch der zweite und der dritte Dux werden noch in Heracliana begraben: Marcello Tegaliano regierte von 717 bis 726, Orso Ipato von 726 bis 737. Diese Daten sind ebensowenig strittig wie die Namen, lediglich die im Vergleich zu den bewegten Zeiten ruhige Regierung der beiden Dogen hat im skeptischen neunzehnten Jahrhundert den einen oder anderen Forscher zu der Annahme verleitet, einen zweiten und dritten Dogen habe es niemals gegeben. Aber eben diese Friedenszeiten an der Lagune beweisen zweierlei: Einmal, daß See-Venetien seine eigene und unabhängige Politik zu machen beginnt, in der friedliche Handelsbeziehungen wichtiger sind als kriegerische Triumphe; und zum andern, daß die Lage an und in den ausgedehnten Lagunen immer noch einen nachhaltigen Schutz bedeutet. Die Langobardenkönige jedenfalls schicken sich an, ganz Italien zu erobern und den Papst zu einem Langobarden-Bischof zu machen; an der Grenze, die zwischen Luitprand und Paoluccio ausgehandelt wurde, herrscht dennoch weiterhin tiefster Frieden.

Die Ereignisse des achten Jahrhunderts werden dies ändern und auch innerhalb der Lagunenlandschaft neue Schwerpunkte schaffen. Das wichtigste hat seine Wurzeln weit im Osten, im Arabersturm und in dem überraschend schnellen Heraufkommen des Islam, der sich binnen einem Menschenalter den Nahen Osten und das nördliche Afrika unterwirft, ja über die Meerenge von Gibraltar vordringt und die Iberische Halbinsel erobert. Diese neue Weltmacht beeindruckt auch die Kaiser in Byzanz, und Leon III. erläßt im Jahre 726 für das östliche Christentum ein Bilderverbot, ganz so, wie es auch die Mohammedaner kennen.

Man könnte nun an die Kunstschätze der venezianischen Kirchen denken, man könnte Vermutungen anspinnen über ahnungsvolle Affinitäten der Kaufherren zur Kunst. Aber wenn sie zum Schwert griffen gegen Leon III. so geschah das gewiß nicht, um für die Kunst eines Tiepolo oder Tintoretto vorzusorgen, sondern ganz einfach, weil der schwelende Gegensatz zwischen See-Venetien und Byzanz nur noch einen Funken gebraucht hatte, um zur Revolution zu werden. Justinian II. hatte in seinem Cäsarenwahn und seiner unvorstellbaren Grausamkeit den Zündstoff angehäuft, Leon III. mußte die Explosion hinnehmen und damit die große Abfallsbewegung See-Venetiens und anderer italienischer Gebiete. Aber seltsam: während die oströmisch-griechische Herrschaft in Oberitalien zu Ende geht, während die Langobarden ein Dukat nach dem anderen in ihre Gewalt bringen, gelingt es den geschickten Byzantinern, um die Jahrhundertmitte See-Venetien wieder in ihren Machtbereich zurückzuzwingen. Dem Sohn des in den Wirren ermordeten Dogen Orso, der den schwierigen Namen Deusdedit führt, werden zwei byzantinische Kontrollore an die Seite gegeben, und das verwüstete Heracliana bezahlt seine Auflehnung damit, daß es aufhört, Hauptstadt zu sein: die Duces oder Dogen residieren fortan in Malamocco.

Damit sind wir dem heutigen Venedig beträchtlich nähergerückt, denn Malamocco ist ein Stück des Lido di Venezia, liegt heute an der Nordküste der langgestreckten Insel, der Lagune zugekehrt; das alte Malamocco hatte sich, als echte

Residenz, den Wogen zugewendet und dem Meer auch seinen Tribut dafür bezahlt, als es 1106 oder 1107 in einer Sturmflut zugrundeging.

Zunächst freilich blühte es auf. Die großen Geschlechter aus Heracliana wanderten ein, denn sie waren es gewöhnt, an der Dogenmacht teilzuhaben, sie mußten auch verhindern, daß der Dux jeweils einen Sohn zum Nachfolger einsetzte und damit dieses höchste Amt erblich würde. Malamocco wuchs, und es vermochte dennoch die Menschen nicht zu fassen, die während des Bürgerkriegs vom Festland auf die Lido-Insel strömten. Damals erhielt Rivo Alto, nun schon Rialto gesprochen, erheblichen Zuzug, und wurde nun ebenfalls zu einem Inselzentrum von Bedeutung; zwei Pippine sind an seinem Aufstieg wesentlich beteiligt:

Pippin der Kleine (715-768) ist nicht nur der Sohn des großen Maurenbesiegers Karl Martell und der Vater Kaiser Karls des Großen; er ist auch selbst einer der großen kleinen Männer der Geschichte, der mit einer kaum glaublichen Energie in ganz Europa Krieg führte und dabei auch dem Papst gegen die Langobarden zu Hilfe kam. Die Päpste bewahren ihm auch ein höchst ehrenvolles Andenken, weil die Pippinsche Schenkung ja an der Wiege des Kirchenstaates stand; Venedig hingegen ist ihm höchstens soweit verpflichtet wie auch dem Hunnenkönig Attila, denn die Kriege der Jahre 754–56 trieben abermals Menschen nach Rialto und auf den vorgelagerten Lido; und wenn es zunächst auch noch Malamocco war, das nun aufblühte und an der Wende zum neunten Jahrhundert seine große Zeit hatte, so entstand eben durch den Zustrom und durch die Bautätigkeit auf einem Dutzend kleinerer Inseln jenes neue Fundament, das bald zur Stadt werden sollte – abermals durch einen Pippin.

Der zweite für Venedig wichtige Pippin war der Sohn Kaiser Karls des Großen (der selbst die Lagunenhändler nicht sonderlich liebte), König Pippin von Italien, der von 777 bis 810 lebte und in seinem letzten Lebensjahr eine höchst merkwürdige Tat vollbrachte: er eroberte eine Stadt, die es noch gar nicht gab. Während alle Nachschlagewerke ihn als den (ersten) Eroberer Venedigs feiern, sah es in Wirklichkeit doch wohl so aus, daß er sich mit bemerkenswerter Unbekümmertheit von einer Sandbank zur anderen vorkämpfte, daß er seine Soldaten überall dorthin führte, wo selbst die Langobarden sich wegen des schwankenden Grundes nicht hingewagt hatten, und daß auch die schmalsten Landzungen, die höchsten Wälle und die Gezeiten ihn nicht davon abhalten konnten, die in drei Jahrhunderten gewachsene eigenartige Kultur dieses Händlerreiches zu zerstören.

Der einzige Punkt, wo er nicht hinkam, war Rialto, denn wenn es etwas gibt, was für Armeen noch unangenehmer ist als Sand und Wasser, so sind es die Sümpfe, und das, was damals von Rialto zu sehen war, schien ein solches Wagnis nicht zu rechtfertigen. Rialto, die Keimzelle der Stadt Venedig, war ganz einfach noch zu unbedeutend. Heracliana aber und Malamocco, Chioggia, Pelestrina, Albiola und das wohlbefestigte Brondolo wurden eine Beute der Franken; die Dogen, die damals zu dritt regierten, wurden gefangengenommen. Es hatte Obelerio Antenorio nichts genützt, auch seine Brüder Beato und Valentino mit der hohen Würde zu bekleiden: sie hatten zu dritt nicht mehr Mut als einer allein, und das Volk, das sich von seinen Duces verraten sah, trauerte ihnen nicht nach, als Pippin sie wegführte, sondern wählte einen reichen Bürger namens Angelo Partecipazio als eine Art Not-Dogen für Kriegszeiten.

Angelo gelang es, den Krieg zu wenden, denn er begab sich aufs Wasser – einmal, weil es praktisch kein venezianisches Land mehr gab, zum andern aber, weil ihm dieses Element vertraut war, ungleich vertrauter als dem bis dahin siegreichen König Pippin. Die Franken nahmen die Herausforderung an, gingen in die Schiffe und verfolgten die Venezianer, gerieten dabei aber in gefährliche Strömungen und verloren einen Großteil ihrer Fahrzeuge und Besatzungen. Angelo Partecipazio jedoch führte seine Leute zum letzten verbliebenen Bollwerk, auf die Fundamente von Rialto, wohin ihn niemand mehr zu verfolgen wagte. Pippin starb wenige Wochen darauf in Mailand, aber die erbosten Venezianer zeigen noch heute seinen Grabhügel an der Lagune, als habe ihm die letztliche Niederlage vor Rialto das Lebenslicht ausgeblasen. Der Wahl-Doge und Lagunen-Retter Partecipazio regierte unangefochten von 810-827, ja er gestattete sogar einem der drei ruhmlosen Dogen, still auf der Rialto-Insel zu leben. Für uns ist daran bemerkenswert, daß im Jahre 813 der Regierungssitz ganz offiziell von Malamocco nach Rialto verlegt wurde, jener Insel, von der man bis dahin noch so gut wie gar nichts gewußt hatte.

Wäre Rialto eine große Insel gewesen wie der Lido oder wenigstens wie Torcello, so hätte es dank seiner günstigen Lage zweifellos schon früher eine Rolle gespielt: vom Land getrennt und damit geschützt, gegen das offene Meer aber durch die Lido-Bänke abgeschirmt. Aber Rivo alto, das hohe Ufer, war nichts anderes als ein Inselsaum, ein Konglomerat von – wie man gezählt haben will – insgesamt 118 Inselchen, die nun miteinander verbunden wurden, um eine Stadt tragen zu können. Es war eine Sisyphus-Arbeit, zu der das Ingenium befähigte, wie es sich in den Baumeistern der Lagunenorte seit Generationen herangebildet hatte. In der Frühzeit, zwischen Attila und Luitprand, hätte man derartige Konstruktionen vermutlich für unmöglich gehalten. Inzwischen aber hatten die großen Befestigungsbauten der karolingischen Zeit gezeigt, daß man auch gewaltige Fundamente in den Lagunenboden senken könne, und vor allem: es gab ja kaum eine Alternative. Das Meer und die Armeen hatten sich als gleichermaßen gefährlich erwiesen; wollte man eine Stadt mit Zukunft begründen, die vom schnell wechselnden Schicksal der umliegenden Festlandgebiete unabhängig sein würde, dann bot sich nur das Rivo alto an, mochte es auch noch so schwierig sein, aus diesen Sümpfen, Inselchen, Inseln und Sandbänken einen Stadtgrund zu machen.

Die Spuren dieser gewaltigen und eigentlich nie beendeten Arbeit haben sich bis auf den heutigen Tag erhalten, denn wäre Venedig eine einzige, große Inselstadt, so bedürfte sie ja nicht der Kanäle und der Brücken. Die Kanäle sind die offenen Nähte, die Brücken die Spangen, die sie zusammenhalten. An vielen Stellen erkennen wir die für den Fremden auf den ersten Blick unerklärlichen Aufschriften *Fondamento Barbaro, Fondamento Scaligeri* usf. Es sind die Namen alter Familien, die sich in ihren Privat-Inseln erhalten haben, in jenen Fundamenten, die sie einst in den Lagunenboden versenkten, um Palazzi und andere Gebäude darauf bauen zu können. In ihrer Gesamtheit sind sie heute eine Stadt, vor der jedoch immer noch einige Inseln lose und wie treibende Begleitschiffe in der Lagune liegen: der Friedhof, das Arsenal, die Giudecca.

Man kann sich keine kostspieligere Form des Bauens vorstellen; selbst mit heutigen technischen Hilfsmitteln bleiben Bauten auf so unsicherem Grund ungemein gewagte Unternehmungen, und im neunten Jahrhundert bedeutete solch ein Fundament, solch ein privater Sockel für einen eigenen winzigen Stadtteil die sichere Anwartschaft auf Geltung in der Stadt und Macht in ihrem Rahmen. Nur Familien, die sich im Handel bereits einige Reichtümer erworben hatten, konnten sich ihr eigenes Fundament leisten, oder aber Körperschaften wie eben die Verwaltung, die Kirche, die Klöster, die Handels- und Lagerhausorganisationen, die Werften.

Unter den Dogen aus der Familie Partecipazio (sieben Dogen zwischen 810 und 942) wurde besonders eifrig gebaut, aber es wirkte sich auch günstig aus, daß die Insel Olivolo, die im achten Jahrhundert Bischofssitz geworden war, in das junge Venedig einbezogen werden konnte. Damit war die Stadt – wenn man die Ansammlung vorwiegend hölzerner Häuser schon so nennen will – Bischofssitz geworden und durfte sich, wie das in jenen Zeiten so üblich war, nach einem standesgemäßen Stadtheiligen umsehen. Der Portugiese Eça de Queiròs hat solch eine Reliquienjagd in alten Zeiten unübertrefflich geschildert, wenn es auch nicht um so ein großes Objekt wie den Leichnam des heiligen Markus ging; im Grunde aber war der Vorgang im zehnten Jahrhundert, als alle Städte, die auf sich hielten, längst ihre Heiligen besaßen, auch für Venedig schon ein wenig anrüchig geworden: Heilige erster Güte waren kaum noch zu haben, es sei denn, man raubte sie . . .

Das günstigste Terrain dafür waren die erst vor einigen Generationen dem Christentum entrissenen nordafrikanischen Gebiete. Dort hatte in spätrömischer Zeit der christliche Glaube geblüht, ja einige der berühmtesten Kirchenlehrer waren dort zu Hause gewesen, und in ihrem Umkreis hatten sich naturgemäß auch Reliquien angesammelt. Da Venedig zur Levante die besten Beziehungen hatte, ja wohl schon vom Levante-Handel lebte, lag nichts näher, als in Alexandria Umschau zu halten. Natürlich ging man nicht auf Cyrillus aus, den berühmten Bischof, der so eindrucksvoll gegen Irrlehren gewütet hatte, der die Nestorianer aus der Kirche getrieben und der schönen Hypatia das Fleisch mit Muschelschalen vom Körper geschunden hatte; der war zwar ein großer Mann, aber doch allzu afrikanisch in seiner Glaubensglut. Aber zwei findige Kaufleute kamen auf eine weit bessere Lösung: Alexandria war schließlich der Ort, wo der Evangelist Markus begraben lag, ja wo man seinen einbalsamierten Leichnam in einem eigenen kleinen Mausoleum besuchen und von ihm ein Wunder erflehen konnte.

Der Handel – wenn es einer war und nicht bloß Raub – ging mit größter Heimlichkeit vor sich, um die noch im ersten Glaubensfeuer lodernden Mohammedaner nicht aufmerksam zu machen, vielleicht aber auch, um die kleine Christengemeinde nicht aufzustören, denn mit ein paar Grabräubern konnte man sich gewiß leichter einigen als mit der Schar der Rechtschaffenen, und für das christliche Alexandria war der Leib des Markus ja ein einzigartiger Besitz: Bis ins siebente Jahrhundert war jeder neue Bischof der Stadt bei der Weihe mit dem Mantel des Evangelisten bekleidet worden, und die in ein seidenes Tuch eingeschlagenen und versiegelten Reliquien bildeten den geheimsten und wichtigsten Hort der Hoffnung für alle nun unterdrückten Christen Nordafrikas.

Nun, die beiden Venezianer erhielten einen einbalsamierten Leichnam, eingeschlagen, versiegelt und rücklings in ei-

nem flachen Mumienkorb liegend, wie die Tradition es vermeldete. Sie bedeckten die kostbare Fracht mit allerlei unverdächtigen Lebensmitteln, unter die sie wohlweislich auch Schinkenspeck mischten, weil diesen die Mohammedaner nicht berühren durften, und dann ging es eilends aufs Schiff. Alles, was vom Vorher und Nachher sonst wohl erzählt wurde, ist gewiß Legende. Weder war es notwendig, daß die Venezianer im Sturm verschlagen wurden, denn Alexandria liefen sie regelmäßig an, noch mußten es zehn Schiffe sein, was nur aufgefallen wäre (und der Behauptung von der zufälligen Landung widerspricht: Werden nämlich zehn Schiffe vom Sturm zerstreut, so landet jedes an einer anderen Stelle der Küste). Auch stehlen konnten die Venezianer nicht selbst; darin waren die ägyptischen Grabräuber unbestrittene Meister, wie schon die antiken Fabeln beweisen. Die zwei Kaufleute waren also allenfalls die Hehler.

Trotz aller Abenteuerlichkeit in diesen Begebenheiten muß gesagt werden, daß die heute in San Marco ruhenden Gebeine des Evangelisten zu den ihrer Herkunft nach sichersten Reliquien des Abendlandes gezählt werden müssen. Marcus war als ein herausragender Jünger schon zu Lebzeiten aufmerksam beobachtet und von der frühchristlichen Chronistik verfolgt worden. Seine Aufenthalte in Rom und Alexandria sind bewiesen, seine Mission im Raum Aquileia zumindest wahrscheinlich, womit die Beziehung zu Venedig gegeben ist.

Daß Rialto, der neue Hauptort der Lagune, sich in jenem neunten Jahrhundert von dem byzantinischen Heiligen Teodoros abwandte und daß seither stets Sankt Marcus als Schutzpatron genannt wird, auf Münzen erscheint, in der Baugeschichte auftaucht, das ist im Ganzen genommen eine solche Fülle von Beweisen für jene abenteuerliche Erwerbung, wie sie nur ausnahmsweise zur Verfügung steht.

Neue Beweise kommen hinzu, als sich der Ruf der Reliquienstätte in ganz Italien verbreitet und angesehene Pilger Venedig besuchen: Papst Benedikt III. im Jahr 853, Kaiser Otto III. im Jahr 998, Papst Leo IX. im Jahr 1053. Damit scheint auch die einzige unsichere Phase dieser Tradition überbrückt, die Zeit zwischen dem Eintreffen der Reliquien im Jahr 829 und dem bezeugten Zeitpunkt ihrer Einmauerung unter dem Altar von San Marco im Jahr 1094. Anlaß für diesen Vorgang war eine Brandkatastrophe gewesen, der die alte, im neunten Jahrhundert errichtete erste Markuskirche Venedigs zum Opfer gefallen war. Domenico Contarini ließ in der zweiten Hälfte des elften Jahrhunderts die uns bekannte Basilica über dem Grundriß eines griechischen Kreuzes und im byzantinischen Stil aufführen, und die Beisetzung oder Umbettung der Gebeine des Heiligen schloß diesen Wiederaufbau ab.

Nicht ganz verständlich ist, wie die Gebeine danach wieder in Vergessenheit geraten konnten. Man scheint aus Angst vor neuerlichen Überfällen und einem Raub der Reliquien immer neue und immer einfallsreichere Verstecke ersonnen zu haben, bis irgendwann klar wurde, daß man die Reste des Heiligen selbst nicht mehr aufzufinden vermochte. Am 7. Mai 1811 gelang dies durch Zufall (!), und es gelang sogar, die Identität der Reliquien mit jenen nachzuweisen, die im Jahr 1094 unter dem Altar eingemauert gewesen waren. Wer diese detektivische Spurensuche, ein rührendes Dokument des Glaubens im Anbruch des technischen Zeitalters, nachlesen will, findet alles Nähere im Jahrgang xxv der Zeitschrift *Kirchenschmuck* (S. 1–19).

War das wichtig? Ist es heute noch wichtig? Im Mittelalter jedenfalls hatte nichts größere Bedeutung als die Kirche, weil ein Bischof hinreicht, um einer Stadt Gewicht zu geben, und weil ein paar Knöchelchen, von denen niemand sicher zu sagen weiß, welchem Körper sie einst zugehörten, Massenbewegungen durch Jahrhunderte auslösen können: die Pilgerfahrten nach Santiago de Compostela zum Beispiel, die große Wallfahrt des Mittelalters. Noch schreiben wir nicht das Zeitalter der Kreuzzüge, in denen sich ganz Europa zu solchen Wallfahrten, zu bewaffneten Pilgerreisen ins Heilige Land aufmachen wird; die Welt aber, in der dies möglich ist und die Geschichte bestimmt, diese Welt hat bereits in allen Teilen unseres kleinen Kontinents die Antike abgelöst und das mittelmeerische Heidentum.

In dieser Welt nun, in der das Christentum primitiv und doch patriarchalisch die Herren gängelt und die Völker mit Wundererzählungen zu sich herüberzieht, erkennt ein Dutzend von Familien die ungeheure Chance einer unabhängigen Stadtrepublik, einer keinem Kaiser und keinem Papst hörigen Händlergemeinschaft. Die Machtblöcke sind nämlich keineswegs so imposant, daß sie einen guten Kaufmannsverstand einzuschüchtern vermöchten. Das Ostreich, auch Byzanz oder griechisches Kaisertum genannt, wird von den Mohammedanern in zahllose größere und kleinere Konflikte verstrickt und steht an viel zu langen Fronten in Abwehrkämpfen, deren Aussichtslosigkeit offenbar ist. Und das Westreich hat zwar wieder Kaiser, seit die Franken die Langobarden besiegten und Italien bei der großen Dreiteilung nach Karls des Großen Tod dem Mittelreich zugesprochen wurde. Im Vertrag von Verdun im Jahr 843 wurde Lothar I. als Kaiser dieses Mittelreichs eingesetzt, aber schon mit seinem Sohn Ludwig erlosch 875 die karolingisch-italienische Linie, und die anderen Kaiser – Karl der Kahle, Karl III. und Arnulf – vermochten sich im gärenden Italien gegen die lokalen Machthaber und Machtansprüche nicht mehr durchzusetzen. Während die Grafen von Friaul und von Spoleto um Italien kämpften, während Sarazenen und Magyaren, Kroaten und Epiroten die Meere und die Küsten unsicher machten, festigte sich auf den Inseln um die Sümpfe von Rialto ein neuer Staat, der genau das Gegenteil von dem tun wollte, was alle anderen taten: Da alle Krieg führten, wollte Venedig Handel treiben; da alle Heere unterhielten, setzte Venedig auf seine Flotte; da alle in dynastischen Streit verwickelt waren und Brüder, Neffen und Vettern einander selbst vor den Kirchentüren umbrachten, der Erbfolge wegen, beschloß Venedig, sich auf ein erbliches Doganat gar nicht erst einzulassen.

Heute, da wir einiges gelernt haben, da wir ein paar Jahrtausende europäischer Geschichte überblicken, erscheint uns das alles beinahe selbstverständlich. Aber in jenem neunten und zehnten Jahrhundert gehörten schon sehr viel Mut, sehr viel Unabhängigkeit und Entschlossenheit dazu, solche Ziele anzusteuern und schließlich auch zu erreichen. Mehr als einmal war Venedig dabei in Gefahr, einer Koalition der anderen zu erliegen, eine Beute jener Staaten zu werden, die eben wegen ihrer Verstrickung in Kriege, wegen ihrer Mißachtung aller Vernunft und wegen der Vernichtung der

Volkswirtschaften zu Habenichtsen geworden waren und die reiche Kaufmannsrepublik mit einer Handvoll von Marodeuren erobern zu können glaubten.

Die Haupt-Voraussetzung für diese eigenständige Rolle zwischen Ost und West und bald auch zwischen Christentum und Islam war mit der Insellage der Republik gegeben. Aber zu jeder Insel gehörten auch Schiffe und zwar mehr, als der Gegner hat, sonst müßte die Insel zur Falle werden. Der Mann, der Venedig diese Flotte gab, war kein Partecipazio, sondern hieß Pietro Tradonico, und er baute auch keine Paläste, sondern die größten Kriegsschiffe, von denen man je gehört hatte: man nannte sie Gaggiandre.

Tradonico war rechtschaffen und mutig, kein Kaufmann, sondern ein Krieger. Er ist vermutlich der einzige in der langen Reihe der Dogen, der nicht lesen und schreiben konnte (wenn es außer ihm noch einen gab, so hat der es geschickter verborgen). Die Flotte des Dogen ließ die Welt aufhorchen, sie brachte es mit sich, daß man von Venedig zu sprechen begann. Der Kaiser im Osten lieh sich die Flotte gegen die Sarazenen, der Kaiser im Westen erbat ihren Einsatz gegen die dalmatinischen Seeräuber, und Venedig selbst kämpfte mit seinen Schiffen die flinken Piraten nieder, die von Fiume bis Cattaro den Handel gefährdeten. Einen Teil der Unterworfenen nahm Tradonico in seinen Sold: angesichts der wachsenden Feindschaft zwischen ihm, dem Außenseiter, und den alten Geschlechtern der Stadt, fühlte er sich nicht mehr sicher und bildete für sich und seinen Sohn eine Leibwache aus kroatischen Söldnern.

Dieser Sohn hieß Giovanni, und sein Vater liebte ihn abgöttisch. Er machte ihn gegen das Gesetz zu seinem Mit-Herrscher, was auf eine Umgehung der Dogenwahl hinauslief, denn es war anzunehmen, daß Giovanni seinen Vater überleben würde. Aber in unsicheren Zeiten gehen solche Rechnungen eben nicht auf. Slawische Seeräuber griffen mit einer nordafrikanischen Flottenhilfe die Stadt Caorle an. Giovanni alarmierte die venezianische Flotte und lief mit ihr aus, um dem Gegner den Weg zu verlegen. Man traf etwa gleichzeitig vor Caorle ein, was darauf schließen läßt, daß schon damals ein Teil jener Alarmeinrichtungen getroffen war, durch die Venedig im siebzehnten und achtzehnten Jahrhundert ganz Europa verblüffte. Aber die Slawen kämpften erbittert, und die Sarazenen vergrößerten die Übermacht der Angreifer über die paar Galeeren, die Giovanni schnell hatte flottmachen können. Der tapfere Dogensohn und Mit-Doge fiel, Caorle wurde in Brand geschossen. Nur daß der Gegner nicht zu landen wagte, sondern abdrehte, konnte als Erfolg gebucht werden.

Für einen freilich war dieser Erfolg zu teuer erkauft: Für Pietro Tradonico, den Dogen von Venedig. Er hätte Caorle und auch noch Citta Nova dreingegeben, wie das wiederaufgebaute Heracliana nun hieß, wäre sein Sohn heil aus der Schlacht heimgekehrt. Tradonico war fortan ein gebrochener Mann, wie man es selten sieht, wenn die Frau untreu wird, wie es aber nur zu oft eintritt, wenn einem Vater der einzige Sohn stirbt. Noch herrschte er, noch kämpfte er, um den Lido und andere Bereiche der Lagune gegen die übermütigen Piratenschwärme aus dem Süden und dem Osten zu verteidigen. Aber er wurde fromm und melancholisch; er ging immer häufiger in die Kirche und sann dem Leben nach dem Tod entgegen, weil er von ihm eine Wiederbegegnung mit seinem Sohn erwartete. Damit war die Stunde seiner Feinde gekommen. Es waren nicht viele, nur zwanzig oder dreißig, denn das Volk hatte Pietro Tradonico für sich. Aber diese zwei Dutzend Männer kamen aus mächtigen Familien, den Babolani, den Giustiniani, den Polani, den Silvii und den Candiani. Sogar ein Partecipazio war dabei, aber keiner von der Dogenlinie, sondern ein Bischof.

Als Pietro Tradonico am Abend des 13. Septembers 864 die Kirche von San Zaccaria verließ, drangen sie vereint auf den alten Mann ein. Von einem Dutzend Schwertern getroffen, stürzte er tot nieder und wurde in einen Kanal geworfen. Aber die Nonnen von San Zaccaria fischten ihn wieder heraus und gaben ihm ein christliches Begräbnis im Atrium ihres Klosters.

Niemand wagte, die mächtigen Mörder zu bestrafen, aber das Volk verurteilte die Untat, und darum kam der neue Doge auch nicht aus den Reihen der Verschwörer. Es war Orso Partecipazio I., und ihn ließ die treue kroatische Garde auch in den Dogenpalast; gegen die Mörder hatten die Kroaten das Haus der Tradonico und den Regierungssitz tagelang standhaft verteidigt.

Orso deutete den Volkswillen richtig. Er verbannte die Mörder und setzte nicht nur der Familie des ermordeten Dogen eine Pension aus, sondern auch seinem Gesinde und den Kroaten der Garde. Damit hatte er in Venedig gutes Wetter, und ein paar unbequeme Männer, die auch ihm das Leben schwergemacht hätten, mußten das Weite suchen.

Aus diesen ersten Maßnahmen erkennt man schon das Geschick eines Mannes, der – obwohl Kaufherr – auch in seinen kriegerischen Unternehmungen mehr Glück hatte als sein Vorgänger, wobei er sich freilich des unvergleichlichen Instruments einer systematisch ausgebauten Kriegsflotte bedienen konnte. Mit den großen Schiffen des Tradonico lief nun ein Partecipazio den Sarazenen entgegen, schlug sie bei Tarent und an anderen Orten und zwang sogar einen so genialen Widersacher wie Domagoi in die Knie, einen jener gleichsam von der Natur zu Piratenhäuptlingen und Küstenräubern vorbestimmten Männer, wie sie kein anderer Landstrich als Dalmatien mit solcher Vollkommenheit hervorzubringen verstand.

Kaiser Basilius in Konstantinopel, der von Sorgen bedrängte und von Erfolgen keineswegs verwöhnte Herr einer untergehenden Welt, glaubte durch die abgespaltenen Venezianer die Lebensfrist seines alten Reiches verlängert zu sehen und ernannte den glückhaften Dogen zum Proto Spartorio, zum Schwertträger des Reiches. Orso antwortete mit einem seltsamen Geschenk, mit zwölf in Venedig gegossenen Glocken, als wolle er dem Kaiser ansagen, wieviel es geschlagen habe. Deutlicher war das zweite Zeichen der Stärke, das Orso der Welt gab: Er verbot seinen Mitbürgern den Handel mit Sklaven, wie er damals rund um den christlichen

Kernraum Europas blühte. Die wertvollste Beute aller Piratenüberfälle waren nämlich Menschen, das galt für die Wikinger wie für die Sarazenen, und diese menschliche Beute wurde auch auf venezianischen Schiffen und durch venezianische Kaufleute in den Vorderen Orient gebracht. Dort erfreuten sich vor allem blonde Mädchen und Frauen, aber auch männliche Gefangene besonderer Beliebtheit und erzielten demgemäß hohe Preise. Das klingt verblüffend modern, ist aber aus verschiedenen Quellen eindeutig belegt. In altnordischen Liedern ist unmißverständlich davon die Rede, daß Mädchen, die sich gegen die Gemeinschaft vergangen haben, die wegen eines Fehltritts nicht mehr geachtet werden können, ›dem fremden Kaufmann‹ überlassen werden. In den Aufzeichnungen des Ibrahim Ibn Jaqub besitzen wir die wertvollen Augenzeugenberichte eines jüdischen Sklavenhändlers, der unter einem angenommenen arabischen Namen, der ihm den Orienthandel erleichterte, das ottonische Deutschland besuchte und im Rahmen einer Delegation anderer Kaufleute auch von Kaiser Otto dem Großen empfangen wurde (Ostern 973, wenige Wochen vor dem Tod des Kaisers am 7. Mai dieses Jahres). Natürlich ging es bei diesem Gespräch einer maurischen Gesandtschaft mit Otto nicht um Sklavengeschäfte, aber daß sie eine große Rolle spielten, läßt sich schon daraus entnehmen, daß die damalige Welt an wertvollen Wirtschaftsgütern noch sehr arm war. Dem Transport von Massengütern standen technische Schwierigkeiten im Weg, sie ließen sich nur dort überwinden, wo man Wasserwege zur Verfügung hatte. Im übrigen aber lieferten gerade arme Völker wie die kriegerischen Wikinger, die in ihren kargen Fjorden nur das Existenzminimum an Feldfrüchten erzielen konnten, am liebsten Kriegsbeute. Mancher Raub aus französischen oder irischen Klöstern gelangte auf diese Weise in den Vorderen Orient, und manche Gruppe von Kriegsgefangenen aus den Auseinandersetzungen mit Piraten, mit Aufrührern in Friaul oder Dalmatien, wurde genau so verfrachtet.

»In Italien fehlte es ebensowenig an seekundigen Schiffern

als an kühnen und gewandten Kaufleuten«, schreibt Wilhelm Heyd in seiner unübertroffenen *Geschichte des Levantehandels im Mittelalter*. »Beiden war der Verkehr mit den Griechen von altersher geläufig, sie schreckten aber auch nicht zurück vor dem Kontakt mit den andersgläubigen Arabern, ja sie ließen sich in intimere Beziehungen zu letzteren ein, als den Päpsten selbst lieb war. Bald genug nämlich machte sich der große Mißstand bemerklich, daß sich christliche Händler aus Gewinnsucht dazu hergaben, Glaubensgenossen an die Araber in Spanien, Nordafrika oder Syrien als Sklaven zu verkaufen. Karl der Große schritt scharf gegen dieses Unwesen ein, ebenso die Päpste Zacharias und Hadrian I.; denn selbst in Rom wagten es die Venezianer, Sklaven beiderlei Geschlechts aufzukaufen.«

Aus der Vita des Papstes Zacharias geht weiter hervor, daß die Venezianer damals in der Stadt Amalfi höchst aktive Konkurrenten auf dem Feld des Orienthandels hatten, ein Umstand, den man dem idyllischen Badestädtchen nicht mehr ansehen würde. Auch erfahren wir, daß griechische, also aus der Levante kommende Sklavenhändler auf eigene Faust zwar nicht raubten, aber die Küsten der Toskana entlangsegelten, um langobardische Sklaven zu erwerben. Das einst so mächtige Volk war in seinem Niedergang so in Not geraten, daß Eltern ihre Kinder diesen Händlern überließen, ja daß sich mancher selbst und freiwillig den Händlern überantwortete (Vignoli, *Liber pontificalis* Bd. 2, p. 79).

Wenn der Doge Orso nun den Sklavenhandel verbot, so mußte er mit gefährlicher Opposition in der eigenen Stadt und von den anderen Kaufmannsgeschlechtern rechnen, weil diese zu Recht darauf hinweisen konnten, daß mit dem Rückzug Venedigs aus diesen Geschäften die Sklavenfracht nicht beendet sei: Nun würden nur eben die Amalfitaner und die Levantehändler vor der Toskanischen Küste die Geschäfte allein machen, ja vielleicht neue Städte wie etwa Bari, Brindisi oder Tarent dank ihrer günstigen Lage das Erbe Venedigs in diesen einträglichen Geschäften antreten.

Volle Klarheit in dieser Frage ist aber nicht zu gewinnen,

denn wir sind über das Warenangebot dieser Epoche nur unzureichend orientiert. Die Kaufleute selbst waren nicht daran interessiert, ihre Geschäfte bekannt zu machen, und die Chronisten wurden nur zufällig, bei Empfängen oder Festivitäten, mit der Kaufmannschaft oder mit Importwaren konfrontiert. In der karolingischen Frühzeit des venezianischen Levantehandels überwogen zweifellos die Sklaven, daneben wurde Bauholz aus Istrien und dem damals noch bewaldeten dalmatinischen Küstenstrich exportiert (Ägypten hatte ja keinen für Bauzwecke geeigneten Baumwuchs), aber auch Wollstoffe. In der Gegenrichtung waren es die sogenannten Spezereien, die schon im Altertum aus Arabien nach Europa gekommen waren, sowie kunstvolle Seidenstoffe, bestickte Brokate und ähnliches. Venedig war dabei der Importhafen, Pavia die Verteiler-Stadt, die Verbindung zu transalpinen Zentren hatte. Wir wissen, daß zum Beispiel Karl der Große sich selbst zwar einfach trug, daß aber in seiner Umgebung manche Herren in diesen gleißenden Wunderstoffen aus Pavia einhergingen, Stoffen, die in Pavia natürlich nur umgepackt worden waren und aus dem Orient stammten. Andere Einfuhren waren Pelze, die aus Rußland über das Schwarze Meer nach Venedig kamen, tyrischer Purpur – ein Luxusartikel, von dem auch die alten Römer schon berichteten – und arabisch-persisches Kunsthandwerk.

Es scheint, daß der Sklavenhandel trotz des Dogenverbotes erst dann ein Ende nahm, als sich ein ebenso einträglicher Ersatz gefunden hatte, nämlich die Waffen. Noch herrschten nicht die Spannungen der Kreuzzugszeit, in der Islam und Abendland für immer zu Feinden wurden, aber die natürliche Dynamik der arabischen Eroberungszüge bedrängte das griechische Kaiserreich in Konstantinopel. Aus dem Jahr 971 ist uns eine Demarche des Kaisers Johannes Tzimisces aus Byzanz bekannt, der sich durch seine Gesandten bei dem Dogen Pietro Candiano IV. bitter darüber beklagte, daß Venedigs Kaufmannschaft die Ungläubigen mit ausgezeichneten Waffen aus den Werkstätten in Kärnten und der Steiermark beliefere. Kaiser Johannes drohte an, Schiffe mit Waffen oder Schiffbauholz für die Sarazenen verbrennen zu lassen, worauf dann Pietro Candiano die entsprechenden Weisungen erließ.

Das hört sich alles ziemlich modern an, und auch die Methoden, mit denen die Vorschriften eines solchen Waffen-Embargos umgangen wurden, zeigen uns, daß es wenig Neues unter der Sonne gibt. Um den byzantinischen Gesandten zu zeigen, wie ernst man die kaiserliche Ermahnung nehme, wurden drei nach Nordafrika bestimmte Schiffe sogleich entladen. Mit hohen Geldbußen oder – im Fall der Zahlungsunfähigkeit – mit dem Tod wurde bedroht, wer künftig Schiffbauholz oder Waffen an die nordafrikanischen Seeräuberstädte liefern würde. Aber den gesamten Nordafrika-Handel einzustellen, das wagte weder der Kaiser zu verlangen noch der Doge anzuordnen. So kam es denn zu Vorschriften, von denen jeder wußte, daß sie nicht wirksam kontrolliert werden konnten (Begrenzung der Holz-Verschiffung auf Pappelholz, Begrenzung der Bretterlänge auf 150 cm usf).

Schon Pietro II. Orseolo, Doge Venedigs von 991 bis 1009, tat sich etwas darauf zugute, daß er zu allen sarazenischen Höfen die besten Beziehungen unterhielt; er sandte Diplomaten und kaufmännische Unterhändler an so gut wie alle potentiellen Kunden Venedigs im arabischen Lager und scheint nur die Omajjaden ausgenommen zu haben, die im eroberten Spanien residierten, und die Abbassiden im fernen Bagdad. Diese waren für Venedig schwer erreichbar und hatten obendrein ihre eigene Handelsstraße zur Ostsee, die von den Nordmännern militärisch gesicherten Wasserstraßen der großen russischen Flüsse. Hauptzweck dieser Gesandtschaften waren sogenannte Privilegienbriefe, die venezianische Schiffer vorweisen konnten, wenn Korsarenschiffe aus Nordafrika sie auf hoher See anhielten.

Venedig nützt also ein uraltes, bereits aus dem vorgeschichtlichen Europa bekanntes Privileg des Kaufmanns aus: Er bewegt sich zwischen den Fronten, er schlägt Brücken, wo er sie braucht, er spielt den Vermittler, wenn es ihm günstig erscheint, er ergreift Partei nur dann, wenn er sich etwas davon verspricht. Daß Venedig diese neuerliche Intimität mit den Sarazenen wagen durfte und dennoch auch von Byzanz umschmeichelt wurde, beweist deutlicher als alle Zahlen oder kriegerischen Einzelaktionen die Macht dieser Stadt. Zu der Zeit, da sie ihre Freibriefe von den nordafrikanischen Seeräubern erhielt, räumten ihr auch die Byzantiner besondere Handelsprivilegien ein. Sie galten nicht nur für venezianische Schiffe, sondern auch für solche, die von venezianischen Kaufleuten befrachtet worden waren, und begrenzten den Hafenzoll von Konstantinopel oder die Abgabe bei der Fahrt durch die Dardanellen auf 2 Solidi beim Eingang und 15 beim Ausgang.

Da Schiffe von Drittländern 30 Solidi und mehr zu bezahlen hatten, bedeutete diese Begrenzung auf eine Gesamtabgabe von 17 Solidi einen deutlichen Vorzug, der den Venezianern allerdings nur gegen die Versicherung eingeräumt wurde, daß sie keine Waren anderer Kaufleute zu diesen Vorzugs-Sätzen verzollten; genannt waren im Besonderen Amalfitaner, Juden und ›Longombardos de civitate Bari‹.

Der Unterschied zwischen Eingangs- und Ausgangszoll erklärt sich aus der Tatsache, daß die Waren, die Venedig aus dem Orient holte, ungleich wertvoller waren als jene, die Europa exportierte. Das alte Wertgefälle der Handelsgüter, das schon in der Antike römisches Silber nach Arabien wandern ließ, weil die Kosmetika und Räucherstoffe nicht durch Gegenlieferungen bezahlt werden konnten, bestand also auch noch im Mittelalter weiter. Europa produzierte noch nicht; ein wenig flämisches Tuch, die guten, mengenmäßig aber unerheblichen Waffen aus alpinen Werkstätten, das war alles, was blieb, wenn Sklaven und Schiffsholz wegfielen.

Um das ganz zu verstehen, erinnern wir uns an die Beständigkeit des Gold-Solidus, der tatsächlich eine solide Sache war und nach beinahe tausend Jahren der unveränderten Wertschätzung erst im elften Jahrhundert ein ganz klein wenig verschlechtert wurde, wodurch die Welt damals in stärkeres Schwanken geriet als durch den Tod eines Papstes. Der

Solidus hatte 4,55 Gramm Feingold; siebzehn solcher Münzen als Hafenzoll entsprachen in der Umrechnung also etwa 600–900 DM, keine Unsumme, aber doch auch nicht ganz unerheblich angesichts der geringen Tragkraft damaliger Handelsfahrzeuge.

Das klingt alles ein wenig trocken, aber es wäre ein Unfug, von Venedig zu sprechen, ohne das wirtschaftliche Geschehen jener Jahrhunderte soweit darzustellen, als es die Händlerschaft der Lagunenrepublik beschäftigte. Denn eben das machte ja die Gesundheit dieses kleinen Staatswesens aus: daß es nicht, wie so viele andere Fürstentümer und Königreiche, seinen Existenzkampf auf dem Rücken ausgebeuteter Leibeigener und unmündiger Kleinbürger austrug, sondern als ganzes ein blühendes Unternehmen war, dem der Doge als Chef vorstand, nicht als gesalbte und unfehlbare Majestät.

Das Bild erhält sogleich Farbe, wenn wir uns vergegenwärtigen, wie die anderen Mächte jener Zeit auf den Aufstieg der einen Stadt in der Lagune reagierten. Es zeigte sich nämlich, daß isolierter Reichtum in einer armen Welt ungemein gefährlich war, und daß alle jene, die nicht die Bildung, die Sachkenntnis und den planenden Verstand der Dogen und ihrer Räte einzusetzen vermochten, rücksichtslos zu den Schwertern griffen, um diesen Nachteil wettzumachen. Darin waren die dalmatinischen und die sarazenischen Seeräuber einander ebenso ebenbürtig wie hochbegabte Herrscher von der Art eines Otto II. oder Robert Guiscard . . .

Der erste, der zugriff, war ein slawischer Seeräuber namens Gaiolo, und seine Beute war die verlockendste. Es war am 31. Januar, der beliebteste Hochzeitstag in der Republik Venedig, und in der Kirche von San Piero di Castello versammelten sich die Hochzeitspaare, um an dem glückbringenden Jahrestag des Eintreffens der Gebeine des heiligen Markus die Ehe zu schließen, als Gaiolo durch den Kanal von San Piero mit seinen Schiffen auftauchte und die Feiernden überfiel. Er führte nicht nur alle Bräute, sondern auch die Brautjungfern und andere weibliche Verwandtschaft mit fort und vergaß auch nicht, den Schmuck und die Wertgegenstände, deren er habhaft werden konnte, mitzunehmen.

Dieser ungeheure Affront wurde jedoch sogleich mit einer energischen Aktion beantwortet. Alarm-Galeeren verfolgten die Räuber, die ja Töchter aus beinahe allen angesehenen Familien Venedigs an Bord hatten, holten sie in einem dalmatinischen Hafen ein und eroberten am 2. Februar die Mädchen und ihre Schätze zurück.

Dieser Brautraub von Venedig hat so viele andere Feste,

Dankes-Veranstaltungen, Opfergaben, Feiertage und Benennungen nach sich gezogen, daß eine breite und reiche, aber auch wuchernde Tradition entstanden ist. Einen wahren Kern billigen der Geschichte jedoch auch skeptische Historiker wie Kretschmayr zu, der das Ereignis ins Jahr 945 verlegt. Danach wäre Pietro Candiano III. der heldenhafte Doge gewesen, der dem Feind sogleich nachsetzte. Nach anderen begab sich alles schon unter Pietro Candiano II. Es gibt auch eine Version, die nicht von den Bräuten der großen Familien spricht, sondern von den *dodici povere donzelle*, also jenen zwölf Mädchen, welche die Republik alljährlich auf Staatskosten für die Ehe ausstattete, weil sie zu arm waren, dieses Heiratsgut von Eltern oder Verwandten zu erhalten.

Wie dem auch sei: Was sich in San Piero begab, einer der ältesten venezianischen Kirchen, die schon um 650 erbaut worden war, ist als Stadtsage in den Kernbestand der venezianischen Überlieferungen eingegangen, lebt in kirchlichen und weltlichen Bräuchen weiter und auch in einem Straßennamen. Nur, was die Bräute in jener Nacht oder in den zwei Nächten erlebten, da sie in den Händen der Erbfeinde der Lagunenrepublik waren, das meldet keine Geschichte, und selbst Lästermäuler wie Aretino haben nicht gewagt, die *Festa delle Marie* mit einer spöttischen Schilderung jener historischen Demütigungen zu beschmutzen. Ein paar istrische Blut-Zuschüsse in den Adern der alten Geschlechter mag es immerhin gegeben haben, und gewiß nicht zum Schaden der Republik.

In dieser Zeit vollzogen sich in der Welt und in Venedig selbst zwei bedeutsame Macht-Übergänge. In Mitteleuropa verlagerten sich die Gewichte durch das Erlöschen der Karolinger und den Machtantritt einer neuen Kaiser-Reihe. Diese war nicht mehr fränkisch-gallisch verwurzelt und mit einem romanischen Kulturhintergrund ausgestattet, sondern stützte sich auf vorwiegend rein deutsche Gebiete, die in ihrem Charakter von Frankreich, Spanien und Italien deutlich unterschieden waren. Hier kündigten sich tiefe Gegensätze zwischen Kaisermacht und Dogenrepublik an.

Der andere Macht-Übergang vollzog sich in der Kleinwelt der Lagune selbst, als mit Pietro Candiano III. die lange (wenn auch nicht ununterbrochene) Reihe der Partecipazio abgelöst wurde und die vier Jahrzehnte der Candiani begannen. Ihre hohe Eignung zum Dogenamt sollte vielleicht durch die Ausschmückung und beflissene Weitertradierung der Brautraub-Geschichte bewiesen werden, so wie ja auch die monarchischen Herrschergeschlechter stets für eine ganze Anzahl zweckdienlicher Legenden gesorgt haben. Wie immer dies war, die historische Folge jenes Sieges über die Brauträuber waren viele Friedensjahre in der Adria, die den Dogen allerdings einige Tributzahlungen kosteten.

Das änderte sich erst, als mit Pietro Candiano IV. ein ausgesprochen kämpferischer, ja kühner Mann an die Spitze der Republik trat, eine Condottieri-Gestalt schon vor dem Anbrechen der Renaissance, eine der verhältnismäßig seltenen Verbindungen zwischen merkantiler Selbstsucht und staatsmännischem Weitblick, wie wir sie erst wieder bei den Medicäern finden werden. Von seinem Vater selbst zum Mitregenten eingesetzt, wollte er das natürliche Ende des alten Dogen nicht abwarten und versuchte einen Aufstand. Sein Vater war vielleicht wirklich schon ein wenig senil, aber es herrschte tätige Ruhe in Venedig, alles ging seinen geordneten Gang, ein äußerer Anlaß, den friedlich seinem Ende entgegendämmernden Dogen gewaltsam seines Amtes zu entsetzen, bestand nicht.

Darum scheiterte Pietro und sollte enthauptet werden, aber sein alter Vater erwirkte die Milderung der Strafe in Verbannung und verpflichtete, tief gekränkt, alle Wahlmänner, den ungetreuen Sohn niemals zum Dogen zu machen.

Pietro freilich gab nicht auf, ging zu König Berengar von Italien und führte an seiner Seite Krieg gegen das unruhige Spoleto. Später setzte er sich an der Po-Mündung fest und begann einen Privatkrieg gegen seine ihm nun feindlich gesinnte Heimatstadt und deren Handel. Dies endete plötzlich, als der alte Doge im Jahr 959 starb. Angesichts der Bedrohung der Stadt durch den Rebellen Pietro entschlossen sich die

Wahlmänner, ihr Versprechen an den Toten zu vergessen und den abtrünnigen, aber offensichtlich sehr energischen Sohn doch zum Dogen zu erheben. Der Klerus muß in dieser Entbindung von einem Eid eine entscheidende Rolle gespielt haben, vermutlich, weil Pietro die heimliche Verpflichtung einging, das bereits so gut wie vergessene Verbot des Sklavenhandels zu reaktivieren. Wie er dies dann tat, ist für seinen Regierungsstil sehr kennzeichnend:

Er verbot seinen Mitbürgern tatsächlich den Sklavenhandel unter Androhung schärfster Strafen, unterband ihn aber nicht, sondern erklärte ihn zum Staatsmonopol. Das heißt: Nur Stadt und Staat Venedig durften fortan mit Sklaven handeln. Die individuelle Bereicherung an diesem Geschäft war damit unmöglich geworden, doch die Einnahmen daraus gingen Venedig nicht verloren. Ob sich für die Sklaven selbst dadurch etwas änderte, daß sie nicht für private Profitgier, sondern unter staatlicher Ägide verschachert wurden, muß bezweifelt werden.

Zu einem weiteren Monopol wurde der Postverkehr erhoben, was ein interessantes Licht auf ein wenig bekanntes Kapitel der Postgeschichte wirft, die für viele ja erst mit dem Haus Thurn und Taxis beginnt. Auf den regelmäßig nach Ägypten und in andere ostmittelmeerische Häfen abgehenden venezianischen Schiffen wurde die gesamte aus Deutschland und ein Gutteil der aus Frankreich und den Niederlanden kommenden Post weiterbefördert. Pietro Candiano IV. nahm nun einen Zwischenfall mit beleidigenden Briefen, die einen der muselmanischen Machthaber verstimmt hatten, zum Vorwand, um diese Brief- und Postbeförderung zu verbieten und der Republik vorzubehalten.

Damit waren zwei sehr einträgliche Geschäftszweige unter die unmittelbare Aufsicht des Dogen gestellt, und wenn Pietro Candiano IV. sich daran auch nicht in einem skandalösen Ausmaß bereicherte, so verfügte er nun doch über ausreichende Mittel, seine Dogenmacht selbst zu befestigen. Er stellte eine schlagkräftige Leibwache auf (die ihm allerdings ebensowenig nützen sollte wie dem Dogen Pietro Tradonico), verbot, auf seine Rüstungen gestützt, die Tributzahlungen an die slawischen Seeräuber und begann mit der Befriedung des adriatischen Ostufers. Bei diesen militärischen, aber auch bei seinen politischen Aktivitäten kam es ihm sehr zustatten, daß die gesamte vorwiegend offizielle Korrespondenz zwischen mitteleuropäischen und vorderasiatischen Machthabern jetzt durch die Hände des Dogen lief.

Die dalmatinischen Seeräuber waren keineswegs isoliert vorgehende Verbrecher, sondern hatten sich nach dem Vorbild der Sarazenen von Algier, Oran oder Tunis ebenfalls zu kleinen Gemeinschaften zusammengeschlossen, die so gut wie ausschließlich vom Seeraub lebten. Zentren dieser Aktivitäten waren die Narenta-Mündung und Ragusa, das heutige Dubrovnik. Da das Hinterland keine nennenswerten Wirtschaftsgüter hervorbrachte, lebten in beiden Fällen geschlossene Miniaturstaaten vom Seeraub, das heißt von der Wegelagerei an einer befahrenen Seehandelsstraße. An der Narenta saßen die kriegerischen Piraten, in Ragusa, das eine im Kern romanisierte Bevölkerung besaß, machte man auch ein wenig antivenezianische Politik oder schaukelte nach bewährten Mustern: man unterwarf sich, wenn Venedig wie unter Pietro Candiano IV. zu stark war, und man schloß sich den Gegnern der Lagunenrepublik an, wenn diese – wie im elften Jahrhundert Robert Guiscard – gute Erfolgschancen hatten.

Pietro Candiano aber war ihnen zu groß. Sie hielten Frieden, auch wenn keine Tribute mehr kamen, und der Aufstieg des unbotmäßigen Sohnes zum Tyrannen von Venedig nahm seinen Fortgang. Zumindest schildern uns die lokalen Chronisten diesen großen Dogen und weitblickenden Kämpfer für die Macht seines Staates als rücksichtslos nach der Krone strebenden, sein Geschlecht zu königlichen Ehren bestimmenden Alleinherrscher, gegen den sich ganz Venedig schließlich um seiner Freiheit willen zusammenschloß.

Die Wahrheit zu finden ist in solchen Fällen nicht leicht, es gibt zu wenig Gegenstimmen, und auch gelegentliche auswärtige Zeugen müssen ja nicht objektiv sein. Als Fakten bleiben, daß Pietro, kaum daß er zur Macht gelangt war, seine aus einem unbekannten venezianischen Geschlecht stammende Frau nötigte, den Schleier zu nehmen. Die Ehe wurde geschieden, ja sogar ihr Sohn Vitale wurde gezwungen, in ein Kloster einzutreten. Aber zumindest diesen Sohn muß Pietro weiter gefördert haben, denn er ist 971 bereits, also in verhältnismäßig jungen Jahren, Patriarch von Grado, und dieses höchste Kirchenamt von See-Venetien erhält man nicht von ungefähr.

Die neue Ehe, der diese Opfer gebracht wurden, zeigt den Dogen tatsächlich wie ein gekröntes Haupt um dynastische Verbindungen und fürstliches Hochzeitsgut bemüht, denn die Braut ist keine andere als Waldrada von Tuszien, Enkelin eines Königs, Nichte der Kaiserin Adelheid, Nichte Kaiser Otto I., des Großen. Die Damen aus Tuszien waren im ganzen Mittelalter besonders reiche Erbinnen, und der glückliche Doge muß aus dieser Verbindung Landbesitz auf der Terra Ferma erhalten haben, vermutlich am Westrand des venetischen Gebietes.

Diese Verbindung wäre an sich nur ein Vorteil für Venedig gewesen, denn nach der Niederwerfung der Sarazenen und der Dalmatiner, nach dem Rückzug der venezianischen Waffen aus den mittelitalienischen Wirren, gab es eigentlich nur noch eine Gefahr, nämlich den mächtigen, aber geldbedürftigen Kaiser. Über ihm stand keine andere Instanz; seine Interessen stießen nur dann an eine Grenze, wenn auf der anderen Seite die Kirche stand. Aber eben der Kirche war Venedig ja ziemlich suspekt. Ob Pietro Candiano IV. auf das Heiratsgut ausging oder ihm Waldrada persönlich so gefiel, wird sich heute nicht mehr klären lassen; daß er als Doge von Venedig nichts Klügeres tun konnte, als sich mit dem Kaiserhaus zu verbinden, das ist jedoch eine geschichtliche Tatsache, und die folgenden Jahre sollten noch zeigen, daß gerade diese Heirat von allen seinen Handlungen wohl jene war, die den erstaunlichsten Weitblick erkennen läßt.

Dennoch: eine Republik und eine kaiserliche Nichte, das mußte in einem Klatschnest wie dem noch kleinen, aber schon begüterten Venedig Anlaß zu Geraune, zu Gerüchten und endlich zu Intrigen geben. Die natürlichen Gegner des starken Dogen waren all jene Geschlechter, denen er mit den beiden Monopolen den Wind aus den Segeln und das Gold aus der Kasse genommen hatte. Sie konnten sich leicht ausrechnen, daß sie unter einem schwächeren Nachfolger wieder mit all diesen einträglichen Geschäften würden anfangen können, denn wenn auch Kirche und Kaiser gegen den Sklavenhandel waren, wer konnte in die Hafenzonen der Inselrepublik schon tief genug hineinschauen, um Verstöße eindeutig festzustellen!

Damit waren, man kann es leicht erraten, die Tage des mutigen und energischen Pietro Candiano gezählt, denn welche Kaufmannschaft sieht Tag um Tag zu, wie einer aus ihrer Mitte immer reicher und mächtiger wird, während er sie an ihrer eigenen Bereicherung hindert? Daß sie so lange warteten, daß sie ihn siebzehn Jahre regieren ließen, ist an sich schon ein Wunder, und es wäre wohl kaum eingetreten, hätte Pietro Candiano nicht schon in den ersten Jahren seiner Herrschaft gezeigt, womit seine Gegner zu rechnen hatten. Als der Bischof von Torcello eine unpassende Anspielung auf die doch an sich widerrechtliche und eidbrüchige Wahl Pietro IV. zum Dogen machte, hatte er sein Episkopat auf der Laguneninsel lange genug innegehabt. Er wurde verhaftet, geblendet und verstoßen und vegetierte fortan in irgendeinem Kloster von Friaul dahin.

Solch einen Mann zu stürzen, war schwer und gefährlich. Lange schwelte die Opposition, lange fand man kein Mittel, die starke Leibwache des Dogen zu umgehen; bis jemand auf den Gedanken kam, in nächster Umgebung des Dogenpalastes Feuer zu legen und so Pietro Candiano zur Flucht zu nötigen. Auf dieser Flucht mußte es dann möglich sein, ihn zu töten.

Angelo Partecipazio hatte im Jahr 814 den ersten Dogenpalast auf dem Rivo alto errichten lassen, im Sestiere San Marco. Am 11. August 976 schlugen ringsum Flammen auf, Rauch und Hitze machten es bald unmöglich, sich im Palast aufzuhalten. Ein entschlossener Ausfall inmitten der Garden hätte Pietro Candiano vielleicht retten können, aber da war Waldrada, da war der drei- oder vierjährige Sohn, den er mit ihr hatte, und um die beiden nicht einem Kampf auf Leben und Tod auszusetzen, suchte der Doge sein Heil in einem unterirdischen Gang, der ihn in den Rücken der Feinde bringen sollte. Aber Venedig wäre nicht Venedig, hätte dieses Geheimnis gehütet werden können: Als die gehetzte Familie am Ende des langen Ganges, halb tot von den Rauchgasen und der Hitze, ins Freie taumelte, warteten auch hier die Verschwörer.

Pietro Candiano bat nicht für sich, sondern nur für seinen Sohn, aber man erschlug das Kind vor den Augen der Mutter und tötete Pietro Candiano mit allen, die für ihn kämpften. Nur Waldrada selbst wurde geschont, aus Angst vor der kaiserlichen Rache, und eben diese wohlüberlegte Schonung beweist uns, daß nicht wildgewordene Mordbuben am Werk waren, sondern genau kalkulierende Herren aus den großen Familien. Nur hinsichtlich des Brandes hatten sie sich verrechnet: Er vernichtete nicht nur den Dogenpalast selbst mit allen Archiven und Aufzeichnungen aus der Frühzeit der Republik, sondern auch dreihundert andere Gebäude, kurz das Venedig der Partecipazio, die so freudig gebaut hatten. Die erste Markuskirche ging in Flammen auf und mit ihr vielleicht auch die Mumie des Evangelisten, aber was hatte das schon zu sagen, wenn man damit aus den roten Zahlen kommen konnte; San Teodoro brannte bis auf die Fundamente nieder und ebenso Santa Maria di Zobenigo.

Die Leichname des Dogen und seines Kindes wurden ins Schlachthaus gebracht, und womöglich hätten die Kaufleute von Venedig sie gar noch zu einem Festmahl verarbeitet, hätte sich nicht der Patrizier Giovanni Gradenigo gegen solche Barbarei gestellt und ein christliches Begräbnis in Sant'Ilario durchgesetzt (Gradenigo zog sich später ins Kloster zurück; Tassini schließt den kurzen Bericht über diese offenbar sehr bedeutende Persönlichkeit mit den Worten: *mori nel 1016 a Montecassino in odore di santità*).

Die Nachfolger des Ermordeten traten kein leichtes Erbe an. Venedig hatte sich durch eine Untat von solcher Brutalität auf eine Stufe mit jenen Piratenstädten gestellt, denen gegenüber es bis dahin als die christliche Ordnungsmacht aufgetreten war. Mit anderen Worten: Die Idee Venedig, das, was man mit einem heute viel strapazierten Wort Selbstverständnis nennt, war unglaubwürdig geworden, und in einer Epoche wie dem Mittelalter hatten Imponderabilien dieser Art durchaus reale Bedeutung.

Es war wichtig, daß keiner der Mörder als Doge gewählt wurde, sondern ein Mann untadeliger Gesinnung, nämlich Pietro Orseolo I., nicht mehr jung, sehr fromm, großzügig und dennoch nicht schwach. Auch darin liegt, wir werden es noch oft feststellen können, zweifellos Methode. Man sündigt, man mordet, man foltert und vergiftet, wie es eben die Lage zu erfordern scheint; tags darauf aber geht über der Lagune schon wieder die Sonne auf, und in ihrem strahlenden Licht schreiten festlich gewandete Ehrenmänner zur neuen Dogenwahl, als sei nichts geschehen.

Im Fall des Candiano-Mordes genügte freilich auch eine virtuose Reinwaschung nicht, denn die gekränkte Familie war die des deutschen Königs und späteren Römischen Kaisers, und jenseits der Alpen vergißt man nicht so leicht. Die Kaiserin Adelheid entsandte ihren Kanzler zu Vermögens- und Entschädigungsverhandlungen nach Venedig. Daß der neue Doge allen Ansprüchen mit größtem Entgegenkommen entsprach, daß auch das Pflicht-Viertel der Candiano-Erbschaft ausbezahlt wurde, das auf den ermordeten kleinen Sohn entfallen wäre, bewirkte zwar keine Versöhnung mit dem Kaiser, glättete aber die Wogen. Was blieb, war die politische Gefahr, resultierend aus der Begehrlichkeit des Kaisers, der Venedig nun weniger schätzte als je zuvor und der in seinen Auseinandersetzungen mit Byzanz und den Arabern nichts dringender brauchte als Venedigs Flotte.

Dieser Kaiser, in der Geschichtsschreibung viel zu sehr im Schatten seines großen Vaters stehend, ist für die verschlagenen Kaufherren und die erfahrenen Ratsgeschlechter der

Lagunenrepublik ein höchst unangenehmer Gegner. Man kann ihn nämlich nicht mit der Rechentafel ergründen, er ist ein Deutscher mit burgundischem Blut, und er hat Theophano zur Frau, die Griechin aus dem byzantinischen Kaiserhaus mit ihren hochfliegenden Plänen und einem bizarren Weltverständnis, das den abenteuernden Sinn des Kaisers zu immer neuen Zielen treibt.

Für Otto II. ist Venedig noch immer ein Stück von Byzanz, ein Stück Levante, und da er Konstantinopel nicht für Theophano erobern kann, will er ihr wenigstens Venedig zu Füßen legen. Das bleibt ein Plan, eine Idee bis zu jenem 15. Juli des Jahres 982, als Otto II. am Capo di Colonne südlich von Crotone nicht nur auf die Armee des griechischen Kaisers trifft, sondern auch auf die Araber, die dieser in seiner Schwäche zu Hilfe gerufen hat. Die Araber sind die besten Kämpfer, die es damals im Mittelmeerraum gab; sie bereiten dem deutsch-italienischen Heer an der kalabrischen Küste eine so vollständige Niederlage, daß der Kaiser nicht einmal mehr ein eigenes Schiff hat, um zu entfliehen, sondern sich nur wie durch ein Mirakel auf ein Griechenschiff retten kann, das ihn wohl unter Drohungen oder gegen hohe Bezahlung wenigstens bis Rossano bringt und damit in Sicherheit.

Fortan denkt Otto II. nur noch über diesen Tag nach und wie er ihn wettmachen kann, für das Reich, für seine Herrschaft, für Theophano. Handelsschranken sollen Venedig in die Knie zwingen, die ganze Küste der nördlichen Adria wird mit Blockade-Stationen ausgerüstet, um den venezianischen Schiffen die Routen abzuschneiden, von denen die Stadt seit Jahrhunderten lebt. Und als sich dem Kaiser in Stefano Caloprino ein grollender Patrizier präsentiert, der sich anheischig macht, für die Erhebung zum Dogen von Venedig alljährlich 100 Pfund Feingold zu entrichten, da scheint die Lagunenstadt unrettbar verloren zu sein.

Venedig gleicht einem sinkenden Schiff, aber nicht die Ratten verlassen es, sondern die Frommen. Pietro Orseolo I. entsagt seinem Dogenamt in der unheiligen Stadt, und es gleicht mehr einer Flucht als einer Abreise, wenn er in einer

Septembernacht des Jahres 978 heimlich ins Kloster Saint-Michel de Cuxa aufbricht. Mit ihm sind bekannte Geistliche des städtischen Lebens wie der Abt Guarinus aus dem Pyrenäenkloster, das den Dogen aufnehmen wird, und jener Giovanni Gradenigo, der schon nach der Ermordung Pietro Candiano IV. in Erscheinung trat.

Nach einem kurzen Zwischenspiel der Candiani – ein Bruder des Ermordeten wird für ein Jahr Doge – wählt die bedrängte Stadt einen reichen Mann aus einem Geschlecht, das bisher noch wenig von sich reden machte, jenen Tribuno Memmo (979–991), der für Kaiser Otto II. ganz gewiß kein ebenbürtiger Gegner ist. Aber der Doge, an dem die Geschichtsschreiber vielleicht mit Grund kein gutes Haar lassen, erhält einen mächtigen Verbündeten in den Ärzten jener Zeit. Seit der Niederlage vom Capo di Colonne kränkelnd, ist der Kaiser nicht einmal einer Magenverstimmung oder einer Darminfektion mehr gewachsen, die ihn in Rom im Herbst des Jahres 983 ereilt. Auch die klügsten Juden, aus Salerno eilends herbeigerufen, können nicht mehr helfen, nachdem die Römer das Übel durch unzweckmäßige Kuren verschlimmert und den Kaiser tödlich geschwächt haben. Otto II. stirbt am 7. Dezember. Venedig ist gerettet.

Die große Versuchung, die Pietro Candiano IV. das Leben gekostet hat, ist nicht mit ihm erloschen. Allzu verlockend ist die Aussicht, es den anderen gekrönten Häuptern gleichzutun, ihnen, denen die Dogen sich intellektuell so oft überlegen fühlen durften, endlich auch im Rang gleich zu stehen. Das Abendland vollendet sein erstes christliches Jahrtausend. Im düsteren Norden, der für die Venezianer mit den Alpengipfeln beginnt, sinnen verworrene Geister dem nahen Weltuntergang entgegen. Das tausendjährige Reich des Christentums neigt sich seinem Ende zu, und was kann nach Christus denn anderes kommen als der Antichrist?

Die Venezianer denken darin konkreter, denn sie begegnen dem Antichrist tagtäglich auf den Wellen der Adria und des Mittelmeers, sie bekämpfen ihn vor Istrien und vor der Narentamündung und sie stoßen auf die blutbefleckte Flagge des Propheten spätestens, wenn die Handelsschiffe die Enge von Otranto passieren und ins offene Mediterraneum hinauslaufen.

Darum braucht Venedig keine Bußprediger und Tröster, sondern einen starken Dogen, einen, der vor der Verantwortung nicht in Seelenschmerzen vergehen und sich in ein fernes Kloster zurückziehen wird, einen, der stark genug ist, den neuen Kaiser Otto III. von der Wiederholung jener räuberischen Abenteuer abzuhalten, die Otto II. noch auf seinem Sterbelager plante.

Daß dies alles so zusammentraf, der Vernichtungsplan gegen die alte Lagunenrepublik und der plötzliche Tod eines Kaisers im besten Mannesalter, das gab zu manchen Gerüchten Anlaß. Fünfhundert Jahre später wäre man überzeugt gewesen, dem Kaiser sei von seinen italienischen Gegnern Gift beigebracht worden. Aber noch waren die Tage der Medici und der Borgia nicht angebrochen, und so glaubte das kleine Volk in den Kirchen von San Marco, Olivolo, Torcello und Grado bereitwillig, daß der Herrgott selbst diesen Handstreich auf die Stadt Venedig verhindert und dem Kaiser seiner Sünden wegen eben noch rechtzeitig das Leben genommen habe.

Otto III. war, als sein Vater starb, noch ein Knabe, und die Damen, die für ihn herrschten, kannten die Venezianer nur allzugut: Die eine war Adelheid, die Witwe Otto I., die andere die byzantinische Prinzessin Theophano, zweite Gemahlin Otto II., dessen Sohn sie im griechischen Geist erzog, dessen Vormünderin sie war. Theophano starb in Deutschland in dem Jahr, da Pietro Orseolo II. zum Dogen gewählt wurde; mit ihr hatte demnach Tribuno Memmo vor allem verhandelt. Adelheid lebte noch bis 999, doch galt Otto III. schon seit 996 als großjährig, ja wurde knapp sechzehnjährig im Mai 996 in Rom zum Kaiser gekrönt. Man hat Friedrich II., den genialen Staufer, *stupor mundi* genannt, den Kaiser, der zur Verblüffung der Welt zwischen Morgen- und Abendland, zwischen Griechentum, Deutschland und der Kaiserkrone ein tatsächlich erstaunliches Herrscherdasein führte. Daß Otto III., dem genialen Knaben, der Beiname *mirabilia mundi* gegeben wurde, ist weniger bekannt, und doch lassen sich die sechs Jahre, die er zwischen Kaiserkrönung und Tod leben durfte, nicht nur mit rationalen Maßstäben messen: Der Sohn Ottos II. und der Griechenprinzessin, der Enkel einer Adelheid, Ottos des Großen und einer bedenkenlos mordenden überenergischen griechischen Großmutter hätte die Welt des Mittelalters noch ganz andere Wunder glauben machen, als sie ihm zuschrieb, wäre ihm nur ein längeres Leben vergönnt gewesen.

Das erste dieser mangels anderer Erklärungen als wundersam bezeichneten Ereignisse war die vielbeachtete Begegnung Otto III. mit dem alten Abt Romuald von Sankt Emmeram zu Regensburg. Romuald hatte sich kritisch über den jungen Fürsten geäußert, Otto war dem Kirchenmann darum zunächst abweisend und hochfahrend begegnet. Nach einer Stunde des Gesprächs jedoch sahen die Getreuen des Königs ihn wie einen Schüler zu Füßen des klugen alten Abtes sitzen, seine Hand halten, seinen Worten lauschen, seinen Segen erbitten.

Das zweite war der Zug über die Alpen, über den tiefverschneiten Brennerpaß, war das verblüffende Aufflackern nicht nur der Sympathie, sondern der Liebe fremder Völker für den deutschen Knaben, der Griechisch als Muttersprache und daneben noch das Lateinische beherrschte, der als Sproß zweier Kaiserhäuser in seiner strahlenden Jugend und hohen Begabung dazu bestimmt schien, die alte Einheit der zwei Kaisertümer wieder herzustellen.

Noch ehe er Rom erreichte, starb dort der Papst, und das Volk von Rom wie der Klerus baten um einen Papst aus der Hand des Kaisers – aus der Hand eines Sechzehnjährigen. Otto entsandte seinen Neffen Brun, einen gebildeten jungen Mann, der als Gregor V. den Thron Petri bestieg. So war es ein Urenkel Ottos des Großen, der den Enkel jenes großen Kaisers im Mai 996 krönte . . .

Kaum hatte Otto die Alpen bezwungen, als schon die erste venezianische Gesandtschaft um Gehör bat. Und in Verona, bei der ersten langen Rast, fanden sich wiederum Herren aus Venedig ein: sie stellten Otto III. ein Kind vor, den Sohn des Dogen Pietro Orseolo II., und man bat, diesem Dogensohn den kaiserlichen Namen zu geben. Damit begann eine der seltsamsten Männerfreundschaften in der Geschichte der deutsch-italienischen Beziehungen, seltsam vor allem, weil Otto III. und Pietro Orseolo II. einander jahrelang nur brieflich und durch Mittelsmänner kannten, ehe sie einander in einer mysteriösen Begegnung auf dem Lido di Pomposa kennenlernten.

Otto III. war in einem ungewöhnlichen Maß den Männerfreundschaften hingegeben oder vielmehr an Einflüsse ausgeliefert, die ihm von bedeutenden Männern zukamen. Zunächst waren es seine Lehrer gewesen, der große Bernward, der ihm die Welt der damaligen Bildung erschloß, danach der Franzose Gerbert, ein Mann von starkem Geist und ebensolchem Temperament, den der Kaiser später zum Papst machte. Auf diese Einflüsse folgte Woytech, der Pruzzenapostel, bei uns meist Adalbert von Prag genannt, eine unbeugsame und tief gläubige Natur, die aus dem halbheidnischen Prag angewidert wegging, wo man Sklavenhandel trieb und sich von der heidnisch-slawischen Handelszone zwischen Ostsee und Schwarzem Meer stärker angezogen fühlte als vom christlich-deutschen Kaisertum.

Woytechs schließliches Martyrium an einem unbekannten Ort der pruzzischen Ostseeküste war zweifellos herausgefordert: die Pruzzen hatten, wohl schon aus Aberglauben, den fremden Prediger zweimal, ohne ihm Schaden zu tun, außer Landes gewiesen, ehe ihn ein Pruzzenpriester, dem die Christen den Bruder erschlagen hatten, in einer mehr privaten Rachehandlung töten ließ. Das empfängliche Gemüt des jungen Kaisers stellte zu diesem Tod eines begabten Menschen, den er während eines Zuges über die Alpen oft und lange gesprochen hatte, eine beinahe mystische Verbindung her, fühlte oder ahnte ein verwandtes Schicksal.

Man weiß heute, daß der Kaiser in Rom eine Kirche erbauen lassen wollte, zum Ruhm Adalberts von Prag und im Gedenken an diesen Pruzzenapostel mit den Reliquien eines anderen Apostels ausgestattet, den Gebeinen des Bartholomäus, die – wie man damals annahm – in Benevento ruhten. Die Mönche wagten dem jungen Kaiser den Wunsch nicht abzuschlagen, aber sie wagten es, ihn zu betrügen: sie übergaben ihm nicht die Gebeine des Apostels, sondern die des heiligen Paulinus von Nola.

Begegnungen mit dem heiligen Nilus von Gaeta folgten, der dem Kaiser seinen frühen Tod angekündigt haben soll, danach Wochen der Einsamkeit in der Eremitenhöhle des heiligen Clemens und schließlich die Klausur bei Subiaco, wo auch der heilige Benedikt Einkehr gehalten haben soll. Man schrieb das Jahr Tausend, alles deutete für Otto III. auf ein nahes Ende hin, ein Ende, das er vielleicht nicht als seinen persönlichen Tod, sondern als den großen Weltuntergang ansah.

Aus dieser Seelenlage heraus, die ihn veranlaßte, seinem Namen Bezeichnungen wie *Knecht der Apostel* oder *Knecht Jesu Christi* hinzuzufügen, muß man den Versuch begreifen, ein weltliches Gegengewicht gegen den geistlichen Zuspruch zu schaffen, der ihm in so reichem Maß zuteil wurde. Ein anderer Herrscher kam dafür kaum in Frage. Otto war der Kaiser, und wenn es auch Könige gab, die sich vom Reich losgesagt hatten wie die Kapetinger, wenn es auch in Byzanz einen anderen Kaiser gab, so bedeutete die Institution eines rein weltlichen Fürstenamtes, wie sie die gewählten Dogen repräsentierten, doch ein Unikum in der Umwelt des jungen Kaisers. Dazu kam natürlich die Ausstrahlung Pietro Orseolos, kam alles, was man von seinen Erfolgen vernahm, kam die Aura des Glücks und der glückhaften Entscheidungen, die diese auch in der Geschichte Venedigs hervorragende Persönlichkeit umgab.

Doge und Kaiser waren als Naturen wohl sehr verschieden, waren durch Bestimmung, Ziel und persönlichen Horizont andererseits aber zu einer Freundschaft bestimmt, wie sie Otto III. aus persönlichen, der Doge aus politischen Gründen dann auch suchte. Im faszinierenden Bild dieser beiden Persönlichkeiten, die an der Jahrtausendwende aufeinander zugehen, wird oft der Mann vergessen, der die Begegnung zwischen ihnen zustandebrachte, der dem Kaiser durch Jahre das Bild Pietro Orseolo II. zeichnete und umgekehrt dem Dogen von der Persönlichkeit des jungen Herrschers berichtete: der Geheimschreiber und Diakon Giovanni des Hauses Orseolo, in der Literatur bekannt als Johannes Diaconus.

In einem Schreiben des erst fünfzehnjährigen Königs Otto III. vom 1. Mai 995 wird Johannes Diaconus zum erstenmal erwähnt. Danach finden wir ihn sehr häufig als Kurier mit interpretatorischen Aufgaben, das heißt, er überbrachte nicht nur Schriftstücke, sondern hatte auch die Pflicht, sie zu erläutern und dazu Rede zu stehen. Ob er Verhandlungen im eigentlichen Sinn führte, ist jedoch nicht klar. In den Jahren 995 bis 1000 reiste er in der beschriebenen Verwendung nach Aachen, Ravenna, Rom und Como, und im März des Jahres 1001 ist er es, der die persönliche Begegnung zwischen dem Kaiser und dem Dogen zustandebringt:

Johannes hatte in Pavia Gelegenheit gehabt, von den dalmatinischen Feldzügen Pietro Orseolo II. zu erzählen. Da der Chronist an diesem erfolgreichen Unternehmen selbst teilgenommen hatte, geriet der Bericht besonders farbig und interessierte den Monarchen sehr. Bei dieser Gelegenheit scheint Otto III. zum erstenmal den Wunsch geäußert zu haben, den Dogen zu sprechen, vermutlich auch schon mit der Bitte um Geheimhaltung, damit niemand auf den Gedanken komme, der Kaiser wolle sich etwa der venezianischen Flotte für weitausgreifende imperialistische Pläne versichern oder die Vermittlung des Dogen für eine eheliche Verbindung mit Byzanz in Anspruch nehmen.

Im März des Jahres 1001 ist es dann endlich so weit. Auf der Rückreise von Rom rastet der Kaiser in Ravenna, und Johannes Diaconus beginnt, wie ein Weberschiffchen hin und her fahrend, die Verhandlungen über die näheren Umstände des Treffens. Zunächst sieht es so aus, als wolle Otto III. nur wieder einen seiner Meditations-Aufenthalte in den Ablauf seiner Geschäfte einschieben, zu welchem Zweck er ja stets Landschaften aufsuchte, die seinem romantischen Gemüt besondere Stimmungen vermittelten. Offenbar erwartet er von der frühlingshaften Lagune, der Einsamkeit der Inseln, den Wasserstimmungen und den Barken neuen Auftrieb nach den anstrengenden Tagen in Rom und auf der Reise.

Ostern wird noch in Ravenna gefeiert, zwischen den ehrwürdigen Bauten jenes Theoderich, der, wiewohl nur König von Italien, doch als ein letzter römischer Kaiser über die ganze Halbinsel herrschte. Danach, am 14. oder 15. April, sucht Otto III. mit einigen Vertrauten das Kloster von Pomposa auf. In Ravenna nimmt man ehrfürchtig an, es seien nachösterliche Exerzitien, die den frommen Kaiser dort beschäftigen werden, aber der Diakon Johannes hat eine große Gondel bereitgestellt, und schon am Abend der Ankunft geht es in größter Heimlichkeit weiter nach San Servolo, wo Pietro Orseolo II. seinen hohen Gast erwartet. Beinahe vierundzwanzig Stunden ist der Kaiser quer durch die Lagune gefahren, eine Nacht und einen Tag, bis der Doge ihn in die Arme schließen kann.

Zwei vertraute Freunde des Kaisers, der (spätere) Bayernherzog Ezilo und Federico, später glanzvoller Erzbischof von Ravenna, bleiben bei ihm, als er nach einer Andacht in San Zaccaria im Dogenpalast Wohnung bezieht; die anderen Herren werden offiziell als eine Delegation des auf der Insel Pomposa weilenden Kaisers empfangen.

Der kaiserliche Jüngling scheint dem weltmännischen Charme seines Gastgebers völlig erlegen zu sein. Johannes Diaconus berichtet glaubwürdig, daß Otto III. sich bereiterklärte, dem Dogen alle politischen Wünsche zu erfüllen – und deren hätte es ja tatsächlich mehr als genug gegeben. Pietro Orseolo jedoch war viel zu vornehm, die Gunst der Stunde über Gebühr zu nutzen. Er bat lediglich für seine Stadt um die Zurücknahme jener Härten, die sich unter Otto II. in das Verhältnis zwischen dem Reich und Venedig eingeschlichen hatten, um die Rückführung der Tribute auf die seit alters übliche Höhe und um den Verzicht auf das Palliengeld, eine drei Monate nach der Weihe eines Erzbischofs oder Patriarchen an den Kaiser abzuführende Summe, durch die Venedig in besonderer Botmäßigkeit erschienen wäre.

Von den Geschenken, die der Doge für Otto III. bereithielt, nahm dieser erst nach langem Zureden einen silbernen Reliquienschrein, einen Elfenbeinstuhl und eine silberne Tasse an. Hingegen war er sofort bereit, die kleinste Tochter des Dogen aus der Taufe zu heben. Damit all das unbemerkt bleibe (was man sich allerdings schwer vorstellen kann), ging Orseolo seinen Amtsgeschäften etwa in dem Maß nach wie an gewöhnlichen Tagen, brachte aber in seinen Arbeitspausen jede freie Stunde mit dem Kaiser zu. Tags darauf reiste Otto mit Johannes und seinen zwei engsten Freunden wiederum nach Pomposa, während die offizielle Delegation erst am übernächsten Tag Venedig verließ.

Während wir durch Johannes Diaconus als Augenzeugen ziemlich genau über die Begegnung der beiden Fürsten unterrichtet sind, läßt sich nur schwer ein Bild von jenem Venedig gewinnen, das Otto III. zu Gesicht bekam. Berühmt mußte die Stadt schon gewesen sein, auch in ihrer baulichen Gestalt, denn Otto hatte schon lange den Wunsch gehegt, Venedig zu betreten. Aber aus der Zeit der Orseolo hat sich beinahe weniger erhalten als aus dem älteren Abschnitt der vielbauenden Partecipazio. Das Bacino Orseolo wurde erst im neunzehnten Jahrhundert für die Gondeln eingerichtet, die bei San Marco Anlegeplätze brauchten; es erinnert mehr als achthundert Jahre nach den Ereignissen an das Armenspital, das der heiliggesprochene Doge Pietro Orseolo I. hier hatte erbauen lassen. Auch der Campo Rusolo o Canova im Raum des Campo San Gallo, in dem sich der Name der Orseolo-Dogen wenigstens verunstaltet erhalten hat, wird heute nur noch genannt, weil hier das angebliche Sterbehaus des Antonio Canova steht. Es gehörte damals (1822) dem bekannten Caffettiere Francesconi, kurz Florian genannt.

Hier erhob sich der feste Palast des Geschlechts Orseolo, kenntlich an seinen wehrhaften Türmen. Die Markuskirche hingegen war in ihrer zweiten Gestalt noch nicht völlig errichtet, Otto III. muß die Fundamente gesehen haben, die in den Sumpfgrund gerammt worden waren, die Pfosten und die Steinschüttungen dazwischen und die Rohbauten, die man darauf aufgeführt hatte. Vielleicht waren in einzelnen Teilen des Neubaus auch schon Steinmetzen um die Innenausstattung bemüht. Weiter gediehen war die Kirche San Zaccaria, von der man schon in ganz Europa sprach; sie birgt die einzigen Bauteile aus jener Zeit, die dreischiffige Krypta im byzantinischen Stil unter der Capella San Terasio, rechts von der großen Kirche aus dem fünfzehnten Jahrhundert. Die Apsis dieser Krypta steht auf den Grundmauern eines noch älteren Chores, so daß man einen Baubeginn um 850 für das Nonnenkloster (heute Kaserne) und die erste Kirche annehmen kann. Der Tradition nach war es allerdings Leo V. der Armenier, einer der tüchtigsten Kaiser des späten oströmischen Reiches, der zwischen 813 und 820 das Kloster begründete.

Als Kaiser Otto III. hier betete, war San Zaccaria eines der wohlhabendsten Klöster des ganzen Venetien, weil die

Töchter des Patriziats hier aufwuchsen und San Zaccaria reiche Spenden zubrachten.

Ein wichtiger Punkt scheint damals noch nicht besprochen worden zu sein: die Erhebung Pietro Orseolo II. in den Stand eines Herzogs von Venetien und Dalmatien und seine Anerkennung als solcher. Der siegreiche Feldzug nach Dalmatien lag zwar schon hinter ihm, aber es mochte ihm widerstreben, von einem Jüngeren eine so große Gunst zu erbitten (sie wurde ihm wenige Jahre später durch Ottos Nachfolger Heinrich anstandslos bewilligt). Hingegen muß Johannes Diaconus wohl die Tatsache erwähnt haben, daß das Geschlecht der Orseolo aus Deutschland stammte und über Torcello, wo es zuerst Bedeutung erlangte, nach Venedig einwanderte. Dieser Umstand würde erklären, daß der Kaiser für zwei Kinder des Dogen den Paten machte, und daß er in diesem Nachkommen eines deutschen Geschlechts, der zwischen Byzanz und dem Westreich zu großer Macht und Geltung aufgestiegen war, vielleicht eine Parallel-Existenz zum eigenen Schicksal sah. Ein dreiviertel Jahr später, am 23. Januar des Jahres 1002, starb Otto III. auf dem Kastell Paterno, von wo aus er seit Monaten einen nutzlosen und aufreibenden Krieg gegen die unbotmäßigen Römer geführt hatte.

Die deutschen Fürsten hatten ihm nur widerwillig Truppen geschickt, und selbst die deutschen Bischöfe, auf die sich der fromme Kaiser vor allem verlassen hatte, waren mit ihrer Hilfe weit hinter seinen Erwartungen zurückgeblieben. Papst Sylvester – seinem ehemaligen Lehrer Gerbert – gelang bald nach dem Tod des Kaisers durch Verhandlungsgeschick die friedliche Rückkehr auf den heiligen Stuhl, aber er überlebte seinen jugendlichen Gönner nur um ein einziges Jahr.

Venedig hatte in Otto III. einen Freund verloren, das betonte Pietro Orseolo auch gegenüber Kaiser Heinrich II., der Ottone Orseolo, den Dogensohn mit dem kaiserlichen Vornahmen, schon als Jüngling begrüßen konnte. Vielleicht bedauerte Heinrich in diesem Augenblick, daß der hochbegabte Otto III. nicht den weltoffenen Sinn und das nüchterne Erbe vieler Kaufmannsgeschlechter mitbekommen hatte, sondern die phantastischen Sehnsüchte aus dem Geist seiner griechischen Mutter.

In den Schicksalen Ottos II. und Ottos III. kündigte sich deutlich an, wieviel Kraft das große Römische Reich Deutscher Nation für Italien brauchen werde. Aber auch auf die kleine und in ihrem Reichtum scheinbar so glücklich von anderen Staaten unterschiedene Republik Venedig kam an jener Jahrtausendwende unmißverständlich die schicksalhafte Aufgabe ihrer Existenz zu: der Kampf um die Freiheit der Adria-Schiffahrt.

Hatten die Dogen sich im weiten Raum des Mittelmeeres mit den Piratenfürsten von Tunis, Oran, Algier und anderen arrangieren können, so warteten die von ihrer Armut zur Kühnheit gezwungenen dalmatinischen Seeräuber oft schon vor den Durchlässen der Lagune. Sie hatten keine andere Wahl, sie mußten sich in einen Dauerkrieg mit Venedig stürzen, und Venedig wiederum mußte entweder Tribute bezahlen, von denen die Piratennester einigermaßen leben konnten, oder den Versuch machen, sie in ihren Schlupfwinkeln, in der klippenreichen Küste Süddalmatiens aufzuspüren.

Das Gravierende des Problems lag in seiner Ausweglosigkeit. Selbst wenn die Dogen alljährlich ausfuhren, um die Piraten zu züchtigen, würde es immer wieder Piraten geben, denn die Küste war lang, die Adria schmal, die Buchten waren tief und die Berge, in die sich das Piratenvolk flüchten konnte, blieben für Landungstruppen so gut wie unzugänglich. Trafen solche Bedingungen zusammen: geschützte Lage am Meer, Unzugänglichkeit von der Landseite her, dann waren Seeräubernester oft durch Jahrhunderte nicht auszurotten gewesen, auch nicht durch stärkste Flotten, das hatte schon mancher römische Admiral ebenso erkennen müssen wie später Karl V., sein Sohn Don Juan d'Austria oder der große Doria von Genua.

Im Lauf des zehnten Jahrhunderts hatte sich darum die Praxis herausgebildet, lieber zu bezahlen als Krieg zu führen. Venezianische Kaufleute hatten nach und nach an verschie-

denen Punkten der Adriaküste Niederlassungen errichtet. Das waren keine Kolonien, sondern nur venezianische Handelshäuser in Hafenstädten, die entweder unter der schwächlichen Herrschaft des byzantinischen Reiches standen oder in der ebenfalls ziemlich theoretischen Oberhoheit des Westreiches, wie man das Römische Reich vorerst noch nennen muß, zum Unterschied von jenem anderen Kaiser in Konstantinopel, der erst im Jahr 1453 aus dem Geschichtsbild verschwinden wird.

Auf diese Weise hatten sich Linien quer über die Adria gesponnen; Ancona und Bari waren ebenso zu Venedig in Beziehung getreten wie etwa Zara, Spalato und Ragusa, Städte, die, statt ihre ruhmreichen alten Namen zu führen, heute Zadar, Split und Dubrovnik heißen wollen. Daß die venezianischen Kontakte ohne eigentliche politische Bindungen funktionierten, kam daher, daß alle Beteiligten Handel trieben, und daß man ja durchaus nicht draufzuzahlen brauchte, wenn man sich etwa in den venezianischen Levantehandel einschaltete. Nicht Venedig war der Fremdkörper, gegen den sich die armen Adria-Anrainer wehrten: die kleinen Piratennester, die nichts anzubieten hatten, waren wenige, aber hartnäckige Friedensstörer in einem Lebensbereich, der mangels kräftiger Autoritäten seine eigenen Ordnungen improvisiert hatte.

Da zu diesen Ordnungen auch das Geld aus Venedig gehört hatte, traf es die anderen Adriastädte wie ein Donnerschlag, daß der Doge Pietro Orseolo II. schon in den ersten Tagen seiner Regierung erklären ließ, Tribute jedweder Art, Stillhaltegelder und wie die Titel immer lauten mochten, dürften fortan an niemanden entrichtet werden. Man duckte sich, man kannte ihn noch nicht, den neuen Dogen, man sann auf verwundbare Stellen im neuen venezianischen Panzer und begann da und dort mit kleinen Vorstößen gegen die Levanteflotten der Republik, bis am Himmelfahrtstag des Jahres 1000, weiß Gott einem gesegneten Tag am Beginn eines neuen Milleniums, der Doge selbst ausfuhr, mit der Kriegsflotte der Republik die Insel Olivolo verließ und Ostkurs nahm.

Die ersten Stationen lagen an der Lagune; sie waren keineswegs feindliches Land, aber Rivalen gab es natürlich auch in Grado, Rivalen nicht so sehr für die weltliche Macht des Dogen als für die geistige Präponderanz Venedigs, die geistliche Insubordination, wie sie sich aus dem Machtzuwachs für die Markus-Inseln Rivo alto und Olivolo ergeben hatte. Die Markus-Flagge der Ausfahrt hatte denn auch der Bischof von Olivolo gesegnet; um nicht zurückzustehen, brachte der Patriarch von Grado das Banner des heiligen Hermagoras, des Markus-Schülers und ersten Bischofs von Aquileia. Eineinhalb Jahrzehnte später wird sich die Macht der Familie Orseolo soweit ausgebreitet haben, daß solche Besuche nur noch verwandtschaftlichen Charakter haben, wenn Vitale Orseolo Bischof von Torcello ist und sein Onkel Orso, der Bruder des Dogen, Patriarch von Grado. Für den Augenblick aber stand man noch auf gleichem Fuß, der Doge und der Patriarch, und erst gegenüber Andreas, Bischof von Parenzo, konnte man ein wenig mit dem Säbel rasseln, die Schiffe paradieren lassen und die Unterwerfung des Kirchenfürsten entgegennehmen.

Bischof Bertaldus von Pola gab sich sogar ausgesprochen erleichtert, saßen ihm doch die Kroaten allzu nahe im Nakken. Er bekannte sich nicht nur zum Vasallentum gegenüber Venedig, er begab sich in den Schutz des Dogen mit der Versicherung, ihm künftig doppelte Ehren erweisen zu wollen, als dem Haupt der Republik Venedig und als dem Schutzherrn des Patriarchen von Grado. Das waren Erklärungen, die der Kaiser in Konstantinopel, dem östlichen Rom, nicht hören durfte, aber der Kaiser war eben fern und der Doge lag mit seinen Galeeren vor Pola.

Von nun an ging es in Gebiete, über die Venedig keine Macht, auf die es keinen Anspruch hatte. Die Fahrt wurde zur Expedition, Strafandrohung gegen Ruhestörer, Machtdemonstration vor den Schwankenden. Am 19. Mai, zehn Tage nach der Ausfahrt, wurde die Insel Cherso, das heutige Cres, erreicht und das Pfingstfest gefeiert. Pietro Orseolo bewegte seine Schiffe also mit einer für mittelalterliche Verhältnisse erstaunlichen Schnelligkeit, und die Leute von Ossero, Stadt wie Hinterland, gelobten Wohlverhalten, ja leisteten den Untertaneneid. Daraufhin rekrutierte der Doge auf der Insel, was ohne Zwang geschehen konnte, denn man hatte ohnedies nicht viel zu beißen, und wenn fortan auch das bißchen Seeraub verboten sein sollte, dann war es schon besser, gleich venezianischen Sold zu nehmen, da hatte man wenigstens sein tägliches Brot.

Zara war demgegenüber schon ein wenig zurückhaltender. Die Stadt hatte starke Mauern, sie hatte eine beachtliche römische Vergangenheit, sie fühlte sich Venedig höchstens wirtschaftlich unterlegen. Aber auch Zara hatte, eben seiner römischen Bevölkerung wegen, steten Unfrieden mit den Kroaten des Hinterlandes, mit den Slawen, die erst eingewandert waren, als sich die römische Macht vom Balkan zurückzog und nur kleine romanische Zonen – eben die Städte – zurückblieben. Der Schutz Venedigs bedeutete wenig Nachteile und möglicherweise den entscheidenden Vorteil, also versprachen der Bischof und der Prior von Zara, aber auch die Vertreter der Bürgerschaft bei kirchlichen Feiern aller Art den Namen des Dogen gleich nach dem des griechischen Kaisers zu nennen und sich Venedig zu unterwerfen, soweit dies möglich sei, ohne die byzantinischen Ansprüche zu verletzen.

Der Akt von Zara rief den Kroatenkönig auf den Plan, einen Mann, dessen Namen nur die Lokalgeschichte bewahrt hat und der darum in seiner ganzen ungeschliffenen Unaussprechlichkeit auf uns gekommen ist: Dirzislaw hatte seinem Bruder Surinja den Thron geraubt, sah nun aber die fettesten Beuten davonschwimmen und sandte Unterhändler, um zu retten, was noch zu retten war. Pietro Orseolo empfing die stark nach Wald und Weide duftenden Herren gar nicht erst, sondern ließ sie aus dem Lager weisen. Den betrogenen Surinja hingegen ehrte er dadurch, daß er seine eigene Tochter Izella dem Surinja-Sohn Stepan zur Frau gab, ja mit Surinja ein Bündnis abschloß, das sich naturgemäß nur gegen den Thronräuber Dirzislaw richten konnte. Dabei kam es zu den ersten Kampfhandlungen: Vierzig kroatische Schiffe, die sich auf der Rückkehr aus Apulien der Insel Curzola genähert hatten, wurden von den Venezianern aufgebracht.

Nun hatte Zara sich gegen Dirzislaw zu wehren, aber die guten Mauern und die venezianische Besatzung widerstanden allen Angriffen. Die Flotte selbst fuhr weiter nach Süden, eroberte Insel um Insel, belagerte die Bischofsstadt Trau und eroberte, noch ehe der dalmatinische Sommer sich voll entfaltete, das reiche Spalato, die Stadt im Palast des Diokletian.

Mit dem Treueid des Erzbischofs von Spalato war sehr viel gewonnen. Kroaten und Serben kamen nun zur Unterwerfung hier zusammen, ja selbst der rauhe Dirzislaw räumte widerwillig ein, daß er künftig auf jeden Tribut verzichten und die venezianische Handelsschiffahrt ungeschoren lassen werde.

Damit war eigentlich alles venezianisch geworden, was die Republik mit Recht beanspruchen konnte, um ihre Seewege zu sichern, denn von nun an, von Spalato nach Süden, begann ja genaugenommen der Bereich einer anderen Handelsrepublik, der Stadt Ragusa. An der Grenze der beiden Interessensphären tummelten sich, wie das oft so ist, die Küstenpiraten von Curzola und Lagosta, erstaunliche Männer, die nicht selten aus Kähnen heraus, mit bloßen Messern bewaffnet, an Bord der Kauffahrer sprangen, dünne, drahtige Kämpfer von ungewöhnlicher Kühnheit, mit denen zu verhandeln gar keinen Sinn gehabt hätte: Hier mußte das Schwert sprechen. Es wurde die eigentliche Bewährungsprobe für Pietro Orseolo II., und die hier errungenen Siege beweisen uns, daß das Venedig des Mittelalters noch kämpfen konnte, daß die Kaufleute jener Zeit noch wie die Hanseaten und die Merchant Adventurers die Geldkatze weglegen und zum Schwert greifen konnten, wenn es not tat – eine Fähigkeit, die ihnen zum Schaden ihrer Stadt in späteren Jahrhunderten abhanden kam.

Das Ferienparadies des heutigen Korcula zeigt uns nur um die Stadt selbst, an der Nordküste der Insel, ein paar alte Befestigungsmauern; im übrigen aber liegt die Insel höchst idyllisch in einem blauen Meer, auf dem sich weit und breit kein Korsarensegel zeigt. Lagosta, das heutige Lastovo, gab mit Steilküsten und Riffen den venezianischen Kapitänen manche Schwierigkeit auf, auch erwies sich die Stadt hinter ihren Mauern als kaum einnehmbar. Man kapitulierte schließlich mehr zur Gesellschaft und um ein Ende zu machen, weil die Venezianer sonst auf dem nahen Korcula allzu hart gehaust hätten. Besser, der Feind wurde nicht gereizt und zog bald weiter. Daß die Männer von Lastovo sich seither, seit dieser Eroberung im Jahr 1000, nur noch dem Sardellenfang und dem Weinbau widmeten, ist jedenfalls nicht anzunehmen.

Die Eroberung der beiden hartnäckig verteidigten Seeräubernester verfehlte ihren Eindruck auf die Rektoren von Ragusa nicht, und als auch noch Ragusa Vecchia erstürmt wurde, die Mutterstadt der kleinen Handelsrepublik an der unteren Adria, da fügten sich die Ragusaner mit ihrem Vorhafen Gravosa in eine neue Oberhoheit. Pietro Orseolo gab sich gewiß keinen Illusionen über die Dauer dieser erzwungenen

Verbindung hin. Ragusa war Venedig zu ähnlich. Es war entstanden, als die Einwohner von Epidaurum vor den andrängenden Slawen in die geschützteren Küstenlagen von Ragusa und Gravosa flüchteten. Epidaurum wurde von den Slawen erobert und unter den Namen Ragusa Vecchia ein Seeräubernest. Das neue Ragusa mit dem ausgezeichneten Hafen an der gegen Wogen und Winde gut geschützten Bucht von Gravosa hatte romanische Einwohner, die sich unter dem Schutz eines fernen Kaisers wesentlich wohler fühlten, als dies in einem kroatischen Königreich der Fall gewesen wäre. Mit Tributen, soliden Stadtmauern und einer weisen Schaukelpolitik hielten sie sich zwischen den Mächten ganz ähnlich wie das größere und mächtigere Venedig, und man darf vorwegnehmend sagen, daß Ragusa, die schöne Stadt an ihrem prächtigen Stradone, sogar die Türkenzeit ohne Fährnisse überstand. Mit zeitweise sehr hohen Tributen an die neuen Herren des Balkans bestand Ragusa in seiner Selbständigkeit etwas länger als Venedig, es wurde erst 1808 in die napoleonische Gründung eines illyrischen Staates einbezogen.

Ragusa mit seinem selbstbewußten Egoismus macht deutlich, daß die militärischen und politischen Ergebnisse dieser glanzvollen Flottenfahrt nicht von langer Dauer sein konnten. Dennoch hatte sie unternommen werden müssen, was schon daraus hervorgeht, daß auch die späteren Dogen immer wieder zu ähnlichen Demonstrationen der venezianischen Macht genötigt waren.

Im Bild des Pietro Orseolo und seiner Herrschaft war das Jahr 1000 dieser Siege wegen wohl der Höhepunkt, und es war auch die Mitte seiner Regierungszeit, die von 991 bis 1008 reichte. Mindestens ebenso wichtig wie die außenpolitischen Erfolge waren jedoch die Verbesserungen, die diese militärischen Vorstöße für die wirtschaftliche Lage Venedigs brachten. Ein paar Jahre war die Adria nun doch ein freies Meer, und mehr brauchten tüchtige Kaufleute nicht, um ihrer Stadt einen Aufschwung zu bescheren, wie sie ihn bis dahin nicht erlebt hatte. In dem langen Auf und Ab der venezianischen

Geschichte ist dieses Jahr 1000 mit der ihm folgenden Entfaltung von Macht, Reichtum und Baupracht nicht nur am leichtesten zu behalten, sondern auch am wenigsten umstritten.

Wilhelm Giesebrecht nennt in seiner großen Geschichte der deutschen Kaiserzeit Pietro Orseolo II. die größte Herrscherbegabung des ganzen Jahrhunderts und stellt ihn für das elfte Jahrhundert der Leistung Otto des Großen im zehnten gegenüber. Das sind große Worte für eine Zeit, in der es immerhin Knut den Großen und Jaroslaw den Weisen von Kiew gab, Wilhelm den Eroberer, Robert Guiscard und einen Papst wie Gregor VII. Aber wenn man das Werk der siebzehn Jahre betrachtet, die diesem Dogen gegönnt waren, dann möchte man sagen, daß tatsächlich kein König besser für sein Volk sorgen konnte, als der gewählte Primus einer Bürgerschaft es für Venedig getan hat.

Diese Fürsorge umfaßte keineswegs nur Venedig selbst. Auf Torcello, wo man ja schon früher in Stein gebaut hatte als auf Rivo alto, mußte die Kirche erneuert werden; das Bauwerk, das wir heute vor uns sehen, stammt aus dem letzten Regierungsjahr Pietro Orseolos und wurde von seinem Sohn Ottone vollendet, als der Vater aus dem Amt geschieden war (der erste Bau von Santa Maria Assunta erfolgte schon unter Kaiser Heraklius von Byzanz, in den Jahren 639/41). Auch die Stiftung von Santa Fosca, wo 1011 mit den Bauarbeiten begonnen wurde, dürfte noch auf Pietro Orseolo II. zurückgehen, der sein großes Vermögen mit der Selbstverständlichkeit eines Erbherrschers für die Verschönerung seines ganzen Herrschaftsbereiches einsetzte.

Cittanuova, das einstige Heracliana, wurde ebenso mit neuen Bauten versehen und erhielt Geld für Ausbesserungsarbeiten an Mauern und Dämmen wie das alte Grado, der Sitz des Patriarchats, und in Venedig selbst erhob sich der Dogenpalast als eines der prächtigsten Bauwerke der damaligen Welt neben der Markuskirche, von deren damaliger Gestalt sich allerdings nur die Krypta unter der Vierung und einige Nischen und Fundamente bis heute erhalten haben, da der großartige Bau des Domenico Contarini (1043–71) die Kirche der Orseolo-Zeit gleichsam unter sich begraben hat.

Kennzeichnend für die erstaunliche Geschicklichkeit Pietro Orseolos als eines Staatslenkers ist die Tatsache, daß seine politischen Beziehungen unter allen seinen militärischen Aktionen und seinem gewaltigen Macht-Ausbau nicht nur nicht litten, sondern sogar noch besser, tragfähiger und ertragreicher wurden. Auf die Freundschaft mit Otto III., dem Herrn des Westreiches, folgte beinahe zugleich mit dem Tod dieses jungen Kaisers eine große und entscheidende Tat für das Ostreich: Als die süditalienische Hafenstadt Bari von den nordafrikanischen Piratenflotten hart bedrängt wurde, mußte Byzanz sich an Venedig um Hilfe wenden, mochten die alten Beziehungen auch so gut wie eingeschlafen sein.

Pietro Orseolo verfügte selbst über ausgezeichnete Verbindungen zu den Sarazenen; für Venedig hätte er keinen Krieg zu führen brauchen. Aber er sah, daß sich die Griechen in Bari tapfer wehrten, während die Angreifer unter der Führung des zum Islam abgefallenen Dalmatiners Kaid Safi standen. Im August des Jahres 1002 wurde die Flotte der Lagunenstadt in Marsch gesetzt, schon am 6. September gelang es, beinahe unter den Augen der verdutzten Sarazenen, Truppen an Land zu setzen und für die Flotte die Einfahrt in das belagerte Bari zu erzwingen. Es war eine brillante Aktion, die den Dogen als einen beinahe modernen Kombinations-Strategen erweist. Bari wurde mit neuen Lebensmittelvorräten versehen und so nachhaltig ermutigt, daß im Oktober, durch einen Ausfall aus der Stadt und einen Angriff von der Seeseite her, die Belagerer nicht nur zum Abzug, sondern zu regelloser Flucht genötigt wurden.

Damit hatte sich Pietro Orseolo in die Retter des Abendlandes eingereiht wie noch im gleichen Jahrhundert der Cid oder wie später der große Andrea Doria. Schon im Jahr dieses Sieges mögen Vorbesprechungen über eine verwandtschaftliche Verbindung zwischen Dogenfamilie und Kaiserhaus begonnen haben, und zwei Jahre darauf wurde am Bosporus, nicht an der Lagune, Giovanni Orseolo, der älteste Sohn des Dogen, mit der kaiserlichen Prinzessin Maria vermählt.

Das junge Paar verbrachte den Winter, ja beinahe ein ganzes Jahr in Konstantinopel und wurde bei seiner Heimkehr nach Venedig im Jahr 1005 gefeiert, als sei es wiedergeboren worden, so sehr hatten die Venezianer diese wenn auch nur zeitweilige Verlagerung familiären Geschehens in die ferne Kaiserstadt bedauert, ja als ein Unglück angesehen. Dieses Unglück jedoch reiste mit. Prinzessin Maria gebar in Venedig einen kleinen Sohn, Pietro Orseolos ersten Enkel. Die Historiographen und Genealogen schmiedeten erste Pläne über eine neue Weltherrschaft, wie sie diesem Dogen- und Kaiserenkel dereinst zufallen könne, war doch auch Kaiser Basileios II. zu diesem Zeitpunkt beinahe schon dreißig Jahre an der Macht. Aber eine Seuche, wie sie sich in Seestädten so schwer abwehren läßt, eine Art Pest, wenn man den Chronisten glauben darf und ihre Beschreibungen richtig deutet, raffte nicht nur Maria und ihren Mann Giovanni hinweg, sondern auch den kleinen Sohn, der den Kaisernamen Basileios trug.

Pietro Orseolo II., aus einem Triumph, wie er nur wenigen zuteil geworden war, in die Tiefe des Leidens hinabgestürzt, hatte noch die Kraft, seine Angelegenheiten und die des Staates zu ordnen. Nach Giovanni, dem ersten Mit-Dogen, wurde nun Ottone, Patenkind Ottos III., zum Mit-Dogen erhoben, um den Machtübergang von Zwischenfällen frei zu halten. Über sein großes Vermögen verfügte Pietro noch selbst, genau, beinahe akribisch, mit Stiftungen und weitgehenden Bestimmungen, die ihn um viele Generationen überlebten. Im Jahr 1008 verzichtete er auf die Geschäfte, trennte sich, um als Mönch leben zu können, auch von seiner Frau und starb – wie man so zu sagen pflegt: an gebrochenem Herzen – im September des Jahres 1009. Sein Sohn Ottone, der seit 1008 allein herrschte, war nun mit neunzehn Jahren einer der Jüngsten, die je die Geschicke der Lagunenstadt in der Hand gehabt hatten. Daß er seine Gemahlin nicht aus einer venezianischen Familie wählte, sondern wie sein älterer

Bruder Giovanni eine dynastisch-politische Heirat für angezeigt hielt und Elena, Tochter des Ungarn-Königs zur Frau nahm, das zeigt uns, daß nicht nur auf dem Balkan neue Zeiten angebrochen waren und neue Herren die beiden Kaisertümer in ihrer Machtausübung abzulösen gedachten: auch die Dogen strebten, zumindest wenn sie aus den großen Familien kamen, aus der Rolle eines höchsten Beamten der Stadt immer deutlicher auf ein Herrschertum legitimer Erblichkeit und fürstlicher Traditionen zu, das aus der Republik ein Herzogtum machen konnte.

Unser Venedig, die Stadt, die wir kennen und lieben, gibt es noch immer nicht. Ein paar Inselkirchen, verstreute Lagunen-Altertümer in Caorle, Jesolo, Grado, die Grundmauern der Markuskirche, eine Krypta, und im übrigen die staunenswerten Fundamente, das Wunderwerk eines Stadt-Grundes selbst, den sich Menschen aus Sumpf und Pfählen, aus Dämmen, Brücken und Bastionen erst geschaffen haben – das ist das Venedig am Ende der Orseolo-Epoche, das ist das Venedig an der Wende zum zweiten Jahrtausend des Abendlandes.

Fünfhundert Jahre lang hatte diese Insel-Lage im wesentlichen passive oder doch defensive Vorteile gebracht. Die von Insel zu Insel wandernden Stadtgründer waren schwer angreifbar, waren vom Land distanziert, hatten den Rücken frei und konnten mit ungeheuren Opfern an mühsamen Fundierungsarbeiten immerhin den immerwährenden Kriegen auf dem nahen Festlandstreifen entgehen. Da es auf dem Land noch keine Verkehrsmittel gab, die es an Tragkraft, Handlichkeit und Geschwindigkeit mit den Schiffen aufnehmen konnten, bedeutete diese selbstgewählte Isolierung eines Gemeinwesens keinen Nachteil.

Erst im neuen Jahrtausend aber wird daraus ein Vorteil, wird aus der defensiven Position eine Lage, die zur Offensive besonders geeignet erscheint, denn die Lagunenbewohner, die schon zur Gotenzeit in ihren Kähnen zirkulierten, haben inzwischen Arsenale und Werften gebaut; sie sind die tüchtigsten Schiffs-Konstrukteure des Abendlandes, ja vielleicht der ganzen Welt geworden. Sie armieren ihre Schiffe mit Raffinement und Schnelligkeit, sie haben Geld genug für die sinnvollsten Einrichtungen und die in jener Zeit fürchterlichsten Waffen, von den Katapulten, die Brandsätze schleudern, bis zu der ingeniösen Anordnung der Ruder.

Ganz Europa hat inzwischen erfahren, wie überlegen Angreifer sind, die es verstehen, sich der Schiffe zu bedienen. Der Westrand des Kontinents hat sich entvölkert unter den blitzschnellen Überfällen einer Handvoll skandinavischer Seeräuber. Bischöfe haben ihre Diözesen im Stich gelassen und sind landeinwärts geflüchtet, die ältesten Klöster des Abendlandes liegen verwaist nach der zweiten, dritten und vierten Heimsuchung durch Norweger oder Dänen, und exponierte Länder wie die britische Insel oder Island sind überhaupt im Ganzen eine Beute dieser räuberischen Seefahrer geworden. Sie scheuten sich nicht, mit ihren kleinen Schiffen in die Flüsse einzulaufen und auf ihnen ins Binnenland vorzustoßen, sie haben an der unteren Oder, an der unteren Weichsel und an der Narwa Städte gegründet, am Dnjepr und an der unteren Seine aber ganze Reiche. Von diesen neuen Zentren schwärmen nun die letzten Wikinger und die ersten Normannen zu weiteren Eroberungen aus, und da auch die nordafrikanischen Barbareskenstädte sich auf bedeutende Flotten stützen können, hat das christliche Abendland mit seinen zwei Kaisern und dem Papst nur einen einzigen kleinen Hoffnungsschimmer, nur eine einzige nennenswerte Seemacht als Überlebens- und Sieges-Chance – die Flotte der Lagunenrepublik Venedig.

Das erstaunlichste an dieser Tatsache ist zweifellos, daß sie dreihundert Jahre lang in Geltung bleibt, daß erst mit einer Verzögerung von drei Jahrhunderten eine zweite Handelsstadt ebenbürtig neben Venedig tritt – nämlich Genua –, und daß die anderen europäischen Nationen sich ebenfalls reichlich Zeit lassen mit ihren Flottenrüstungen. Dabei ist es inzwischen doch recht deutlich geworden, daß in den produktionsarmen europäischen Ländern Wohlstand sich nur durch Handel einstellen kann, und daß dieser Handel die Schiffe braucht: als Transportmittel und als schützende Eskorten.

Auch die Schiffe der deutschen Hansestädte werden noch von Kaufleuten finanziert und für den Schutz des Handels eingesetzt; erst ein Halbjahrtausend nach dem großen Dogen Pietro Orseolo II. kommt ein anderer europäischer Staatsmann auf den Gedanken, durch den Staat Schiffe bauen und eine Kriegsflotte ausrüsten zu lassen – der Ketzerkönig Heinrich VIII. von England.

Ähnlich seltsam ist die militärische Situation zu Lande, soweit sie sich in wenigen Grundsätzen subsumieren läßt. Imposante stehende Heere, wie sie das Römerreich durch Jahrhunderte unterhielt und zur Perfektion entwickelte, sind nach der Völkerwanderung noch nicht wieder erstanden, aber auch die Zeiten, in denen praktisch das ganze Volk in Waffen stand und vom Krieg lebte, sind hinabgegangen. Die Karolinger haben Europa soweit befriedet, daß die Felder wieder bestellt werden, daß Faßbinder und Weber, Büchsenmacher und Schneider, Glockengießer und Steinmetzen wieder Zutrauen zur Arbeit gewonnen haben, daß die Städte langsam wieder an Einwohnerzahlen gewinnen und das Dorf, von Leibeigenen bewirtschaftet, bescheidene Produktionen an Nahrungsmitteln und Grundrohstoffen erbringt.

Dieses nach einer langen chaotischen Phase zögernd zu Arbeit und Ordnung zurückfindende Europa ernährt zwei unproduktive Menschengruppen mit, weil sie noch nicht entbehrt werden können: die Geistlichen, die sich nur zum Teil in der Verwaltung und im Schulwesen, in der Seelsorge und in der Krankenpflege nützlich machen, und den Adel, der das Schwert führt und mit ihm für die innere und die äußere Sicherheit zu sorgen hat.

In dem im großen und ganzen einigermaßen zur Ruhe gekommenen Kontinent gibt es noch unruhige Reste, gibt es Menschen, die, um existieren zu können, zur Bewegung, zur grenzüberschreitenden Aktivität, ja in gewissem Maße sogar zur Aggression genötigt sind. Eine dieser Gruppen sind die Fernhandels-Kaufleute. Durch Begabung und Energie aus ihren winzigen Gemeinwesen herausgehoben, mit dem Kleinhandel vom Land zur Stadt und von einer Ecke zur anderen nicht zufrieden, knüpfen sie Beziehungen zu anderen Wirtschaftsräumen an und geraten damit in Situationen, die sich oft nur gewaltsam lösen lassen. Obwohl der Handel grundsätzlich als neutral gilt, obwohl zumindest die slawischen und asiatischen Handelsstädte eine gewisse Toleranz hinsichtlich der Rassen, der Nationen und der Religionen üben, hallt die Welt doch wider vom Streit der Händler untereinander und vom Zwist zwischen Landesfürsten und fremden Kaufleuten.

Dadurch erhält die zweite unruhige Menschengruppe Beschäftigung, die Krieger ohne Adelssitze, die Kriegerkaste der allzu kleinen Gemeinwesen, die reisenden Schwertmänner aus dem Norden und dem Westen Europas. Als Waräger begleiteten sie die Kaufmannszüge auf dem weitesten Handelsweg Europas: den Routen, die Ostsee, Schwarzes Meer und Kaspische See quer durch den sogenannten russischen Landozean miteinander verbinden. Tausende und Abertausende arabischer und griechischer Münzen beweisen diesen Handel im Rücken der Deutschen, Franzosen und Italiener. Es war ein heidnischer Handel, weil die Sklaven seine Hauptware bildeten, ein einträglicher Handel, weil Pelze und wertvolles Raubgut mittransportiert wurden, auf Wolchow, Dnjepr und Wolga, unter dem Schutz der Waräger.

Während der aus römischer oder griechischer Tradition kommende Kaufmann sein Gemeinwesen selbst organisierte und demokratisch leitete, mit wechselnden Mehrheiten und gewählten Staatsoberhäuptern, hatten die slawischen und arabischen Händler diesen Ehrgeiz nicht und ließen es zu, daß ihre – zunächst zweifellos gedungenen und bezahlten – Leibwächter und Transportschützer diese Stadt- und Staatsgründungen in die Hand nahmen. Dazu kam es überall, wo andere staatlichen Ordnungen noch nicht fest genug etabliert waren. Nowgorod und Kiew erhielten Herrscherfamilien aus dem germanischen Norden; in den alten Königreichen des Kaukasus hingegen blieben die gleichen Nordmänner Leibwachen einheimischer Adelsgeschlechter.

Es war eine Zeit, in der vergleichsweise geringfügige Kämpfergruppen, wenn sie ausreichend qualifiziert waren, militärisches und politisches Gewicht erlangen konnten. Europa hatte noch nicht viele Menschen, es war gegenüber Asiens Osten, aber auch gegenüber dem östlichen und südlichen Mittelmeerraum relativ dünn bevölkert. Eine entschlossene Elite, wie sie in der Frühzeit des Rittertums zum Beispiel vom Raubadel der Normannen gestellt wurde, hatte in Europa noch ebensowenig Konkurrenz wie die staatsmännische Klugheit der flottenbauenden Venezianer. Die aus der kleinen Normandie zur Landeroberung aufbrechenden energischen Einzelkämpfer und die reichen, ihren Besitz verteidigenden Kaufleute von Venedig mußten zwangsläufig aufeinandertreffen. Sie verkörperten zwei Prinzipien, die einander auf den Landstraßen gegenübertraten, wenn die Raubritter die Kaufmannszüge überfielen, und die sich im Großen miteinander maßen, wenn ein kräftiges Normannengeschlecht das Mittelmeer zum Tätigkeitsfeld erkor.

Es wäre gewiß reizvoll, nun ein Buch im Buch zu schreiben, das man etwa *Zwölf gegen Venedig* nennen könnte, denn das Dutzend der Enakssöhne, das Monsieur Tancrède de Hauteville zwischen etwa 1120 und 1135 gezeugt hatte, vermochte sich mit der kargen Hufe Landes im regnerischen Cotentin nicht zufriedenzugeben und reichte in jenem Europa des elften Jahrhunderts durchaus zu, um den Papst und den Islam, um Venedig und die beiden Kaiser, um die mohammedanischen und die christlichen Flotten jahrzehntelang zu beschäftigen. Aber man kann eben darum nur zu gut verstehen, daß die Menschen späterer Jahrhunderte diesen heldischen Aufbruch nicht mehr nachvollziehen konnten, daß diese Staatsgründer aus dem Nichts, die Kaiserreiche besiegten und zwischen den Kontinenten kämpften, als gebe es keine Entfernungen, daß diese einzigartigen Ausgeburten einer besonderen blutsmäßigen und geschichtlichen Konstellation zumindest für das Abendland die kaum zu begreifenden Ausnahmeerscheinungen blieben. Daß sich eine erstaunlich kurze Reihe normannischer Adeliger die britische Insel unterwarf, daß die Daheimgebliebenen sich in der Normandie gegen Frankreich behaupteten, daß ein paar Dutzend dieser Männer in Süditalien Städte retteten und auf Sizilien die damals so erfolgreichen Mauren vertrieben, das gehört beinahe schon zu den Märchenstoffen des Mittelalters, das ist große Sage zu einer Zeit, da Siegfried und Brunhild, aber auch König Etzel und Dietrich von Bern längst im Jenseits eingetroffen sind.

Venedig mit seinen gut rechnenden Dogen mußte sich dem Impetus eines Robert Guiscard in höchst realen Schlachten stellen, bei denen es um alles ging. Denn all die Städte, die Pietro Orseolo II. unterworfen oder zum Wohlverhalten gezwungen hatte, die warteten nur darauf, den Spieß umzukehren, wenn ihnen einmal ein Anführer beschert sein sollte, wie es jener Doge für Venedig gewesen war. Und Venedig hatte in dieser zweiten Jahrhunderthälfte den Normannen keinen Orseolo entgegenzustellen. Domenico Contarini, Vollender der Markuskirche, Bauherr von San Niccolò, ein weiser Doge, der beinahe ein Vierteljahrhundert über Venedig geherrscht hatte, war im Jahr 1070 gestorben. Als einunddreißigster Doge folgte ihm Domenico Selvo, ein erfahrener Diplomat, der schon als Gesandter Venedigs für seine Stadt viel getan hatte, dem es gelungen war, von Kaiser Heinrich III. die Erneuerung der alten Privilegien zu erlangen und sogar darüber hinaus eine gewisse zeitgemäße Erweiterung dieser Handelsvorrechte und Zusicherungen.

Inzwischen aber hatte Robert de Hauteville, genannt Guiscard, der Schlaue oder der Verschlagene, beinahe ein Vierteljahrhundert Zeit gehabt, sich im Mittelmeer umzusehen. Die byzantinische Prinzessin Anna Komnena, die Chronistin, gibt uns eine schwärmerische Schilderung des Mannes, der doch nicht mehr ganz jung sein kann, der aber doch als blond, blauäugig, zäh, tatenfroh und äußerst gewandt in allen Waffentaten dargestellt wird. Neben Frömmigkeit und Milde, die er seinem Herrn, dem Papst, oft genug gezeigt hat, scheinen ihn doch Unbedenklichkeit, Habsucht und Rücksichtslosigkeit zu leiten, wenn er wie ein Raubvogel eine Chance erspäht und wahrnehmen will. Diese Chance zeigt sich ihm, als das Turkvolk der Seldschuken von Osten her gegen das byzantinische Kaiserreich vorbricht und Kaiser Romanos IV. an der armenischen Grenze eine schwere Niederlage gegen die Seldschuken erleidet. Das Innere Kleinasiens geht verloren, der Küstensaum allein kann keine Armeen mehr stellen, auch an Nachwuchs für die ohnedies unzureichende kaiserliche Flotte fehlt es fortan. Ein Jahrzehnt solcher Aushöhlung genügt, um das einst so große und noch immer über viele Länder gebietende Ostreich an den Rand des Untergangs zu bringen.

Daß Robert Guiscard es für nötig findet, einen Abenteurer als angeblich rechtmäßigen byzantinischen Kaiser vor sich her zu schieben, ist das einzige mittelalterliche Moment an diesem amphibischen Feldzug, den Robert Guiscard und sein Sohn, Herzog Boemund, mächtiger als manchen der späteren Kreuzzüge in Bewegung setzen, ohne den Segen des Papstes, ohne jegliches Recht.

In Byzanz herrschte Verwirrung; die echten und falschen Kaiser waren so dicht aufeinander gefolgt, daß keiner wirklich gute Arbeit zu leisten vermochte, und wenn der eine kaiserliche Klan an der Macht war, tat der andere alles, um ihm Schwierigkeiten zu bereiten, ohne zu bedenken, daß damit nur den Gegnern genützt und Byzanz geschadet wurde. *Byzantinismus* ist denn auch seither ein Begriff für diese Form engstirniger Selbstzerfleischung geworden, und in den Tagen des Robert Guiscard erreichte sie einen Höhepunkt.

Romanos IV. Diogenes war ein ausgezeichneter und mutiger Feldherr; er hatte gegen die überlegenen Seldschuken mit Glück operiert und in zwei großen Schlachten den Gegner zurückschlagen, wenn auch nicht vernichten können. Da kam es im August 1071 am Wan-See zu der Entscheidung zwischen Romanos und dem geschickten seldschukischen Feldherrn Alp Arslan, einem Armenier. Von seinem Mitkommandierenden Andronikos aus der Kaisersippe des Dukas verraten, erlitt Romanos eine vernichtende Niederlage und geriet selbst in Gefangenschaft. Darauf hatten die Dukas nur gewartet, um ihren Kandidaten, einen schüchternen Bücherwurm, als Michael VII. Dukas auf den Thron setzen zu können, eine Puppe, neben der ein gewissenloser Pharisäer wie der Minister und Kirchenlehrer Psellos alle Macht ausübte.

Inzwischen hatte sich der gefangene Romanos Diogenes jedoch mit den Seldschuken arrangiert, für seine eigene Person Lösegeld geboten und gegen Tributzusagen sogar einen langen Frieden zustandegebracht. Damit schien Byzanz gerettet, Romanos zog glücklich heimwärts, aber die Schergen des neuen Kaisers ergriffen ihn; er wurde auf Befehl des Psellos mit glühenden Eisen geblendet und in ein Kloster geschickt. Der allmächtige Minister sandte dem Unglücklichen noch einen salbungsvollen Brief des Inhalts, wie glücklich Romanos als Märtyrer nun sein müsse, da er doch den Schmutz und die Sünden dieser Welt nicht mehr zu sehen brauche.

Diese Clique der Intriganten, Frömmler und Bücherwürmer hätten die Normannen binnen Wochen aus den Palästen gejagt, aber angesichts der wachsenden Bedrohungen des Reiches – durch den Tod des Romanos Diogenes nach der Blendung war ja auch der Vertrag mit den Seldschuken hinfällig – hatte Byzanz sich doch endlich aufgerafft. Nach Umwegen war einem fähigen Feldherrn und Kaiser die Verantwortung übertragen worden, dem Alexios Komnenos, der mit einer Prinzessin aus dem Hause Dukas verheiratet war und im letzten Augenblick höchster Not eine Versöhnung der rivalisierenden Klans zustandegebracht hatte. Am 4. April 1081 wurde Alexios Komnenos Kaiser des Oströmischen Reiches, des Ostreiches, der Herrschaft von Byzanz. Nun durfte Robert Guiscard nicht länger warten, wollte er es nicht mit einem erstarkten Kaiserreich zu tun haben. Von Bari aus, das er bereits seit zehn Jahren in Besitz hatte, setzte er nach Durazzo über, dem alten Dyrrhachium. Mit 1300 Rittern, 15000 Söldnern und den Schiffen, die ihm sein Sohn Boemund zuführte, hatte er eine wesentlich größere Streitmacht zur Verfügung als jene, mit der fünfzehn Jahre zuvor ein anderer Normanne, nämlich Wilhelm, Bastard der Normandie, zur Eroberung von England ausgezogen war.

Robert Guiscard hatte Durazzo zum Ziel des ersten Vorstoßes gewählt, weil hier die Via Egnatia ihren Anfang nahm. Egnatia ist ein kleiner Küstenort in Italien, Endpunkt der von Benevent hier mündenden Via Appia und als solcher schon in römischer Zeit ein ungemein lebhaftes Städtchen. Daß die Fortsetzung der großen Straße jenseits der Adria nach ihm benannt wurde, bezeichnete schon die Zusammengehörigkeit, ja wies den Normannen den Weg. Denn auf dem Balkan hatte seit den Römern niemand daran gedacht, Straßen zu bauen (und sollte bis zu den Kaisern Napoleon und Franz Joseph I. auch fürderhin niemand daran denken . . .). Ohne Durazzo keine Straße, ohne Straße kein Marsch nach Byzanz!

Alexios Komnenos arbeitete in dieser Bedrängnis mit allen Mitteln; er versprach dem stets geldbedürftigen Kaiser Heinrich IV. Gold für schnelle Hilfe, aber der Kaiser hatte in Papst Gregor VII. einen Gegner, der ihn völlig in Anspruch nahm. So blieb also nur die Möglichkeit, im Rücken der Normannen Unfrieden zu stiften, was auf durchaus moderne Weise mit Geld und Intrigen geschah: Aufrührer wurden ermutigt, Robert Guiscard zu entmachten. Auch das aber ging viel zu langsam, weilten doch alle Männer, die zählten, bei der Flotte, die gegen Durazzo segelte, und so blieb Byzanz keine andere Hoffnung als eine Vereinbarung mit Venedig.

Sie lag auf der Hand, weil Venedig an einer Niederlage der Normannen ebenso interessiert sein mußte wie Byzanz. Kamen nämlich beide Adria-Ufer in die Hände ein und derselben Macht, dann war die große Handelsstadt auf Gedeih und Verderb den Herren von Bari und Durazzo, also Robert Guiscard und seinem Erben Boemund, ausgeliefert. Daß Venedig trotz dieser Existenzbedrohung sich noch bitten ließ, daß es für seine Hilfe von Byzanz einen außerordentlichen Preis an wertvollsten Zugeständnissen erhielt, das erweist die Dogen und ihre Berater wieder einmal als eine jener harten Mischungen aus Kaufmannsgeist und Diplomatengeschick, der selbst die verschlagenen Levantiner vom Bosporus angesichts ihrer Zeitnot und Bedrängnis nicht gewachsen waren.

Der Doge dieser schweren Entscheidung war Domenico Selvo, verheiratet mit Theodora, der Schwester des schwächlichen Kaisers Michael VII. Dukas. Während sie versuchte, in Venedig byzantinischen Prunk zu entfalten (und dafür, wie die Chronisten schreiben, von Gott mit schwerer Krankheit bestraft wurde), befahl ihr Gatte den Einsatz der Flotte gegen den Belagerungsring von Durazzo. Wiederum besticht die außerordentliche Schnelligkeit der venezianischen Intervention, nachdem die Entscheidung einmal gefallen war. Im April war Alexios Komnenos auf den Thron gelangt, im Mai hatten sich die Flotten Robert Guiscards und seines Sohnes vor Aulona an der Epirus-Küste mit Boemunds Schiffen vereinigt und die Insel Korfu erobert. Nach Gewinnung dieser Basis hatten die Normannen sich geteilt: Guiscard führte die Flotte gegen Durazzo, Boemund befehligte die Landungsoperation. Es war ein Krieg nach guter alter Wikingerart, sogar die Walküren fehlten nicht, denn Sigelgaita, die junge Gemahlin Herzog Boemunds, eine Fürstentochter aus Salerno, nahm mit offenem Haar und in voller Rüstung an dem Feldzug teil.

Unbeeindruckt von diesem nordischen Gepränge hatten die Venezianer nach ihrem bewährten und oft geübten Alarmplan gearbeitet. In der dritten Juniwoche war Durazzo eingeschlossen und die Vereinbarung mit Byzanz – angesichts dieses bedrohlichen Ereignisses – zwar noch nicht kodifiziert, aber verbindlich besprochen. Anfang Juli schon trafen die sechzig venezianischen Schiffe vor der belagerten Stadt ein, wobei man sich allerdings aller Einheiten bemächtigt hatte, die irgend greifbar und seetüchtig waren, hatte doch auch Guiscard herzhafte Unterstützung von jenen dalmatinischen Städten erhalten, die noch ein Menschenalter zuvor dem großen Pietro Orseolo Treue geschworen hatten.

Durch einen gemeinsamen Angriff von der See und vom Land her hatte ein Teil der normannischen Flotte inzwischen die Einfahrt in den Hafen von Durazzo bewerkstelligt, wo nun Boemund kommandierte. Er reagierte schneller als sein Vater, griff die Venezianer an und erzielte erste Erfolge. Inzwischen hatten sich aber die Venezianer durch die letzten Nachzügler verstärkt. Es waren jene Schiffe eingetroffen, für die man sich in aller Eile ein paar Neuerungen hatte einfallen lassen: Ausschwenkbare Boote, die mit voller Besatzung zu Wasser gelassen werden konnten, so daß der Gegner sich blitzschnellen Enterangriffen ausgesetzt sah. Außerdem gab es schlanke Balken mit langen, bösen Eisenspitzen, die von mutigen Schwimmern in die Bäuche gegnerischer Schiffe gerammt wurden, und treibende, wie Igel mit Stacheln besetzte Klötze, die mit der Kraft der Strömung die Planken der Normannen gefährden sollten.

Daß diese seltsamen Vorboten der Minen und der Torpedos ohne Motor- und ohne Sprengkraft doch Erfolg hatten, wie Berichte bestätigen, erklärt sich aus den Schwierigkeiten des Manövrierens auf engem Raum; Segelschiffe blieben darin noch bis herauf ins siebzehnte Jahrhundert besonders gefährdet, und die um Durazzo zusammengedrängten, in seinem Hafen eingeschlossenen Normannenschiffe drückten einander gegenseitig die gefährlichen Stacheln in die Planken. Nach einem schweren und verlustreichen Schiffbruch vor Kap Glossa, noch ohne Zutun der Venezianer, verloren die Normannen nun in der Schlacht zahlreiche auch größere Schiffe. Selbst Herzog Boemund mußte, da sein Schiff versenkt wurde, sich schwimmend zu seinen Leuten retten. Ob die schöne Sigelgaita von Salerno bei dieser Gelegenheit ein unfreiwilliges Bad nahm, ist nicht bekannt.

Angesichts der Unordnung, in die Venedigs Flotte die Gegner brachte, wagten die Griechen von Durazzo einen Ausfall und fügten auch dem Belagerungsheer schwere Verluste zu. Neue Vorräte konnten in die Festung gebracht werden, und wenn der Ring der Normannen auch nicht gesprengt worden war, so beflügelte der Erfolg doch Alexios Komnenos in seinen Vorbereitungen, und er zog mit einem Söldnerheer quer über den Balkan heran.

War die Via Egnatia doch zu lang und zu staubig, war das angelsächsische Söldnervolk der Byzantiner von Haus aus den Normannen nicht gewachsen, jedenfalls erlitt die Entsatzarmee im Oktober desselben Jahres eine schwere Niederlage. Kaiser Alexios, der sich als tapferer Mann erwiesen und sich nicht geschont hatte, wurde verletzt und vermochte nur durch besonderes Glück trotzdem zu fliehen. Aber auch sonst herrschte einige Verwirrung: die Besatzung von Durazzo, die einen Ausfall gewagt hatte, wurde von der Stadt abgeschnitten und mußte sich zum flüchtenden griechischen Heer gesellen, und die an Land mitkämpfenden Venezianer fanden den Weg zu den Schiffen verlegt und flüchteten in die Stadt Durazzo, die sich trotz allem noch hielt. Sie fiel erst im Februar 1082 auf recht byzantinische Weise: Ein Streit zwischen den Söhnen großer venezianischer Familien, zwischen den Selvo und den Orseolo, besiegelte ihren Untergang, offenbar, weil ein Orseolo sich dem Dogensohn nicht unterordnen wollte . . .

Damit wäre die Sache der Normannen gewonnen und die Venedigs verloren gewesen, hätte die Sippe des Robert Guiscard eine Normandie als Hinterland gehabt, wo die Vasallen selbst einem Robert dem Teufel die Treue hielten, ja selbst jener Gerberstochter, die ihm Wilhelm den Bastard geboren hatte. In Italien war dies anders. Guiscards Sohn Roger Bursa konnte das normannische Apulien mit seinen schwachen Kräften nur so lange halten, bis Kaiser Heinrich IV. eine Verbindung zu jenen Rebellen aufnehmen konnte, die Byzanz gekauft hatte. Nun war Robert Guiscard das Hemd natürlich näher als der Rock; er ließ Boemund weiter auf dem Balkan Krieg führen, kehrte selbst aber nach Otranto zurück. Für den bedrohten Papst (der ihm dafür sogar die Kaiserkrönung in Aussicht gestellt haben soll) eroberte er Rom, aber die Normannen hausten am Tiber so schrecklich, daß sich auch Gregor VII. in seiner Stadt nicht mehr sehen lassen konnte. Und da Boemund auf dem Balkan gegen Alexios Komnenos immer weniger Erfolge erzielte, je mehr er sich Byzanz näherte, zerstoben in den achtziger Jahren jenes elften Jahrhunderts gleich drei normannische Träume: die Nordmänner errangen weder den östlichen noch den westlichen Kaiserthron, und sie verloren, wenn auch nicht durch Feindeshand, sogar Apulien, als Robert Guiscard, der Unermüdliche, im heißen Sommer des Jahres 1085 vor Kephallonia einer Seuche erlag.

In all diesen Jahren, zwischen 1081 und 1085, hatte in der Adria ein beinahe pausenloser Seekrieg zwischen Venezianern und Normannen geherrscht, in dem bald die einen, bald die anderen die Oberhand behielten. Für Venedig war dies die große Probe aufs Exempel, nicht so sehr der Schiffe wegen, deren Qualität niemand bestritt, als wegen der Standhaftigkeit der Mannschaften. Der Verrat von Durazzo hatte abermals jene Gerüchte genährt, die besagten: ein guter Handelsmann sei noch lange kein tapferer Krieger, und darum war es wertvoll, daß die Chroniken übereinstimmend melden, gefangene venezianische Seeleute hätten es stets abgelehnt, in normannische Dienste zu treten. Das im Gedächtnis zu behalten ist wichtiger als der venezianische Sieg vor Kassiope, die Niederlage zwischen Korfu und Durazzo, der abermalige Sieg vor Butrinto. Auch daß Domenico Selvo nach der Niederlage seiner Flotte – die vielleicht sein Sohn kommandierte – sich das Haar scheren lassen und ins Kloster gehen mußte, verblaßt vor den großen Vorteilen, die Venedigs Einsatz in diesen fünf Jahren höchster byzantinischer Not der Lagunenstadt einbrachte: Den freien Handel im ganzen Ostreich, dreißig Pfund Gold jährlicher Abgabe aus Byzanz, venezianische Gerichtsbarkeit für alle Bürger der Stadt, ob sie sich nun in Dalmatien, Griechenland oder Kleinasien aufhielten. Wenig später kam noch der Titel eines Herzogs von Dalmatien für den Dogen hinzu, weitervererbbar auf die kommenden Dogen, und seit 1094 auch noch der eines Herzogs von Kroatien. Hundert Jahre nach dem Siegeszug Pietro Orseolo II. waren die Küsten Dalmatiens jedenfalls wieder fest in der Hand Venedigs, mit Sicherheit bis Zaravecchia und Spalato, während Ragusa schwankend blieb wie stets und nur von 1204 bis 1358 als venezianisch anzusprechen ist.

»Nach der Osterzeit, gegen Pfingsten, fingen die Kreuzfahrer an, aufzubrechen«, schreibt der französische Chronist Godefroy de Villehardouin in seinem Bericht über die Eroberung von Konstantinopel, der mit der Vereinigung zur Einschiffung beginnt. Diese war für den Sommer 1202 in Venedig vorgesehen, und die Venezianer hatten sich verpflichtet, ihre Handels- und Kriegsschiffe für den Transport des Kreuzheeres zur Verfügung zu stellen, selbstverständlich gegen hohes Entgelt wegen des Verdienstausfalls und der Gefahren. »Wisset, daß manche Träne vergossen wurde beim Scheiden von zu Hause, von den Familien und Freunden. Die Kreuzfahrer zogen durch Burgund, über das Juragebirge, den Mont Cenis und die Lombardei und fingen an, sich in Venedig zu versammeln, und lagerten auf einer Insel in diesem Hafen, die man Sankt Nikolaus nennt.«

Es war San Niccolò auf dem Lido, wo ein großes Zeltlager für die Kreuzfahrer aufgeschlagen worden war, ein Lager, das jedoch zu einem guten Teil leer blieb, weil flandrische Ritter und andere Herren es vorgezogen hatten, nicht die bestellten venezianischen Schiffe zu benützen.

»Sehr großer Abbruch geschah dadurch dem Heere derer, die nach Venedig gingen, und daraus erfolgte großes Mißgeschick, wie ihr es später werdet hören können. So zogen der Graf Ludwig (von Blois und Chartres) und die anderen Barone nach Venedig, und sie wurden mit großer Freude und vielen Festlichkeiten empfangen und lagerten mit den anderen auf der Insel Sankt Nikolaus. Sehr schön war das Heer und von gutem Kriegsvolk. Niemals sah jemand so viele gute Krieger beisammen, und die Venezianer gewährten ihnen reichlichen Markt in allem, was Mann und Roß nötig haben; die Flotte aber, die Venedig bereitgestellt hatte, war so reich und so schön, daß niemals ein Christenmensch eine schönere gesehen hatte. Es waren Schiffe und Lastschiffe wohl für dreimal so viele Leute vorhanden, wie das Heer zählte.«

Wieder einmal erwies sich also Venedig als gut organisiert;

die Schiffe standen pünktlich bereit, in der Anzahl, die von den vereinigten Heeren verlangt worden war, dem Fassungsraum, auf welchen die Verträge lauteten. Aber die Kreuzfahrer kamen nur zu einem geringen Teil. Das läßt sich einmal darauf zurückführen, daß manche Planungen unzureichend waren, weil sie Heeresteilen weite Umwege auferlegt hätten; zum anderen hatte es aber seinen Grund ganz gewiß darin, daß manche der Herren zu sparen gedachten und ihren eigenen Weg zum Heil suchten. Damit begann in diesen ersten Wochen des Vierten Kreuzzugs eine seltsame und viel besprochene Zweckentfremdung der Truppen, die doch alle ihren Kreuzfahrer-Eid geschworen hatten, die den Aufrufen des Papstes und der Bußprediger gefolgt waren, die zum Teil glühende Eiferer waren wie etwa Herr Simon von Montfort:

»Die Venezianer hatten ihre Verträge gut gehalten und darüber hinaus noch, und sie forderten die Grafen und Barone auf, daß sie ihren Teil des Vertrages einhielten und das ausbedungene Geld geben sollten, denn die Flotte sei bereit, auszulaufen. Darauf wurde allen im Heer Geld abgefordert, und jenen, die nicht bezahlen konnten, nahm man ab, was sie eben hatten. Als die Barone dann den Venezianern übergaben, was sie auf diese Weise zusammengebracht, zeigte sich, daß es noch nicht einmal die Hälfte der ausbedungenen Summe war. Deshalb besprachen sich die Barone untereinander und sagten etwa: ›Ihr Herren, die Venezianer haben uns den Vertrag gut gehalten, aber wir sind ganz einfach zu wenig Volk, als daß wir die ganze Summe für die Überfahrt ins Heilige Land aufbringen könnten. Das ist die Schuld derjenigen, die sich in andere Häfen begeben haben.‹«

Villehardouin schildert dann eingehend, wie einzelne reichere Herren sich in die Bresche werfen, wie etwa Balduin von Flandern, Ludwig von Blois und der Markgraf von Montferrat noch Silbergeschirr, goldenes Gerät und allerlei andere Kostbarkeiten spenden, während ein Teil der Kreuzfahrer gar nichts tut und insgeheim hofft, daß sich angesichts der bekannten Härte der Venezianer in Gelddingen das ganze Kreuzheer auflösen würde, wonach jeder wieder seiner Wege gehen und nach Hause zurückkehren könne. Als die letzten Geldquellen in Anspruch genommen worden sind, fehlen noch immer 34000 Mark Silber an der vereinbarten Summe. Es handelte sich um die sogenannte Kölnische Mark zu 233,856 Gramm Silber, also um mehr als achttausend Kilogramm dieses Edelmetalls.

Angesichts der Unmöglichkeit, diese gewaltige Summe noch aufzutreiben, und der üblen Nachrede, die Venedig gewärtigen müßte, wenn es aus rein finanziellen Gründen das Kreuzzugsvorhaben scheitern ließ, wies Venedigs greiser Doge Enrico Dandolo einen Ausweg in einer Ansprache, die er den Venezianern hielt: Er bat sie, ihn für den Kreuzzug freizugeben, seinen Sohn mit seiner Stellvertretung zu Hause zu beauftragen und dareinzuwilligen, daß das Kreuzheer, statt die Restsumme zu bezahlen, die Stadt Zara zurückerobere, die der König von Ungarn bei seinem Vorstoß nach Kroatien und an die Adria der venezianischen Oberhoheit entrissen hatte. Unter allgemeiner Rührung und Anteilnahme auch der Kreuzfahrer wurde dieser Handel gutgeheißen.

Der Mann, der damit an einem Augustsonntag des Jahres 1202 aus der Geschichte Venedigs in die der Welt hinaustritt, ist der größte Doge seit Pietro Orseolo II., nach manchen sogar der größte Venezianer überhaupt. Im Jahr 1108 geboren, zählt er in jener großen Stunde vor der Kreuzfahrt nicht weniger als vierundneunzig Jahre; zudem ist er durch ein ungeklärtes, aber mit Sicherheit gewaltsames Ereignis mindestens auf einem Auge blind, vielleicht aber auch auf dem zweiten Auge schwachsichtig. Als Gesandter soll er am Hof von Byzanz so schwer mißhandelt worden sein, daß er beinahe das Augenlicht verlor, oder einen absichtlich in seine Augen gelenkten gebündelten Strahl grellen Sonnenlichts empfangen haben, als er einen Saal im Kaiserpalast zu Byzanz betrat.

Sicher ist, daß mit Enrico Dandolo die Emanzipation Venedigs von Byzanz ihren Höhepunkt erreicht, ja daß in gewissem Sinn Venedig sich anschickt, die schwache Kaiserfamilie am Bosporus abzulösen und selbst die Nachfolge der Herrschaft anzutreten. Seit den Tagen der Normannen haben sich die Beziehungen zu Byzanz erheblich verschlechtert, wie es nicht selten der Fall ist, wenn zwei Verbündete gemeinsam einen halben Sieg errungen haben, aber einer – nämlich Venedig – doppelten Vorteil daraus zieht. Zweifellos hatten die Venezianer sich ihre Waffenhilfe gegen die Normannen hoch bezahlen lassen; aber der Weg, den Byzanz danach ging, war ebenso falsch, ja im Grunde als Verrat zu bezeichnen: Verärgert und von altem Gram erfüllt, setzte Byzanz auf Pisa und ermutigte diesen mächtigsten Rivalen der Lagunenstadt. Zugleich wurden die venezianischen Diplomaten, die sich um eine Wiederherstellung des alten Einvernehmens bemühten, mit der vollen Tücke levantinischer Verhandlungskunst hinters Licht geführt und hingehalten.

Venedig selbst wird in diesem zwölften Jahrhundert so mannigfach geprüft, daß der Hader mit Byzanz nur eines unter vielen Problemen mit sich bringt. Unter dem Dogen Ordelafo Faliero verschlangen die Wogen einer Sturmflut das schon lange gefährdete Malamocco; die letzten Einwohner des Städtchens flüchteten nach Chioggia. Ein Großfeuer zerstörte weite Teile Venedigs, das ja noch zum größten Teil aus Holzhäusern bestand. Vor allem ganz Dorsoduro wurde vernichtet und zwanzig Kirchen gingen in Flammen auf. Domenico Mihiel, Doge von 1116 bis 1130, nahm mit zweihundert Schiffen am Kreuzzug Papst Calixtus II. teil und zog im Jahr 1123 im Triumph in Jerusalem ein. Auf die ungeheuren Ausgaben dieser ruhmreichen Teilnahme an einem für Venedig selbst nicht sonderlich einträglichen Unternehmen führt man die Einführung des Scheckverkehrs zurück, weil der Doge zur Bezahlung der Söldner Lederstückchen mit eingeprägten Summen ausgeben mußte. Unter diesem kämpferischen Mann brachen die Feindseligkeiten mit Byzanz auch offen aus, der Kaiser des Ostreichs griff venezianische Handelsschiffe an, Mihiel aber antwortete so gründlich, daß man ihn fortan als den Schrecken des Balkans bezeichnete: Er verwüstete nicht nur Rhodos und die umliegenden Inseln, sondern auch Morea und sogar Belgrad, bestrafte auch noch die dalmatinischen Rebellen hart und kehrte als Sieger nach Venedig zurück. Er wurde in San Giorgio Maggiore bestattet.

Unter den folgenden Dogen gab es Kämpfe um Padua und Grado, um die dalmatinischen Inseln und Städte (wie stets) und eine große Pest, die im Jahr 1172 aus dem Osten eingeschleppt wurde. Unter Sebastiano Ziani (1172–78) besuchte Kaiser Friedrich I. Barbarossa die Lagunenstadt, wo unter großem Gepränge und mit größter diplomatischer Umständlichkeit der Frieden zwischen dem Staufer und Alexander III. zustandekam, zwischen dem kurz zuvor geschlagenen Kaiser und dem hartnäckigen Papst mit seinen lombardischen Bundesgenossen. Ein großes Ereignis im August 1177, und doch waren manche Venezianer stärker von der Tatsache beeindruckt, daß unter diesem Dogen die erste Brücke über den Canal Grande geschlagen wurde, eine hölzerne Brücke, der Ponte di Rialto. Man hatte überhaupt noch seine eigenen und höchst venezianischen Ansichten, brachte von den Kreuzzügen zusätzliche Reliquien nach Sankt Markus und bezeichnete nach wie vor San Piero in Castello als die Kathedrale von Venedig. San Marco hingegen galt als eine Art Sonderkirche für den Dogen . . .

Die Dogenfamilie Dandolo wird zuerst mit einem Patriarchen von Grado erwähnt, und zwar um 1130. Er ist der Onkel Enrico Dandolo I., des Dogen (zum Unterschied von dem Geschichtsschreiber Venedigs gleichen Namens). Die Besitztümer der Dandolo lagen in der Pfarre San Luca und stießen an der heutigen Calle del Carbon auf den Canal Grande. Das Wohnhaus des großen Dogen wurde in der Feuersbrunst vom 25. November 1523 vernichtet; später wohnte an dieser Stelle der Poet und Diplomat Pietro Aretino.

Obwohl auch Dandolos Vorgänger sich tüchtig ihrer Haut wehrten, kam der große Zug der venezianischen Politik doch erst mit diesem Dogen wieder; die Initiative, die unter den Orseolo bei der Lagunenstadt lag, kehrte nach Venedig zurück, die vielen Hunde, die auf die Kaufleute Jagd machten, mußten sich jaulend verziehen. Noch ehe Venedig von irgendeiner Seite Hilfe zuteil wurde, trieben die Galeeren Dandolos die Schiffe von Pisa, Ragusa und Byzanz vor sich her und aus der Adria hinaus, und nur auf Drängen Kaiser Heinrichs VI., des großen Staufers, der seine Weltherrschaftspläne nicht durch kleine Querelen komplizieren wollte, gab sich Dandolo mit einem billigen Vergleich zwischen Venedig und Pisa zufrieden.

Der Tod des Kaisers im September 1197 zu Messina gab Dandolo wieder freie Hand; schon ein Jahr darauf wurde der neue, der vierte Kreuzzug proklamiert, und im April 1201 kam jener Transportvertrag zustande, den Godefroy de Villhardouin uns in seinen Folgen schilderte und an dessen Abschluß er als Mitglied der Delegation aus der Champagne beteiligt war.

Seither rätseln Freunde und Gegner Venedigs an der Frage, ob Dandolo, ein Mann von vielbewundertem Weitblick und einer einzigartigen Klarsicht, schon bei diesem, durchaus auf ihn zurückgehenden Vertrag die Möglichkeiten ins Auge gefaßt hatte, die sich dann scheinbar unversehens und gleichsam unentrinnbar ergaben. War es vorauszusehen, daß nicht alle 4500 Ritter mit ihren Leuten kommen würden? Durfte man annehmen, daß nicht die ganze ungeheure Summe von 85000 Mark kölnisch bezahlt werden würde? Hatte Dandolo von vornherein darauf spekuliert, daß die vor allem aus Frankreich kommenden Ritter an einer ertragreichen Raubfahrt zum Bosporus stärker interessiert sein würden als an einem abermaligen Kreuzzug, da man doch inzwischen die Nutzlosigkeit dieser Bemühungen ebenso eingesehen haben mochte wie den Umstand, daß sie durchaus überflüssig waren? Die Araber hatten schließlich, auch wenn sie im Besitz der Heiligen Stätten waren, die christlichen Pilger stets unbehelligt, wenn auch gegen Bezahlung eines Wegzolls, nach Jerusalem und Bethlehem reisen lassen . . !

Enrico Dandolo war bei allem, was er tat, so vorsichtig, geschickt und seinen Zeitgenossen überlegen, daß nach seinem

Tod eine eigene Institution, nämlich die *Correttori*, ins Leben gerufen wurde, um seine Handlungen nachträglich noch zu durchleuchten und womöglich zu entschleiern. Wenn Dandolo also solche weitgehende Absichten hatte, wenn er das gewaltige Kreuzfahrerheer für Venedigs Zwecke einsetzen wollte, so war er gewiß auch der Mann, dies so vorzubereiten, daß sich keine schlüssigen Beweise dafür finden lassen würden. Daß er ein so unvergleichliches Instrument wie ein starkes und vielleicht zum letztenmal in den Orient ziehendes Ritterheer jedoch unbeachtet und ungenutzt lassen sollte, das würde zu seinem Bild in der Geschichte keinesfalls passen.

Es ist bezeichnend, daß der Papst es war, der den Plan des Dogen am schnellsten durchschaute. Er bedrohte jeden mit dem Bann, der an der Erstürmung der Stadt Zara für Venedig teilnehmen werde, und Abt Veit vom Kloster Vaux de Sernai bei Paris wurde ermächtigt, diese Drohung den Kreuzfahrern bekanntzugeben.

Inzwischen waren jedoch die Barone und die Venezianer vor Zara eingetroffen, hatten die Ketten gesprengt, mit denen der Hafen verschlossen worden war, und hatten vor allem erkannt, daß diese reiche Handelsstadt mit dem weiten Hinterland, das der König von Ungarn ihr erschlossen hatte, eine prächtige Beute sein würde. Nicht, daß die Ritter und Barone etwa arm gewesen wären. Villehardouin berichtet von herrlichen Zelten, die im eroberten Hafen von Zara ausgeladen wurden, von wertvollen Pferden, von schimmernden Rüstungen. Aber die Beute gehörte nun einmal als ein ganz wesentliches Kampfziel zur mittelalterlichen Kriegführung, und die Herren, die für ihre Teilnahme am Kreuzzug beträchtliche finanzielle Opfer gebracht hatten, fühlten sich durchaus im Recht, sich unterwegs schadlos zu halten, vor allem, wenn dies auf Kosten einer halbbarbarischen Nation wie der Hungaren geschehen konnte.

»So wurde der Entschluß zum Angriff gefaßt«, berichtet Villehardouin, »und als der Morgen kam, zogen sie vor das Tor der Stadt und richteten ihre Wurfmaschinen, ihre Geschütze und das andere Kriegsgerät auf, dessen sie genug hatten, und vom Meer her zogen sie die Sturmleitern hoch auf ihren Schiffen. Jetzt fingen die Wurfmaschinen an, mit Wucht Steinblöcke gegen die Mauern und Türme der Stadt zu schleudern. So dauerte die Bestürmung fünf Tage, danach schoben sie ihre Sturmböcke gegen das Tor und begannen, Breschen in die Mauern zu legen.«

Die Bürger von Zara erkannten die Aussichtslosigkeit ihres Widerstands und ergaben sich dem Dogen, weil sie von ihm – der ja die Stadt venezianisch machen wollte – mehr Gnade erwarten durften als von dem fremden Kriegsvolk.

Enrico Dandolo, dessen Autorität sich immer deutlicher auch die Kreuzfahrer fügten, schlug vor, in der Stadt zu überwintern. Denn wo sonst solle man um diese Zeit eine besser versorgte Unterkunft finden, und im November noch bis ins Heilige Land zu segeln, sei ohnedies unmöglich.

Die Barone nahmen an, und die Stadt wurde geteilt. Die Venezianer erhielten die Hälfte, die zum Hafen lag – der besseren Verbindung mit den Schiffen wegen –, und als die Stadt geteilt war, wurde sie zuerst einmal geplündert. Auch das war Kriegsbrauch, und da kein blutiger Sturm vorhergegangen war, dürfte es beim Plündern nur wenige Tote gegeben haben. Blut floß erst am dritten Tag, als die Venezianer den größten Teil der Beute auf die noch offenstehende Schuld anzurechnen wünschten, während insbesondere das kleine Kriegsvolk behauptete, man habe die Schuld schon durch die Eroberung selbst abgetragen und die Beute sei damit frei für eine ehrliche Teilung.

Eine Nacht lang wurde erbittert gekämpft, wobei die Venezianer den kürzeren zogen. »Und wisset«, schreibt Villehardouin, »daß dies einer der größten Schmerzen war, die im Heere vorkamen, denn wenig fehlte, so wäre das ganze Heer verloren gewesen. Aber der Herrgott wollte es nicht dulden. Große Verluste gab es auf beiden Seiten. Es kam da ein hoher Herr aus Flandern zu Tode, der Gilles von Landast hieß. Er wurde ins Auge getroffen und fiel im Handgemenge, ebenso wie viele andere, von denen nicht im besonderen gesprochen wurde. Viele Mühe hatten die Barone eine Woche hindurch, den Frieden zu stiften, ebenso der Herzog (= Doge) von Venedig; doch arbeiteten sie so emsig daran, daß Gott sei Dank der Friede wieder hergestellt wurde.«

Man darf sicher sein, daß Enrico Dandolo nichts ungelegener kam als dieser blutige Zwist, und gewiß verwünschte er die Unbeherrschtheit seines Schiffsvolks und der istrischen Söldner, die seine weiterreichenden Pläne ernsthaft gefährdeten. Brach die junge Allianz mit den Baronen nämlich in diesem Augenblick, so mußte Venedig, da es nunmehr bezahlt war, seiner Transportverpflichtung nachkommen und die Kreuzfahrer zu ihrem ursprünglichen Ziel bringen – vor die Küsten von Ägypten. Denn Ägypten als das Kernland des mohammedanischen Widerstands war das in Geheimverhandlungen zwischen Papst und Kreuzheer schon vorher festgelegte Angriffsziel, nicht das Heilige Land selbst. Ein Angriff auf Ägypten aber, den wichtigsten Handelspartner Venedigs, war genau das, was jeder Doge in Venedigs langer Geschichte zu verhindern getrachtet hatte.

Hätte man es nicht aus früheren Jahrhunderten bereits gewußt, so wäre es durch die Reisenden des zwölften Jahrhunderts wieder ins Gedächtnis gerufen worden, wie mühelos die Spezereien aus Arabien und Indien auf dem Nil-Fluß nach Norden schwammen. Da er nach der biblischen Überlieferung einer der vier Ströme des Paradieses war und keiner der Kreuzfahrer so recht die Geographie des Indischen Ozeans kannte, kamen eben darum all diese Herrlichkeiten geradenwegs aus dem Paradies, und man gedachte mit dem Angriff auf Ägypten sich auch einen Zugang zu diesen Wunderländern und vielleicht sogar zur ewigen Seligkeit zu verschaffen. Das hohe Mittelalter war in diesen Dingen nicht weniger abergläubisch als die Antike, und die Venezianer, die ganz genau wußten, warum sie Ägypten nicht bekriegen wollten, durften beileibe nicht die Wahrheit bekennen: Die Wahrheit, wie man sie in Alexandria, Damiette oder Rosette täglich sehen oder gar mit Händen greifen konnte, die Wahrheit des Waren-Umschlags zwischen den Nilschiffen und den Kauffahrern aus Venedig und auch aus Pisa, den Städten, die einander auch in der Levante erbittert Konkurrenz machten. Und so, wie sich die abendländischen Städte nicht um den tiefen Gegensatz zwischen Islam und Christentum kümmerten, so »lernten auch die Beherrscher Ägyptens ihre Rachegelüste zügeln, wenn sie den unermeßlichen Nutzen ins Auge faßten, der ihrem Land und ihrem Fiscus durch den Handel erwuchs. Auch die kriegerischesten Sultane, welche die Bekämpfung der Kreuzfahrer in Syrien zu ihrer Lebensaufgabe machten, kamen den handeltreibenden Landsleuten derselben wohlwollend entgegen und dies um so mehr, wenn sie Schiffbauholz, Pech oder Teer, Metalle aller Art, Waffen und dergleichen brachten. Zum Import dieser Artikel munterten die Sultane in jeder Weise auf, indem sie den Kaufleuten sicheren Absatz und reichen Gewinn versprachen, auch den Zoll dafür niedriger stellten als für andere Waren.« (Heyd I, 425f)

Es ist, ins Mittelalter transponiert, genau das Bild unserer Tage, wenn Unruhen und Kriege jeder Art und an jedem Punkt des Globus offiziell zwar von den Vereinten Nationen unterdrückt und befriedet werden, während insgeheim gerade die mächtigsten Nationen die streitenden Parteien emsig mit Waffen und Kriegsmaterial beliefern. Während der Kreuzzüge mahnten Papst und Kirchenversammlungen immer wieder und verzweifelt, diese Lieferungen einzustellen und sich auf militärisch irrelevante Güter zu beschränken. Aber einerseits hatten die Sultane natürlich die Macht, einen Handel zu unterbinden, der sie nicht sonderlich interessierte – damit erzwangen sie kriegswichtige Lieferungen. Zum anderen aber waren der Konkurrenten zu viele: Von West nach Ost waren es Barcelona, Montpellier, Genua, Pisa und Venedig, die große Umsätze im Levantehandel erzielten. »Gerade die Stadt Pisa benahm sich in diesem Punkt höchst zweideutig. In den Verträgen ihrer Gesandten mit den Machthabern von Ägypten wird es nicht bloß als etwas durchaus Übliches vorausgesetzt, daß Materialien zum Schiffbau und Waffen auf pisanischen Schiffen nach Ägypten kamen, sondern es wird sogar im Jahr 1173 ausdrücklich versprochen, daß die Pisaner solche Gegenstände (nach Ägypten) importieren werden. Die Versuchung dazu mochte hier um so größer sein, da Eisen- und Stahlmanufactur in Pisa besonders schwungvoll betrieben wurden.« (Heyd I, p. 427; Al-Makkari I, p. 393)

Wäre nun also das Kreuzheer auf venezianischen Schiffen an die Küste Ägyptens gekommen, so hätte Venedig diesen wertvollsten Absatzmarkt mit größter Sicherheit an Pisa verloren. Angesichts dieser nicht zu bezweifelnden Tatsache muß man annehmen, daß Dandolo beim Abschluß seines Transportvertrages mit dem Kreuzheer schon auf einen Zielwechsel gehofft hatte, daß er seither darauf hingearbeitet hatte und schließlich – als die Diskussion ergebnislos blieb und Ägypten weiterhin als Angriffsziel festgehalten wurde – den kühnen Plan faßte, das ganze Kreuzheer gleichsam zu entführen. Dabei kam ihm sehr zustatten, daß es andere Transportmöglichkeiten als die venezianischen Schiffe kaum gab und daß die nicht sonderlich idealistischen Barone mit ihren Gemeinen durchaus geneigt waren, verlockende Beuten mitzunehmen, wenn der Einsatz nicht allzu hoch war. Zara hatte sich als schneller Sieg erwiesen; die Franken, wie damals die Franzosen noch genannt werden, wiegten sich in der Gewißheit ihrer hohen Kampfkraft, und als Enrico Dandolo ihnen im richtigen Augenblick von der Stadt Byzanz sprach, der reichsten Metropole der damaligen Welt, in der schwache Kaiser, intrigante Minister und eine von Verrätern durchsetzte Armee die Macht hatten, da war die Sache jener wenigen Eiferer, die nur an das Heilige Grab und den Kreuzfahrer-Eid dachten, schon so gut wie verloren. Warum, fragte Dandolo, sollte man eigentlich den weiten Umweg nach Süden machen, wenn man in Byzanz eine ausgezeichnete Ausgangsbasis für den Marsch nach Syrien erobern könne?

Nur einzelne Barone mochten wissen, warum dem alten Dogen soviel an einer Eroberung von Byzanz gelegen war, nur die wenigsten mochten ahnen, daß er persönliches Unglück zu rächen hatte. Die meisten dachten wohl an Robert Guiscard und daß hundert Jahre zuvor franconormannische Ritter ausgezogen waren, um das Kaisertum Byzanz zu erringen; was damals den Normannen mißlungen war, gelang vielleicht diesmal den Rittern aus Flandern und der Champagne . . .

Zunächst freilich ließen die Herren Kreuzfahrer sich Zeit. Der Winter in Zara verlief höchst angenehm, worüber man sich eigentlich wundern muß, denn wenn schon auf dem Lido Verpflegungs-Engpässe aufgetreten waren, in einer großen, auf die Besucher vorbereiteten Stadt, dann hätte man doch eigentlich erwarten müssen, daß die nun noch um die Veneziarier vermehrte Armee in dem kleinen Zara in ernsthafte Versorgungsschwierigkeiten geraten müsse. Offenbar aber kümmerte man sich mit dem Recht des Stärkeren überhaupt nicht um die Bedürfnisse der Bevölkerung, und das Hinterland vermochte wohl damals, als Dalmatien noch einem großen Garten glich, mehr anzuliefern, als dies heute der Fall wäre. Unzufrieden war nur die lautstarke, zahlenmäßig aber schwache Gruppe der Frommen, die täglich mitansehen mußte, wie bei gutem Wein und in Gesellschaft der hübschen Mädchen aus dem Lande das Ziel der Ausfahrt zu einem Schemen verblaßte.

Im Frühjahr wurden die Anker gelichtet, und die Flotte pirschte sich gemächlich an Byzanz heran, nicht etwa an Ägypten. Im Vorbeifahren wurde Korfu erobert, danach landete man auf allen Inseln, die dafür geeignet erschienen, und ließ damit den Kaiser Alexios in Konstantinopel nicht im Unklaren über das, was seiner Stadt bevorstand.

Als die Kreuzfahrer am 8. Juni 1203 endlich vor Konstantinopel ankerten, waren sie freilich verblüfft von der Größe dieser Stadt, die selbst Paris – das ja einige kannten – an Ausdehnung und Bevölkerung bei weitem übertraf. Gegen den Hafen zu wehrten zwei, gegen das Land zu gar drei voneinander unabhängige Mauer-Ringe etwaige Angreifer ab. Manchem Krieger sank dabei das Herz in die Hose, aber der

Elan des alten Dandolo (den Byzanz schon darum nicht beeindruckte, weil er es wie durch einen Schleier vage erblickte) riß schließlich die anderen mit, und im ersten Schwung des Angriffs achtete man nicht auf die großen technischen Schwierigkeiten gerade dieser Eroberung.

Für die Griechen auf den Wällen muß es ein Anblick wie aus einem Alptraum gewesen sein. Während die Franzosen von der Landseite her anrannten, hatten die Venezianer Männer und Pferde auf breite Landungskähne gesetzt und griffen vorgeschobene Schlüsselpositionen wie den Turm von Galata an. Dandolo hatte darauf bestanden, als erster in den Kampf zu gehen, man hatte ihn aus dem Boot gehoben und auf den Strand gesetzt, und dort tappte er nun mit erhobenem Schwert in die Richtung, die man ihm als die der Feinde gewiesen hatte, zum Entsetzen der Byzantiner, die den rachedurstigen Greis wohl für die Inkarnation ihrer eigenen Untaten hielten und schreiend von den Zinnen sprangen, um das Weite zu suchen.

Nicht viel besser erging es der byzantinischen Flotte, die sich bezeichnenderweise hinter Pfahlwerken und Ketten geschützt glaubte, statt in den Bosporus hinauszulaufen und die Venezianer anzugreifen. Unbeweglich zusammengedrängt, wurde sie eine Beute der herzhaft angreifenden Venezianer, und so konnte Dandolo mit seinen Männern nicht nur die Eroberung der Außenwerke und des Hafens melden, sondern auch die Zerstörung der byzantinischen Flotte.

Für den Angriff auf den eigentlichen Mauerkern wurde darum beschlossen, daß jede Nation dort kämpfen solle, wo sie sich am tüchtigsten fühle; die Venezianer kämpften also weiterhin von ihren Schiffen aus, die sie mit Leitern und Türmen sogar als Sturmgerät einzusetzen verstanden, während die Franzosen sich weiter abmühten, an der Landseite einen Einbruch zu erzielen. Wiederum war Dandolo der erste, der den Fuß an Land setzte, und schließlich hatten die Venezianer fünfundzwanzig Türme erobert. Dieser Erfolg ließ sich allerdings nicht halten, weil Theodor Laskaris, der mutige Schwiegersohn des griechischen Kaisers, mit einem geschickten Ausfall die Franzosen in größte Bedrängnis gebracht hatte.

Somit hätte ein geschlossen zusammenstehendes Byzanz auch diesen gefährlichen Angriff von der See- und von der Landseite letztlich siegreich abwehren können, aber eben an dieser Geschlossenheit und Einigkeit mangelte es im Jahr 1203 noch stärker als bei früheren ähnlichen Gelegenheiten. Kaiser Alexius III. Angelos zog es vor, seine Schätze und seine Haut zu retten und flüchtete mit seiner Tochter Irene in einem randvoll mit Reichtümern beladenen Schiff über das Schwarze Meer zu dem ihm treu ergebenen König von Bulgarien; auf die Flucht des Kaisers folgte eine Revolte, man holte den 1195 entthronten Kaiser-Bruder Isaak aus dem Gefängnis, und die Verhandlungen mit dem Kreuzfahrer-Heer, das sich in Pera festgesetzt hatte, begannen.

Dandolo und seine Verbündeten stellten hohe Forderungen, die Verhandlungen zogen sich hin, und bald wurde auch Isaak gestürzt: nach zwei Kaisern aus der Reihe der Komnenen wollte es nun wieder ein Dukas mit den Feinden aus Frankreich und Venedig aufnehmen. Die aber hatten der byzantinischen Ränke nun genug kennengelernt. Dandolo und die Franzosen brachen die Verhandlungen ab und einigten sich untereinander auf eine völlige Aufteilung des Byzantinischen Reiches. Es war ein Abkommen von beträchtlichem Zynismus, ein Raubdokument, wie es seinesgleichen in der europäischen Geschichte bis zu den Teilungen Polens und dem Hitler-Stalin-Pakt von 1939 nicht mehr geben wird:

Erstens sollte gleich nach der nun nicht mehr aufzuschiebenden völligen Besetzung und Plünderung von Konstantinopel ein neuer, lateinischer Kaiser gewählt werden anstelle des griechischen, und zwar von jeweils sechs Wahlmännern aus jeder der beiden Angreifernationen.

Der zweite Punkt enthielt kirchliche Regelungen.

Der dritte bestimmte, daß alles byzantinische Land in vier gleiche Teile zu scheiden sei, von denen einer Gut des Kaisers werde, die anderen drei sollten unter Venezianer und Franzosen aufgeteilt werden.

Punkt vier regelte die Verteilung der Beute.

Punkt fünf bestimmte, daß die Armeen ein volles Jahr in Konstantinopel bleiben sollten (Kreuzzug ade . . .!).

Punkt sechs, der verblüffendste, enthielt die Aufforderung an den Papst, jene mit dem Bann zu belegen, die einen Punkt dieses Vertrages nicht erfüllen sollten.

Am 9. April 1204 begann der gemeinsame Sturm gegen die von Dukas inzwischen wieder verteidigungsbereit gemachte Stadt. Die Verbündeten erlitten eine so schwere Niederlage, daß sie nur mit Mühe wenigstens die Schiffe retten konnten. Diese Schiffe mit den ingeniösen venezianischen Maschinen waren es, die schließlich, am 12. April, doch noch zu einem Erfolg führten. Zwei große Kriegsschiffe, *Der Pilger* und *Das Paradies* genannt, ließen sich dank günstigen Windes unmittelbar unter ein besonders wichtiges Turmbollwerk legen. Unter den Augen der Bischöfe von Troyes und von Soissons, die auf den Schiffen weilten, erklommen die kühnsten Männer die Turmplattform und pflanzten dort die Fahnen des Heiligen Markus und das Banner der Bischöfe auf. Sogar die Namen dieser Helden in einem schmutzigen Krieg sind uns bekannt: der Venezianer hieß Pietro Alberti, der Mann aus der Champagne hingegen André Durboise, weswegen alle, die heute den Allerweltsnamen Dubois tragen, ein wenig stolz auf diesen ruhmreichen Ahnherren sein dürfen. Unter den Fahnen von Heiligen und Kirchenfürsten also wurde das Kreuzheer zum Plündererheer und stürzte sich in die Straßen der großen Stadt, in die Läden und in die Paläste. Alexios V. Dukas, der seiner Augenbrauen-Stellung wegen den Spitznamen Murzuphlos führte, vermochte zu fliehen, weil die tapfere Waräger-Garde ihm und Laskaris den Rückzug deckte. Aber nicht einmal dieses Beispiel fremder Söldner war imstande, die Griechen noch einmal in den Kampf zu zwingen und durch einen Angriff von außen der von den Fremden überfluteten Stadt wenigstens die Schrecken der Plünderung zu ersparen.

So aber kam es zu tagelangem Raub, zu Plünderungen eines Ausmaßes, das Geschichte machte wie der Fall Roms unter den Angriffen des Gotenkönigs Alarich, wie der *Sacco di Roma* durch ein deutsch-spanisches Landsknechtsheer im Jahr 1527. Selbst die Ismaeliten seien menschenfreundlich und milde im Vergleich zu den Eroberern, die das Kreuz Christi auf ihren Rüstungen und Mänteln trugen, stellte einer der byzantinischen Chronisten zu diesen blutigen Tagen fest. Godefroy de Villehardouin aber schrieb:

»So wurde Palmsonntag und das große Osterfest danach verbracht (25. April 1204) in dieser großen Ehre und in dieser Freude, die Gott ihnen verliehen hatte. Und wohl mußten sie den Herrn preisen, denn sie hatten nicht mehr als 20000 Mann unter Waffen und mit Gottes Hilfe hatten sie eine Stadt von mehr als 300000 Menschen bezwungen, trotz der stärksten Befestigungen der Welt.«

Bei dem angeblich so gottwohlgefälligen Werk wurden, obwohl in der Stadt niemand mehr Widerstand leistete, noch mehr als zehntausend Einwohner von Byzanz getötet, entweder, weil sie ihre Habe zu schützen versuchten oder weil sie sich schützend vor ihre Frauen und Töchter stellten. Nach solchem Osterfest, in dem – wie Nicetas berichtet – auch in den Kirchen erheblich geplündert worden war, rief Bonifazius von Montferrat dazu auf, alle Beute in drei Kirchen zusammenzutragen und sie zu schätzen, Kriegsbrauch, wie er uns noch aus dem sechzehnten und siebzehnten Jahrhundert berichtet wird. Wer Beute zurückhielt, wurde nicht nur mit dem Tod durch Erhängen bedroht, sondern auch mit ewiger Verdammnis durch den Kirchenbann (!); die Kreuzfahrer, die längst Ägypten und auch das heilige Grab aus den Augen verloren hatten, fühlten sich also noch immer als Vollzieher eines allerhöchsten oder doch päpstlichen Auftrages, ohne zu bemerken, daß sie nur noch die Rachepolitik und die Machtansprüche Venedigs verwirklichten.

Als ein paar Dutzend Soldaten gehängt worden waren, als der Graf Hugo von Saint-Paul sogar einen seiner Ritter mit dem Schild am Hals hatte hängen lassen, weil er Beutegut verschwiegen hatte, fanden sich ein paar ehrliche Venezianer und Franzosen, die alle zusammengetragenen Schätze bewachten und bei der Verteilung unter Aufsicht der höchsten Herren assistierten. Der ganze Vorgang verrät die Aufweichung der Moral im Krieg und die Unaufrichtigkeit des Kriegsrechtes selbst, denn wenn eine Stadt tagelang zur Plünderung freigegeben wird, so hat der Soldat von Gefahren und Mühen dieses Vorgangs doch nur dann etwas, wenn er sich ein Ringlein oder ein paar Münzen heimlich wegstekken konnte. Andernfalls hätten ja alle Krieger nur vergewaltigt und gefressen und die wertvolle Beute den Zahlmeistern überlassen, die sie danach verteilen mußten.

Ein Fußsoldat bekam halb soviel wie ein Berittener, ein Berittener halb soviel wie die Ritter. Ehe es an die Verteilung ging, kassierte jedoch abermals Venedig, und zwar nach Villehardouin 50000 Mark Silber, obwohl doch schon in Venedig, vor der Abfahrt, nur 35000 Mark an der ausbedungenen Summe gefehlt hatten und die Beute von Zara ja abermals schuldmindernd gewirkt haben mußte. Enrico Dandolo muß seine Verbündeten ganz schön eingewickelt haben, vielleicht ließ er sich auch den Verzicht auf die lateinische Kaiserwürde bezahlen, denn hätte er selbst dafür kandidiert, so wäre zweifellos keinem Franzosen eine Chance verblieben.

Nach Dandolos Verzicht standen Balduin von Flandern und Bonifazius von Montferrat einander als Rivalen gegenüber. Balduin wurde gewählt, Montferrat fügte sich in die Niederlage gegen reiche Versprechungen von Ländereien aus dem zur Verteilung gelangenden Kaiserreich. Daß die Niederlage ihn vor einem schrecklichen Tod bewahrte, ahnte er natürlich nicht: Balduin von Flandern nämlich unterlag im Jahr darauf bei Adrianopel König Johannes von Bulgarien und wurde nach furchtbaren Martern wilden Tieren vorgeworfen.

Das sogenannte Lateinische Kaiserreich bestand dennoch bis 1261, ein Halbjahrhundert also, was für ein Kaisertum nicht allzuviel ist und eigentlich überraschend, denn niemand hätte den Byzantinern zugetraut, daß sie ihr Reich zurückerobern würden. Und dieser Umstand, daß Macht und geschichtliche Funktion des oströmischen Reiches ohnedies bereits am Ende waren, ist das einzige versöhnliche Element in dem an sich empörenden und zugleich tief enttäuschenden ganzen Vorgang. Denn ein Faktum bleibt bestehen: Wären die Ritter nicht auf diesen großen Raubzug gegangen, so hätten ein Vierteljahrtausend später die Türken alle Schätze bekommen.

Das, was damals die Welt am meisten beschäftigte, nämlich die ungeheure Beute, übergeht die geisteswissenschaftlich orientierte moderne Geschichtsschreibung mit Nasenrümpfen. Aber eben die Armut des Abendlandes war es ja, die das Rittertum erst für solche Versuchungen anfällig machte. Nur, weil sie allesamt nichts oder beinahe nichts besaßen, konnte man diese dem hohen Ideal des christlichen Streiters, Beschützers der Pilger, Soldat des Kaisers verschworenen tapferen Männer immer wieder korrumpieren: im Nordosten Europas zur blutigen Landnahme von heidnischen Stämmen wie den Pruzzen und Esten, im Norden zum Stedinger-Gemetzel, im Südwesten zur Ausrottung der Katharer, im Südosten zur Eroberung und Plünderung von Byzanz.

Einmal entfesselt, hauste die Crème des europäischen Adels nicht anders als vor ihnen Hunnen oder Goten, Gepiden oder Vandalen. »Sie plünderten ungescheut nicht allein den Besitz der Menge, sondern auch das dem Gottesdienst Geweihte« lesen wir in der Chronik des Nicetas. »Alle mit dem Schwerte bewaffnet, einige auch auf geharnischten Streitrossen . . . Wie wurden die angebeteten Bilder schimpflich zu Boden geworfen! Wie wurden die Reliquien der für Christus gestorbenen Märtyrer an unheilige Örter geschleudert! Und was schauderhaft auch nur zu hören ist, man konnte das göttliche Blut und den Leib Christi verschüttet und zu Boden geworfen sehen. Sie aber nahmen die kostbaren Gefäße desselben und zerbrachen sie teils und steckten den darin befindlichen Schmuck ein, teils setzten sie dieselben auf ihre eigenen Tische als Brotkörbe und Weinkrüge, sie, die Vorläufer des Antichrist . . . Was aber in der Hauptkirche (d. i. Hagia Sophia) Gottloses geschah, das läßt sich kaum anhören. Denn der Hochaltar, eine Mosaikzusammensetzung aus den wertvollsten Materialien, die im Feuer zusammengeschmolzen worden waren und sich zu einer von allen Völkern bestaunten überaus herrlichen Schönheit vereinigt hatten, wurde zerschlagen und unter die Plünderer verteilt, sowie auch der ganze unermeßliche Schatz des Heiligtums. Um die heiligen Geräte und Kleider von unübertrefflicher Kunst, das Silber an der Altarschranke, der Kanzel und die sehr zahlreichen anderen Schmuckgegenstände wie gewöhnliche Beutestücke abtransportieren zu können, führte man Maulesel und andere Lasttiere gesattelt bis ins Allerheiligste . . . Jedermann war an diesen Tagen in Not; Wehklagen und Tränen waren auf allen Straßen und Plätzen und in allen Kirchen, Wegschleppung, Schändung, Knechtung, Gewalttat überall. Es gab nichts, was undurchsucht geblieben wäre. So handelte das Volk mit dem ehernen Nakken, dem prahlerischen Sinn, der blutgierigen Rechten, dem hochmütigen Auge, den stets rasierten und jugendlich scheinenden Wangen, dem unersättlichen Schlund und dem erbarmungslosen Herzen . . . Die feinsten Schleier hängten sie auf die Köpfe ihrer Pferde, und sie nahmen Schreibrohr und Tinte zur Hand, um uns als ein Volk der Schreiber zu verhöhnen.«

Es ist ein durchaus anderer Stil als der des Godefroy de Villehardouin. Nicetas Choniates, der nach einem großen Geschichtswerk den Untergang seiner Heimatstadt schildern muß, tut dies als Beteiligter, Betroffener, dem eine Welt zusammenbricht, stand er doch als hoher Beamter dem Kaiserthron nahe und verlor im Jahr 1204 alles, was sein Leben ausgemacht hatte. Verglichen mit der souveränen Prosa des französischen Chronisten liest sich Nicetas gelegentlich wie das Gezeter des Unterlegenen, aber der beredte Grieche ist schließlich auch der tiefer Verstörte. Seine Schilderungen galten lange Zeit als böswillig und parteiisch, doch hat die neue und genaue Übersetzung durch Franz Grabler (Graz 1958) gezeigt, daß die natürliche Exklamatorik des Griechischen, das Pathos einer Untergangs-Schilderung am Ende eines großen Geschichtswerkes, mit parteiischen Färbungen verwechselt wurden. An der subjektiven Aufrichtigkeit des Nicetas und am Detail seiner Schilderungen wird nicht mehr gezweifelt.

Das ist wichtig, weil aus seinen Berichten auch hervorgeht, daß sich die Sieger höchst unterschiedlich verhielten. Balduin, der spätere Kaiser, hatte zum Beispiel seinen Truppen jede Gewalttat gegen Frauen ebenso verboten wie das Zusammenleben mit erbeuteten Frauen oder Mädchen; für ihn blieb das Heer eine heilige Versammlung von Männern, die das Kreuz genommen hatten. Andere Herren scheinen jeden Gedanken an den ursprünglichen Zweck des Unternehmens aufgegeben zu haben, würfelten zynisch um die nun frei gewordenen Besitzungen, schacherten um die Länder und führten die vornehmen Frauen und Mädchen, die sie nachts vergewaltigt hatten, am Morgen höhnisch auf Pferden oder Mauleseln durch die Straßen (Nic. 786).

Zu der Wahl Balduins an Stelle des Bonifazius von Montferrat gibt Nicetas eine bemerkenswerte Erklärung, wenn er (789f) sagt: »Wie es allgemein hieß, waren Hintergedanken und Umtriebe des Dux von Venetia Dandulos mit im Spiele. Da er blind und deshalb verhindert war, selbst gewählt zu werden, wollte er, daß ein heiter-umgänglicher und nicht herrschsüchtig-ehrgeiziger Mann das Kaisertum erhalte; noch mehr Wert aber legte er darauf, daß der zu Wählende sein eigenes Land weit weg vom Gebiete der Venetiker habe, damit er, sollte es einmal zu einem Zerwürfnis zwischen den Venetikern und ihm kommen, nicht gleich aus der Nähe Verstärkung von seinen eigenen Leuten holen oder mit Leichtigkeit in das Gebiet Venetias einbrechen . . . könne – was alles, wie er (Dandolo) wußte, der Markesios Boniphatios aus Lambardia (d. h. von Montferrat) zu tun imstande gewesen wäre.«

Montferrat lag damals zwar nicht – wie Nicetas weiter ausführt – am Meer und grenzte auch noch nicht an Venedig. Aber in den Zeiten seiner Blüte reichte das venezianische

Festlandsgebiet bis in den Raum von Mailand, und Montferrat war nur durch Venedigs alten Gegner Genua vom Meer getrennt. Dandolo konnte also vorausschauend nicht wünschen, daß Montferrat gestärkt werde. Wie recht er hatte, erwies sich noch in Konstantinopel: der unterlegene Kaiser-Kandidat bestürmte sofort nach der Wahl den Sieger Balduin, ihm Saloniki im Hinterland zu überlassen, denn er, Montferrat, sei mit der Schwester des Ungarnkönigs verheiratet. Angesichts der venezianisch-ungarischen Spannungen an der Adria und um Zara wäre demnach Montferrat zu den Gegnern der Lagunenstadt gestoßen, mit einer so wichtigen zentralen Position wie dem Raum Saloniki.

Das Hin und Her um Inseln, Küstenstriche und Länder ist kennzeichnend für einen beinahe leichtfertig wirkenden Umgang mit den Völkern und ihren Lebensräumen, wie ihn die dynastischen Grundsätze der Politik mit sich brachten. Dieses Entwurzelungs-Denken nach einem reinen Raubkrieg wirkte zwangsläufig auch auf die Sieger zurück. Das glorreiche Venedig war der Hauptgewinner des Feldzugs. Es hatte – bei einer geschätzten Gesamtbeute von 960000 Mark Silber – ungeachtet der privaten Bereicherung seiner Soldaten und Offiziere Staatsbeute im Wert von 10000 Kilogramm Gold erhalten, einen Teil der Stadt Konstantinopel, die Insel Kreta und alle Stützpunkte und Städte im Ostmittelmeer, die es sich aus dem byzantinischen Besitz anzueignen wünschte.

Es war ein Triumph der Energie über die Zahl, des Ingeniums über die natürlichen Gegebenheiten, denn seit den Phönikern hatte es im Mittelmeerraum kein ähnliches Reich gegeben, aus einer Keimzelle von nur 200000 Einwohnern erwachsen und nun drei Kontinente verbindend.

Das Mißverhältnis fiel auch Dandolos Nachfolger auf, jenem Pietro Ziani, der nach Konstantinopel entsendet wurde, als Enrico Dandolo am 1. Juni 1205 nicht etwa an Altersschwäche gestorben, sondern von einer Erkrankung dahingerafft worden war.* Um dieses neue und ziemlich plötzlich

* Vgl. Anm. S. 113 (= Kapitelende)

an Venedig gefallene Seereich tatsächlich in Besitz zu nehmen, tat Ziani, was dreihundert Jahre später die Könige der Entdeckerstaaten Spanien und Portugal tun mußten: Er vergab Anrechte, er verlieh kapitalkräftigen Familien Lehen, die sie jedoch erst selbst in Besitz zu nehmen, zu erobern hatten. Gegenüber den Großmächten waren diese Miniatur-Raubzüge abgesichert, sie waren ja nur der Vollzug der Vereinbarungen vor der Kaiserwahl von Konstantinopel. Die Völker jedoch, die niemand gefragt hatte, begannen nun ein Wort mitzureden.

»Die venezianischen Kaufleute akzeptierten diese Erlaubnis bestens, und einem neuen Ehrgeize ihr Herz öffnend, gingen sie an die Eroberung dieser aufgehenden Länder. Gleich merkwürdig sind in der Geschichte dieser Privat-Kriege die geringe Zahl der Angreifenden und die Feigheit der stets besiegten Griechen. So sah man fast zu gleicher Zeit den Marco Dandolo und Jacopo Viaro das Herzogtum Gallipoli, den Marco Sanudo das Herzogtum Naxos gründen; den Marino Dandolo die Insel Andros, den Andrea und Girolame Ghisi die Inseln Theonon, Mykone und Skyros, den Pietro Giustiniani und Domenico Mihiel die Insel Cheos, den Filocolo Navagieri endlich die Insel Lemnos, die zu einem Großherzogtum erhoben ward, sich unterwerfen.« (Galibert)

Bei weitem das Wertvollste unter diesen eroberten Gebieten war jedoch das Viertel der Stadt am Bosporus, denn nun konnten die Venezianer auch die politische Konsequenz aus der ihnen längst vertrauten wirtschaftlichen Gesamtsituation ziehen: Der Handel lebte von einem Ost-West-Austausch. Nur jene Handelsstädte kamen empor, die rücksichtslos das Gefälle zwischen einem volkreichen und lieferfreudigen Osten auf der einen, einem feudal organisierten und schlecht versorgten Westen auf der anderen Seite ausnützten. Genua und Pisa hatten in ihrer Lage am freien Meer dabei ungleich bessere Chancen als Venedig am Ende eines leicht zu sperrenden Meeresarms, an dessen Ufern sich immer wieder unruhige und beutegierige Kleinvölker störend bemerkbar machten.

Pietro Zianis kühner, ja vermessener Vorschlag, die Lagunenstadt aufzugeben und als geschlossene Bürgerschaft nach Konstantinopel auszuwandern, aus der Randlage in den Herzraum des Ostwesthandels, war demnach nichts anderes als die mit kaufmännischer Nüchternheit gezogene Konsequenz aus der allgemeinen Entwurzelung, aus dem großen Schacher dieses Jahrhundert-Anfangs. Wenn ein Kreuzzug kein Kreuzzug mehr war und ein Kaiserreich kein Kaiserreich; wenn alte Inseln neue Herren bekamen, wenn sie verkauft und vertauscht wurden, noch ehe ein Eroberer sie betreten hatte, wenn die ganze vertraute Welt sich plötzlich änderte, dann sollten ausgerechnet jene, die dies alles ins Werk gesetzt und zum erfolgreichen Ende geführt hatten, dann sollten die klugen Venezianer als einzige so tun, als sei nichts geschehen? Venedig sollte sich nie mehr im hintersten Winkel der Adria von den Ungarn, den Ragusanern, den Normannen auf Sizilien, den Epiroten und wer immer dazu Lust hatte, seinen Handelsweg, seinen Lebensweg abschneiden lassen!

Es klang vernünftig, und es war doch ungeheuerlich. Angelo Faliero sprach gegen den Dogen im Großen Rat. Die Abstimmung erbrachte eine einzige Stimme Mehrheit für den Verbleib an der Lagune. Ziani verzichtete auf sein Amt und starb einen Monat darauf. Abermals war Venedig gerettet, gerettet vor sich selbst, gegen sich selbst . . .

Anmerkung

Nicetas, der Enrico Dandolo mit besonderem Haß verfolgt, gibt von der Gefangennahme Balduins und vom Tod des Dogen folgende von der übrigen Tradition abweichende Darstellung, die hier angeführt wird, weil Nicetas trotz seiner Parteinahme als gut informiert und als verläßlich gilt: »Es kam zum Nahkampf; viele Skythen umschwärmten jeden einzelnen von den Lateinern (d. h. Kämpfer des lat. Kaiserreichs, somit Franzosen oder Venezianer), überwältigten sie, zerrten sie von den Pferden und stießen in ihren früher so steifen

Nacken ein krummes Messer oder legten einen Strick um ihren Hals, und auch der Großteil der Pferde wurde erschlagen. Denn da die Skythen wie eine dichte schwarze Wolke über die Lateiner herfielen, konnten diese weder entfliehen, noch sich zum Reiterkampf entfalten.

So fielen also die Kerntruppen des lateinischen Heeres, die besten Lanzenkämpfer. Es fiel aber auch der Comes von Blois Doloikos. Balduinos wurde gefangen und nach Mysien gebracht, von dort nach Ternovos geschafft und, bis zum Hals gefesselt, ins Gefängnis geworfen. Der erste und verschlagenste aller Übeltäter aber, der all dieses Unheil über die Rhomäer gebracht (d. h. über Byzanz), der Dux von Venetia, Dandulos, war als letzter geritten. Als er von den Flüchtigen erfuhr, daß das Heer geschlagen sei, riß er sogleich sein Pferd herum und jagte ins Lager zurück. Als die Nacht anbrach – die Schlacht hatte am Nachmittag stattgefunden – befahl er, Lichter in den Zelten zu entzünden und sehr viele Lagerfeuer zu unterhalten, damit der Anschein erweckt werde, als wäre nicht der Großteil des Heeres aufgerieben und als hätten die Übriggebliebenen noch den Mut, den Krieg fortzusetzen. Um die erste Nachtwache brach er aber auf und gelangte bis zu dem an der Küste gelegenen Rhaidestos, vereinigte sich dort mit Erres, dem Bruder des Balduinos . . . und kehrte nach Byzanz zurück. Die vielen Parasangen (d. h. die weite Strecke), die Dandulos fliehend durchritten, hatten ihm aber das Bauchfell gesprengt und sein Hodensack war riesig angeschwollen.«

Demnach wäre Enrico Dandolo an einem Leistenbruch gestorben, den er sich durch Überanstrengung nach der Niederlage von Adrianopel zugezogen hatte.

Hätte man ihn selbst gefragt, den großen Reisenden, er hätte wohl eher die wunderbare Hafenstadt Quinsay unweit der Yangtse-Mündung als die Stadt seines Lebens bezeichnet, oder aber Kambalu, die Kaiserstadt, in der sein väterlicher Freund und Gebieter Kubilai Khan residierte. Aber es ist doch so, daß es die Stadt Venedig war, die einen Marco Polo hervorbringen mußte; es ist gewiß kein Zufall, daß er aus Venedig kam, Venezianer war und die Ziele suchte, die Dandolo und seine Nachfolger den Venezianern gewiesen hatten.

War auch der Gesamt-Exodus mit knappem Entscheid verhindert worden, hatte die Lagunenstadt auch ihre Bürger behalten dürfen, so hatten diese als kluge Kaufleute jeder für sich doch jene Überlegungen angestellt, die Pietro Ziani im Großen Rat der Stadt nicht hatte durchbringen können. Zahlreiche Venezianer hatten Grundbesitz in den neuen Kolonialgebieten errungen, und vor allem in Konstantinopel selbst hatte sich eine venezianische Gemeinde gebildet, die nach Tausenden zählte. Und diese Tausende hatten ihre Bedeutung, denn es handelte sich ja nicht um das Kindergewimmel oder den Plebs, dessen Köpfe man nicht zählt, sondern um Familien der Kaufmannschaft, die mit Besitz kamen und ihn zu vermehren gedachten.

Unter ihnen waren auch die Polo, eine Familie nicht der Aristokratie von Venedig, aber des einflußreichen und vermögenden Plebejerkreises. Erst Marco Polo selbst wird eine Loredan heiraten und damit seine Verbindung zu den Sippen des Goldenen Buches schaffen, zu den für das Dogenamt in Frage kommenden Familien. Die Polo hatten wie viele andere auch in Konstantinopel umdenken müssen. Der Handelsweg nach Süden, in Richtung Syrien und Ägypten, war durch kriegerische Wirren zunächst verlegt, ja aus Ägypten hatte ein eroberungslustiger Sultan sogar zu Vorstößen nach Norden angesetzt. Hingegen erwies sich der weite Ostraum als ein überraschend günstiges Territorium, seit hier die Mongolenkhane die Herrschaft angetreten hatten. In den dreißiger Jahren des Jahrhunderts hatten sie den Dnjepr überschritten, das alte Kiew erobert, waren durch Polen geritten und erst in der großen Schlacht bei Liegnitz im Jahr 1241 zum Stehen gebracht worden. Seither ruhten sie, festigten ihr Reich, hatten keine Gegner mehr in der weiten eurasischen Steppe und gestatteten den Handelsverkehr auf ihren Poststraßen.

Mit den Mongolen Handel zu treiben, war zweifellos beschwerlicher und zunächst auch weniger ertragreich, als auf den alten und bekannten Routen durchs Rote Meer Gewürze aus Indien heranzuholen; aber der Kaufmann hat ja nie die Wahl. Das Gesicht der Welt bestimmen die Krieger, und am Kaufmann ist es, sich darin zurechtzufinden, ob es ihm gefällt oder nicht. Darum zogen die Brüder Maffeo und Niccolò Polo nach Osten, darum erwarben sie eine Niederlassung auf der Krim, darum warfen sie sich vor Kubilai-Khan nieder und berichteten ihm, woher sie kämen und welches ihr Anliegen sei. Und dieser kluge Fürst nützte die Kaufleute als Botschafter, gewiß nicht zum erstenmal; aber wie die Welt damals war, mußte man hundert Menschen dasselbe sagen, damit die Botschaft einmal an der richtigen Stelle eintreffe. Die Botschaft des Kubilai war eine Bitte um Lehrer, um die Entsendung von hundert unterrichteten Männern, die das große Mongolenreich zwischen Peking und Kiew mit dem Wissen des Abendlandes bekanntmachen könnten. Und der Adressat dieser Botschaft war der Papst.

Die Brüder Polo erwiesen sich als treue und bemühte Übermittler, aber der Weg war weit, und als sie ihn zurückgelegt und die Heimat erreicht hatten, war der Papst gestorben und der neue noch nicht gewählt. Der schnelle Kubilai, der seine Armeen durch die halbe Welt zu Blitzkriegen führte, traf auf die Geruhsamkeit, ja die Lethargie des christlichen Mittelalters, und als endlich tatsächlich ein Papst gewählt war und die Brüder Polo ihm hatten alles vortragen dürfen, da waren aus den hundert Lehrern, die Asien hätten christlich machen können, zwei kleinmütige Kleriker geworden, die schon in Syrien aufgaben, beim ersten Gerücht von kriegerischen Verwicklungen. Die Brüder Polo hingegen ließen sich nicht so schnell einschüchtern; sie hatten ja auch keine Pfründe zu verlieren, sie waren eben venezianische Kaufleute, das heißt: Fernhändler, *merchant adventurers*, wie ein anderes Volk sie sehr richtig nennen wird, und vielleicht waren sie bei allem Handelssinn zudem noch mutigere Christen und vom Gottvertrauen stärker erfüllt als die zwei traurigen Gestalten, denen der Papst die Bekehrung eines Weltreiches hatte anvertrauen wollen. So zogen also Niccolò und Maffeo Polo abermals nach Osten, begleitet von keinem Diplomaten und keinem Priester, der etwa die einzigartige Gelegenheit hätte wahrnehmen wollen, sondern einzig von dem sechzehnjährigen Sohn des Niccolò Polo, dem abenteuerlustigen, in den Sprachen und den Sieben Künsten gut ausgebildeten Marco.

Alles weitere ist bekannt und oft beschrieben, wobei man allerdings oft übersehen hat, daß die drei Polo noch bis tief nach Persien hinein auf andere Venezianer trafen, etwa in Täbris eine venezianische Faktorei besuchten. Und unsere europäische Hypertrophie läßt viele Leser des einzigartigen Marco-Polo-Berichtes übersehen, daß die drei auf Straßen reisten, an vorgesehenen Raststätten rasten konnten, daß sie mitten in Asien – wie etwa in Balch – auf Tausende von Kaufleuten aus aller Welt trafen, und daß am Hof des Großkhans völlige religiöse Freiheit, großherzige Toleranz herrschte, die den geistigen und materiellen Austausch der Nationen gestattete und förderte wie sonst nirgendwo in der Welt und am allerwenigsten im christlichen Europa.

Wenn es in diesem von der Renaissance noch nicht erhellten, von Fürsten und Priestern in wohlberechneter Unmündigkeit erhaltenen Kleinkontinent eine Enklave der Vernunft und wenigstens begrenzter Toleranz gab, so war es die Stadt Venedig, die sich ihre Oberhäupter wählte und auf diese Weise die völlig Unfähigen, ja sogar die wenig Geeigneten auszuschließen vermochte, was in keinem Erbgang möglich gewesen wäre. Und Venedig konnte als eine nach Süden und

Osten offene Handelsstadt es sich auch leisten, den Ketzerbegriff des Papstes auf eine eigene Weise zu fassen. Weder Mohammedaner noch griechische Katholiken, weder Juden, noch Armenier oder Nestorianer wurden an der Lagune als Ketzer verfolgt, und sprach tatsächlich einiges für gefährliche Irrlehren und böse Abweichungen, dann nahm sich die Republik das Recht, den Fall selbst zu prüfen und zu entscheiden, wobei sie nach ihrem Belieben Kirchenlehrer als Sachverständige heranzog.

Venedig war also doch so etwas wie eine Stadt des Marco Polo, noch ehe er berühmt war, noch ehe seine Heimkehr neue Maßstäbe setzte für die Ausdehnung der Welt und die Kenntnis ihrer östlichsten Reiche: Venedig war die Stadt, wo der Krämergeist stärker war als Aberglaube und Pfaffendünkel, und dafür mußte man im dreizehnten Jahrhundert immerhin dankbar sein.

Venedig gibt uns damit ein auch geistesgeschichtlich interessantes, ja sogar beweiskräftiges Beispiel für die aufhellende Wirkung internationaler Beziehungen und, in der Umkehr, für die unheilvolle Verdüsterung bis zur Engstirnigkeit, Intoleranz und Grausamkeit, wie sie im Mittelalter überall dort eintraten, wo diese grenzübergreifenden Einflüsse und Beziehungen fehlten: das war in der deutschen wie auch der französischen Kleinstadt überwiegend der Fall; man schloß sich gegen Fremdes ab wie gegen Feindliches, man betrachtete alles, was auf den Straßen heranwallte, von vornherein als suspekt, man setzte den Eigendünkel hinter Ringmauern und Zinnen gegen die Weltsicht und hatte daran bis an die Schwelle der Gegenwart zu tragen. Die skandalösesten Ketzerprozesse fanden durchwegs in selbstzufriedenen Binnenstädten statt, in kleinen wie Loudun oder großen wie Genf, und Hexenverbrennungen wie Teufelsaustreibungen hielten sich am längsten in ländlich bestimmten Gemeinwesen, gleichgültig, ob diese nun in der Schweiz, in Bayern, in Westpreußen, Pommern oder auch Massachusetts lagen.

Allerdings war Venedig anderen Gefahren ausgesetzt, die

das Leben in der Stadt ebenso nachteilig beeinflussen konnten wie etwa Ketzer- oder Hexenjagden. Eine dieser Gefahren war das Hereinwirken des streckenweise barbarischen byzantinischen Strafrechts, wo mit Vorliebe geblendet wurde. Abgesetzte Kaiser, Minister oder Feldherren zum Beispiel wurden mit größter Regelmäßigkeit und nicht selten von ihren nächsten Verwandten des Augenlichts beraubt, und auch im venezianischen Recht findet sich unter dem Jahr 1232 das Gesetz:

»Wer irgendeine Frau mit Gewalt besitzt, sei es eine Jungfrau, eine Ehefrau oder eine Dirne *(femina corotta)*, wird, sofern er es gestanden hat oder durch Zeugen überführt wurde, mit der Blendung auf beiden Augen bestraft.«

Nach dem Abklingen byzantinischer Einflüsse durch den Bruch mit dem Kaiserreich am Bosporus setzt eine Milderung der Strafandrohungen ein. Geldstrafen werden häufiger, allerdings meist in Verbindung mit der Verbannung. Die mochte einen Venezianer hart treffen, der an die einzigartige Stadt mit ihrem intensiven gesellschaftlichen Leben gewöhnt war, bot andererseits aber wenig objektive Härten, denn die Verbannung bezog sich ja nur auf venezianisches Staatsgebiet: Schon in Ferrara oder Fiume konnte der Verbannte in Frieden leben. Ein Gesetz vom 3. Mai 1374 setzt auf das an sich schwere, in Deutschland damals noch überwiegend mit dem Tod bestrafte Delikt nächtlichen Eindringens in ein Haus zum Zweck geschlechtlichen Umgangs mit dem Gesinde (fornicandi cum mulieribus) nur noch die wertmäßig allerdings sehr hohe Geldstrafe von 50 Libra, das sind hundert Mark kölnisch, zweieinhalb Kilogramm Silber . . .

Die andere Gefahr, in kaum einer der italienischen Städte dauernd vermieden, waren Tyrannis und Despotismus. In ihrer Grundanlage waren alle diese vorwiegend vom Handel lebenden Städte auf die besondere Aktivität einzelner Geschlechter angewiesen; die Masse kann nun einmal keine wirtschaftlichen Initiativen ergreifen. Darum kam es in einer Reihe von Städten zur Herausbildung einer Oligarchie, das heißt zu Herrschaftsformen, an denen stets derselbe Kreis begüterter oder aus anderen Gründen mächtiger Klans beteiligt blieb, während oppositionelle Kräfte nur Chancen hatten, wenn sie einen Teil dieser Privilegierten auf ihre Seite bringen konnten. Das Volk an sich war stumm und geduldig, es hatte keine Fürsprecher und schon gar keine Sprecher und mußte auf den Glücksfall weiser, gütiger und menschlicher Alleinherrscher hoffen.

Das ganze venezianische Mittelalter ist innenpolitisch von den Versuchen einzelner großer Familien beherrscht, an die Stelle der traditionellen Dogenwahl mit immer neuen Einzelpersönlichkeiten und dem Wechsel der Familien die erbliche Herrschaft einer einzigen Familie zu setzen. Der Klan der Partecipazio, aber auch die Orseolo, die Candiano und besonders deutlich auch die Dandolo hatten dahin zielende Versuche unternommen, ganz zu schweigen von jenen Familien, die ähnliche Ansätze aus der Opposition heraus wagten wie die Caloprini, die Gradenigo oder später die Tiepolo. Wir erkennen in der venezianischen Innenpolitik somit zwei einander entgegengesetzte Tendenzen. Die eine ist darauf gerichtet, das Volk zu entmachten und ihm zum Beispiel das angestammte Recht der Dogenwahl nach und nach zu entziehen; die andere will verhindern, daß die Dogenwahl beeinflußbar wird und damit zur Farce. Das nämlich mußte dazu führen, daß an die Stelle einer Dogenwahl schließlich die Vererbbarkeit des Dogenamtes innerhalb einer Familie trat.

Hinsichtlich der einzelnen Vorkehrungen, in Venedig eine Diktatur zu verhindern, herrscht bis heute nicht völlige Klarheit. Sicher ist, daß es einen Großen und einen Kleinen Rat gab und später noch die *Quarantia*, eine wohl nicht als Gericht begründete, aber letztlich doch als Verfassungsgericht oder Rechnungshof wirkende Vereinigung von vierzig angesehenen Männern, der nicht selten die Aufgabe zufiel, zwischen dem Großen und dem Kleinen Rat zu vermitteln. Wie viele Mitglieder der *Große Rat* hatte, ist nicht mit Sicherheit bekannt; wahrscheinlich ist, daß es sich um sechzig oder neunzig, jedenfalls um ein Vielfaches von dreißig handelte

(Kretschmayr I, 330). Die Berufung in den Großen Rat abzulehnen, galt als Verbrechen.

Der *Kleine Rat* setzte sich aus sechs Mitgliedern, eines für jedes Stadtsechstel (Sestiere), zusammen und wurde am 29. September gebildet, der Große Rat am 1. Mai. Amtszeit aller Räte war ein Jahr. Nur für den Kleinen Rat ist bekannt, daß seine Mitglieder von einem Triumvirat aus drei Wahlmännern erwählt wurden. Die Hoheitsrechte lagen beim Großen, die Regierungs-Aktivitäten beim Kleinen Rat.

Ausgesprochen kurios sind die Wahlmodalitäten, wie sie sich gegen Ende des dreizehnten Jahrhunderts herausgebildet haben, um den Einfluß mächtiger Familien oder Familien-Gruppen zumindest zu erschweren. Nach dem schlichten alten Modus wäre nämlich bei abgesunkener öffentlicher Moral manche Manipulation möglich gewesen: Vier von der Volksversammlung, also wohl auf offenem Platz, nach vorne geschobene Wahlmänner sollten viermal zehn weitere Wahlmänner bestimmen, die sodann die Dogenwahl vorzunehmen hatten. Da es bei diesem Verfahren keine Wahl-Urnen und keine geheime Abstimmung gab, sondern nur den Zuruf, das Kriterium des guten Rufes als Voraussetzung für die Nominierung aller vierzig, konnte durch geschickte Regie und gut eingesetzte, entschlossene Gruppen die Dogenwahl manipuliert werden, möglicherweise auch zugunsten eines Kandidaten, der aus keiner der Dogenfamilien stammte, der vielleicht sogar ein revolutionärer Außenseiter mit großem Anhang war.

Was die großen Familien dagegen unternahmen, sieht zunächst aus, als habe einer der letzten byzantinischen Hofnarren eine Verfassung entworfen: Bei einer Versammlung des Großen Rates wurden in eine Wahlurne so viele Kugeln gegeben, wie Räte anwesend waren. Dreißig dieser Kugeln waren jedoch vergoldet. Ein Kind mußte nun die Kugeln, ohne sie zu sehen, aus der Urne nehmen und jedem der Räte der Reihe nach aushändigen. Die dreißig Herren mit den Goldkugeln unterwarfen sich einem neuerlichen, gleichartigen Auslosungsvorgang, nach dem dann allerdings nur noch neun übrigblieben. Diese neun ernannten vierzig Wahlmänner, die durch einen Auslosungsvorgang auf zwölf reduziert wurden. Die zwölf ernannten fünfundzwanzig, die fünfundzwanzig wurden wiederum auf neun heruntergelost, und jeder dieser neun ernannte fünf neue Wahlmänner, so daß es nun deren 45 gab. Aus ihnen machte das Los elf, und diese elf ernannten endlich jene 41 Wahlmänner, die dann die Dogenwahl vornahmen. (Es hatte nämlich bei der alten Wahlmännerzahl vierzig einmal eine durch lange Zeit unentschieden bleibende Wahl gegeben, die dazu geführt hatte, daß der Doge durch das Los bestimmt worden war.)

Das Verfahren hört sich heute absurd an, ich habe darum auch keine neuere Geschichte von Venedig gefunden, die es mit solcher Ausführlichkeit dargelegt hätte. Aber eben in seiner Absurdität ist der Vorgang ungemein bezeichnend und – wie man zugeben muß – doch immer noch weniger absurd als der simple biologische Zufall eines Herrschersohnes. Denn jede Wahlmännergruppe benannte ja doch immer wieder einigermaßen qualifizierte Männer, während der Sohn oder Enkel eines Dogen naturgemäß ein Halbidiot sein konnte, dem ein kompliziertes Staatswesen wie Venedig mit seinen Seefahrts- und Handelsinteressen keinesfalls anvertraut werden durfte.

Der erste Doge, der auf diese Weise gewählt wurde, war Lorenzo Tiepolo (1268–75), und schon im Jahr 1289 kam es zu schwerem Zwist, weil das Volk sich solche Kunststückchen nicht bieten lassen wollte und dem aristokratischen Kandidaten Pietro Gradenigo seinen eigenen Dogen, nämlich Giacomo Tiepolo, entgegenstellte. Als Sohn und Enkel von Dogen fühlte sich Tiepolo berechtigt, die Wahl anzunehmen, auch wenn sie nicht auf dem seit neuestem vorgeschriebenen Weg, sondern *per acclamationem* erfolgt war. Die Venezianer hatten damit ihren entschiedensten Versuch unternommen, der alten Volksversammlung ihre frühere Bedeutung wiederzugeben, sie hatten nur den falschen Zeitpunkt gewählt: Der nach dem komplizierten Verfahren von den Aristokraten und Räten gewählte Doge Pietro Gradenigo war die ungleich stärkere Persönlichkeit, aus einer der angesehensten Familien stammend, noch jung und doch schon durch eine Reihe militärischer Erfolge berühmt.

Er antwortete auf diesen Versuch, das Volk in seine alten Rechte wiedereinzusetzen, mit Gesetzen, die es für immer davon ausschließen sollten. Klug genug, einzusehen, daß eine Familienherrschaft der Gradenigo nicht zu erreichen war, ja daß er dabei ebenso scheitern würde wie alle, die Ähnliches vor ihm versucht hatten, strebte er eine Beschränkung des Dogenamtes, der Dogen-Fähigkeit, auf einen bestimmten Familien- und Personenkreis an, um so wenigstens die völlige Umkehrung der Verhältnisse unmöglich zu machen. Denn ein Handwerker oder gar Arbeiter hätte an der Spitze der Republik naturgemäß andere Innen- und womöglich sogar Außenpolitik gemacht als die Herren aus den uralten Fernhändlersippen, den Familien, die stets die Dogen, Patriarchen, Bischöfe, Diplomaten und Proveditoren gestellt hatten.

Dokument dieser neuen Ordnung wurde *Il Libro d'Oro*, das Goldene Buch. Es verzeichnete unter der Aufsicht von Notaren alle wählbaren, das heißt ratsfähigen Männer der Stadt. Es war das Endergebnis eines achtzehnjährigen Auslesevorgangs, denn seit dem 1. März 1297 hatte die *Quarantia* durch Ballotage, also geheime Abstimmung mittels Kugeln, bereits jene Mitglieder des Großen Rates ermittelt, die diesem Gremium anzugehören verdienten. Wer weniger als zwölf Kugeln (Stimmen) erhalten hatte, kam für das Goldene Buch nicht mehr in Frage; hingegen durfte der Nachwuchs, sobald er achtzehn Jahre alt geworden, mit einer Eintragung nach den verdienten Vätern und Großvätern rechnen. Das Libro d'Oro wurde im Lauf der Jahrhunderte ein Begriff für die ganze Welt und begründete verwandte Einrichtungen, wie das Livre d'Or der Pairs von Frankreich. Nach dem Einmarsch der französischen Revolutionstruppen in Venedig im Jahr 1797 wurde – dies sei hier vorwegnehmend bemerkt – das Libro d'Oro der Republik unter dem Freiheitsbaum feierlich verbrannt oder vielmehr ein prächtiges Buch, das man dafür hielt und das ein Bürger namens Melancini mit allen anderen Erinnerungen an die Tyrannis verbrannt wissen wollte. Das echte Goldene Buch hat sich glücklicherweise bis heute erhalten und ist eine unschätzbare politisch-historische und genealogische Quelle aus mehr als einem Halbjahrtausend gesellschaftlichen Lebens in der Lagunenrepublik. Es ist geblieben, die Revolutionen aber, gegen die es geschaffen wurde, sind heute vergessen.

Die nunmehr und hinfort aristokratische Republik entwikkelte nicht nur einen dieser Geschlechterherrschaft entsprechenden Lebensstil, der ihr den zärtlich-ironischen Spitznamen *La Serenissima* (Ihre Durchlaucht, aber auch: Die Freundliche, die Heitere) eintrug; die Republik ging mit großer Entschiedenheit daran, ihre alten Ansprüche zu institutionalisieren, das heißt: aus der spätmittelalterlichen Machtfülle, mit der sie aus den Kreuzzügen hervorgegangen war, eine dauernde Vormacht in allen Gebieten abzuleiten, an denen sie interessiert war.

Gradenigo war nur einer der Kämpfer um diese Ziele, die nun schwerer zu erreichen waren als früher, weil im zwölften und vor allem dreizehnten Jahrhundert die Konkurrenz stark aufgekommen war. Von Westen her aufgerollt, bot sich das Bild des Mittelmeer-Handels nunmehr in ziemlich veränderten Strukturen dar. Der äußerste Westen hatte Venedig nie sonderlich beschäftigt; dennoch machte es sich bemerkbar, daß einzelne Bankhäuser der großen mittelitalienischen Wirtschaftszentren in London Fuß faßten und Beziehungen begründeten, die weniger zu See- als zu Landhandelsverbindungen auf dem Rhein führten. Venedig mußte sich eingestehen, hier eine Chance nicht genutzt zu haben.

Weitere neue Konkurrenten waren die Katalanen von Barcelona und das stark aufkommende Marseille, wo sich eine intelligente Händlerschaft in venezianische Positionen auf tunesischem Boden eingedrängt hatte.

Pisa verzeichnete eine kurze Hochblüte und zeitweise auch die Herrschaft über die Insel Korsika, die als eigener

Wirtschaftsraum weniger Bedeutung hatte denn als Etappe auf den Handelsfahrten durch das Mittelmeer. Auf Korsika wurde Pisa von Genua abgelöst, und die Genuesen waren bald so stark, daß sie Venedig sogar in der Adria Trotz bieten konnten. Damit wurden Seeschlachten erzwungen, in denen die beiden Handelsstädte sich als etwa ebenbürtig erwiesen; den Ausschlag gab daher stets der beherztere Kommandant, die größere Flottenführer-Begabung. Am Siegestag von Trapani (25. 6. 1256) konnten die Venezianer zweitausend Genuesen als Gefangene in die Lagunenstadt schicken, nachdem sie schon vorher in Syrien mit dreizehn Galeeren dreiunddreißig genuesische Schiffe vernichtet hatten. In der Schlacht von Korcula hingegen führte Andrea Dandolo fünfundneunzig Galeeren gegen nur sechzig unter Lamba Doria. Angesichts dieser Unterlegenheit boten die Genuesen kampflos Unterwerfung an, wenn die Mannschaften in Freiheit heimreisen dürften – ein Vorschlag, aus dem man folgern möchte, daß die beiden Konkurrenten gelegentlich auch im Krieg die kaufmännische Vernunft höher einschätzten als den Kriegsruhm. Dandolo jedoch verlangte bedingungslose Kapitulation, eroberte auch zunächst zehn genuesische Galeeren, verlor dann aber, als der Wind plötzlich umschlug und die größere Flotte in Unordnung geriet, noch die Schlacht unter erheblichen Verlusten. Damals kam Marco Polo, der eine Galeere kommandierte, in genuesische Gefangenschaft und erhielt damit Gelegenheit, sein berühmtes Buch über China und die Reisen dorthin zu diktieren.

Die Gebiete des venezianisch-genuesischen Gegensatzes waren weniger – wie man annehmen möchte – die europäischen Hinterländer, die über Verona immer intensivere Verbindungen zur Adria erhielten, sondern vielmehr der Ostrand des Mittelmeeres und die pontischen Häfen. War Genua überlegen, so durften venezianische Schiffe nicht ins Schwarze Meer einlaufen, war Venedig überlegen, so brannten die genuesischen Niederlassungen in der ganzen Levante. In Konstantinopel waren die Genuesen darum auch durch die Quartiere der Amalfitaner von ihren Erbfeinden getrennt, hausten ihrerseits aber neben den Pisanern, denen sie auch nicht grün waren und mit denen sie hier in der Fremde doch Frieden halten mußten.

Wenn auch zum Beispiel in der alten Phönikerstadt Tyrus eine große venezianische Kolonie von beträchtlicher wirtschaftlicher Bedeutung bestand, so blieb die Drehscheibe des Levantehandels doch das sogenannte Lateinerviertel von Konstantinopel, denn neben Ägypten und den von dort kommenden arabischen und indischen Waren hatte der südasiatische Landhandelsweg immer mehr Kaufleute angezogen, und das nicht erst seit Marco Polo. Die Venezianer hatten sich schon zu Beginn des dreizehnten Jahrhunderts in Tana festgesetzt (dem heutigen Asow im Nordostwinkel des Schwarzen Meeres). Hier endete die große Karawanenstraße aus Mittelasien, die von Balch über Buchara, Merw, Samarkand und andere Zentren des alten Chorasmien die Länder von Tausendundeiner Nacht mit Europa verband.

Merkwürdig an dieser Entwicklung ist, daß diese Route zwar schon seit Jahrhunderten bestand, daß sie aber erst zu einem Zeitpunkt häufiger frequentiert wurde, als in Mittelasien die große Umwälzung des Mongolensturms eintrat. Die reichen mohammedanischen Staaten zwischen Indien und dem Schwarzen Meer, zwischen Pamir und Bagdad verloren an die Mongolen so gut wie alles, was ihren Reiz, ihr märchenhaftes Leben, ihren künstlerischen und wissenschaftlichen Ruf, modern gesprochen: ihre Lebensqualität ausgemacht hatte. Für Europa aber begannen diese nun eroberten und ausgeplünderten Staaten in dem Augenblick näherzurücken, als die Räuber mit ihren guten Straßen und den stabilen Machtverhältnissen des Mongolenreiches den Handelsverkehr erleichterten.

Natürlich gab es trotzdem manches Auf und Ab, denn die Welt drehte sich und die Zeit verging; auf weltoffene und gebildete Großkhane folgten mißtrauische Krieger, in Ägypten gab es impulsive und mehr an Beute als am Handel interessierte Despoten, der *Fondaco dei Tedeschi* (das Handelshaus der Deutschen in Venedig) brannte ab. Im ganzen genommen aber war Venedig auf dem Weg zu einer Handels-Weltmacht. Und über all dem war Venedig nun auch eine große Stadt geworden, obwohl uns die 200000 Einwohner, von denen Galibert für diesen Zeitraum spricht, höchstens dann wahrscheinlich vorkommen, wenn wir die Lidostädte hinzunehmen, also auch Chioggia, auch das neue Malamocco. Wirtschaft und Kriege, Kaufleute, Handwerker, Seeleute und Soldaten haben in der engen Metropole eines so ausgedehnten Handelsimperiums offensichtlich sehr viel mehr zu sagen als die Künstler, die eine spätere Zeit hier suchen und finden wird. Immerhin aber verliert Byzanz seinen Einfluß auch in der Baukunst. Ein urvenezianisches Bauwerk wie die hölzerne Rialtobrücke wird erneuert; die beiden Säulen auf der Piazzetta werden aufgerichtet, von woher immer man sie auch geholt haben mag, Monolithe aus Granit, die ein flinker Kaufmann sah und mitzunehmen beschloß zur Verschönerung der eigenen Stadt. Piazza und Piazzetta haben zu Marco Polos Zeiten auch ihr erstes Pflaster erhalten, was nicht bedeutet, daß man bis dahin auf Holzrosten gehen mußte wie heute an manchen Wintertagen. Es gab einen gestampften Boden, in den im letzten Viertel des dreizehnten Jahrhunderts Ziegel eingelassen werden, zahllose rötliche Ziegel ohne Muster, wie es einer Stadt geziemt, die viele, viele Besucher erwartet und Ankömmlingen aus allen Ländern offenstehen will.

Die eifrigsten freilich bleiben die Venezianer selbst; sie machen ihre Markuskirche zu einem Schatzhaus, in dem sie das, was sie im Orient erbeuteten oder erstanden, niederlegen, wie die antiken Seefahrer es mit ihren Göttergaben und Weihegeschenken taten. Manch einer mochte sich davon einen Ablaß erhoffen, und selbst die Dogen haben sich nicht davon ausgeschlossen, sondern trugen zu der Versammlung der Weltkunst unter den Kuppeln von San Marco bei. Der Mann, der den Namen dieses Heiligen bis nach Hinterindien und Sumatra, bis auf den Pamir und an den Gelben Fluß getragen hat, Ser Marco Polo, ist seinen Landsleuten zuletzt etwas unheimlich geworden. Die großen Zahlen, die er stets im Munde führte, wenn er von seinem Leben in China und von den Städten jenes Reiches sprach, diese großen Zahlen konnten doch nicht stimmen. Offenbar war er schon ein wenig senil, der Ser Marco, und darum benannte man ihn, erstmals wohl im Venezianischen Karneval, mit dem durch die Jahrhunderte fortwirkenden Spitznamen des *Messer Milione.*

Eine Figur, die diesen Namen trägt, hält sich in den Karnevalszügen der Stadt noch bis ins achtzehnte Jahrhundert, und das Haus, wo die aus Indien heimgekehrten Kaufleute Maffeo, Niccolò und Marco Polo lebten, erhält den Namen Corte del Milion, der Millionen-Hof. Heute heißt es Sottoportico e Corte della Sabbionera und liegt an der Ca'di Dio in der Pfarre San Giovanni in Bragora. Marco Polo hat im Jahr 1324 ein Testament errichtet und ist spätestens im Jahre darauf verstorben; er wurde in San Lorenzo begraben.

Als Pietro Gradenigo im Jahr 1311 noch nicht fünfzigjährig starb, war ganz Venedig überzeugt, er sei vergiftet worden, und betrauerte den Verlust eines großen Dogen. Was man nicht betrauerte, weil man es kaum bemerkt hatte, das war der Verlust der venezianischen Freiheit, des republikanischen Daseins, in dem ja die Herrschaft des Volkes zumindest verbal verborgen ist. Wie das geschehen konnte, wie sich eine aufgeklärte Stadtbevölkerung von einer Handvoll Aristokraten so unmerklich hatte entwinden lassen, was nur mit sehr viel Blut und Tränen errungen werden konnte, durchschaute schon vor zweihundert Jahren einer der größten Kenner der italienischen Kleinstaaterei, der Genfer Schöngeist und Historiker Jean Charles Léonard Simonde de Sismondi, der sich aus Neigung in der Toscana angekauft und nicht weniger als elf Bände über die Geschichte Italiens im Mittelalter geschrieben hatte: »Es ward diese Revolution, welche einige Geschichtsschreiber als das Werk eines einzigen Tages dargestellt haben, erst in einem Zeitraum von dreiundzwanzig Jahren wirklich vollendet; zudem war sie im Lauf des ganzen vorangehenden Jahrhunderts vorbereitet worden. Diese Langsamkeit allein ist imstande, die Geduld und die Ergebung des venezianischen Volkes begreiflich zu machen, das ohne sein Wissen und schlafend durch eine schlaue Staatskunst beraubt ward, während es sich durch einen Streich das kostbare Erbe seiner politischen Rechte nicht würde haben entreißen lassen.«

Für die weitere Entwicklung sorgten jene Mechanismen, die wir bis auf den heutigen Tag als selbstwirksam erkennen: Zu spät erkennend, was sich begeben hatte, suchten oppositionelle Gruppen das Heil in der Gewalt. Der gesetzlichen Möglichkeiten beraubt, flüchteten sie zu den Waffen und erzeugten damit jene Unruhe, die den beharrenden und etablierten Kräften nun wiederum den Anlaß bot, neue, härtere Maßnahmen zu treffen, die zunächst nur im Prinzip verlorengegangene Freiheit nun auch praktisch und täglich einzuschränken. Es waren keine Vorwände, es waren tatsächliche Anlässe und Ursachen, aber daß es zu ihnen kommen konnte oder mußte, daß angesehene Männer wie Marino Bocconio, Giovanni Baldovino und Michele Giuda (und vor und nach ihnen viele andere) gegen ein Regiment vorgingen, das bis dahin durch viele Jahrhunderte als eine beinahe heilige Institution angesehen worden war, das war Gradenigos Werk.

Die neue Situation, die Aristokraten-Herrschaft Venedigs, bedeutete nicht nur einen merklichen Verlust venezianischen Ansehens in der damaligen Welt, sondern auch eine Verminderung und Verringerung jener Vorzüge des Lebens in Venedig, die aus der Lagunenstadt eine der angenehmsten Metropolen ganz Europas gemacht hatten. Die Ursachen dafür waren gewiß in Gradenigos langsamem Staatsstreich zu suchen; das Dauer-Instrument dieses Wandels zum Polizeistaat wurde jedoch der *Rat der Zehn*, erst 1335, also lange nach Gradenigos Tod, institutionalisiert, erklärtermaßen jedoch als Reaktion auf die Revolte der Junitage des Jahres 1310 geschaffen. Hauptverschwörer war ein Bruder jenes Tiepolo gewesen, der schon bei Gradenigos Wahl den Gegenkandidaten gebildet hatte; Teilnehmer waren bedeutende, nun aber vom Dogenamt ausgeschlossene Familien mit so bekannten Namen wie Querini, Barbaro, Badoero, Barocco, Laombardi, Vendelini u. a.

Die Venezianer kennen noch heute die Einzelheiten jener gefährlichen und beinahe auch erfolgreichen Verschwörung, die Gewitternacht vom 15. auf den 16. Juni, die Zusammenkunft im Palazzo Querini (Ca Mazòr, Rialto), den Marsch nach San Marco, den Kampf gegen die patrizischen Truppen, den Tod von Vater und Sohn Querini und die schicksalhafte Blumenvase, die – angeblich von einer staatstreuen Bürgerin aus dem Fenster gut gezielt auf die Verschwörer geworfen – einen Umweg erzwungen und die entscheidende Verzögerung mit sich gebracht haben soll. Für uns ist nur das Fazit wichtig: »Die Gefahr, welche eine so furchtbare Verschwörung der Republik oder vielmehr der aristokratischen Partei gebracht hatte, flößte dieser Partei einen langdauernden Schrecken ein«, schreibt Sismondi, »und veranlaßte sie, zu ihrer Sicherheit Vorsichtsmaßregeln zu ergreifen, welche das Wesen der venezianischen Staatsverfassung gänzlich veränderten und entstellten. Um über die Verschworenen zu wachen, die meistenteils in Treviso oder in der Nähe dieser Stadt bewaffnet weilten, um die heimlichen Anschläge der Mißvergnügten zu unterdrücken und durch diktatorische Gewalt das gefährdete Leben der Machthaber sicherzustellen, führte der Große Rat den *Rat der Zehn* ein, dem er eine unumschränkte Macht einräumte.«

Zunächst nur für zwei Monate (!) berufen, wurde der Rat der Zehn durch die Untersuchung der ineinandergreifenden Umtriebe und Intrigen zu einer dauernden und unabhängigen Institution mit so gut wie unumschränkter Polizeigewalt. Er bestand eigentlich aus siebzehn Mitgliedern, denn der Doge war auf Lebenszeit Vorsitzender und die sechs Mitglieder der *Signoria* (für jedes Stadtsechstel einer) gehörten dem Rat der Zehn für die acht Monate ihrer Amtszeit an. Drei Herren des Zehnerrats, die gefürchteten Verhörbeamten *(Capidieci)* führten die Geschäfte.

Jeder Capo konnte aus eigenem Verhaftung und Vorführung anordnen, die Unterlagen prüfen, die Verhöre unter vier Augen durchführen und darüber aufzeichnen, was ihm beliebte. Dadurch kam es, wie es kommen mußte: neben schwachen Dogen wurden die Capi die Herren im Staat, und sehr bald richtete sich – wie in allen, auch den modernen Polizeistaaten – die Bespitzelung nicht nur nach unten, sondern auch nach oben. Unter dem Vorwand, die Würde des Dogenamtes zu schützen, kam es zu entwürdigenden Beschränkungen in der Amts- und Lebensführung des Dogen; man kontrollierte allmonatlich, ob er sein Hauspersonal pünktlich bezahle und auch seinen anderen Verbindlichkeiten nachkomme, und ergab sich auch nur der Verdacht von Zahlungsrückständen, so wurden die entsprechenden Beträge von den Bezügen des Dogen einbehalten (dies nur als ein Beispiel). Was Wunder, daß manche kluge und nicht vom Geltungstrieb besessene Herren die Dogenwürde, wenn diese auf sie zukam, gar nicht annahmen, ja sogar aus der Stadt flohen (!), um sich ihr zu entziehen, was wiederum von den Herren Räten mit der Konfiskation des gesamten Besitzes jenes widerwilligen Erwählten geahndet wurde.

Angesichts solcher Grotesken glaubt man sich in Brobdignag, und doch ist das politische Theater unserer Tage – die erpreßten Ehrenerklärungen für Terror-Regierungen oder die Terror-Erpressungen demokratischer Regierungen – im Prinzip nichts anderes als ein Nachspiel mit neuen Requisiten: Das Szenario wurde schon vor Jahrhunderten auf Kosten der Venezianer und der Republik Venedig geschrieben, noch ehe Goldoni das Licht der Welt erblickte.

Manches, was den Historiker zur Entrüstung verpflichtet, gestattet dem Sachbuchautor doch, ein wenig Honig daraus zu saugen. Wir finden ihn in den Einzel-Schicksalen, im menschlichen Vordergrund der Historie. Noch ist das Zeitalter der venezianischen Abenteurer nicht angebrochen, wenn man auch Marco Polo durchaus zu Unrecht als solchen bezeichnet findet (dies ist so falsch wie die Schreibung Marc O'Polo, der man heute begegnen kann). Die Dramen des spätmittelalterlichen Venedig vollziehen sich noch auf der höchsten Ebene: Dogen, Kaiser und Admirale sind die Akteure, und das Schicksal, die Vorbedeutung, die Fügungen haben mehr Hände im Spiel, als der modernen Dramaturgie gefallen würde.

Da gibt es einen im achtzigsten Lebensjahr zum Dogen erwählten Patrizier namens Marino Falier. Seine Familie ist uralt und berühmt, bis 1084 hatten sie ihren Palast auf dem Platz, auf dem sich heute die Kirche von San Vitale erhebt. Sie ist ein Werk des Dogen Vitale Falier (1084–1096), der den Familienwohnsitz in den nahen Corte Falier verlegte. Spätere Falieri waren Prokuratoren von San Marco, Bischöfe, Patriarchen, Bürgermeister von Treviso, und der auf tragische Weise berühmteste von ihnen, eben Marino, war eben auf diplomatischer Mission in Avignon gewesen, als er die Nachricht von seiner Wahl zum Dogen erhielt. Der *Bucentoro*, das ihm entgegengeschickte Prachtschiff des Staatslenkers, hatte

Schwierigkeiten, im Nebel an dem Inselchen San Clemente anzulegen, wo Falier die Einholung erwartete, und auch die Staatsgondel, die statt des großen Schiffes den Dogentransport endlich bewerkstelligte, hatte Mühe, die Riva degli Schiavoni zu finden: Marino Falier wurde irrtümlich zwischen jenen beiden Monolithen auf der Piazzetta abgesetzt, wo gemeinhin die Verbrecher enthauptet wurden . . .

Das Omen brauchte nicht lange, um sich zu erfüllen, und führte dazu, daß die Venezianer ein für alle anderen Italiener völlig unverständliches Sprichwort besitzen. Es lautet *Guardate dell' entrecolumni* (Hütet euch vor dem Säulen-Zwischenraum). Werkzeug des Verderbens waren – wie könnte es anders sein – ein junger Edelmann und die Dogaressa.

Am letzten Tag des Karnevals im Jahr 1355 (nach Giustiniani), am letzten Donnerstag vor Fastnacht (nach Sanudo) beging auf einem Ball, an dem der ganze Adel der Stadt teilnahm, ein Patriziersohn namens Michele Steno vor aller Augen das, was die Chronisten euphemistisch eine Unschicklichkeit nennen. Das heißt: er trat seiner schönen Angebeteten, einer nahen Freundin der Dogaressa, trotz der Ball-Öffentlichkeit zu nahe. Der greise Doge fand sich dadurch beleidigt und verlangte, daß Steno sofort das Fest verlasse. Anderntags rächte sich Steno für diesen Schimpf vor den Augen der Geliebten, indem er im Audienz-Saal, am Stuhl des Dogen, einen Zettel befestigte, auf dem zu lesen war: *Marino Falier hat ein schönes Weib, aber andere genießen sie, während er sie unterhält.*

Da eine hohe Belohnung auf die Ergreifung des Übeltäters gesetzt worden war, hatte man ihn bald; Steno kam vor Gericht und wurde – zu ganzen zwei Monaten Gefängnis und anschließend einem Jahr Verbannung aus dem Gebiet der Republik verurteilt. Das war, wie wir heute sagen würden, die milde Ahndung eines dummen Streiches. Im vierzehnten Jahrhundert und angesichts der Öffentlichkeit des ganzen Vorgangs war es ein Urteil, das den Dogen mit wütendem Rachedurst gegen jene Aristokratie erfüllte, die einem ihresgleichen offensichtlich nicht hatten wehtun wollen. Als sich bald darauf beim Streit zwischen einem Barbaro und einem Handwerker unerwartet Kontakt mit der (stets vorhandenen) Opposition der Handwerker ergab, nützte Falier dies zu einer ebenso ungeschickten wie unbedachten Verschwörung, die ihn als Herzog an die Spitze des Staates, die anderen Geschlechter des Goldenen Buches jedoch um jeden Einfluß bringen sollte.

Da es in einem Klatsch-Krater wie Venedig völlig ausgeschlossen war, die nötigen Leute bereitzustellen, ohne daß einer davon zu ›seinem‹ Patrizier lief (so wie man heute ›seinen‹ Abgeordneten bemüht), war es eigentlich ein Wunder, daß nur ein einziger unter den etwa tausend Verschwörern plauderte, ein Mann namens Beltramo aus Bergamo, der dem Ratsmitglied Niccolò Leoni freundschaftlich verbunden war. Nach emsiger Konspiration und Gegenkonspiration in den Nächten des 15., 16. und 17. April 1380 schlugen die Aristokraten unter der Führung eines Gradenigo (wessen sonst!) zuerst zu. Schon nach den ersten Verhaftungen und Folterungen stand fest, daß auch der Doge an dem Anschlag beteiligt sei. Es gab acht weitere Verhaftungen, weil einige Verschwörer sich durch die Flucht nach Chioggia verdächtig machten, es gab also auch acht Verhöre mit nun deutlicheren Aussagen, und am 17. April wurde schließlich der Doge, wurde Marino Falier verhaftet, seiner Würde entkleidet und in der Loggia des Palasthofes enthauptet.

»Im selben Augenblick öffneten sich die Tore des Palastes, und das betroffene Volk konnte den noch zitternden Leichnam dessen sehen, der sein Befreier hatte werden wollen. Abends ward Faliers Leichnam in eine Gondel gebracht und ohne Gepränge in der Kirche San Giovanni und San Paolo beigesetzt« (Galibert). In der Sala del maggior Consiglio, also dem Versammlungsraum des Großen Rates im Dogenpalast, ist unter den Bildnissen der Dogen aus den Jahren 804 bis 1556 der Raum ausgespart, der dem Portrait des Marino Falier zugekommen wäre. Statt dessen liest man hier eine kleine lateinische Notiz über sein Verbrechen und seine Enthauptung.

Weniger berühmt als die Geschichte des Kaufmanns von Venedig (die aus dem *Pecorone* des Giovanni Fiorentino stammt), hat die Tragödie des Marino Falier doch im Lauf der Jahrhunderte zahlreiche Bearbeitungen gefunden. Nicht wenige von ihnen verlegen die Enthauptung des starrsinnigen Greises auf die Prachttreppe, die *Scala dei Giganti*, die ziemlich genau hundert Jahre nach Faliers Tod erbaut wurde, oder bringen die Gondel, das Meer und andere auf Bühnen schwer darstellbare Handlungselemente ins Spiel, weswegen wohl Schumanns Oper über diesen Stoff so selten gespielt wird. Häufiger sah und hörte man die drei Jahre vorher (1835) nach einer anderen Textvorlage komponierte Donizetti-Oper, aber auch er hatte Pech, denn im Wettstreit um die Gunst des Pariser Opernpublikums, das schon damals den Ausschlag gab, unterlag *Marino Faliero* einer Bellini-Oper mit dem vielversprechenden Titel *I Puritani*.

Die heute noch lesbaren und gelegentlich auch besprochenen Bearbeitungen des tragischen Stoffes stammen von E.T.A. Hoffmann, der in seiner Novelle *Doge und Dogaressa* Marino Falier als einen senilen Wüterich hinstellt (der er vielleicht tatsächlich war), und von Lord Byron, der in seinem Drama viel Politik bringt, näher an den Quellen bleibt, die Ereignisse andererseits aber auch dort verändert, wo es ihm nötig erscheint, nicht aus Unkenntnis also, sondern mit voller dichterischer Absicht. Von Falier hat er eine hohe Meinung, die er auch in einem aus Ravenna datierten Brief vom 17. Juli 1820, also während der Arbeit an dem Drama, ausspricht: *Faliero was one of their great men, commanded at the siege of Zara, beat 80000 Hungarians, killing 8000, and at the same time kept the town he was besieging in order, took Capo d'Istria, was ambassador at Genoa and Rome and finally Doge in Venice where he fell for treason in attempting to alter the government.* Bis auf den Irrtum mit der Rom-Gesandtschaft (die Päpste residierten damals in Avignon) beweist dieser Brief an Murray, daß der große Dichter sich mit seinem Helden durchaus ernsthaft beschäftigt hat. Auch in Grillparzers Tagebuch seiner italienischen Reise findet sich im Jahr 1819 eine Eintragung über Marino Falier, somit beinahe gleichzeitig mit dem Interesse Byrons für diesen Stoff. Die romantischen Stimmungen wecken die Anteilnahme an einer beinahe ein Halbjahrtausend zurückliegenden Tragödie, und in einer Tagebuchnotiz von 1820 ist auch bei Grillparzer die Tragödie zwischen einem sehr alten, bedeutenden, aber abstoßenden Mann und einer jungen, sinnlichen, oberflächlichen Frau fertig angelegt, so daß er nur noch historische Beispiele für die Realisierung dieses Grundschemas sucht (und schließlich in der ihm näherliegenden ungarischen Geschichte findet: *Ein treuer Diener seines Herrn*). Der oft als beschränkt hingestellte Kaiser Franz roch den politischen Braten, den der österreichische Poeta Laureatus da zubereitet hatte, der gefürchtete Graf Sedlnitzky, Polizeiminister der Donaumonarchie, empfing nach der glanzvollen Premiere den Dichter und eröffnete ihm einen so ur-österreichischen Kompromiß, daß er schon beinahe venezianisch genannt werden kann: »Seine Majestät, hieß es, hätte mein Stück mit großem Wohlgefallen gesehen und befohlen, mir deren volle Zufriedenheit anzukündigen, nur hegten sie in bezug auf dasselbe noch einen Wunsch. – Welchen? – Das Stück ausschließlich zu besitzen. – Ich war wie vom Donner gerührt. – Ich möchte angeben, welche (finanziellen) Vorteile ich mir von der Aufführung außer(halb von) Wien, von dem Honorar für den Druck erwartete, Seine Majestät seien bereit, mir jeden Schaden zu vergüten. Sodann aber würde die Handschrift in Dero Privatbibliothek aufgestellt werden, keine Kopien genommen, nirgends außer Wien aufgeführt, niemandem mitgeteilt, der Druck bis auf weiteres untersagt. In Wien selbst werde es in längeren und längeren Zwischenräumen wieder gegeben werden, dann aber allmählich verschwinden . . .« Fernwirkungen eines toten Dogen? Verwandtschaften, Beziehungen, Ahnungen und vielleicht, wäre Grillparzer nicht schon Grillparzer gewesen, sogar eine Verschickung in die Kasematten des Brünner Spielberges, wo der große österreichische Patriot so manchem italienischem Patrioten hätte Gesellschaft leisten müssen . . .

Die andere Geschichte ist die des venezianischen Admirals Carlo Zeno. Da er, als die Handlung beginnt, noch nicht achtzig Jahre zählt wie Marino Falier, ist es eine echte venezianische Vita von abenteuerlichem Zuschnitt, und es verschlägt nichts, daß sie uns ein Bischof aus der gleichen Familie in schönstem Kirchenlatein aufgezeichnet hat wie ein Heiligenleben.

Die Zen – so heißt die Familie in ihrer ältesten Namensform – erhielten dem berühmten Carlo zuliebe natürlich eine jener phantastischen Genealogien, in denen die Frührenaissance exzellierte, Verbindung mit altrömischen Patrizierhäusern, ja sogar mit zwei Kaisern. Sicherer scheint zu sein, daß die Familie aus Padua stammte, an der Lagune zunächst in Burano seßhaft wurde und unter dem Dogen Angelo Partecipazio schließlich in Venedig Wohnung nahm, somit zwischen 810 und 827. Sie ist also schon sehr lange in Venedig ansässig, wird zu den Patriziern gezählt, und die Wohnung Carlos ist bekannt: Sein Palazzo lag im Raum des Campo und Rio Stin, zwischen den heutigen Campi S. Polo und dei Frari, neben einer nicht mehr existierenden Kirche des Hl. Stephanus, des Bekenners. Erst im sechzehnten Jahrhundert erbaute sich die inzwischen zu Macht und Ansehen vor allem zur See gelangte Familie den Palazzo Zen ai Gesuiti, Wohnstätte der berühmten Entdecker Antonio und Niccolò Zeno. Andere Familienzweige hatten Zeno-Palazzi bei den Frari, bei SS Apostoli und S. Geremia inne.

Antonio und Niccolò Zeno sollen zwischen 1380 und 1390 von der Färöer-Gruppe aus, wo sie sich länger aufhielten, Reisen im Nordatlantik unternommen haben und dabei über Island und Grönland hinaus bis an die Labradorküste gelangt sein. Da die Quelle über diese Fahrten jedoch eine Schrift aus dem sechzehnten Jahrhundert ist, fehlt es an eindeutigen Beweisen für diese (keineswegs einzige) Vor-Entdeckung Amerikas. Immerhin wäre es denkbar, daß die in der Navigation erfahrenen Venezianer an der bezeugten norwegischen Expedition zu den Grönland-Wikingern teilnahmen, die König Magnus Erikson um diese Zeit aussandte.

Eindeutiger ist der Ruhm des venezianischen Admirals und Beinahe-Dogen Carlo Zeno, so wenig seine Anfänge und seine Jugendzeit auch auf eine bedeutende Karriere hindeuten. Sein Vater, der tüchtige Piero Zeno, Statthalter von Padua und später Admiral, war am 17. Januar 1348 vor Smyrna – als dessen Eroberer er gilt – in einen türkischen Hinterhalt geraten und getötet worden. Carlo war damals noch ein Kind und wurde von Papst Clemens V. erzogen, da sein Vater gegen die Ungläubigen gefallen war. Carlo lebte von einer reichen kirchlichen Pfründe bei Patras, ließ aber bald erkennen, daß er zum Geistlichen nicht tauge. Als Student an der berühmten Universität von Padua hielt er sich nicht an die ihm zukommenden patrizischen Kreise, sondern geriet in schlechte Gesellschaft und wurde dabei auch einmal bis aufs Hemd ausgeraubt, ja so schwer verwundet, daß an seinem Aufkommen gezweifelt wurde. Nach seiner Genesung schien Carlo Zeno besonderen Geschmack am Leben zu finden, schwänzte die theologischen Kollegien und verspielte das ganze für sein Studium bestimmte Geld.

Außerstande, weiterzustudieren, verkaufte er seine Bücher und schloß sich jenen Marodeuren an, die damals das machtlose, in viele kleine Staaten zerfallene Italien durchzogen. Er lernte das Kriegshandwerk, aber auch das Elend des Krieges kennen und faßte dabei den Entschluß, Besitz von der Pfründe in Patras zu nehmen, obwohl diese Stadt von den Türken belagert wurde. Das wurde des Carlo Zeno erster großer Eroberungszug. Er kehrte nach Venedig zurück, das er fünf Jahre nicht gesehen hatte, fand die Gefolgschaft einiger anderer abenteuerlustiger Söhne aus guten Familien und traf eben rechtzeitig in Patras ein, um sich an die Spitze der Verteidigung zu stellen. Die nicht sonderlich tapferen Griechen waren froh, Zustrom aus Venedig erhalten zu haben; die der Belagerung schon müden Türken gaben auf, Patras war gerettet und nur Carlo Zeno konnte an den Freuden der Befreiung nicht teilnehmen, weil er bei den letzten Kämpfen eine lebensgefährliche Verwundung empfangen hatte. Kaum genesen, wurde er in Ehrenhändel verwickelt und

mußte sich duellieren, was eine Rückkehr in den geistlichen Stand vollends ausschloß. Und da dies nun entschieden war, gedachte er, das beste daraus zu machen und heiratete eine wunderschöne Griechin.

Zeno war nun zumindest im Ostmittelmeerraum berühmt; er bezog aus seiner Pfründe auch ein gewisses Einkommen, und er war unter den Kriegsleuten einer der gebildetsten. Darum rief ihn der König von Zypern in seine Dienste, und Zeno nutzte das ihm als Venezianer angeborene Talent auf einer Reihe diplomatischer Missionen in Deutschland,

Frankreich und England. Die Sehnsucht nach der Heimatstadt scheint in ihm jedoch nie erstorben zu sein, denn als seine erste Frau starb, kehrte Zeno nach Venedig zurück und schloß mit einer Giustiniani eine durchaus standesgemäße Heirat. Damit war nun auch eine venezianische Lebensweise verbunden, das heißt, der Krieger und Diplomat mußte zum Kaufmann werden und weilte in dieser Eigenschaft gerade in Konstantinopel, als die (ungemein komplizierten und darum hier nicht zu schildernden) venezianisch-byzantinisch-türkischen Verwicklungen um Kaiser Johannes V., seine Schulden bei Venedig und seine Verpfändung der wichtigen Insel Tenedos ihren Höhepunkt erreichten (1375). Wegen der kaiserlichen Schulden und eines formgerechten Vertrages hatte Venedig Anspruch auf die den Zugang zu den Dardanellen beherrschende Insel, aber Andronikos, Sohn Johannes V., hatte seinen Vater abgesetzt und die Insel Genua überlassen. Johannes saß gefangen, und Venedig hätte auch nichts dagegen unternommen, denn der Kaiser hatte zwei seiner Söhne sehr übel behandelt und sich überhaupt als ein Monstrum an Egoismus und Grausamkeit erwiesen. Aber Johannes kannte Carlo Zeno; er wußte, daß dieser ihn befreien konnte, und er wußte auch, wie Zeno zu solch einem Husarenstück zu veranlassen war – durch eine schöne Frau.

Sie war die junge Frau eines Juweliers und hatte bereits den Vorzug genossen, das Lager des Kaisers Johannes zu teilen, woraufhin ihr Gatte zum Hof-Juwelenhändler ernannt worden war. Nun durfte sie diesen Verdiensten weitere hinzugesellen, indem sie Carlo Zeno klarmachte, wieviel er selbst in Kleinasien für seine Heimat tun könne und daß ihm mancherlei Lohn winke: zunächst ihre, der Juwelenhändlerin, Gunst, danach die Gunst eines Kaisers und schließlich die Bestätigung jenes Vertrages über die Insel Tenedos, auf die der Kaiser von der Republik Venedig schließlich erst 4000 von 30000 Dukaten erhalten habe . . .

Wir wissen nicht, welches dieser Argumente Carlo Zeno am verläßlichsten überzeugte; jedenfalls enttäuschte er die Schöne nicht, sondern sammelte achthundert entschlossene Männer, erzwang sich den Zugang zum Gefängnis des Kaisers, kletterte an dessen Turm hoch und bot Johannes das verlockende obere Ende einer Strickleiter an. War es nun die ungewohnte und etwas luftige Treppe, war es die Nacht, war es die Sorge um die jüngeren Söhne, die sich als Geiseln in den Händen der Gegenpartei befanden, Johannes jedenfalls war wankend geworden, erklärte trotz aller drängenden Überredungsversuche, sich nicht entschließen zu können, und Carlo Zeno zog fluchend ohne den Kaiser ab.

Ein paar Tage darauf fand sich die schöne Orientalin abermals bei dem Patrizier ein: Nach reiflicher Überlegung sei der Kaiser nun doch entschlossen, die Strickleiter zu besteigen, falls Zeno die Gelegenheit noch einmal wahrzunehmen verstünde. Zeno fluchte abermals, die Juwelendame besänftigte ihn, und bald darauf zog der Venezianer mit den achthundert zusammengetrommelten Getreuen aufs neue vor das Gefängnis, was einige Rückschlüsse auf die Sicherheitsverhältnisse im Byzantinischen Reich zuläßt. Aber alles ließen Andronikos und die Genuesen doch nicht mit sich anstellen; Zeno traf auf Widerstand, die achthundert Mann flüchteten gemeinsam mit Carlo Zeno, und der Patrizier kam auf den nicht ganz fernliegenden Gedanken, statt des komplizierten Kaisers gleich die Insel selbst zu rauben, um die es ging. Tenedos wurde auf diese Weise venezianisch, und nicht nur das: Zeno war nun auf den Geschmack gekommen und begann mit allen Galeeren, die seine Vaterstadt eben entbehren konnte, einen sehr erfolgreichen Korsarenfeldzug im östlichen Mittelmeer.

Die Byzantiner hatten freilich alles getan, um ihm diesen Entschluß zu erleichtern: Die schöne Juwelenhändlerin war nämlich so lange gefoltert worden, bis sie den Namen Zenos preisgegeben hatte. Die nun ausgesandte Strafexpedition hätte Carlo Zeno beinahe zu fassen bekommen; im letzten Augenblick gewarnt, warf er sich ins Wasser und schwamm zu einer Barke, die ihn in die Propontis brachte. Dort ankerte ein kleines venezianisches Geschwader unter dem Kommando von Marco Giustiniani, Carlo Zenos Schwiegersohn. So hatte also der aristokratische Zusammenhalt in der Lagunenstadt doch seine Vorteile: Man konnte im Notfall eigentlich immer damit rechnen, auf einen hilfreichen Verwandten zu treffen, sofern nur alle Kommandostellen mit Herren aus dem Libro d'Oro besetzt waren.

Von nun an wird es freilich ernst, für Carlo Zeno und vor allem für seine Heimatstadt: Nach den Kleinfehden im Ostmittelmeer, der Wegnahme von Tenedos durch Venedig und einem Rangstreit der Gesandten am Hof von Zypern griff Genua im Jahr 1378 den Fehdehandschuh auf. Die erste Seeschlacht fand in klassischen Gewässern vor der Tibermündung statt. Venedig siegte unter Vittore Pisani, dem nach Zeno größten Mann dieses Krieges; er war es auch, der gegen Genua und die Ungarn wichtige dalmatinische Städte zurückgewann und, nach vielen Monaten pausenlosen und aufreibenden Dienstes auf der See, die Räte der Signoria bat, der Flotte Heimaturlaub zu gönnen.

Die Herren, die im Palazzo Ducale warm und sicher saßen, glaubten ablehnen zu müssen; Pisani mußte den ganzen Winter vor Istrien kreuzen und verlor Tausende seiner Seeleute und Soldaten in einer blitzschnell von Schiff zu Schiff springenden Influenza-Welle.

Als im Mai 1379 dann tatsächlich Luciano Doria mit den genuesischen Galeeren vor Pola erschien, mußte Pisani seine Schiffe eilends mit den Leuten bemannen, die eben zur Hand waren. Seiner Unterlegenheit bewußt, griff Pisani mit besonderem Mut und tödlichem Impetus an; Luciano Doria fiel, aber die wütenden Genuesen vermochten ihren Anführer zu rächen. Unter Ambrosio Doria, der anstelle des gefallenen Bruders kommandierte, eroberten sie fünfzehn Galeeren, machten neunzehnhundert Gefangene, unter denen sich vierundzwanzig Mitglieder des Großen Rates befanden, und beließen dem Pisani nur vier Galeeren zur Heimführung in die Lagune.

Dort kam er als Sündenbock gerade recht, und die Herren, die eigentlich an allem schuld waren, warfen den tapferen Admiral blitzschnell ins Gefängnis, ehe er sich öffentlich rechtfertigen und sie angreifen konnte. Die Genuesen jedoch rüsteten ihre Flotte auf, verbündeten sich mit den seit Jahrzehnten gegen Venedig stehenden Carrara von Padua und erschienen mit siebenundvierzig Galeeren vor der Lagunenpforte von San Niccolò di Lido. Die Paduaner kamen auf hundert Barken die Brenta-Kanäle herab, und bald standen vierundzwanzigtausend Feinde vor dem kleinen Chioggia, das nur eine Verstärkung von dreitausend Venezianern erhalten hatte. Die Stadt verteidigte sich tapfer, wobei 860 Venezianer fielen; dann aber wehten auf den Türmen von

Chioggia die Fahnen Genuas, und das Volk von Venedig zog in seiner Verzweiflung vor den Dogenpalast. Der Feind war Herr der Lagune. Das hatte es seit den Karolingern nicht mehr gegeben, das schien undenkbar und war nun doch Tatsache geworden.

Um den Grad dieses Niederbruchs ermessen zu können, muß man sich vergegenwärtigen, daß die Genuesen den Feldzug gegen Venedig mit besonderem Haß geführt hatten, einem Haß, an dem wohl auch die Erfolge des Carlo Zeno Schuld trugen, der eine Schiffsladung um die andere erbeutete und die genuesischen Niederlassungen an den östlichen Küsten gnadenlos in Flammen aufgehen ließ. Es scheint sicher, daß – anders als noch ein Jahrzehnt zuvor – die venezianischen Gefangenen von Genua mit unmenschlicher Härte behandelt wurden, mit eben jenem Haß, wie er heute noch dem politischen Gegner öfter entgegenschlägt als dem Kriminellen.

Venedig fühlte sich verlassen, von den Räten aufgegeben, ja verraten, weil der einzige, zu dem das Volk Vertrauen hatte, im Gefängnis saß. Klug genug, der Stimme des Volkes nachzugeben, befreiten die Zehn den Admiral Pisani, und nun begann in einem Effort, zu dem Venedig nur in seiner großen Zeit fähig war, der Neubau einer Flotte aus buchstäblich allem, was in der Stadt und auf den Werften zu finden war. Zum Hinterland bestand ja nur noch eine einzige, ständig bedrohte Straßenverbindung, gegen das Meer zu war Venedig völlig abgeriegelt. Aber der Enthusiasmus besiegte alle diese Schwierigkeiten. Der Doge und die Räte gingen dem befreiten Admiral entgegen, umarmten ihn vor allem Volk, und Andrea Contarini (eben jener Doge, der sich dem hohen Amt durch die Flucht nach Padua entzogen hatte, als hätte er geahnt, welch schwere Zeiten für Venedig kommen würden), Contarini also sagte: »Vittore Pisani, man beraubte Euch Eurer Freiheit, weil Ihr unsre Schiffe verloren hattet; nun gibt man sie Euch zurück, damit Ihr das Vaterland rettet!«

Die allgemeine Aktivität, so eindrucksvoll sie war, die

Sperren in der Lagune, der öffentliche und der private Schiffbau, die freiwilligen Meldungen und Spenden, hätten Venedig nicht retten können, wäre der strategische Vorteil des Besitzes von Chioggia von Genua entschlossen genützt worden. Aber die tüchtigen Hochsee-Schiffer unter Doria wagten sich seltsamerweise nicht in die seichten Gewässer der Lagune, befestigten Chioggia und gingen hier schließlich auch zugrunde: Zwar war die Lage in und um Venedig so bedrohlich, daß abermals der Vorschlag eines Massen-Exodus laut wurde, man könnte doch zum Beispiel in Kandia (Kreta) weit gefahrloser und besser leben. Aber die Räte zeigten doch, daß sie zu allem entschlossen waren, um die Stadt zu retten. Sie verkündeten, allesamt lieber mit Venedig sterben als anderswo leben zu wollen, und sie versprachen jenen Bürgern, die sich beim bevorstehenden Kampf besonders auszeichnen sollten, die Aufnahme in das Goldene Buch, ungeachtet des Alters oder des Vermögens der betreffenden Familien.

Was nun einsetzte, hätte man der Händlerstadt gewiß nicht zugetraut. Alles, was Wert hatte, wurde der Rüstung geopfert, selbst die Geistlichkeit verzichtete auf ihre Einkünfte, und als gar ein reicher Pelzhändler die Besoldung von tausend Soldaten übernahm, da glaubte so mancher an den Anbruch eines völlig neuen Zeitalters.

Pisani war viel zu klug, die mit solchen Mühen und Opfern geschaffene neue Flotte, vierunddreißig mit schnell ausgebildeten Männern besetzte Galeeren, gegen die Genuesen zu führen. Sie wären zu Schlachtopfern geworden. Er übte mit seinen Leuten im Kanal der Giudecca und wartete im übrigen auf Carlo Zeno, der inzwischen sogar einen Umsturz in Byzanz bewirkt und zahllose andere Erfolge errungen hatte, am dringendsten aber in Venedig selbst gebraucht wurde.

Erfahren mußte er haben, was sich zu Hause begab, denn das Gerücht reiste schon im Mittelalter schneller, als man glauben mochte. Aber niemand wußte, ob es ihm gelingen würde, seine Galeeren zwischen den von Ungarn und Genuesen besetzten und somit feindlichen Uferbastionen der

Adria hindurchzuführen und seine Flotte kampffähig an den Feind in Chioggia zu bringen.

Angesichts dieser Ungewißheit war es eine zweifellos sehr gewagte Operation, daß Pisani im Dezember 1379 mit den Einschließungsmanövern begann, indem er seine Flotte aus den Durchlässen heraus ins freie Meer führte. Damit waren die Genuesen zwischen Pisani und der Stadt Venedig auf dem Lido von Chioggia gefangen – Gefangene freilich, die noch mehr Macht besaßen als die Belagerer mit ihren vierunddreißig Behelfs-Galeeren und nur zwei schwimmenden Batterien, sogenannten Schalen. In kühnen Einzelaktionen waren mit Steinen beladene Kähne so versenkt worden, daß die Genuesen in ihrer Bewegung erheblich behindert waren, aber um so herzhafter feuerten die Genuesen mit ihren vom Land aus sicher zielenden und treffenden Batterien auf die Venezianer.

So jung die Artillerie damals war, sie genügte, die unerfahrenen Mannschaften Pisanis zu demoralisieren. Sie erklärten ihrem Admiral, keine Soldaten zu sein und solchen Erprobungen nicht standhalten zu können, vereinigten die Genuesen doch auf die entscheidenden Punkte nicht selten das Feuer mehrerer gut eingeschossener Geschütze. Pisani – ob er nun etwas wußte oder ahnte oder einfach hasardierte – erbat sich eine Frist von 48 Stunden, bis zum Abend des 1. Januar 1380. Sei dann Carlo Zeno noch nicht in Sicht, so werde er den Angriff abbrechen.

Bis heute gilt es als eines der großen Wunder in der Geschichte dieser wunderbaren Stadt, daß sich am frühen Nachmittag des 1. Januar, auf der eisigen Weite der leeren Adria, erst vier, dann sieben, dann elf und schließlich achtzehn Segel zeigten. Waren es Verstärkungen für Genua oder war es die Flotte des Carlo Zeno? Leichte Segler liefen zur Erkundung aus, bald aber schossen die Ankömmlinge Erkennungssignale in den Abendhimmel: Es war Zeno, es war die Rettung für Venedig.

Carlo Zeno hatte nicht nur eine große Menge an Vorräten an Bord, so daß seine Schiffe die Versorgungslage der Stadt sogleich besserten, er füllte vor allem die leeren Kassen der Serenissima mit den reichen Erträgen seiner Raubzüge. Und er gönnte seinen Leuten nur wenige Tage bei ihren Familien: Am 6. Januar 1380 schon wurde der Angriff auf Chioggia wieder aufgenommen, mit für damaligen Zeiten riesigen Bombarden, die zu laden eine ganze Nacht brauchte, so daß sie an jedem Tag nur ein einzigesmal abgefeuert werden konnten. Die ungeheure Menge von Steinen und Stahl, die jeder Schuß gegen die Befestigungen der Genuesen schleuderte, brachten den Gegner jedoch um jede Zuversicht – vor allem, als ein einziger Bombardeneinschlag neben zweiundzwanzig Soldaten auch den Admiral Ambrosio Doria und einen zweiten Angehörigen des ruhmreichen Geschlechts tötete. Da nun kein Doria mehr zur Verfügung stand, übernahm Napoleone Grimaldi das Kommando, aber der Mann, der gleich zwei berühmte Namen auf sich vereinigte, war dem Duo Pisani-Zeno nicht gewachsen. Durch immer neue Landungen schränkten sie Grimaldi schließlich auf das Städtchen Chioggia ein, wo er von all seinen Galeeren nur noch neunzehn zur Verfügung hatte. Neunundzwanzig Galeeren und zehntausend Mann hatte er verloren, als endlich im August 1381 unter Vermittlung Savoyens Friedensverhandlungen zwischen Venedig auf der einen, Genua, Padua und Ungarn auf der anderen Seite begannen.

Da Pisani inzwischen an der Überanstrengung gestorben war und da Genua unter dem sehr geschickten Admiral Maruffo ein neues Geschwader in die Adria entsandt hatte, das sich Zeno immer wieder entzog, war Venedigs Situation bei den Friedensverhandlungen nicht die beste. Damit der Erzfeind, die Familie Carrara von Padua, das wertvolle Treviso auf der Terra Ferma nicht bekomme, gab Venedig die Stadt an Österreich, wohl ohne zu ahnen, welcher Appetit damit in Wien geweckt wurde. Tenedos, die Insel, für die Zeno mit buchstäblich allen Mitteln gekämpft hatte, mußte an Genua ausgeliefert werden, und Genua wie Venedig verzichteten, um künftigem Streit vorzubeugen, auf den Handel an der Don-Mündung.

Dieser letzte Punkt ist sehr bezeichnend, denn er verrät uns, daß es in diesem Krieg, mochte er sich auch an mittelmeerischen Stützpunkten entzündet haben, doch vor allem um den Asienhandel ging, um das Erbe des Marco Polo, das die Genuesen aus seinem Buch genau so kannten wie die Venezianer. Die Insel Tenedos, die Dardanellen, die Don-Mündung und die Karawanenrouten nach Mittelasien müssen bereits eine beträchtliche handelspolitische Bedeutung gehabt haben, wenn sie neutralisiert werden mußten, um nicht neue Konflikte auszulösen.

In Venedig selbst machte der Große Rat seine Zusage wahr und erhob dreißig plebejische Familien in den Rang der Aristokraten, darunter den erwähnten Pelzhändler – er hieß Patura und die Seinen spielten in der Geschichte der Stadt hinfort keine Rolle mehr –, aber auch Kolonialwarenkrämer wie die Zaccara, die Nani, die Negro und einen Apotheker namens Cicogna, was soviel heißt wie Schwan.

Bei der Dogenwahl nach Contarinis Tod am 5. 6. 1382 war Venedig jedoch bereits wieder jene Mutter der Lüge, als die kein geringerer als Giovanni Boccaccio die Stadt bezeichnete: Anstelle des vom ganzen Volk gewünschten und höchst verdienten Carlo Zeno wählte man den reichen Michele Morosini, der sich in der Kriegszeit ein ganzes Imperium billiger Bauerngüter auf der Terra Ferma zusammengekauft hatte. Der Himmel freilich sah dem nicht untätig zu: Morosini starb vier Monate später an der Pest, mit ihm leider auch zwanzigtausend andere Venezianer. Der neue Doge war dann ein tüchtiger Seemann, Antonio Venier, Statthalter von Kandia.

Carlo Zeno wurde also zweimal übergangen. Das kam nicht selten vor, wenn einer allzu beliebt und allzu berühmt wurde; gegen ihn hätte kein Rat, keine Institution eine Chance gehabt. Man versuchte sogar, Zeno der Bestechung zu beschuldigen, er sollte Geld von den Carrara angenommen haben, wofür er ins Gefängnis mußte, bis abermals die Stimme des Volkes sich den Intrigen des Rates der Zehn als überlegen erwies und der große Admiral und unerschrokkene Kämpfer tatsächlich noch ein ruhiges Alter in seiner

Heimatstadt genießen durfte. Bezeichnenderweise kam erst in diesen seinen letzten Lebensjahren die ganze Kraft seiner Persönlichkeit zur Geltung, aber auch die große Sehnsucht seines Geistes, der ihn ein Leben lang durch alle Länder des Mittelmeerraumes getrieben hatte. Es gibt ernsthafte Historiker, die in dem ganzen Jahrhundert Venedig keinen umfassenderen Geist zuschreiben als eben den des alten Carlo Zeno, der in seinem Haus die besten Köpfe der Stadt empfing und sich unermüdlich immer neuen Studien widmete. Dabei versäumte er aber nicht, täglich für ein paar Minuten in die neben seinem Palast gelegene Kirche von San Stefano Confessore, auch kurz San Stin genannt, einzutreten. Jacopo Zeno, sein Nachfahre und Bischof von Feltre, schrieb Carlo Zenos Leben nieder, ein Querini machte daraus dann ein Volksbuch. Im heutigen Venedig jedoch finden sich von diesem großen Mann, der in den Reichen des Krieges, der Liebe und des Geistes zu Hause war und das tatsächlich leistete, dessen spätere Venezianer sich nur rühmten, keine Spur mehr.

Nach seinem Tod im Jahr 1418 setzte man ihn in der heute nicht mehr existierenden Kirche oder im zugehörigen Kloster von Santa Maria della Celestia bei; zu Beginn des vergangenen Jahrhunderts wurde sein Grab mit dem anderer großer Venezianer – des Humanisten Trifone Gabriel und des Dogen Lorenzo Celsi – noch einmal aufgefunden, ist nun aber endgültig verschollen.

Zweites Buch
DIE KÜSTEN

Es ist etwas vom Schwan
und von der Taube in ihrem
Nacken . . .

THÉOPHILE GAUTIER

Als Carlo Zeno die Augen schloß, war die herrschende Auffassung über die Geschichte der Stadt Venedig bereits seit einem Menschenalter schriftlich niedergelegt, und zwar in dem seither berühmt gewordenen Werk des Dogen Andrea Dandolo (1342–54). Auf ihn geht auch die Annahme zurück, daß es der Hunnenschrecken gewesen sei, der Einwohner von Aquileia auf die Laguneninsel getrieben habe, und so durfte man sich denn mit gutem Gewissen um die Mitte des fünfzehnten Jahrhunderts in einer tausendjährigen Stadt fühlen, durfte als Venezianer annehmen, auf tausendjährigem Stadtboden zu stehen und zu leben.

Trotz vieler skeptischer Stellungnahmen und Überlegungen ist es keinem der vielen späteren Geschichtsschreiber Venedigs gelungen, die Ansicht des Andrea Dandolo, die sogenannte Gründungs-Mythe von Venedig, bündig zu widerlegen, und vielleicht kam tatsächlich zu Zeiten jenes ersten und furchtbarsten Ansturms auf die Lagunenküste der Gedanke auf, eine Stadt mitten im Wasser zu errichten, ein steinernes Schiff, das den Unbilden der Zeit für ewig trotzen könne.

Inzwischen hatten die Venezianer Zeit und Gelegenheit gehabt, den Boden ihrer Stadt sehr genau kennenzulernen. Sie wußten, daß nur einige der Ursprungs-Inseln aus zuverlässigem, kalkhaltigen, mit Resten von Fossilien durchsetzten und somit hart und fest gewordenen Grund bestanden: Dorsoduro zunächst, das in seinem Namen schon die Zusammensetzung des Untergrunds verrät, aber auch Spinalunga, Mendicola, Luprio, Gemine, Ombriloa und schließlich die Bistumsinsel Olivolo.

Als die Stadt immer stärker wuchs und im späten Mittelalter mehr Volk in sich barg als die Metropolen Deutschlands oder Spaniens, da kam man mit den bis dahin geschaffenen sechzig oder siebzig Territorien nicht mehr aus, sondern mußte eine Kommission ernennen, die für Neuland zu sorgen hatte. Nun kamen die *Velme* und *Barene* an die Reihe, schlammige oder schlickbedeckte Landzungen, die man jedoch durch geschickten Dammbau gegen das Meer und die Gezeiten abschließen und damit für die Besiedelung gewinnen konnte. So entstanden Iria und Biria, Ceo, Plombiola, Teran, Adrio, Bancaria und das wegen seines vielen Schilfs Cannareggio genannte Vorland. Anderes Land, das sich gegen die höchsten Fluten nicht sichern ließ, wurde wenigstens als Gemüseanbaugebiet genützt, aber auch sonst reichte manches unbebaute Land noch ins heutige Herz der Stadt herein, so etwa, wenn sich Cannareggio bis zum Quai des Fondaco dei Tedeschi, also zur Niederlassung der deutschen Kaufleute, erstreckte.

Mindestens seit 1150, vielleicht auch schon länger, war die Stadt in Sechstel eingeteilt. Drei von ihnen lagen östlich des großen Kanals: Castello, San Marco und Cannareggio; die drei anderen westlich: San Polo, Santa Croce und Dorsoduro. Venedig hatte demnach nach etwa tausend Jahren schon beinahe den Raum ausgefüllt, den es heute bedeckt, sieht man von den Frachthafen- und Bahnhofsgebieten im Westen und dem Nordostteil des Arsenalgeländes ab. San Piero in Castello, die Kathedralkirche Venedigs, lag schon damals am Ostrand der Stadt; San Niccolò dei Mendicoli aber, das kleine Fischerkirchlein am westlichsten Stadtrand, gibt der berühmten Kirche von Olivolo an Alter nichts nach, denn es wird schon im siebenten Jahrhundert erwähnt. Auch die Namen der Familien, aus deren Vermögen diese Kirchen geschaffen wurden, haben sich durch die Jahrhunderte in der Geschichte Venedigs immer wieder bemerkbar gemacht, tauchen auf, werden erwähnt, verwoben, verewigt.

Die breitesten Straßen der alten Stadt lagen auf San Marco, Rialto und in San Moisè, wo damals besonders viel Verkehr herrschte. Sie waren bis zu vier Meter breit, aber da sich in ihnen Fußgänger, Pferde und sogar Fuhrwerke mischten, herrschte dennoch ein heilloses Gedränge. Hingegen waren die *Calli* nur Zugänge zu den Wohnhäusern und Palästen, befanden sich meist in Privatbesitz und wurden, wie wir aus alten Urkunden wissen, mit den Häusern verkauft. Der rohe

Erdboden der Gassen und Straßen war durch die große Feuchtigkeit oft aufgeweicht, was den Schweinen der Mönche von Sant'Agostino besonderes Vergnügen bereitete. In der zweiten Hälfte des dreizehnten Jahrhunderts kam es dann zu den ersten Pflasterungen mit Ziegeln, und solche Prachtstraßen wurden dann *Salizada* genannt – eine Bezeichnung, die sich in der vielbegangenen Salizada S. Lio bis heute erhalten hat. Andere Straßennamen richteten sich nach den dort ansässigen Gewerben, wobei das venezianische Wort *Ruga* wie so viele andere in dieser Stadt näher mit dem Französischen (Rue) als mit dem Italienischen verwandt ist. Die Ruga degli Orefici war demnach die Straße der Goldschmiede usf.

Der Pflanzenwuchs in der Stadt war, wie sich denken läßt, reicher als heute. Im Westen, bei San Niccolò, dehnte sich ein Wald aus; einen zweiten gab es auf der Barberia delle Tavole, und eine Insel gegenüber von San Marco hieß sogar (und mit Recht) die Zypressen-Insel. Sogar der Markus-Platz hatte Rasenflächen und wurde durch einen Kanal geteilt, den erst der Doge Sebastiano Ziani im Jahr 1172 ausfüllen und zuschütten ließ.

In der Merceria, Venedigs erster Fußgängerzone, wuchsen prächtig schattende Bäume. Seit 1297 mußte man die Pferde an den großen Feigenbaum von San Salvatore binden und den Rest des Weges zu Fuß zurücklegen. An den Rändern der Stadt, dort, wo die Häuser niedriger waren, gab es noch breite Grünzonen: einige Weingärten sind bezeugt, und die *Pomeria*, der Obstgarten, bildete den Lieblingsaufenthalt der kleinen Leute, die sich keine Palazzi leisten und keine Wohnung an einem der schönen Campi mieten konnten.

Einer der ersten Dogen, die sich für Hygiene und Sanierungsmaßnahmen interessierten, war Domenico Mihiel (1116–1130), der mit seinen Überlegungen und Erfolgen im damaligen Europa ziemlich allein dastand. Er befahl die erste Straßenbeleuchtung, vierhundert Jahre vor Paris, fünfhundert bis fünfhundertfünfzig Jahre vor London, Berlin, Amsterdam und Wien. Die kleinen Laternen, zu deren Anbringung die Hausbesitzer oder Bewohner verpflichtet wurden, leuchteten meist vor Heiligenbildern und hießen *Cesendeli*, die Aufsicht darüber hatten die Pfarrer (!). Mihiel kümmerte sich auch um die Friedhöfe, nach damaliger nicht ganz unbegründeter Vermutung die Herde von Seuchen, sorgte für gutes Trinkwasser und begründete die erste Feuerwehr. Am meisten dankten ihm seine Mitbürger jedoch für das Verbot, den Wein zu wässern.

Offenbar, weil die Cesendeli doch zu wenig Licht gaben, waren die nächtlichen Überfälle, Beraubungen und Morde in Venedig ziemlich häufig, so daß um die Mitte des dreizehnten Jahrhunderts ein besonderes Aufsichtsorgan in Gestalt der *Signori di Notte* geschaffen wurde. Schon der vornehme Name verrät, daß es sich dabei nicht um simple Nachtwächter handelte, sondern um je einen patrizischen Aufsichtsbeamten für das Stadt-Sechstel. Über die Sicherheit hinaus hatten sie mit allerlei anderen nächtlichen Ereignissen zu tun, sie sollten den Ehebruch unterbinden, wozu vermutlich auch die zehnfache Anzahl von Signori kaum gereicht hätte, und kümmerten sich schließlich auch noch um das Schlafgeld vom Herbergsbett bis zu den Wohnungsmieten. Kein Wunder also, daß zu den interessantesten Chroniken aus dem alten Venedig die Berichte dieser Körperschaft gehören, und man muß bedauern, daß die *Capitolari dei Signori di Notte* nach dem Jahr 1341 nicht mehr fortgeführt wurden.

Maßnahmen, die der Hygiene wie der Sicherheit dienten, waren das Verbot, an der Riva degli Schiavoni Pech zu sieden oder Teer zu kochen, Abfälle in die Kanäle zu werfen (!) oder aus den Manufakturen schädliche Substanzen in die Kanäle zu leiten. Selbst faulende Flöße an den Kais wurden nicht geduldet, und die Aussätzigen oder mit anderen ekelerregenden Krankheiten befallenen Menschen trieb man in den seit 1300 in verschiedenen Teilen der Stadt errichteten Spitälern zusammen. Das alles konnte freilich nicht verhindern, daß die vom Orienthandel lebende Stadt von der Pest immer wieder heimgesucht wurde; dann verließen jene, die sich's leisten konnten, die Lagune und zogen sich auf ihre Villen in der Terra ferma zurück; wir besitzen Briefwechsel wie zum Beispiel den des Humanisten Francesco Barbaro, aus dem hervorgeht, daß in solchen Zeiten nicht einmal der Papst imstande war, dringend benötigte Schriftstücke aus Venedig heranschaffen zu lassen. Während der fürchterlichen Epidemie von 1348 wagten die Familien endlich sich nicht mehr voneinander zu trennen, weil keiner übrigbleiben, weil keiner allein in der verödeten Stadt weiterleben wollte (*La zente era in tanto spaventato, ch'el pare no voleva andar dal fio, ne el fio dal pare*, wie uns eine Inschrift in der Akademie noch heute berichtet).

So hatte die Stadt trotz guter Ordnung und beträchtlichen Wohlstands auch manche Sorgen, und sie war auch noch nicht die offene, dem Meer zugewandte Königin der Paläste und Säulen, der marmornen Ufertreppen und der sonnigen Plätze, sondern schirmte die Riva degli Schiavoni und den Markusplatz mit Mauern und Zinnen gegen die Lagune ab. Auf Olivolo, also im Raum des heutigen Arsenals, gab es gar eine ausgedehnte Festung, und die Kanäle wurden nicht selten über Nacht mit Ketten abgesperrt, um die Zufahrt zu einem Haus oder einer Gruppe von Häusern zu verhindern – für den Fall, daß die Signori di Notte vielleicht doch nicht alle Bravi, Dolchvirtuosen und Briganten zu überwachen imstande waren.

Der mittelalterliche Aspekt von Venedig war – was man heute kaum zu glauben vermag – von Holzbauten bestimmt, und das zu einer Zeit, da in Grado und Torcello schon die herrlichsten Bauten aus Stein standen. Das kam daher, daß der unsichere Grund zunächst Steinbauten noch nicht zuließ, während Holzbauten wegen ihres geringeren Gewichts und ihrer größeren Elastizität, aber auch wegen des leichteren Nachbesserns und Abstützens, sich als geeigneter erwiesen. Im Lauf der Jahrhunderte verdichtete sich der Stadtboden unter dem Druck der Bebauung, durch die Schutzmaßnahmen gegen die Fluten und die Aufschüttungen, vor allem aber hatten die zahlreichen Brände deutlich gemacht, daß eine so dicht bevölkerte Stadt schon um ihres Bestandes willen aus einem verläßlicheren Baumaterial bestehen müsse.

Die größten Brände, von denen wir wissen, fallen in die Jahre 1105 (damals brannte es gleich zweimal, wobei auch das Haus der Familie Dandolo ein Raub der Flammen wurde), 1114 (Neu- und Alt-Rialto), 1149 (damals brannten dreizehn Straßen aus) und 1167, wonach dann das Verbot erging, nach ein Uhr nachts noch Licht zu brennen.

Der Übergang zu Steinbauten vollzog sich im Zeitalter der Kreuzzüge, als das Vermögen und der Prachtanspruch der Venezianer sich gleichermaßen steigerten und zu den fremden Kaufleuten auch noch zahlreiche Pilger und vornehme Herren aus Europa in der Stadt weilten.

Während Grado und Torcello ihre Steinbauten aus den großen antiken Ruinenfeldern von Altino, Aquileia und Concordia mit Materiallieferungen versorgen konnten, mußte Venedig den Marmor verhältnismäßig weit herholen, vor allem aus Istrien, aber auch aus der Gegend von Verona. Die ersten großen steinernen Paläste waren die der Dandolo an der (heutigen) Riva del Carbon und der Guerini in Rialto; ihrem Beispiel folgten die Giustiniani (San Moisè), die Falier (SS. Apostoli) und der damals als architektonisches Wunderwerk geltende Palast der Dogenfamilie Memmi bei SS. Ermagora und Fortunato, ein Bau, den man Kaiser Friedrich Barbarossa zeigte, der ihn aufrichtig bewunderte.

Der Palast jener Zeit hatte bis zu drei Stockwerke und als Charakteristikum bereits die große Loggia, die wir noch heute nicht selten an venezianischen Palästen sehen. Sie hatte kurioserweise damals keine Verbindung zum Hausinnern, sondern war auf einer Außentreppe zu erreichen, eine an sich unpraktische Anordnung, die wohl Sicherheitsgründe hatte. Damals besaß jedes größere Anwesen auch noch seine eigene Zisterne, meist im byzantinischen Stil, der auch in den Vorhallen und im Mobiliar vorherrschte, bis sich während der Kreuzzugszeit die gefälligeren italienischen Möbelformen durchsetzten.

Seit dem vierzehnten Jahrhundert mehren sich in den Berichten der Reisenden und Diplomaten die Hinweise auf den außerordentlichen Luxus, mit dem sich die Venezianer umgeben. 1385 weilte der Florentiner Leonardo di Nicolo Frescobaldi in Venedig und besuchte dort einen Kaufmann namens Remigio Soranzo aus der patrizischen Familie, die angeblich schon im Jahr 456 (!) auf Burano lebte. »Alles schien Gold«, schreibt der Florentiner geblendet, »und in mehreren Zimmern sah man nichts als Gold und feine Azurbespannung«, und hundert Jahre später traf Philippe de Commynes in Venedig ein, der berühmte Diplomat Ludwigs XI. und Karls VIII., ein Chronist von unbestechlichem Urteil und damit eine der wichtigsten Quellen des ganzen Jahrhunderts:

»Als ich mich Venedig näherte«, schreibt er im Oktober 1494, »kam man mir bis Fusina entgegen, um mich feierlich einzuholen. Dort verläßt man das Boot, in dem man von Padua gekommen ist, und steigt für die letzten fünf Meilen (à 4 km) in eine kleine, saubere Gondel, welche mit Stickereien überdeckt ist; unter den Füßen und auf dem Sitz liegen schöne Teppiche. Bis dahin kommt das Meer, und es gibt nach Venedig keinen näheren Landweg . . .

Ich war sehr erstaunt, als ich diese Stadt liegen sah und so viele Glockentürme, Klöster und so große Gebäude erblickte, die alle im Wasser aufragten. Und das Volk hatte keine andere Möglichkeit des Vorwärtskommens als diese Gondeln, von denen es, wie ich glaube, an die dreißigtausend gibt. Sie sind aber sehr klein. In der Umgebung der Stadt erheben sich in der Runde etwa siebzig Klöster auf weniger als einer halben französischen Meile; sie liegen alle auf Inseln, sowohl die Männer- als auch die Frauenklöster sind sehr schön und reich in der Bauart und Ausstattung und sie haben sehr schöne Gärten. Dazu kommen noch die Klöster in der Stadt, in der es vier Bettelorden, zweiundzwanzig Pfarreien und viele Bruderschaften gibt. Es ist ein höchst merkwürdiger Anblick, so viele und schöne Kirchen aus dem Meer aufsteigen zu sehen.

(. . .) Man führte mich durch die große Straße, die sie hier Canal Grande nennen, weil sie sehr breit ist. Die Galeeren durchqueren sie, und ich habe hier Schiffe von vierhundert Tonnen und mehr unmittelbar an den Häusern liegen sehen. Ich glaube, sie ist die schönste Straße der ganzen Welt, sie läuft durch die ganze Stadt hin und ist am besten angelegt. Die Häuser sind sehr groß und hoch und aus gutem Stein; die älteren unter ihnen sind bemalt. Die anderen, die in den letzten hundert Jahren erbaut worden sind, haben Fassaden aus weißem Marmor, der hundert Meilen weit aus Istrien herangeschafft wird. Auch finden sich in den Vorderfronten große Blöcke aus Serpentin und Porphyr eingelassen. Im Innern verfügen sie über mindestens zwei Zimmer mit vergoldeten Decken, haben reiche, aus Marmor gehauene Kamine, vergoldete Betten und vergoldete Wandschirme, dazu sehr schönen Hausrat. Venedig ist die eindrucksvollste Stadt, die ich jemals gesehen habe . . .«

Trotz der vielen Superlative dürfen wir sicher sein, daß Commynes hier nicht schmeichelte, denn er hätte eher Grund gehabt, den Venezianern zu zürnen. Sie umgaben ihn mit Prunk und Höflichkeit, schlossen aber beinahe unter seinen Augen jene gegen Frankreichs ostmittelmeerische Ambitionen gerichtete Allianz, die zu verhindern Commynes nach Venedig entsandt worden war. Seine für unseren Raum leider zu ausführlichen Berichte werfen einiges Licht auf das unter allen Dogen weiter erhaltene und immer wieder Triumphe feiernde diplomatische Geschick der Venezianer; Commynes macht aber auch klar, daß der Rat der Zehn von großem Mißtrauen erfüllt war, daß man stets Verrat befürchtete und vor allem zu verhindern suchte, daß die fremden Gesandten in der Stadt selbst Informationen sammelten. Andererseits wurde Commynes, obwohl sich die neue Allianz zwischen dem Papst, Mailand, Florenz und Venedig erklärtermaßen gegen Frankreich auf der einen, die Türken auf der anderen Seite richtete, in keiner Weise belästigt oder zur Ausreise genötigt:

»Ich blieb noch etwa einen Monat in der Stadt und wurde genau so gut behandelt wie vorher. Dann reiste ich, vom König befohlen und von der Signoria mit Pässen versehen, ab und wurde auf Kosten Venedigs und in guter Sicherheit bis Ferrara gebracht.«

Ein Jahr darauf weilt Commynes wieder in Venedig, um festzustellen, ob die Venezianer dem inzwischen geschlossenen Frieden beitreten würden. Man behandelt ihn um eine Nuance kühler, denn inzwischen wurde ja ein Krieg geführt, aber immer noch höflich und ohne jegliche Pression. Venedig ist ganz offensichtlich noch immer die Drehscheibe der Mittelmeerpolitik, und die Dogen verhandeln mit allen Fürsten Europas aus einer Position der Stärke heraus, ohne daß sie im engeren Sinn regierenden Familien angehörten: Die Gruppe der Patrizier, die aristokratischen Familien Venedigs, die einander auf dem Dogenstuhl ablösen, sind in ihrer Gesamtheit akzeptiert worden. Nicht nur Commynes, sondern auch andere Gesandte und Chronisten von gleicher Urteilskraft bestätigen der Stadt, daß sie die schönste des damaligen Europas sei, daß sie die klügste Verwaltung besitze und – eine große Zukunft habe. Dieses Wort schrieb Commynes im Herbst 1494 hin, als Amerika gerade zwei Jahre entdeckt war. Es ist ihm nicht zur Last zu legen, daß er aus den verschwommen-begeisterten Berichten des Christoph Kolumbus nicht sogleich die Folgerung zog, eine neue Welt jenseits des Ozeans werde die Lagunenstadt in die Rolle einer Provinzmetropole hinabdrücken.

Während sich Commynes außerordentlich vom religiösen Gepränge in Venedig beeindruckt zeigt und die Ansicht äußert, daß dem Christentum nirgendwo außer höchstens noch in Rom so eifrig gehuldigt werde, ist jenes fünfzehnte Jahrhundert, an dessen Ende Commynes nach Venedig kommt, in der venezianischen Geistesgeschichte doch schon durch eine gewisse Loslösung aus dem kirchlich-mittelalterlichen Denken gekennzeichnet. Die Stadt erringt im Frühhumanismus erstmals eine gewisse Bedeutung in der Philosophie und Literatur, während sie bis dahin deutlich hinter anderen italienischen Städten wie etwa ihrer Nachbarin Padua oder ihrer Rivalin Florenz zurückstand. Bis heute ist die Echtheit jenes Dante-Briefes umstritten, in dem der große Dichter (der ja auch Diplomat war) seinem Auftraggeber, dem Grafen Guido de Polenta berichtet, er sei in Venedig, bei seiner Antrittsrede als Gesandter, gebeten worden, seine Worte auf florentinisch zu wiederholen, da nicht alle Anwesenden des Lateinischen mächtig wären. Das war 1313. Hundert Jahre später versammelt Carlo Zeno die besten Geister der Stadt in einer Art privater Akademie um sich.

Die Frage: Lateinisch oder Venezianisch ist natürlich nur ein Aspekt einer Entwicklung, die sich im vierzehnten und fünfzehnten Jahrhundert im Geistesleben der Halbinsel vollzieht und endlich auch auf die Händlerstadt übergreift, der man nicht ganz ohne Grund eine gewisse Abneigung gegen die brotlosen Künste nachsagt.

Hatte Dante sein großes Gedicht, seine bald mit dem Epitheton *die göttliche* versehene *Commedia* noch italienisch geschrieben, weil er das Lateinische als eine zu erhabene Sprache ansah, so wurde diese Gemeinsprache der europäischen Gebildeten und Gelehrten durch die Humanisten vor allem Italiens, aber auch Deutschlands bald zu einem neuen Leben erweckt, das solche Überlegungen völlig ausschloß. Die Begeisterung für die Antike ließ gar nichts anderes mehr zu als die Wiederkehr des klassischen Latein und die Wiederbelebung auch der griechischen Geistesschätze, und das sonst nicht sonderlich literaturbeflissene Venedig leistete nicht unerhebliche Beiträge zu dieser Bewegung. Begann sie auch im Haus des Carlo Zeno, so wurde sie doch keineswegs von ihm allein getragen, denn er war als Abenteurer, Krieger und Seefahrer nach einem allzu aktiven Leben an sehr vielem vorbeigegangen, was die junge Patriziergeneration zum Hauptzweck ihres Daseins hatte machen dürfen.

Eine der interessantesten Erscheinungen des venezianischen Frühhumanismus ist darum jener Francesco Barbaro, der, 1390 geboren, etwa um die Zeit zur Welt kam, da Zeno und die Republik sich entzweiten und der alte Admiral sich weise in das Reich des Geistes und der Bildung zurückzog. Die Familie Barbaro hatte früher Magadezzi geheißen, bis zu jenem um 1229 nachgewiesenen Schiffskapitän Marco Magadezzo, der sich bei einem Gefecht gegen die Sarazenen auf eigentümliche Weise auszeichnete: Sie hatten das Heck seines Schiffes in Besitz genommen, ein großer Neger hatte das Wappenbanner der Magadezzi herabgerissen, und Marco stürmte, erbittert wegen dieser Schmach, mit den letzten Kampffähigen gegen die Enterer. Dabei wurde dem Mohren ein Arm abgeschlagen; Marco ergriff ihn und malte mit dem blutenden Stumpf einen roten Kreis auf ein Stück Leinen, das als Behelfsflagge gehißt wurde, damit die anderen venezianischen Schiffe sähen, Magadezzo kämpfe noch. Damals erhielt die Familie, die über Pola und Triest im Jahr 868 nach Venedig gekommen war, für ihre Verdienste um den Seesieg von Askalon den Ehrennamen *dei Barbari.* In der Geschichte Venedigs haben sie oft eine Rolle gespielt, und zwar nicht nur in den üblichen diplomatischen und militärischen Verwendungen, wie sie beinahe unabwendbar auf die Patrizier zukamen, sondern mit interessanten Eigenschicksalen: Iosaphat Barbaro wurde einer der größten venezianischen Reisenden nach Marco Polo, Niccolò Barbaro schilderte in einem berühmten Tagebuch die Einnahme der Stadt Konstantinopel durch die Türken im Jahr 1453, und Marco Barbaro verfaßte im sechzehnten Jahrhundert eine große Genealogie der vornehmen venezianischen Familien.

Die Verhältnisse, in denen sie lebten, gehen aus dem Umstand hervor, daß nach einer Steuerschätzung von 1380 ein Marco Barbaro ein Vermögen von (nach der Kaufkraft umgerechnet) etwa drei Millionen Mark hat, Candiano, der Vater des Humanisten Francesco Barbaro, hingegen ›nur‹ eineinhalb Millionen. Mit achtzehn oder neunzehn Jahren beginnt Francesco nach guter Schulbildung sich in der Stadtpolitik umzusehen, geht aber bald nach Padua, um zu studieren und erscheint 1410 als *Magister artium.* 1412, zweiundzwanzig Jahre alt, macht er seinen Doktor, und ein paar Monate darauf kommt es in Padua zu dem kuriosen Ereignis der Auffindung von Gebeinen, die man Livius zuschreibt (!). Ein Grabstein für eine Verwandte des Livius war mißdeutet worden, so daß die Gebeine, die beim Ausheben einer Kloake zum

Vorschein kamen, als die des großen Historikers angesprochen wurden. Zur Sensation kam es, als ein für das Christentum fürchtender Priester den vermeintlichen Livius-Schädel zertrümmerte: es dürfe nämlich nur christliche Reliquien geben.

Nach solchen Anstößen lernte Francesco Barbaro nun auch noch Griechisch, verdiente sich seine ersten Sporen mit humanistischen Briefen, Lobreden und Plutarch-Übersetzungen und veröffentlichte 1415, in dem Jahr, da Poggio seine berühmten Handschriftenfunde gelangen, sein Hauptwerk *De re uxoria*, ein Buch, in dem trotz dieses Titels nicht die Frau im Mittelpunkt steht, sondern die Ehe und der Weg zum wesentlichen, erfüllten Leben in der ehelichen Gemeinschaft.

Anlaß der geglückten, die reiche klassische Bildung Barbaros erweisenden Schrift war die Verheiratung des Lorenzo de'Medici. Aber obwohl dieser Anlaß außerhalb Venedigs liegt, in der Humanistenmetropole Florenz, vereinigt das kleine Buch auf glücklichste Weise die antike Tradition mit den venezianischen Ehebräuchen. An die Stelle des mittelalterlich-christlichen Eheideals setzt es eine neue, durchgeistigte und auch der Frau eine höhere Rolle zudenkende Auffassung des Lebensbundes, wie sie die jungen Humanisten aus der altrömischen und griechischen Überlieferung ableiteten. Das waren nicht etwa heidnische Tendenzen; sie sollten nur dem gesunden Familienleben zu seinem Recht verhelfen in einer Welt, in der das mönchische Leben, die Abkehr von der irdischen Freude und die Hinwendung zum Jenseits noch starkes Gewicht hatten. Es war ein humanistisches Werk, aber es kam aus dem venezianischen Nährboden einer Stadt, in der man so gern und so gut lebte, daß schon ein alter Türke, der die Lagunenstadt im Spätmittelalter besuchte, zu einem venezianischen Freund sagte: »So wie ihr lebt, soviel, wie ihr aus dem irdischen Leben macht, das gibt mir den Gedanken ein, daß ihr wohl alle an das Jenseits gar nicht glaubt!«

Francesco Barbaro hat die Wirkungen dieses Buches nicht mehr übertroffen. Viele Ehren und Ämter kamen bald auf ihn zu, zu bunt erfüllte sich sein Leben als Senator, als Bürgermeister von Treviso, von Vicenza, als Diplomat bei Papst Martin V., in Ferrara, bei Kaiser Sigismund, bei Papst Eugen IV., bei Herzog Filippo Maria von Mailand. Das Leben dieses Patriziersohnes, der schließlich bis zum Mitglied des Kleinen Rates, zum Präfekten von Padua und zum Prokurator von San Marco aufstieg, gibt uns einen Überblick über die Fähigkeiten, die von den Männern jener Generation erwartet wurden. Bildung war selbstverständlich, sonst hätten sie die diplomatischen Verwendungen nicht übernehmen können, die jeder Venezianer als eine Stufe des Aufstiegs zu höheren Staatsämtern durchlaufen mußte. Denn wer nicht weltgewandt war, wer sich nicht an anderen Höfen durchgesetzt hatte, war für die Verwaltung der Republik untauglich. Aber da die Zeiten unruhig waren, konnte aus Posten wie dem eines Bürgermeisters unversehens eine militärische Rolle werden. Barbaro wurde als Schwiegersohn des Pietro Loredan dessen Nachfolger als Kommandant von Brescia im Dritten Mailändischen Krieg (1437–41), kämpfte an der Seite des berühmten, von Venedig bezahlten, aber aus Nardi stammenden Condottiere Gattamelata, hielt Brescia gegen Mailand und kommandierte im November 1439 einen entscheidenden Ausfall.

Es mußte also etwas vom *Uomo universale* in ihnen allen sein, von jenem universell begabten, mit seiner Persönlichkeit viele Aktivitäten erfüllenden Menschen, wie ihn Carlo Zeno als Vorbild einer jungen Generation verkörpert hatte. Dazu gehörte auch, daß diese Männer nicht mehr das enge patrizische Venedig erlebten, sondern nach dem Sieg über Genua und der Rückeroberung Chioggias den neuen Zustrom plebejischer Kräfte als eine Öffnung Venedigs zum Volk hin empfanden und guthießen. Barbaros erster wichtiger Freund und Helfer war ein Trevisan, der noch als Plebejer geboren worden war, dessen Familie dann aber ratsfähig wurde, und Barbaro selbst heiratete eine Loredan, die erst im elften Jahrhundert nach Venedig gekommen waren. Seinen Sohn Zaccaria verehelichte er mit einem Mädchen aus dem

Clan Vendramin-Calergi (nach dem Aufrührer Kalergos, der schließlich auf Kreta Frieden mit Venedig geschlossen hatte). Kretschmayr, der sich allerdings der venezianischen Geistesgeschichte nur am Rande seines imposanten Werkes widmet, bezeichnet Francesco Barbaro als Venedigs ersten Schriftsteller. Aber schon beim Tod dieses hervorragenden und vielseitigen Mannes konnte man aus Nachrufen vernehmen, daß es in der Stadt nun niemanden mehr gebe, der in beiden Sprachen – gemeint sind Latein und Griechisch – zu schreiben verstehe. Wenn das so wörtlich zu nehmen wäre, hätte der Humanismus in Venedig eine sehr kurze Blüte gehabt, ein Aufwachen und Erlöschen innerhalb eines Lebensalters. Aber der Geist weht, wie man sagt, wohin er will. Die besondere Lage Venedigs an der Nahtstelle zum byzantinischen Kulturkreis machte die Stadt, ohne daß sich hervorragende Talente profiliert hätten, doch auch weiterhin zu einer Stätte besonders der griechischen Studien, so daß sie auf diesem Gebiet andere Hauptstädte des Humanismus überflügelte. Eine beherrschende Rolle jedoch errang sich die Königin der Meere in dem Augenblick, da die Druckerkunst über die Alpen nach Italien fand; da zeigte es sich, daß manches venezianische Laster wie das ausschweifende und hohe Kartenspiel eine gewisse Vorschule für die Einrichtung auch anderer Druckereien bilden konnte, wo nicht mit festen Platten gedruckt wurde wie bei den Spielkarten, sondern mit beweglichen Lettern.

Schon 1469 wurde in Venedig das erste Privileg für eine Druckanstalt ausgestellt, und zwar zugunsten des Meisters Johannes von Speyer. Es ging auf dessen Bruder Wendelin über, der bereits Konkurrenz aus der Champagne erhielt, und 1472 finden wir den ersten Venezianer unter den Drukkern, einen Mann namens Filippo da Piero. Wie sehr die besondere Situation der emsigen Handelsstadt zur Blüte der neuen Kunst beitrug, geht daraus hervor, daß in den fünfzig um 1500 existierenden venezianischen Druckereien nicht nur in Grundschrift und Kursiv gedruckt wurde, sondern auch in lateinischen, griechischen und hebräischen Lettern.

Zwischen 1490 und 1510 wurden in Venedig etwa doppelt so viele Bücher gedruckt wie in Rom, Florenz und Mailand zusammengenommen, und das, obwohl das Jahr 1508 mit der Liga von Cambrai die bedrohlichste aller Verbindungen gegen Venedig entstehen sah: Kaiser, Papst, Frankreich und Spanien gegen die Lagunenstadt!

Es war wieder einer der imposanten venezianischen Greise, der in dieser schwierigsten aller Krisen das Staatsruder in Händen hielt: Leonardo Loredan, am 2. Oktober 1501 gewählt und damals zweifellos über siebzig Jahre alt. Er herrschte bis 1521, starb also mehr als neunzigjährig und brachte es zuwege, die Koalition, die auf die Reichtümer der Stadt aus war, mit einigen Verlusten an Festlands-Territorien abzuspeisen. Tatsächlich nehmen sie sich in ihrer Gesamtheit wie eine Meute aus, die ein Wild jagt, allen voran Papst Julius II., der glorreiche Renaissancepapst, der sein Leben lang aus den Geldschwierigkeiten nicht herauskommt, weil er – welch sublime Entschuldigung – die größten Künstler des Abendlandes mit kostspieligen Aufträgen überhäuft. Als mit Leo X. im Jahr 1513 ein Medici auf den Papstthron kam, standen auch die Sterne Venedigs günstiger; die klugen Diplomaten der Stadt verstanden es, die Gegner zu trennen und uneins zu machen, und nach wechselnden Koalitionen blieb Venedig wenigstens ein Restchen Festland mit Verona und eine Reihe wichtiger Stützpunkte im östlichen Mittelmeer.

Die Künste hatten, wie das so ist, in dieser Zeit heimlich weiter geblüht in der Offizin eines seltsamen Mannes, der aus Bassano nach Venedig gekommen war. Er nannte sich Teobaldo Pio Manuzio, woraus die Venezianer bald Aldo machten und die Humanisten Aldus Manutius – einer der größten Namen in der Geschichte der Buchkunst und des Buches überhaupt. In dem heute freundlich-stillen Gartenstädtchen Toscolano am Gardasee wurde das Wasserzeichenpapier für Venedig hergestellt, und als schließlich Ottaviano dei Petrucci (1466–1539) sogar ein System erdachte, durch das man die – jeweils für sich gesetzten – Noten und

Notenlinien vereinen konnte, da war der Musikaliendruck erfunden, und zwar in Venedig (Meister Ulrich Han hatte in seinem *Missale Romanum* 1476 in Rom erstmals Noten gedruckt).

So haben wiederum die verschiedenen Nationen zusammengewirkt, als es galt, aus einer großen Erfindung praktischen Nutzen und möglichst viele Anwendungen zu ziehen, und Venedig, wenn es auch nicht die größten Humanisten hatte, stellte doch – neben dem Basler Johannes Froben – den größten Drucker des Humanismus in Aldus Manutius (1449–1515). Seine liegende Kursivschrift für handliche Klassikerausgaben wurde eine der berühmtesten Schriften der Buchdruck-Geschichte, seine Antiqua gilt noch heute als eine der schönsten Schriften des Buchdrucks überhaupt; sein Druckerzeichen, der Delphin mit dem Anker, versetzte noch Jahrhunderte später die Buchliebhaber, Sammler und Adepten in weihevolles Entzücken.

Sein Sohn Paulus Manutius (1512–74), beim Tod des Vaters erst dreijährig, erhielt die väterliche Kunst durch den Großvater Andreas Torreanus vermittelt und wurde der Drucker der *Academia Veneta*, wie sie der Senator Federigo Badoero 1538 begründet hatte. Paulus war besser gebildet als sein Vater und versah zum Beispiel eine Cicero-Ausgabe mit eigenen gelehrten Anmerkungen. Er und nach ihm sein Sohn Aldus d. J. wurden 1561 bzw. 1590 nach Rom an die Vaticana berufen, so daß die berühmte Druckerfamilie fern der ersten Stätte ihres Erfolges erlosch.

Um dies alles verstehen zu können, diese eigenartige Präponderanz des Materiellen selbst noch in Randgebieten der Geistesgeschichte wie dem Buchdruck, der Übersetzungskultur, der Editionstechnik, muß man sich die ungeheure Distanz klarmachen, die zwischen einer hervorragend verwalteten Handelsrepublik wie Venedig und den beinahe pausenlos Kriege führenden, die Steuerkraft ihrer Untertanen selbst zerstörenden übrigen Ländern Europas bestand. Es waren noch nicht die größten venezianischen Vermögen, wenn ein Doge wie Andrea Vendramin im Jahr 1478 die

Summe von 170000 Dukaten hinterließ, was nach der Kaufkraftumrechnung etwa sechzig Millionen Mark wären, oder wenn Bartolomeo Colleoni, der große Condottiere, nach seinem Tod durch ein Reiterstandbild auf dem Markusplatz (!) geehrt werden will und der Stadt Venedig nicht weniger als 216000 Dukaten vererbte. Wer aus dem Norden nach Venedig kam, sah die verblüffendsten Luxusgegenstände wie von Gemälden geschmückte Toilettentischchen bei den Kurtisanen, sah Schlafzimmereinrichtungen, die so viel gekostet hatten, wie eine ganze deutsche Grafschaft wert war, und was immer der Rat der Zehn auch an Luxusgesetzen erließ – Verbote, mehr als vierzig Menschen zur Hochzeit zu laden, mehr als dreitausend Dukaten Mitgift zu geben –, das zeigte nur zu deutlich, daß hier eben alles Gold und Silber vorhanden war, das anderswo fehlte.

Gewiß, es wird nicht mehr lange so sein. Schon haben sich im Indischen Ozean die portugiesischen Flotten gegen die arabisch-ägyptischen durchgesetzt, trotz der venezianischen Geschützgießer und Kanoniere, die den Arabern beistanden. Schon sind jenseits des Atlantik ausgedehnte Länder entdeckt, die alle Gewichte im Welthandel neu verteilen werden. Aber eben in diesem Augenblick, da das ganze Abendland ungeheure Anstrengungen unternimmt, um eine Neue Welt zu erringen und zu schaffen, schöpft Venedig in der Alten Welt den Rahm ab. Ja, es bekennt sich sogar mit einem gewissen Zynismus zu seiner diesseitigen Lebenskunst, zu seinem Verzicht auf die höheren Güter, wenn Venedigs größter Lyriker dieser Zeit, der Patrizier Lionardo Giustiniani, ironisch sagt: »Lese ich denn immer? Gewiß nicht! Ich denke viel mehr über meine Gesundheit nach und glaube, daß das Leben auch ohne Wissenschaften seine Bedeutung hat, nicht aber die Wissenschaft ohne das Leben.«

Europa reagierte wie stets in solchen Fällen: Wer zu dumm war, sich das Geld auf friedliche Weise zu verdienen, oder zu faul, im eigenen Land Ordnung zu schaffen, der machte sich daran, seine Probleme mit Waffengewalt zu lösen. Daß in solchen Koalitionen die stets geldbedürftigen Kaiser nicht fehlten, ist bedauerlich, aber die Kaiser waren gerade dem auftrumpfenden Bürgertum der italienischen Handelsstädte niemals gut gesinnt. Maximilian I. fühlte sich in seiner kaiserlichen Würde durch Venedigs Eigensucht und seine geheimen Verbindungen mit dem Morgenland herausgefordert, fühlte die Interessen seines Schwiegersohns aus Savoyen verletzt, glaubte an einen leichten Feldzug neben Frankreich, Spanien, dem Papst und Mantua. Aber die Stadt, die aus der Angst vor Attila geboren worden war, bestand weiter dank des Neides seiner Vernichter, dank der Eifersucht seiner Gegner aufeinander und vor allem dank einer Regierung, die sich aus Köpfen zusammensetzte, nicht nur aus Wappen. So scheiterten die vereinigten gesalbten Streiter an der größten Hurenstadt Europas, an der Stadt der 12500 Kurtisanen, der Stätte der Sodomie und anderer Laster, als deren Ausbund man raunend keinen Geringeren als Pietro Mocenigo nannte, den Dogen der Jahre 1474-76, der seither in SS. Giovanni e Paolo begraben liegt . . .

Innerhalb der venezianischen Männerwelt waren zwar die Vermögensunterschiede oft gravierend, im übrigen aber war selbst der Doge keineswegs frei in seinen Entscheidungen. Er galt zeitweise als völlig entmachtet und stand zweifellos unter der Oberaufsicht der aristokratischen Gremien, während so mancher tüchtige Handwerker sich in seinem Kreis mit beträchtlicher Unabhängigkeit bewegen konnte. Der männliche Sklave hatte wenig Grund, den freien Hausdiener zu beneiden, der täglich seine Arbeit verlieren und davongejagt werden konnte, während die Sklaven meist lebenslang versorgt und sogar in den Testamenten bedacht wurden. Das männliche Subjekt in Venedigs aktivitätserfülltem Dasein hatte dafür gesorgt, auf seiner Stufe der Existenz auch gewisse Rechte und Möglichkeiten wahrnehmen zu können, ob es sich nun um einen Arbeiter, Soldaten, Diener, Schreiber, Handwerker, Geistlichen oder Aristokraten handelte. Der arme Adel wurde vom reichen mitversorgt; für ihn wurden immer wieder neue Verwaltungsstellen geschaffen, und wenn sie nicht ausreichten, so scheuten sich verarmte Adelige keineswegs, von Mädchenhandel, von Kaschemmen und von anrüchigen Geldgeschäften zu leben, weil sie ja leben mußten.

Die Frauen hingegen bilden in der Männerrepublik Venedig tatsächlich das schwache Geschlecht; sie sind in einem Maß Objekt, wie es im Abendland damals schon höchst selten war. Und wenn man sie auch nicht äußerlich in dem Maß zurücksetzt wie etwa in der aus Bigotterie frauenfeindlichen spanischen Gesellschaft der gleichen Zeit, so wirken auf Venedig doch zweifellos orientalische Einflüsse, die im Verein mit den übermächtigen Männergremien der Verwaltung die Frau ins Halbdunkel der Schlafzimmer abdrängen.

Der deutlichste und zugleich erstaunlichste orientalische Einfluß auf Venedig ist die vielfach bezeugte und heute unbestrittene Fortexistenz der Sklaverei bis ins sechzehnte Jahrhundert, also weit über die kirchlichen Verbote hinaus.

Ja, die Kirche verhielt sich in diesem entscheidenden Punkt in Venedig offensichtlich völlig neutral, denn ein Gutteil der Vertragswerke über Verkauf oder Versorgung von Sklaven wurde vor geistlichen Notaren der Stadt abgeschlossen.

Ein- bis zweimal im Jahr fanden in Venedig große Sklavenmärkte statt, was nicht ausschließt, daß auch zwischendurch Lieferungen aus dem Orient ankamen, zu dem ja dauernde Geschäfts- und Schiffahrtsverbindungen bestanden. Hauptherkunftsländer der Sklaven waren die Anrainergebiete des Schwarzen Meeres. Tscherkessen, Georgier und andere kaukasische Rassen waren sehr beliebt, selbst das heute kaum mehr bekannte Mingrelien bezahlte venezianische Lieferungen mit seinen Landeskindern; dazu kamen die Kriegsgefangenen und die Beute bei Seeschlachten. Die Preise für Sklaven begannen bei 16 Dukaten und reichten bis 78 Dukaten, also nach dem Kaufkraftvergleich 28000 Mark, die der Doge Pietro Mocenigo für ein ausgesucht schönes Paar türkischer Zwillingsschwestern auf den Tisch legte, mit denen er fortan lebte (eine Investition, die sich für ihn allerdings nicht lohnte, denn die beiden brachten ihn ohne jegliche Gewaltanwendung binnen einem Jahr ins Grab . . .).

Dieser verhältnismäßig risikolose Zustrom an rechtloser Weiblichkeit erklärt die hohe Zahl der Prostituierten in Venedig, die bei einer Einwohnerzahl der Stadt von 190000 (um 1500) von einem Autor auf 11000 geschätzt wird, von einem anderen sogar auf 12500.* Beide Ziffern können stimmen, denn nichts ist fließender als der Begriff der Dirne. Ihre besten Exemplare, deren es auch in Venedig einige gab, hielten Hof wie einst Aspasia und heirateten nach einer strahlenden Karriere in die Aristokratie ein; in ihren traurigsten Randzonen vermischt die Prostitution sich hingegen mit Kinderarbeit, Waisenhauselend und Asylexistenzen.

* Um heutige Touristen vor Enttäuschungen zu bewahren, sei gesagt: auf keinem Gebiet hat Venedig in den letzten vierhundert Jahren mehr an Glanz eingebüßt als auf dem der Prostitution . . .

Da dieses Problem auch in modernen Großstädten noch nicht gelöst ist, heute allerdings vor allem wegen des kriminellen Gefolges der Dirnen, wird man der Republik Venedig aus ihrer Toleranz in diesen Dingen kaum einen Vorwurf machen können. So wie es selbst heute und in den prüden Oststaaten plötzlich keine Rücksichten und Vorurteile mehr gibt, wenn für den Außenhandel wichtige Herren in den Großhotels von Ostberlin oder Leningrad absteigen, so wußte auch die größte Handelsstadt der Renaissance, daß zu guten Geschäften gute Stimmung gehöre und man die reichen Männer, die aus aller Welt an die Lagune kamen, mit der Fuchtel der Inquisition höchstens verscheucht hätte. Die Räte beschränkten sich darum im wesentlichen darauf, Auswüchse zu vermeiden und hatten damit auch wahrlich genug zu tun, wie der hartnäckige Kampf gegen die Homosexualität zeigt, der die Ratsprotokolle des fünfzehnten Jahrhunderts mit Prozessen füllt. Als Knaben auf offener Straße überfallen, gemeinschaftlich mißbraucht und – wie im Fall des Andrea de Azuelina – dabei getötet wurden, soll sogar eine Weisung an die Dirnen der Stadt ergangen sein: sie dürften sich, um Kunden anzulocken und der Sodomie* abspenstig zu machen, abends mit bloßen Brüsten ans Fenster stellen. Man hatte also von der Homosexualität und ihren Wurzeln noch recht summarische Vorstellungen.

Daß dieses Laster, wie es damals allgemein aufgefaßt wurde, vor allem in der venezianischen Oberschicht und bei begüterten Fremden vorkam, erleichterte den Kampf dagegen keineswegs. In den Protokollen tauchen immer wieder die Namen berühmtester Familien auf, sehr häufig die Correr, daneben die Grimani, Zeno, Badoero, Nigro und ein Barbaro, dieser allerdings als *patiens*, was nicht so schwer bestraft wurde. Am 12. Oktober 1482 wurde Bernardino Correr, Mitglied der patrizischen Familie, die drei herrliche Paläste besaß, wegen *versuchter* Vergewaltigung des schönen Jünglings

* Sodomie ist hier im Sinne der venezianischen Rechtsquellen stets als der widernatürliche Verkehr in des Wortes weitester Bedeutung gemeint, nicht sosehr der Umgang mit Tieren.

Victorio Toscari zwischen den Säulen enthauptet und danach sein Leichnam verbrannt. Das Urteil im Rat der Zehn war mit 17 Ja-Stimmen ohne Enthaltungen oder Gegenstimmen das härteste und deutlichste in der ganzen Kriminalgeschichte der Republik, und man bedauert, hier keine Hintergrundinformation erschließen zu können. Da es in seiner Überhärte (für den nicht vollendeten Akt) ein Unikum in der sonst auffallend milden Sittenjustiz der Lagunenstadt darstellt, möchte man vermuten, daß andere Motive mitsprachen, oder daß mit Rücksicht auf die Familie das Verbrechen selbst anders dargestellt wurde, als es vorgefallen war.

Eine gewisse Schonung genießen hingegen die zahlreichen Priester, die sich der Sodomie oder der Kuppelei schuldig gemacht haben. Sie werden angeklagt, aber dann der geistlichen Gerichtsbarkeit übergeben, womit Namen, Delikte und Strafen aus den Ratsprotokollen und der Öffentlichkeit verschwinden.

Am 12. März 1496, offensichtlich auf dem Höhepunkt der widernatürlichen Unzucht in Venedig, erging an Ärzte und Bader die Verordnung, die sie zur Anzeige verpflichtete, wenn sie Anzeichen für den sodomitischen Verkehr entdekken sollten; es handelte sich also um eine Aufforderung zur Kontrolle und zur Denunziation.

Damit gab der Rat der Zehn erstmals öffentlich etwas zu, wovon inzwischen die ganze Welt sprach: daß in Venedig der Analverkehr, auch *coitus a tergo* genannt, in einem erstaunlichen Maß verbreitet sei und auch an Frauen ausgeübt werde. Er blieb bis weit ins achtzehnte Jahrhundert heraus als venezianisches Laster schlechthin im Gespräch, und wenn in Venedig – was bisweilen von den Gerichten verlangt wurde – eine Jungfernprobe vorzunehmen war, so lautete der Urteilsspruch auf eine Virgo intacta *nell'uno e nell'altro senso*.

Der meistbeachtete Prozeß in diesen Dingen war das Todesurteil gegen Rara de Jadra, eine Dalmatinerin slawischen Blutes. Sie hatte in ihrem Haus, das unmittelbar an einer vielbegangenen Brücke lag, junge Mädchen aufgenommen und sie zu Dirnen ausgebildet, wobei sie besonders zur Duldung der Sodomie angehalten wurden, weil damit ein größerer Gewinn zu erzielen sei. Jara wurde am 26. August 1500 an der Rialtobrücke in eine Schaluppe gesetzt, in deren Bug ein Ausrufer stand. Dann fuhr man den Canal Grande bis zum Santa Croce hinauf und führte sie auf die Piazzetta zwischen die beiden Säulen, wo ihr der Kopf abgeschlagen wurde. Danach wurde ihr Körper zu Asche verbrannt. Ihre zwei eifrigsten Helferinnen, die Griechin Angela Caio und die aus Friaul stammende Anna mußten der Exekution beiwohnen und wurden danach auf vier Jahre aus dem Staatsgebiet von Venedig verbannt (Chronik des Marino Sanudo). Am gleichen Tag, man wollte also wohl reinen Tisch machen, wurde eine junge Dirne gefoltert, die als Barettchen-Marie bekannt war. Sie hatte in ihrem Haus Männer und Frauen zu der Technik der Sodomie angeleitet und sollte dies auf der Folter nun zugeben. Es scheint jedoch, daß ihr trotzdem später die Flucht gelang (oder ermöglicht wurde), weil an anderer Stelle der Protokolle von der Flucht einer Marietta del Beretino die Rede ist, die wohl mit unserer Sodomie-Dozentin identisch war.

Das waren harte Strafen, wenn sie auch nur bei etwa jedem hundertsten vergleichbaren Delikt verhängt wurden. In der Regel erkannte man auf Verbannung, eine Strafe, die angesichts der geringen Ausdehnung des venezianischen Festlandgebietes nur von Dichtern, Juristen oder aus beruflichen Gründen eng mit Venedig verbundenen Angeklagten als besonders schwer empfunden wurde. Andererseits muß man bedenken, daß die Denunzianten außerordentlich gut bezahlt wurden. Sie bekamen fünfzig Dukaten, also ein kleines Vermögen, sofern die beschlagnahmte Habe des unglücklichen Ertappten dafür ausreichte. Noch höher war die Prämie, wenn eine Dirne in Männerkleidung erwischt wurde: Das galt als Herausforderung zur Sodomie, zu jenem beinahe als Staatsverbrechen gewerteten Delikt, »welches gegen die Ausdehnung des Menschengeschlechts verstößt«, wie es in den Protokollen heißt; in diesem Fall konnte der Denunziant mit hundert Dukaten rechnen.

Eine jener Körperstrafen, die häufiger verhängt wurden, weil sie zu keiner dauernden Schädigung führten, war das Aufhängen in einem Holzkasten bei Wasser und Brot. Dieser Kasten hing innen im Campanile von San Marco, und es gibt sogar ein kurioses Bändchen obszöner Schmähgedichte, die angeblich ein Priester verfaßte, als man ihn wochenlang bei Wasser und Brot hielt. Die Strafe wurde gelegentlich auch über Frauen verhängt, doch behalf man sich bei ihnen in der Regel mit den auch in anderen Ländern üblichen öffentlichen Züchtigungen, der Brandmarkung und dem Landesverweis. Lustknaben wurde die Nase bis auf den Knochen aufgeschlitzt.

1522, vierundzwanzig Jahre nach den ersten Verordnungen über die Syphilis, erging das Gesetz, daß diese Krankheit behandelt werden *müsse*, womit Venedig anderen europäischen Staaten bis zu vierhundert Jahre voraus ist. Ein weiteres, ebenfalls sehr interessantes Gesetz bestimmt, daß auch gegenüber einer Dirne von Schändung die Rede sein könne, und zwar, wenn sie noch nicht sechzehn Jahre zähle. Strafbar war auch der Verkehr christlicher Dirnen mit Juden, die Verkuppelung christlicher Mädchen an Mohren und natürlich die Blutschande. Die Ratsprotokolle lassen erkennen, daß sich der Rat der Zehn alljährlich mit Dutzenden solcher Vergehen zu beschäftigen hatte. Aber es wird auch deutlich, daß die Voraussetzung für die Erhebung der Anklage die Stimmenmehrheit für dieses Vorgehen war. Besaß also ein mächtiger Sünder hinreichenden Anhang unter den siebzehn abstimmenden Herren (Doge, Sechs Sechstel-Vertreter, zehn Räte), so konnte er tun, was er wollte, es kam zu keiner Anklage. Ein ganzer Schauerroman von Intrigen, Bestechungen, Flucht, Verleumdung, halbem Geständnis und schließlicher Verurteilung entspann sich, als Antonio Loredan aus der Dogenfamilie, damals venezianischer Gesandter in Rom, der Sodomie beschuldigt wurde. Mitangeklagt war Bernardo Theotiono, Kanzler der Republik. Man kann sich vorstellen, wie hoch da die Wogen gingen, ganz zu schweigen von den Ängsten des Denunzianten, der ja – ein probates Mittel – vom Augenblick der Denunziation an gefangengesetzt wurde, um im Fall der Unschuld des Angezeigten an seiner Stelle verurteilt werden zu können. Nach einem Tauziehen von mehr als zwei Jahren erging dann das Urteil auf Verbannung, und zwar auf zehn Jahre.

Venedigs größter Homosexuellen-Prozeß wurde durch eine Ehefrau namens Paula Cervato ins Rollen gebracht. Gemeinsam mit einer Verwandten beschuldigte sie ihren Gatten, gleich mit einem Halbdutzend von Männern verbotenen Umgang gehabt zu haben. Cervato wurde gefoltert, bis man die Namen aller Mitschuldigen kannte, und dann enthauptet; die Mitschuldigen, unter denen sich zwei Mitglieder der Familie Zeno und andere Nobili befunden hatten, waren rechtzeitig gewarnt worden und konnten nur *in contumaciam* zu immerwährender Verbannung verurteilt werden. (Marino Sanudo, *Chronik*, III). Hingegen scheint man die Zuhälterei lange Zeit nicht allzu ernst genommen zu haben: Aviso Beneto, ein Kleinbürger, hatte seine Frau verkuppelt und darüber noch genau Buch geführt: Man setzte ihn dafür in einem gelben Kleid, Hörner auf den Kopf, auf einen Esel und führte ihn durch die ganze Stadt . . .

In solchen Schand- und Körperstrafen, in Einrichtungen wie der Brandmarkung, dem Nasenaufschlitzen, dem Pilori, an dem der Delinquent mit bloßer Brust, die Delinquentin mit bis zum Nabel geöffnetem Kleid stehen mußte, in hängenden Holzkäfigen und Eselsritten durch die Stadt offenbart sich uns das venezianische Mittelalter auch in seinem Ausklang als keineswegs aufgeklärt. Der sublime Geist der Räte, die Gewandtheit der Diplomaten, die abgeklärte Weisheit der Dogen haben Venedigs Justiz nicht erleuchtet; die Urteile sind, wie anderswo auch, ja Venedig hebt sich aus den anderen italienischen Städten sogar weniger heraus als etwa Nürnberg mit seinem vergleichsweise fortschrittlicheren Strafvollzug aus den anderen deutschen Städten. Die ärgsten Strafandrohungen werden nur weniger oft zu Urteilen, die härtesten Strafen werden nur viel seltener verhängt als in anderen Städten. Denken wir an François Villon und seine Schauergesänge unter dem Mehrfachgalgen von Montfauçon, wo man bis zu zwei Dutzend Pariser gleichzeitig hängen konnte, dann sind wir imstande, den Unterschied zu ermessen. Venedig tötete auch; es gibt im Ratsprotokoll den Antrag eines Loredan, einen zu lebenslanger Kerkerhaft verurteilten Türken heimlich zu vergiften, um ihn nicht ernähren zu müssen, und es gibt die Gefängnisse, die wir mit Casanova noch kennenlernen werden, in denen auf längeres Überleben keine Aussichten bestanden. Aber es fehlt in Venedig das mittelalterliche Gepränge der Grausamkeit; es fehlt die Territion, wie man die öffentliche Abschreckung durch Folter, Marter vor der Hinrichtung und die oft entsetzlich in die Länge gezogene Hinrichtung selbst nannte. Bei aller mediävalen Schaufreude auch der Venezianer ist man hier doch nicht dermaßen auf den Strafvollzug als Schauspiel erpicht wie zum Beispiel in der deutschen oder schweizerischen Kleinstadt, in der es außer dem Klatsch und dem Hintern der Nachbarin in der Badstube eben gar nichts anderes zu sehen gibt als die gräßlichen Rituale der wohlausgebildeten deutschen Scharfrichter ...

Man vermag sich kaum vorzustellen, daß die Frau in dieser Welt etwas anderes sein konnte als das Objekt männlicher Wünsche, Interessen, Begierden, eher noch Sache als Subjekt. Als wertvoller Besitz wird auch die Ehefrau angesehen und gelegentlich vorgezeigt, in prächtigem Schaugepränge, wie Commynes und andere uns berichten, gleich zu Dutzenden, wenn die Herren Räte es für wünschenswert halten, ihr Gespons vorzuführen.

Frauen tauchen sogar im Inventar auf, etwa bei Todesfällen begüterter Personen. So hatte Sebastiano Badoer, ein Patrizier, gleich drei Sklavinnen. Als ihn dieser Überfluß unter die Erde gebracht hatte, waren die drei noch so knusprig, daß sie mit 180 Dukaten zu Buche standen und seine Ehefrau, die Agnexina Badoer, das Vergnügen hatte, für die drei kostspieligen Beischläferinnen auch noch einen Batzen Erbschaftssteuer hinzulegen. Ein andermal gab es einen zwischen zwei Pfarrern abgeschlossenen Vertrag über den Verkauf einer jungen Sklavin: er wurde rückgängig gemacht, weil sich herausstellte, daß die Schöne aus dem Morgenland bereits guter Hoffnung war. Sie war leicht anderwärts zu verkaufen, weil ein Sklavenkind ein neuer Sklave war, und weil die Milch der Sklavin einen zusätzlichen Wert hatte: man sparte die Amme. Vielerlei Verwendungsmöglichkeiten also für die Frauen, und doch: in ihrer Gesamtheit beschränken sie sich erstaunlich konsequent auf die animalischen Funktionen, und schließlich ist es auch nicht etwa soziale Großzügigkeit und Freiheit von Vorurteilen, wenn ein Patrizier wie Andrea Mihiel im Jahr 1526 die Kurtisane Cornelia Griffo heiratet (die mehr Geld hat als er), sondern die zynische Bestätigung weiblicher Inferiorität: Reduziert man die Frauen auf die Summe der erwähnten Funktionen, dann ist eine Griffo die Schlechteste nicht. »Die Venetianerinnen führten«, schreibt naiv-treffend Molmenti, »dennoch ein glückliches Leben voll Ruhe und Frieden. Sie kümmerten sich um nichts, vor allem nicht um Politik.«

Selten genug wurde der Schrein dieser Selbstzufriedenheit aufgebrochen, gelegentlich durch eine abenteuerliche Liebe wie etwa im Fall der Bianca Capello oder der Veronica Franco, oder aber durch die Künste, die im stillen Kämmerlein besonders gut gedeihen, die Poesie und die Musik.

Unter den vielen in venezianischen Sammlungen aufbewahrten Schriftstücken findet sich manches Kuriosum zur Rolle der Frauen; eines der köstlichsten ist das Testament eines Louis Ramberti, der lange Zeit mit Veronica Franco gelebt hatte – nach ihrer kurzen, aber intensiven Beziehung mit König Heinrich III. Dieser hatte sie von Tintoretto malen und das Porträt nach Frankreich schaffen lassen; das, was den Päderasten-König an Veronica am meisten interessierte, hatte Tintoretto freilich nicht auf das Bild bannen können. Ramberti also vermachte dem Sohn der Franco die Einkünfte aus seiner Besitzung von Cà Manzo, mit der Auflage, diese mit seiner Mutter zu teilen. Offenbar nahm Ramberti also an, daß er der Vater sei. Bei den Legaten angekommen, erklärt Ramberti, daß sein Geist zwar noch völlig klar sei, sein Körper jedoch ohne jede Kraft, »entweder infolge meines Alters, oder aber infolge meiner Leidenschaft für die vielgeliebte Madame Veronica Franco, welcher ich ein gutes Federbett vermache, das sie wohl wird brauchen können; ich mache jedoch zur Bedingung, daß sie es weder verkaufen, verpfänden noch an die Juden abtreten darf.« Zu Ehren der in diesem Testament so drastisch verhöhnten Kurtisane sei allerdings bemerkt, daß sie – wie nicht wenige ihres Standes – im Alter dann sehr fromm und wohltätig wurde und mit ihrem großen Vermögen ein Asyl für in Not geratene Dirnen stiftete.

Das Beispiel dieser großen Kurtisanen hatte negative, aber auch positive Auswirkungen. Im Negativen entmutigte es gewiß viele Frauen, nahm ihnen ihr kleines Glück der Selbstzufriedenheit und der stillen Würde des weiblichen Geschlechts, wenn es auch wohl eine unzulässige Verallgemeinerung ist, zu sagen: »In diesem Wettkampf mit den Kurtisanen erstarb bei den verheirateten Frauen nach und nach der Familiensinn; ihre edlen Eigenschaften gingen zugrunde und nur diejenigen entwickelten sich, die man von ihnen beanspruchte, das heißt die der Wollust dienlichen.« (Molmenti in seiner vom Königlichen Institut der Wissenschaften, der Literatur und Kunst in Venedig gekrönten Preisschrift).

Auf der anderen Seite fühlten sich aber gewiß viele befähigte Frauen durch eine Veronica Franco, eine Lucia Astulfi oder auch durch die sittenlose Priorin Cipriana Morosini von San Giuseppe herausgefordert, zu beweisen, daß die Frau eben doch noch etwas anderes sein könne als das von der Kirche vielverschriene Gefäß der Sünde, als das Objekt männlicher Lüste, als die Urheberin der venezianischen Sittenverderbnis im vierzehnten, fünfzehnten und sechzehnten Jahrhundert. Nicht wenige Frauen, auch in dem geistig nicht über die Maßen regsamen Venedig, werden von dem neuen Geist des Humanismus berührt und aus dem mittelalterlichen Panzer ihrer Abgeschlossenheit erlöst. Sie zeigen sich dabei so einfallsreich und originell, daß man gerade aus diesen Vorkehrungen und Überlegungen den Beweis für die Schwierigkeiten emanzipierten oder auch nur herausragenden Frauenlebens in diesen Zeiten erhält.

Einer der kühnsten Fluchtversuche war jener der Bianca Capello, im Jahr 1548 geborener Tochter des reichen Handelsherrn Bartolomeo Capello. Als zwanzig Jahre zuvor die Tür eines Capello mit Pech beschmiert wurde, mußte die Urheberin dieses Schmäh-Aktes Venedig auf zehn (!) Jahre verlassen. Als nun aber Bianca heranwuchs und ein schönes Mädchen wurde, wartete die tiefste Schmach auf den Patrizier in seinem Palast am Rio della Pergola, unweit S. Maria Mater Domini: Ein junger Mann ohne Namen, ein Handlungsgehilfe, hatte Bianca geschwängert. Piero Buonaventuri hatte, wie sein Name verhieß, daraus tatsächlich ein gutes Abenteuer gemacht. Wir dürfen sicher sein, daß Bianca ihm freiwillig hinaus ins Leben folgte, das sie sich etwa so vorstellte, wie es in den französischen und spanischen Ritterromanen geschildert wurde. Und es gehört wohl zu den Wundern Venedigs, daß in dieser großen Stadt mit ihren Inselklöstern und der besten Geheimpolizei der damaligen Welt, den fürchterlichsten Kerkern und der intelligentesten Verwaltung, die heimliche Liebe doch so üppig gedeihen und so lange unentdeckt bleiben konnte wie in kaum einer anderen Stadt jener Zeit, allenfalls noch in London oder in Wien. So glitten sie denn halbe Nächte lang selbander in verschwiegenen Gondeln durch die Kanäle, die Patrizierstochter und ihr Kommis, denn die Gondolieri lebten schließlich alle von solch heimlichen Liebschaften und hätten jeden Kollegen, der etwa plauderte, mit Sicherheit in der Lagune ertränkt.

Auf dem lautlosen Fluchtweg des Kanals von Fusina entkamen auch die beiden Verliebten und heirateten, sobald dies gefahrlos geschehen konnte. Bianca erfuhr bald, daß ihr Piero kein großer Abenteurer und Romanheld sei, sondern eine verlogene Null. Der nächste Schicksalsschlag war die harte Verurteilung der Fluchthelfer, einer Magd und eines alten Verwandten, zu lebenslangem Kerker, und gegen den

Entführer selbst erging, obwohl er die Entführte inzwischen geehelicht hatte, das Todesurteil. So handelte Venedig, wenn die Großen gekränkt wurden, wenn sich ein Gewaltiger wie Kardinal Grimani – ein Onkel Biancas – für den Fall interessierte.

Man brauchte allerdings nicht weit zu fliehen; schon in Florenz herrschten völlig andere Gesetze, andere Familien, andere Interessen. Aus dem privaten Schicksal eines jungen Mädchens aus gutem Haus wurde hier Geschichte, denn Bianca fiel dem Prinzen Francesco Medici auf. Piero Buonaventuri, der ohnedies nur Zuhälterformat hatte, nahm mit Handkuß die gutbezahlte Stellung eines Garderobenkämmerers und bildete mit Bianca und Francesco fortan das, was die Italiener *un triangolo equilatero* nennen. Und dunkle Zuhältertaktiken sind es auch, die den weiteren Lebensweg der schönen Bianca bestimmen: Das Kind, das sie heimlich kauft und dem fürstlichen Geliebten *als von ihm empfangen* präsentiert, wird von ihm begeistert legitimiert, um die Erbfolge zu sichern. Die Transaktion zieht aber eine unbekannte Zahl von Morden nach sich, weil Piero und seine Genossen alle Mitwisser, sogar die flüchtige Hebamme, mit ihren Dolchen erledigen müssen. Wie immer aber bleibt einer übrig, verkauft sein Wissen, bringt den Stein ins Rollen und entfacht damit den Krieg zwischen den Mediciäer-Brüdern um das Erbe, zwischen dem Kardinal Fernando in Rom und dem Herzog Francesco in Florenz.

Francesco, der Mann, dem die Welt die Uffizien verdankt und Italien die *Accademia della Crusca* zur Reinigung der Sprache, heiratete endlich Bianca Capello, und Venedig, das eine Fürstin nicht gut wie eine Verbrecherin suchen lassen konnte, erhob sie verzeihend sogar zu einer Tochter der Republik, wie der schöne Ehrentitel lautete. Man glaubt auch heute nicht mehr, daß sie und ihr Gemahl am Gift des neidischen Kardinals starben, sondern tatsächlich an der Malaria, gegen die man damals noch kein zureichendes Mittel hatte. Aber es war doch ein ziemlich düsterer Ausflug, den diese junge Venezianerin hinaus in die Welt der Dolche und der

Gifte angetreten hatte, in das Italien der Renaissance, die sich an der Lagune trotz allem weniger kriminell präsentierte als am Arno und am Tiber.

Die berühmteste Tochter der Republik war allerdings, als dies alles geschah, längst verstorben: Caterina Cornaro (1454-1511), Königin von Zypern, Herrin von Asolo. Wie Bianca Capello entstammte sie einem venezianischen Patriziergeschlecht, ja die Corner (dies die venezianische Form) leiteten ihre Herkunft bis auf die römischen Cornelier zurück. Caterinas Urgroßvater Marco Corner, gestorben am 13. Januar 1367, war jener Doge, unter dem die venezianische Flotte nicht nur Alexandria angriff, sondern auch den kretischen Aufstand niederwarf und diese große Insel für die Republik eroberte. Unter ihm wurden die ersten Dogenbildnisse gemalt, aber auch die große pikturale Darstellung der Versöhnung zwischen Kaiser Friedrich Barbarossa und Papst Alexander III.

Caterina wurde im Alter von vierzehn Jahren mit König Jakob II. von Zypern vermählt, nicht von ungefähr natürlich. Daß sie selbst levantinische Ahnen hatte, weil die Mutter, eine Crispo, aus Naxos stammte, mochte dabei weniger Rolle gespielt haben als die wirtschaftlichen Interessen des Handelshauses Corner, seine ausgedehnten Zuckerplantagen auf Zypern. Vor allem aber war dies eine prächtige Gelegenheit, die bis dahin stark von Genua her beeinflußte Insel in den Machtbereich Venedigs zu bringen. Von den Galeeren der Lagunenrepublik ermutigt, setzte sich Jakob II. über die legitimen Ansprüche seiner Schwester und seines Schwagers, eines Prinzen aus dem Hause Savoyen, hinweg und nahm die mit 100000 Dukaten betäubend hohe Mitgift aus Venedig.

Erst vier Jahre später, 1472, folgte die Braut, eskortiert von vier Galeeren, und die Hochzeit wurde außerordentlich prächtig. Acht Monate darauf starb dann allerdings König Jakob, unerwartet und knapp zweiunddreißig Jahre alt, offenbar an Gift. Strittig ist nur bis heute, ob seine gekränkte Schwester Carlotta es ihm beigebracht hatte oder aber ein venezianischer Geheimagent, denn die Republik war der Nutznießer dieses frühen Todes: Sie übernahm die Schutzherrschaft über die Insel, auf der Caterina Cornaro für ihr posthum geborenes Söhnchen Jakob III. als Königin herrschte. Venedigs Admiral Piero Mocenigo war es auch, der einen von Neapel aus geschürten Aufstand gegen Caterina niederwarf, in dem nahe Verwandte Caterinas ihr Leben gelassen hatten, und nach dem Eintreffen venezianischer Berater war Caterina nur noch Scheinkönigin von Gnaden der mütterlichen Republik. Als bald auch noch der kleine Thronprinz starb und Venedigs Druck auf die Fürstin sich weiter verstärkte, zog sich die Patriziertochter, die der Kleinwelt an der Lagune erst sieben Jahre zuvor entwichen war, in ihre Baronie Asolo bei Treviso zurück. Dort residierte sie fortan als Königin von Zypern, Jerusalem, Armenien und Herrin von Asolo mit einer Apanage von 8000 Dukaten jährlich; diese Summe gestattete ihr herrschaftliches Leben und Hofhaltung, woraus man die hohe Kaufkraft des Dukaten entnehmen kann.

Von der Republik im Jahr 1489 noch voll Hochachtung, Dankbarkeit und Zärtlichkeit empfangen, mußte sich Caterina, die erst im glanzvollen Exil und mit den Jahren ihr volles Format erreichte, manche Ermahnung gefallen lassen, weil sie nicht allen Gedanken an eine Rückkehr nach Zypern entsagte. Pietro Bembo, der dichtende Kardinal, der uns das nicht ganz ungetrübte Idyll des Bergstädtchens bei Bassano del Grappa in seiner berühmten Schrift *Gli Asolani* schilderte, war ihr Vetter. Durch die 1505 erschienenen Dialoge stellt er die Verbindung zwischen Asolo und dem dortigen Kreis auf der einen, den Hauptschauplätzen der italienischen Renaissance auf der anderen Seite her, denn das kleine, aber geistvolle Werk ist Lucrezia Borgia gewidmet, die Pietro Bembo geliebt haben soll. Mit siebenundsiebzig Jahren erreichte er für einen Geliebten der vielummeuchelten Papsttochter allerdings ein sensationell hohes Alter.

Den Rahmen der Gesprächs-Zyklen bildet die Hochzeit einer Hofdame der Caterina Cornaro; drei Damen und drei

Edelleute führen an drei aufeinanderfolgenden Tagen die Gespräche, die sich am ersten Tag um die Liebe als Ursache menschlichen Leidens bewegen, am zweiten (Antithese) um die Liebe als Kraft der aufrichtigsten Gefühle und am dritten Tag in der Synthese einer Unterscheidung zwischen sinnlicher und geistiger Liebe münden. Von Petrarca kommend, wurde Bembo durch diese elegante Schrift so berühmt, daß ihn Castiglione in seinem *Cortegiano* auftreten und die platonische Liebe verfechten läßt, was einem Kardinal gewiß gut ansteht.

Das Haus, das Caterina Cornaro in Asolo bewohnte, ist heute noch zu sehen und wirkt nicht nur imposant, sondern auch edel, mit jener strengen Poesie, zu der man sich die entthronte Königin gut vorstellen kann. Es heißt heute Castello Pretorio, hat ein kräftiges Wohngeschoß mit vorgesetztem Portico, den alten Wohnturm aus dem Quattrocento und in einiger Entfernung dahinter den sogenannten Carrareser-Turm aus dem vierzehnten Jahrhundert. Caterina Cornaro hat Umbauten vornehmen und Stützen wie Rundbogen ansetzen lassen, um dem Bau ein freundlicheres Aussehen zu geben und ihn für die Geselligkeit tauglicher zu machen. Im sechzehnten Jahrhundert residierte hier der Podestà von Venedig, da nicht Caterina, sondern die Republik Eigentümer des Gebäudes war. Im neunzehnten Jahrhundert ließ sich hier schließlich der englische Dichter Robert Browning ein Wohnhaus in eine Ecke des Hofes setzen. Er hatte vorher mit seiner kranken Frau, der Dichterin Elizabeth Barrett-Browning, in der Casa Guidi, einem Haus in der Nähe des Palazzo Pitti von Florenz gewohnt; gegen Ende seines Lebens aber zog es ihn ins Veneto. Sein Sohn hatte ein Haus in Venedig, und Browning lebte und schrieb zeitweise in Asolo. Das letzte Werk, dessen Veröffentlichung (1889) er noch erlebte, trug den Titel *Asolando* in deutlichem Anklang an Bembos *Gli Asolani*.

Ist schon dieses literarische Weiterleben eines Hauses ein Stück Nachruhm für Caterina Cornaro, so brachten die Opern von Halévy und vor allem von Donizetti ihr eine Wiederauferstehung im neunzehnten Jahrhundert. Die Malerei allein aber hätte schon genügt, sie unsterblich zu machen, denn nach Bellini, Tizian, Paolo Veronese und dem weniger bekannten Vassillacchi malte noch Hans Makart 1872/73 sein Prunkgemälde *Venedig huldigt Caterina Cornaro*, mit dem die Venedig-Rezeption des Fin-de-Siècle volltönend einsetzt.

Kaum vernimmt man daneben das zarte Stimmchen der Irena di Spilimbergo, einer venezianischen Poetin, Sängerin und Muse aus dem Städtchen im Tagliamento-Tal. Die Tochter des Adriano di Spilimbergo, Herr jener alten Herrschaft, zu der einst zwanzig Kastelle und Dörfer gehörten, entstammte durch die Mutter dem Patriziergeschlecht der da Ponte, die ihren Palast in San Maurizio hatten und 1578 sogar in den Rang der Dogengeschlechter aufrückten: Niccolò da Ponte, Doktor der Philosophie, wurde am 19. März 1578 zum Dogen gewählt und stand damals in seinem neunzigsten Lebensjahr. Er herrschte noch bis 1585, und man ist versucht, Untersuchungen darüber anzustellen, warum sich der Geist so vieler Männer, aber auch ihr Körper in der doch keineswegs gesunden Luft der Lagune so außerordentlich frisch erhielten, als seien sie alle grusinische Bergbauer.

Irena war die mittlere von drei Schwestern und wuchs im Haus ihres Großvaters Giovanni Paolo da Ponte in Venedig auf. Schon früh wurde sie eine Schülerin des Tizian, doch reichte ihr Talent in der Malerei – sosehr die begeisterten Zeitgenossen das schöne Mädchen auch priesen – nicht zu, ihr einen eigenen Namen zu machen: Berühmter wurde sie als Modell eines Bildes aus Tizians Werkstatt (Gian Paolo Pase, von Tizian übermalt) und vor allem durch ihren frühen Tod nach einem Leben in Grazie, Kunstübung und Schönheit, mit dem sich nicht wenige Dichter der Epoche beschäftigten. Dionisio Atanagi, ein Schriftsteller aus dem Herzogtum Urbino, verfaßte ihre Lebensgeschichte und sammelte die Zeugnisse, mit denen die Dichter der Zeit von dieser engelsgleichen Erscheinung Abschied nahmen. »Ihre Züge waren fein, ihre Haut zart«, schreibt ihr Biograph, »die Augen, der edelste und schönste Teil ihres Körpers, waren durch

Größe, Farbe, lebendigen zugleich und milden Ausdruck, durch ihren Schnitt wie durch den Schatten, den die langen Wimpern auf sie warfen, von solcher Beschaffenheit, daß ein Blick von ihr wunderbare Wonnen empfinden und Irena nicht wieder aus dem Herzen entschwinden ließ. Darum sagte man wohl, sie habe zauberische Augen. Dieser Macht war sie sich bewußt, und indem sie ihre Blicke mit einem anmutigen Lächeln begleitete, das um ihren schönen Mund spielte, verbreitete sie über ihr ganzes Wesen und ihre Haltung eine süße Majestät, die mit ihrem ehrbaren Ernste und der ungezwungenen Freiheit, womit sie sich jedem zuwandte, eine unvergleichliche Harmonie bildete. Kurz, die Signora Irena war so schön an Leib und Seele, daß sie von vielen edlen Geistern, die sie im Leben kannten, nach ihrem Verdienste geliebt und bewundert und nach ihrem Tode gepriesen wurde.«

Sie starb am 15. Dezember 1559, zweiundzwanzig Jahre alt. Damals sandte der Dichter Lodovico Dolce an Tizian ein Sonett, in dem er den großen Maler aufforderte, ein Bildnis der Verstorbenen zu malen (»Dein eignes Schaffen wirst du überbieten, dich selber in dem neuen Werk besiegen«). In dem Bild, das heute in einer großen Privatsammlung in den Vereinigten Staaten hängt, lehnt Irena anmutig an einer mit Säulen aufgelockerten Wand. Ihr anliegendes Gewand ist mit einer Kette gegürtet und steht vorne ein wenig offen, so daß der Hals frei ist. Über dem runden Gesicht kräuselt sich blondes Haar, der Mund lacht, die Wimpern gleichen der Beschreibung, die Atanagi von ihnen gibt. In der Linken hält sie einen Lorbeerkranz. Dieses Bild sah wiederum Torquato Tasso, der mit Irenas Familie verwandt gewesen sein soll, und schrieb nun seinerseits ein Sonett.

Trotz all dieser Dichterbegeisterung, trotz der verehrungsvollen Freundschaften, die man ihr entgegenbrachte und die selbst den Patriarchen von Aquileia in ihren Kreis zogen, ist Irena heute vergessen. Man entsinnt sich des Pordenone, der in der alten Kirche des Städtchens tätig war, man staunt die ein wenig verwüsteten Ruinen des Schlosses an, aber die zarte Irena, die als Mädchen und trotz ihrer Jugend es den Universalbegabungen so vieler großer Männer der Renaissance gleichzutun versuchte, ist völlig vergessen: ein allzu kurzes Leben inmitten einer Sippe, deren berühmtester Mann beinahe hundert Jahre alt wurde, ehe man ihn in der Chiesa della Carità zur Ruhe bettete.

Lebensgewohnheiten und Schicksale dieser bedeutenden Frauen und ihrer Familien lassen erkennen, wie sehr die Lagunenstadt, heute eher ein isoliertes Kleinod, in ihrer großen Zeit mit einer ganzen zu ihr gehörenden Welt verflochten war. Die Intensität und die Großzügigkeit der Gesamtgebarung hatten beinahe modernes Format, wenn ein Capello als Holzlieferant der venezianischen Flotte sich ein Festlandreich aufbaut, wenn die Corner Plantagen auf Zypern erwerben, wenn Kreta mitten hineingreift ins venezianische Patriziat und dieses hinaus nach Kreta.

Stiller, weniger beachtet und heute nur noch museal greifbar ist die andere, die zweite Verflechtung: das Landleben des venezianischen Patriziats in den Villen der Terra Ferma, wie wir es an Caterina Cornaro und dem Musenhof von Asolo feststellen konnten, aber auch im kurzen Leben der Irena von Spilimbergo. Die Täler von Friaul und des Landes um Treviso lieferten Venedig nicht nur steten Zustrom an Künstlern, sondern traten auch in fruchtbare familiäre Beziehungen zum angestammten Patriziat der Lagunenstadt. Und die in Venedig durch Ämter und Handel zu Vermögen gelangten Nobili machten sich sehr bald auf die Suche nach Landsitzen außerhalb der inzwischen schon ausweglos gewordenen Enge ihres Inselreiches der Fundamente, Pfähle und Brücken. Diese Villen entsprachen noch dem römischen Begriff der Villa, das heißt sie waren nicht nur Wohnhaus, sondern hatten auch Wirtschaftsgebäude und boten Raum für einen gewissen landwirtschaftlichen Betrieb. In diesem arbeitete nicht selten Gesinde aus der Stadt, aber das Dorf rund um die Villa lieferte auch immer wieder Nachschub an Personal, das bald auf dem Land, bald in Venedig selbst tätig war und damit auf der Ebene des kleinen Volkes für den Austausch der Erfahrungen und für die Verbindung zwischen Stadt und Land sorgte.

Die vom Patriziat prächtig erbauten Villen sind für den Kenner auch heute, im Zustand anmutiger Verwahrlosung, noch sehenswert, wie etwa die von Palladio entworfene große Renaissancevilla der Badoer in Rovigo. Nicht selten verdanken sie ihre Erhaltung dem Umstand, daß sie das eindrucksvollste und geräumigste Gebäude des Ortes waren, so daß man sie später als Rathäuser nützte: Das war in Asolo der Fall, aber auch etwa in Meolo, wo die große Villa der Familie Capello heute als Rathaus dient. Ein Schuppen daneben gehörte zu den alten Wirtschaftsgebäuden, die alten Fresken am Hauptgebäude sind rot übertüncht (!), nur an der Frontfassade des Nebengebäudes haben sich deutlichere Spuren der Renaissance-Bemalung erhalten, die den antiken Geschmack in der Ausstattung dieser Landhäuser des venezianischen Patriziats verraten. Sogar die Reste des Wappenlöwen von San Marco sind erkennbar.

Bis auf die Grundmauern niedergebrannt ist hingegen die Villa der Pisan in Munareti, aber wir wissen aus alten Quellen, daß es sich dabei eher um einen Stadtpalast in venezianischer Gotik als um einen Renaissancebau gehandelt hat. In Venedig stand der Palazzo Pisan(i), am gleichnamigen Campo in der Pfarre San Stefano gelegen, oft im Mittelpunkt großer Feste: 1784 logierte dort der König von Schweden, 1806 beherbergte er Eugenio, Vizekönig von Italien, und 1807 sogar König Ludwig I. von Bayern. Das düsterste Ereignis, das die Mauern des Palastes sahen, war der Freitod des französischen Malers Leopold Robert am 20. März 1835, aus unglücklicher Liebe zur Prinzessin Charlotte Bonaparte, einer Tochter des Napoleon-Bruders Joseph.

Aber nicht darum sprechen wir von den Pisan, die sich von dem Grafengeschlecht der Bassi aus Pisa herleiten, sondern wegen der Dichterin Christine de Pisán, die ihren Namen stets französisch geschrieben sah, weil sie, die Venezianerin, in französischer Sprache dichtete und in Frankreich berühmt wurde: Nach einer Abenteurerin, einer Königin und einem schönen Seelchen nun eine wirkliche Dichterin, auch wenn sie sich der venezianischen Sprache nur gleichsam nebenher bediente.

Die Zusammenhänge zwischen Tommaso Pisani, Arzt und Astrologe in Venedig und Vater der Christine, und dem Dogengeschlecht gleichen Namens sind nicht mit völliger genealogischer Sicherheit etabliert. Aber das gilt auch für die verschiedenen Namensträger Tiepolo, Dandolo oder Zeno, weil sich die Familien im Lauf der Jahrhunderte eben so weit verzweigten, daß nicht jeder Zweig die Verbindung zur Ämterspitze, zur allerhöchsten Nobilität halten konnte. Auch innerhalb der gesicherten Linie der Pisani variiert das Geschlecht zwischen den Helden wie jenem Vettore, den wir im Chioggia-Krieg als hervorragenden Mann kennenlernten, und einem weit weniger mutigen Nachfahr, der unseren Grafen von der Schulenburg bei der Verteidigung Korfus gegen die Türken ziemlich kläglich im Stich ließ. Er flog allerdings später in Gesellschaft von zweitausend Kameraden mit einem Pulvermagazin doch noch in die Luft.

Christine nun begleitete ihren Vater ins Ausland, als der berühmte, ein wenig wohl auch anrüchige Geheimwissenschaftler einen Ruf nach Paris erhielt – an den Hof König Karls V., genannt der Weise. Im Jahr 1378, als sie etwa fünfzehn Jahre zählte, vermählte man sie mit einem Edelmann aus der Picardie, der Etienne Castel hieß, aber schon nach zehnjähriger Ehe wieder aus ihrem Leben verschwand. Als bald darauf, um 1380, auch noch ihr Vater starb und anstelle eines Vermögens eine Reihe riskanter Prozesse um dunkle Affären hinterließ, stand die junge Witwe mit ihren Kindern schlimmer als mittellos an der Schwelle einer neuen Existenz.

Sie mußte damals schon einen gewissen Ruf als Frau von Geist gehabt haben, und sie war in jenem vierzehnten Jahrhundert eines eben anbrechenden neuen Verhältnisses zur Bildung ganz gewiß schon eine herausragende Erscheinung ihres Geschlechts, sonst hätten nicht anspruchsvolle Fürsten wie Heinrich IV. von England und Giangaleazzo Visconti, Herzog von Mailand, ihr angetragen, mit ihren Kindern an den englischen Hof respektive an den von Pavia zu ziehen und dort beschützt weiterzuleben. Aber Heinrich IV. hatte, als er diese Einladung aussprach, noch gar kein Land, und Giangaleazzo, wiewohl an den Künsten interessiert, war nicht der Fürst, dem sich eine junge Frau mit ihren Kindern anvertrauen konnte. Also beschloß sie, von dem zu leben, was sie gelernt hatte: von ihrer Bildung, ihrem sprachlichen Geschick, ihrer Fähigkeit, Fragen der Zeit literarisch anspruchsvoll zu formulieren. Christine de Pisán ist für die Franzosen bis heute die erste jener Schriftstellerinnen, die von ihrer Feder lebten, und für die Venezianer damit erst recht.

Zwischen 1400 und 1410 entfaltete sie eine bemerkenswerte Aktivität und vermochte sich tatsächlich über Wasser zu halten, eine große Leistung vor der Erfindung des Buchdrucks und des Urheberrechts. Die französisch-englischen Kriegswirren nahmen ihr jedoch einen um den anderen ihrer Gönner, so daß sie schließlich in einem Kloster Zuflucht suchen mußte und ihr freies Leben erst 1429 wieder aufnahm – und zwar, um die Jungfrau von Orléans zu feiern.

Christine hat sich in beinahe allen damals gängigen literarischen Gattungen versucht, hatte nach Notizen ihres Vaters mit kosmographischen Lehrgedichten begonnen, antike Autoren übersetzt und sogar eine Weltgeschichte in Versen zuwege gebracht, die heute mit Recht vergessen ist. In ihren Prosawerken zeigt sie sich jedoch als eine Frau von ausgezeichneter Beobachtungsgabe, von wachem Verstand und gutem Urteilsvermögen – und sie entpuppt sich als eine geschickt argumentierende Vorläuferin der Frauenrechtlerinnen. In ihren *Lettres sur le Roman de la Rose* verteidigte sie mit dem Schwung der Femme de trente ans ihr Geschlecht gegen die Angriffe anderer, heute vergessener Autoren, und in der *Cité des Dames* unterstützt sie ihre Thesen durch eine Reihe von Frauen-Biographien natürlich aus dem antiken Fundus. In späteren Werken setzt sie sich mit dem Bürgerkrieg und dem Unglück Frankreichs auseinander und findet nicht nur zu einer natürlichen Eloquenz und zu schöner Melancholie, sondern vermittelt der Nachwelt auch wertvolle Beobachtungen, Züge der Zeit und Tatsachenmitteilungen. Darum gilt sie heute neben den reinen Chronisten als die wichtigste literarische Quelle aus dem Hundertjährigen Krieg, was den Zustand der Gesellschaft und die Sitten der Epoche betrifft.

Das ist sehr viel mehr, als man von den meisten Verseschmieden des Jahrhunderts sagen kann, und das hat ihr schließlich auch das Fortleben gesichert: Vor 1440, also als Siebzigerin, verstorben, interessiert sie bis heute die emsigen französischen Literaten, und noch 1936 schrieb Gabriel Hanotaux von der *Académie Française* in einem Vorwort, das er für das Buch ihrer Nachfahrin Madame Etienne du Castel verfaßte: »Eine Dichterseele, in der sich zwei Quellströme vereinen, der italienische ihrer Muttersprache, der französische ihres Lebens, und die in zwei Epochen lebte, dem Mittelalter und der Renaissance«. Nach Eustache Deschamps, dem großen Dichter, der sie so begeistert feiert, und vor François Villon, der weit über sie hinausgelangt, wird sie zum wertvollsten Geschenk, das Venedig den Franzosen gemacht hat. Ihr Sohn Jehan du Castel ist bereits ein französischer Schriftsteller, aber die Weltoffenheit, die venezianische Anmut und den Spürsinn der Diplomaten-Ahnen aus der Lagunenstadt hat er nicht geerbt: Er hat der Nachwelt nur ein einziges großes Werk hinterlassen: den *Spiegel der Sünder und Sünderinnen*. Darin begründet er grau in grau die Notwendigkeit, sich ein Leben lang auf den Tod vorzubereiten . . .

Auch die zweite große Dichterin jener Zeiten gehört Venedig nicht ganz, so deutlich sie auch aus Venedig kommt: die Tochter Sara des Textilfabrikanten Coppio. Sie wurde in jenem Jahr 1590 geboren, in dem Venedig seine dritte Rialto-Brücke erhielt, die heutige. Dort zumindest sind wir also mit Sicherheit über dieselben Steine gegangen wie Sara Coppio. Aufgewachsen ist sie jedoch auf der Giudecca, der großen, langgestreckten Insel, die sich quer vor der Mündung des

Canal Grande vor unseren Blick schiebt. Die Venezianer nannten sie wegen dieser besonderen Gestalt auch lange Zeit Spinalonga, den schmalen, langen Sporn.

Die Coppio waren Juden, aber die Giudecca war, trotz ihres Namens, keine ausgesprochene Juden-Insel. Sechstausend von den achttausend Venezianern, die damals dort lebten, bekannten sich zwar zum jüdischen Glauben, aber sie lebten in keinem Ghetto. Die Giudecca war, im Gegensatz zum alten Ghetto zwischen Arsenal und dem heutigen Hauptbahnhof, eine gemischte Wohngegend für Begüterte und Gewerbetreibende, und da Coppio hier Platz für seine Weberei hatte, wuchs die kluge Sara am Rand Venedigs und doch an der Lagune auf. Sie war also keine Verfemte, kein Ghettokind; es gab sogar ein paar Patrizierpaläste auf dem vergleichsweise billigen Baugrund der Giudecca; Michelangelo hatte den Frieden dieser Insel gesucht, und nach ihm wird noch Papst Pius VII. auf der Giudecca wohnen. Nur was man mit einem hochintelligenten Mädchen machen sollte, da keine Universität Studentinnen aufnahm, das wußte Vater Coppio nicht.

Sara wurde also von den besten Privatlehrern gebildet, lernte Griechisch, Latein und Hebräisch, als ob es weibliche Rabbiner gäbe; sie erlernte verschiedene Instrumente und sang so hübsch dazu, daß die Gondolieri ihren Ruhm durch ganz Venedig trugen. Aber das half nichts, der Schwiegersohn wurde ihr nicht etwa unter den Musikern oder den Gelehrten ausgesucht, sondern hieß Jacob Sullam und kam ebenfalls aus einer reichen jüdischen Familie. Denn Vater Coppio wußte, was es geschlagen hatte. Er sah den neuen Welthandel aus Amerika kommen und nach Lissabon, Barcelona und Genua gehen, nicht aber in die Adria. Er hatte es sich richtig gedeutet, als die alte Republik vierzig Familien adelte, soferne sie imstande waren, dafür jeweils 100000 Dukaten zu erlegen. Das waren vier Millionen, aber sie konnten den Ausfall des Gewürzhandels nicht ersetzen, der sich um Afrika herum nach Portugal bewegte . . .

Wie es damals innerhalb der noch kleinen Gemeinde der

Gebildeten üblich war, verbreitete sich der Ruhm Sara Coppios, obwohl sie so gut wie noch nichts publiziert hatte, durch Briefe und Gespräche, durch Brief-Gedichte und aufgezeichnete Dialoge in ganz Norditalien. Man sandte ihr Schriften und bat um ihr Urteil, man widmete ihr Gedichte und unterbreitete ihr literarische Pläne. Darum war sie auch nicht sehr verwundert, eines Tages ein längeres Gedicht über Esther, das Weib des Ahasver zu erhalten. Es stammte von einem jungen Genuesen namens Ansaldo Céba, und Sara, die sich für nichts so sehr begeistern konnte wie für jüdische Geschichte, war tief gerührt von der Tatsache, daß ein junger Christ sich so ausführlich und kunstvoll mit Esther beschäftigt habe. Konnte das eine versteckte Huldigung für die dem Dichter unbekannte Sara Coppio sein?

Der Briefwechsel, der sich zwischen dem jungen Priester aus einem genuesischen Patriziergeschlecht und der gebildeten venezianischen Jüdin entspann, währte vier Jahre und gehört zu den erstaunlichsten Dokumenten der Zeit, obwohl er sich wegen der Eingriffe der Inquisition leider nur unvollständig erhalten hat. Da sich nämlich der Priester bemühte, die Angebetete, die ihm an Kenntnissen weit überlegen war, zum Übertritt, zur Taufe zu bewegen, wurden die Briefe zu einem Dialog über die beiden großen Religionen. Ansaldo führte den Kampf ungeduldig, werbend, drängend, vielleicht auch, weil er von einer schleichenden Krankheit wußte, die ihm kein langes Leben gönnen würde; Sara antwortet feinsinnig, überlegen und mit einer zärtlichen Ironie. Sie treibt die Rücksichtnahme soweit, Toskanisch zu schreiben, weil Ansaldo vielleicht das Venezianische nicht verstünde.

Aber das sechzehnte Jahrhundert ist recht wenig geeignet für diese Love-Story eines dahinsiechenden Priesters mit einer klugen Jüdin; die Inquisition läßt überall Scheiterhaufen aufflammen, und der Streit der Konfessionen hat die Dogmen mit tödlicher Kraft erfüllt. Ansaldo stirbt 1623 und bittet in seinen letzten Stunden einen Freund aus dem Hause Doria, die Bekehrungsversuche fortzusetzen. Das Geschlecht der großen Admirale, die der Lagunenstadt soviel Schaden

1 Torcello, S. Fosca: Teil der Vorhalle (12. Jh.)

2 Torcello, S. Fosca: Außenfront des Sanktuariums

3 Die sog. Tetrarchen (etwa 4. Jh.) an der Südfassade von S. Marco (Außenwand der Schatzkammer)

4 S. Michele in Isola (1469–1499), nach Plänen von Mauro Codussi erbaut

5 Die Kuppeln der Markuskirche

6 Über dem oft festungsartigen Rustikageschoß der Paläste erhebt sich gotisch-zart die Wohnetage mit Loggien und Arkaden

7 Die Trunkenheit Noahs (Anfang 15. Jh.). Detail einer Gruppe von der Südostecke des Dogenpalastes beim Ponte della Paglia

8 S. Maria dell'Orto (14./15. Jh.), vom Rio Brasa aus

9 SS. Giovanni e Paolo (Zanipolo), 1246–1430. Links das Reiterdenkmal des Bartolomeo Colleoni von Andrea del Verrocchio (1481–1488)

10 Rosalba Carriera (1675–1757), Bildnis eines Mädchens. Paris, Louvre

11 Albrecht Dürer, Bildnis einer jungen Venezianerin (1505).
Wien, Kunsthistorisches Museum

12 Vittore Carpaccio, Durch die Kreuzreliquie wird am Rialto ein Besessener geheilt (um 1494). Ausschnitt. Venedig, Accademia

13 Fassade der ehem. Scuola Grande S. Marco (1485–1495) am Rio dei Mendicanti

14 Im Gewirr der Kanäle und Brücken

15 Die meisten Türschwellen liegen heute unter dem Wasserspiegel

16 Campo della Maddalena im Sestiere Cannaregio

17 Blick auf S. Maria della Salute (1631–1687)

18 Campo SS. Apostoli, in der Bildmitte die Capella Corner aus dem späten 15. Jh.

19 Canal Grande mit S. Maria della Salute, dem Prachtbau des Baldassare Longhena

20 Blick vom Uhrturm auf die Piazzetta und die beiden Granitsäulen mit dem Markuslöwen und dem hl. Theodor

21 Blick vom Dogenpalast auf S. Giorgio Maggiore, nach Plänen des Andrea Palladio 1566 begonnen und von Scamozzi zwischen 1602 und 1610 vollendet

22 Am Canal Grande: links die Palazzi Cavalli-Franchetti (15. Jh.) und Barbaro (15. u. 17 Jh.), im Hintergrund S. Maria della Salute

23 Giorgione (1478–1510), Das ländliche Konzert

24 Giovanni Battista Tiepolo, Der verliebte Pulcinella. Venedig, Ca'Rezzonico

25 Giandomenico Tiepolo, Il Burchiello. Wien, Kunsthist. Museum

26 Pietro Longhi, Die Entenjagd (1760). Venedig, Pinacoteca Querini Stampaglia

27 Das Haus des Buchdruckers Aldus Manutius (1450–1515)

28 Der Markusplatz: links Basilika und Dogenpalast, rechts die Neue Prokuratie (1584–1640) und die Fabbrica Nuova (1810)

29 Der Canal Grande am Ponte degli Scalzi: links oben die Kuppel von S. Simeone Piccolo, rechts an der Brücke die Chiesa degli Scalzi

30 Die Tischler des Arsenals beim Bootsbau. Venez. Schule des 18. Jh.s. Venedig, Museo di Storia Veneziana

31 Gondeln an der Riva degli Schiavoni

32 Pietro Longhi, Der Brief des Mohren (1751). Venedig, Ca'Rezzonico

33 Alte Paläste zieren teilweise bizarre Aufbauten

34 Murano: Kunsthandwerk vor dem Glasofen

35 Blick vom Ostflügel des Dogenpalastes auf den Arco Foscari (1450–1470) und den Campanile

zufügten, gegen eine Venezianerin – durfte er sich einen Erfolg erhoffen? Hatte Sara etwa diesem Priester Hoffnungen gemacht? War sie im Herzen vielleicht schon eine Abtrünnige?

Von ihrer Gemeinde fallengelassen, gerät Sara ins Schußfeld der Dominikaner, des Ordens, der am eifrigsten die Ketzerfeuer schürt. Ein Pater namens Bonifatius, ein Mann von Familie, der später zum Bischof von Capodistria aufsteigen wird, beschuldigt sie, nicht an das gemeinsame christlich-jüdische Dogma der Unsterblichkeit zu glauben. Die Eltern Saras sind tief unglücklich: Da hatten sie sich über Geist und Bildung ihrer schönen Tochter gefreut, und nun dieser Aufruhr, diese Gefahren. Hatte man nicht vor kurzem den venezianischen Edelmann und Senator Antonio Foscarini nach scheußlichen Martern öffentlich hingerichtet wegen solch gefährlicher Briefschreibereien?

Beschworen, sich zu verteidigen, verfaßt Sara Coppio-Sullam das einzige größere Werk, das von ihr auf uns gekommen ist. Ihre Antwort an Pater Bonifatius zeigt sie in bewundernswerter Weise auf der Höhe der Situation. Mit der Großmut des überlegenen Verstandes verzeiht sie dem Pater, daß er weder Flavius Josephus gelesen habe, den jüdischen Historiker, noch das Alte Testament genauer kenne. Unverzeihlich findet sie hingegen, daß er nicht einmal in den Evangelien wirklich Bescheid wisse. Und dann weist sie ihm mit unwiderstehlicher Logik aus der Matthäus-Stelle von den Sadduzäern nach, daß *sie* die richtige Auffassung von der Unsterblichkeit der Seele habe, und daß Christus sich zu einem Gott bekannt habe, der ein Gott der Lebendigen sei und nicht der Toten (Matthäus 22, 32). Dieses Wort aber stehe nicht nur bei Matthäus, sondern auch schon im Zweiten Mosesbuch – es sei also Ausdruck einer gemeinsamen christlich-jüdischen Auffassung von Gott und von der Unsterblichkeit.

Die kleine, aber gewichtige Schrift, mehr aber noch ihre überlegene Ironie gegenüber einem bekannten Wortführer jenes Ordens, der am eifrigsten die Ketzer verbrannte, rettete nicht nur Sara Coppio-Sullam selbst vor einem Prozeß, sondern bewirkte in ganz Italien einen Wandel in der Diskussion. Was in Deutschland erst später durch mutige Männer wie Friedrich von Spee eingeleitet wurde, begann in Norditalien durch den Briefwechsel zwischen den Religionen, wie ihn Sara geführt hatte, und durch die ruhige Zurückweisung der Eiferer, die ihr gelungen war. Die besinnungslose Furcht vor Angriffen und Denunziationen wich besonnener Gegenwehr. Der mit den Schrecken von Folter und Holzstoß auftretende Gegner war als verwundbar erkannt worden, die Toleranz wagte wieder ihre Stimme zu erheben.

Sara Coppio-Sullam lebte nach diesen Auseinandersetzungen, die sie so vielen Menschen bekannt machten, noch bis 1641, las also wohl noch die *Cautio Criminalis* des deutschen Jesuiten von Spee. Sie wurde auf dem jüdischen Friedhof begraben, der damals noch auf der Lido-Insel lag, ihr Grab aber hat sich nicht erhalten. Inmitten wütender Religionshetze und in einer Stadt, in der die Geheimpolizei schneller und gnadenloser zuschlug als überall sonst, hatte eine Jüdin die Ehre Venedigs gerettet und es als einen Hort der Toleranz erscheinen lassen. Der Ruhm wäre der Seestadt gewiß gut angestanden und auch wohl honoriert worden, und ein wenig davon hat man sich gewiß auch verdient, weil über den Schergen wenigstens kluge Richter thronten; aber eine Insel im Sturm, ein Vorhof der Besinnung war die Lagunenstadt leider ebensowenig wie so viele andere Städte, die sich in ruhigeren Zeiten auf ihre guten Köpfe soviel zugute getan hatten. In Jahrhunderten wie dem siebzehnten war eben die Gnade nur eine Hoffnung und selbst die Vernunft oft Täuschung, weil niemand wußte, wem sie diente.

In den zwanzig Jahren, die Venedig gegen die Liga von Cambrai ankämpfte, verbrannte seine Großmachtstellung zu einem Häufchen Asche. Ein wenig duftete es noch nach Diplomatie, nach levantinischem Gewürz, nach alter Dogenherrlichkeit, wenn man dieses Rüchlein einsog; aber die Zeiten, da die Stadtrepublik die Ränder eines Meeres besetzt halten, gegen Reiche Krieg führen und Souveräne durch bloße Sendschreiben zu ergebenen Vasallen machen konnte, diese Zeiten kehrten nicht wieder.

Das wäre nicht so schlimm gewesen, denn selbst im damaligen Europa ging es kleinen, aber tüchtigen Staaten wie der Schweiz weit besser als den großen, und die Mittelmächte, die sich eines gewissen Wohlstands erfreuten wie Savoyen oder Dänemark, hatten sehr viel bessere Zeiten als der geplagte Kaiser oder der ständig vor Frankreich zitternde Papst. Das Schlimme an der neuen Lage war, daß sie sich offenbar nicht bis zum Dogenpalast herumgesprochen hatte. Venedig trat immer noch als Großmacht auf; es verbannte Admirale, wenn sie eine Seeschlacht verloren hatten, und suchte die Schuld niemals beim Großen Rat oder gar beim Rat der Zehn, selbst wenn diese Gremien einen alten Gelehrten wie Antonio Grimani gegen die Türkenflotten kommandieren hießen oder den unfähigen Andrea Zancan an die Spitze der Landtruppen stellten. Die Herren waren ungleich tiefer betroffen, wenn bekannte Bankhäuser wie Garzoni oder Lippomano ihre Zahlungen einstellen mußten; und wenn im sechzehnten Jahrhundert noch einer der Nobili ein Schiff ausrüstete, so geschah dies in der durchaus kaufmännischen Erwägung, durch Kaperfahrten vielleicht höhere Gewinne zu erzielen als durch die christliche Seefahrt, in der zu dieser Weltstunde die Portugiesen und Spanier brillierten.

Antonio Loredan, Venedigs patrizischer Gesandter am französischen Hof, mußte sich von König Ludwig XII. sagen lassen, was inzwischen alle Welt wußte: »Ihr Venezianer seid kluge Leute in eurem Rat und lebt im Überfluß, aber zum Krieg taugt ihr nicht mehr. Ihr lebt zu gut, darum fürchtet ihr den Tod. Für uns aber gilt, wenn wir in den Krieg gehen: siegen oder sterben.«

Nach dieser Devise hatten die Franzosen sich ein Reich erworben, in dem man von den Pyrenäen über die Seealpen und Ligurien bis Neapel auf französischem und Frankreich hörigem Gebiet reisen konnte, mit den herrlichsten Küsten des Mittelmeeres, an denen damals freilich noch niemand badete. Und mittendrin waren die Grimaldi von Monaco soeben souverän geworden. Da Franz I., des kriegerischen Ludwig Nachfolger auf dem französischen Thron, für all das, was Venedig verkörperte, eine gewisse Sympathie hatte, für den Lebensgenuß, das Geld und die schönen Frauen, nahm Frankreich sich des schwankenden venezianischen Staatsschiffs an, erstritt Brescia für den Dogen, handelte (allerdings mit venezianischem Geld) sogar Verona dem Kaiser ab, und so fand sich Venedig nach seiner tiefen Krise wieder einmal gerettet, gelabt, aber eben doch nicht gestärkt.

Heinrich Kretschmayr, der österreichische Gelehrte, der sich in der Begeisterung für seinen Gegenstand nicht selten zu hymnischen Passagen aufschwingt, formuliert es so: »Schwerlich würde Menschenwerk überhaupt Venedigs Los entscheidend haben wenden können. Es hätte unerhört siegen, Italien wirklich zu seiner Monarchie, den Papst zu seinem Kaplan machen müssen, wenn es eine Großmacht hätte bleiben sollen. Denn in diesen Wendejahren zu einer neuen Zeit hatte die Welt ihr Antlitz verändert.«

Als der portugiesische Vizekönig d'Almeida, in seinem Schmerz über den Schlachtentod des einzigen Sohnes, die gemischte ägyptisch-arabische Flotte vor Bombay vernichtete – trotz ihrer venezianischen Geschütze und Kanoniere –, da war Magellan noch ein portugiesischer Fähnrich namens Magalhaes, und die Gewürzinseln waren eine fruchtbringende Legende wie das Bermuda-Dreieck. Ein Vierteljahrhundert später wußte alle Welt, wo die Gewürznelken her-

kämen und all die anderen duftenden Leichtgewichte, mit denen sich selbst die geringe Tragfähigkeit damaliger Schiffe so herrlich ausnützen ließ. Trotz der weiten Fahrt rund um das Kap der Guten Hoffnung war der direkte Handelsweg, wie ihn zunächst die Portugiesen, gelegentlich auch die Spanier und im großen Stil dann die Holländer nützten, ungleich gewinnträchtiger als der mittelalterlich-komplizierte Importweg über zahlreiche Zwischenhändler in Kalikut, Berenike und Alexandria, an dessen Nordwestende sich die venezianischen Nobili seit Jahrhunderten eingerichtet hatten.

Und wenn von der anderen Seite des Ozeans, aus dem so unerwartet vor den Schiffen aufgetauchten Kontinent Amerika, auch nichts kam, was sich mit den Gewürzen vergleichen ließ, so lief doch auch das neue Transportaufkommen dieser Zone an Venedig vorbei, ob es sich nun um Negersklaven für Amerika handelte oder um Silber für Europa. Daß die Dogen immer hartnäckiger an ihren Verbindungen mit Ägypten festhielten, auch wenn sie dies gegenüber dem ganzen Abendland in Mißkredit brachte, das zeigt uns, wieviel der Lagunenstadt an dieser Nabelschnur ihrer maritimen Existenz lag. Noch im vierzehnten Jahrhundert hatten tüchtige venezianische Konsuln wie Piero Giustiniani den Handel mit Ägypten trotz aller päpstlichen Einschränkungen wieder auf einen erträglichen Umfang gebracht, und dann kam es zu einem für Venedig typischen Geniestreich: Wilhelm Roger III., Graf von Beaufort und Vicomte de Turenne, hatte für die Verdienste seines Hauses in den Kreuzzügen eine päpstliche Lizenz für den Ägyptenhandel erhalten, die er mangels geeigneter Häfen gar nicht selbst nutzen konnte. Über einen Mittelsmann, dem diese Lizenz geschenkweise (!) übermacht wurde, erwarb Venedig für nur 12000 Dukaten das Recht, zu den Venedig selbst zugestandenen 34 Galeeren weitere dreißig im Ägyptenhandel einzusetzen. Auch als Papst Innozenz VI. einige Jahre nach solchem Handel alle ausgestellten Ermächtigungen wieder aufhob, ließ sich Venedig nicht entmutigen: Der Doge Giovanni Dolfin entsandte einfach einen mit Schmiergeld wohlversehenen Spezialagenten nach Rom, und die damals gerade nicht sonderlich gefüllte Kasse des Vatikans bestimmte Seine Heiligkeit, gegen den Soforterlag von 9000 Dukaten in bar sechs venezianischen Galeeren insgesamt 24 Fahrten zwischen Venedig und Alexandria, und zwar in jeder Richtung, zu gestatten.

Wir erkennen daraus auch, daß es sich hier, im Ostmittelmeer, bereits im vierzehnten Jahrhundert um Ganzjahres-Seeverkehr handelte, während in der Nordsee praktisch nur von Mai bis Anfang Oktober gefahren wurde. Wenn jede Galeere die Strecke Venedig-Alexandria und zurück, einschließlich der Ladevorgänge, in maximal drei Monaten bewältigte, dann verrät das nicht nur ein beträchtliches Tempo, sondern auch sehr genaue und beinahe moderne Vorstellungen über die wirtschaftliche Nutzung von Schiffsraum, Bereitstellung von Ladung und Rückfracht und erstklassige Arbeit der Agenten und Reeder an beiden Endpunkten dieser wichtigen Route.

Die beiden Ereignisse, die aus venezianischer Sicht Weltun-

tergängen gleichkommen mußten, lagen nur ein Menschenalter auseinander. Die Eroberung von Konstantinopel im Jahr 1453 und die Eroberung Ägyptens durch den Türkensultan Selim I. im Jahr 1517. Ägypten, das trotz seiner ungebärdigen Mameluken-Emire durch mehr als siebenhundert Jahre Venedigs treuester Handelspartner gewesen war, ja zuletzt noch vor den Indo-Arabischen Stützpunkten gemeinsam mit Venedig gegen die Portugiesen gekämpft hatte, dieses Ägypten war fortan zu einer türkischen Provinz reduziert. Es hing von Konstantinopel ab, der großen Stadt am Bosporus, die wie keine andere in der Welt schicksalhaft für Venedig geworden war, ob sie nun als Byzanz das Oströmische Reich beherrscht oder – von der Gnade Venedigs, Genuas und Frankreichs lebend – seinen Schattenkaisern gehuldigt hatte.

Als die Türken nach jahrzehntelangem Zaudern endlich zum Angriff auf Konstantinopel ansetzten, lagen zwei venezianische Kriegsgaleeren im Hafen. Sie warteten auf drei Handelsgaleeren, die in Trapezunt wertvolle Ladung genommen hatten; Venedig praktizierte also bereits mit Erfolg das moderne Konvoi-System. In der Türkennot bestanden die Venezianer von Konstantinopel jedoch auf der Hilfe dieser fünf Schiffe, und während die Genuesen vom ersten Augenblick an Verständigung mit dem vermutlichen Sieger suchten, verteidigten die Venezianer herzhaft, wenn auch erfolglos, die angegriffene Kaiserstadt.

Wir besitzen ein etwa hundert Seiten starkes Tagebuch, das der Arzt Niccolò Barbaro, Mitglied der patrizischen Familie, über den Beginn der Kämpfe und bis zur Eroberung der Stadt führte. Zu ausführlich, um hier auch nur auszugsweise zitiert zu werden, gestattet es uns doch zu erkennen, wie eng die Geschichte der großen venezianischen Geschlechter auch mit Konstantinopel verflochten war. Der Rat, der sich in der Markus-Kirche zu Konstantinopel versammelte, sah Herren aus den Familien Contarini, Giustiniani, Corner, Mocenigo, Gritti, Dolfin, Bembo, Venier, Balbi, Mihiel, Barbaro, Loredan und Trevisan (von Barbaro Trivixan geschrieben), dazu als einzige nicht-patrizische, aber renommierte Familie die Pizzamano, die schon im elften Jahrhundert gemeinsam mit den Dandolo die Kirche von San Luca erbaut hatten. Vorstand dieser Versammlung war der sogenannte *Bailo*, ein Mittelding aus Konsul, Resident und Leiter der Handelskammer, eine sehr wichtige Position, die Patriziern vorbehalten war, um welches Land immer es sich handelte. (Mancher der feinen Herren stöhnte darum auch, dies sei hier nebenbei bemerkt, unter seinen beruflichen Lasten in höchst seltsamer Umgebung, wie z. B. der venezianische Konsul in Siam, Niccolò Bredani. Er bat 1391 um seine Ablösung, da er schon viel länger als üblich auf diesem Posten ausharre, mußte aber selbst für einen Nachfolger sorgen, so unbeliebt war dieser Platz. Bredani hatte ihn erhalten, weil seiner Familie das Patriziat aberkannt und erst nach einiger Zeit wieder gewährt worden war: Patrizier zweiter Güte mußten also schwierige oder gefährliche Verwendungen auf sich nehmen. Der Jammerbrief des Herrn Bredani und die Antwort des Großen Rates haben uns immerhin den bemerkenswerten Umstand bekanntgemacht, daß Venedig weit im Rücken der noch lange nicht präsenten Portugiesen bereits ein Gewürz-Konsulat unterhielt.)

Bei der Eroberung von Konstantinopel, die wir hier nur aus venezianischer Sicht erwähnen, machten die Türken 60000 Gefangene und eine Beute in der Höhe von 200000 Dukaten, also ganz erheblich weniger, als zweihundert Jahre zuvor den Kreuzfahrern in die Hände gefallen war. Auch die Verluste an Menschen waren innerhalb der venezianischen Kolonie nicht sehr groß, soweit man dies zu sagen wagt angesichts der Barbaro-Liste, die sich auf die Nobili beschränkt. Es fielen Jeruolemo Minoto, Venedigs *bailo*, mit seinem Sohn Zorzi, weiters Zaccaria da Mulin, Fabrizio Corner und Giacomo Coco, Kapitän einer der Trapezunt-Galeeren, die auf Wunsch der venezianischen Gemeinde in den Kampf eingegriffen hatten. Allerdings starben angesichts der schlechten ärztlichen Versorgung in jenen Zeiten und Zonen noch weitere achtundfünfzig Nobili an ihren Wunden. Neunundzwanzig gerieten in türkische Gefangenschaft und wurden nach etwa einem Jahr gegen Lösegeld wieder freigegeben; es betrug je Mann zwischen 1800 und 2000 Dukaten.

Ein Marco Barbaro, Vater oder Sohn des Tagebuchführers, hat den Seiten des Arztes am 18. Juli 1453, also zwei Monate nach der Eroberung der Stadt, ein paar erläuternde Bemerkungen hinzugefügt, aus denen auch hervorgeht, wie Venedigs Konsul ums Leben kam. Der Sultan hatte nach der Eroberung bekanntmachen lassen, daß sich alle Christen melden sollten, die ein Haus in Konstantinopel besäßen. In der Annahme, verhandeln zu können und die Niederlassung Venedigs zu retten, hatten sich Vater und Sohn Minoto zu ihm begeben, ebenso wie der spanische Konsul und viele andere Kaufleute; der Sultan aber habe allen, die sich bei ihm versammelten, den Kopf vor die Füße legen lassen (!). Ein griechischer Händler versuchte daraufhin einen anderen Weg: Er sandte seine zwei schönen Töchter, jede mit einem Beutel voll Gold, zu dem Gewaltherrscher. Das schien dem Sultan zu gefallen; er zeigte sich freundlich zu dem Griechen, so daß bald andere Kaufleute diese gemischte Goodwill-Sendung nachahmten. Naturgemäß versiegte eines Tages der Strom der Töchter und der Gelder; der Sultan bekam schlechte Laune, ließ die Kaufleute rufen, die nun den Lohn für ihre diplomatischen Opfergaben erwarteten, und befahl, auch ihnen allen die Köpfe abzuschlagen.

Man kann sich vorstellen, daß die kultivierten Kaufherren aus der Lagunenstadt, was immer sie auch in der Levante schon erlebt hatten, nach diesen Schreckenstaten eines neuen Herrn am Bosporus dem Handel durch die Dardanellen keine große Chance mehr einräumten.

Damit ziehen die Berichte des Niccolò und des Marco Barbaro einen Schlußstrich unter die bis dahin so erfolgreichen venezianischen Aktivitäten im pontischen Gebiet und darüber hinaus an der Kaspischen See, in Ländern und Städten, die ihr Verwandter Giosaphat Barbaro seit 1438 unerschrokken und mit guten Ergebnissen bereist hatte. Neben den großen Seefahrern der Stadt und neben dem größeren Marco Polo oft vergessen, hat dieser Patrizier zweifellos nicht weniger Mut gezeigt als die drei Polo. Er lebte in Tana, einer Stadt am Nordrand des Schwarzen Meeres, unweit der Don-Mündung. Als ein Tataren-Heer durchzog und sich nach Norden, nach Rußland wandte, begleitete Barbaro die Eroberer und machte geographische Aufzeichnungen, und vierzig (!) Jahre später, also zweifellos in hohem Alter, trat er ebenfalls aus dem pontischen Raum heraus seine Gesandtschaftsreise an den Hof von Persien an (1474-78). Er kam dabei bis Samarkand, wo er chinesische Kaufleute antraf, nicht aber Abendländer; diese kamen zu jener Zeit noch nicht über die Handelsstädte Tauris (Täbris) und Sultaniah (heute in Ruinen) hinaus.

Josaphat, Giosaphat oder Giosafatte Barbaro notiert im Jahr 1487 stolz und unmißverständlich in sein Tagebuch: »Wer die Welt kennt, weiß, daß unter denen, die sie vor allem bereisen, Kaufleuten und Seefahrern, die Stadtväter und Kaufherren aus Venedig den Vorrang haben.« Das kommt freilich nicht von ungefähr, sondern liegt zunächst in der durchaus natürlichen, wenn auch von der Geschichtsschreibung vernachlässigten Entdecker-Rolle des großen und weitblickenden Kaufmanns, der in jenen fernen Zeiten, in denen die Nachrichtenübermittlung noch durch Boten aller Art geschehen mußte, keine andere Möglichkeit hatte, als die Märkte für seine Waren ebenso selbst zu suchen und zu besuchen wie auch die Herkunftsländer dessen, was er zu verkaufen wünschte. Armenier, Juden und Araber haben es darin lange Zeit, bis etwa ins elfte Jahrhundert, den Venezianern gleichgetan; dann aber setzt sich mit fortschreitender Organisation des Welthandels der venezianische Kaufmann an die Spitze seines Standes: Hatten die drei Polo auf ihrer Rückreise aus dem Fernen Osten ihre gesamte Habe, ihren Handelsgewinn aus vielen Jahren, noch ängstlich in ihre Mäntel und Kleider einnähen müssen, so empfangen den venezianischen Kaufmann des fünfzehnten Jahrhunderts an der Nordostpforte des Mittelmeers schon die Kriegsgaleeren der Republik, um seine Waren sicher zu geleiten. Während Lissabon seine Seefahrer in einem Freudentaumel feiert und König Manuel dem venezianischen Gesandten in Portugal höhnisch erklärt, daß er sich seine Gewürzladungen künftig nicht mehr aus Alexandria zu holen brauche, sondern in Lissabon kaufen könne, haben die Venezianer längst heimlichen Kontakt mit den großen Umschlagplätzen Cochin und Cannanor und lassen dort die Dukaten rollen, die venezianische Weltwährung: Portugal, flüstern sie dazu, sei ein armes Land, es könne nicht viel bieten, es könne nicht viel abnehmen. Venedig hingegen sei das reichste Land des ganzen fränkischen Kontinents.

Ohne den Verlust von Konstantinopel wären die Venezianer vermutlich auch mit der portugiesischen Konkurrenz im Gewürzhandel fertig geworden, so wie vorher mit Pisa und Genua. Denn für leichte, aber empfindliche Waren wie die Gewürze zog der Handel seit jeher und noch bis an die Schwelle unserer Zeit den Landtransport vor. Auf der Weltkarte des Fra Mauro, die um etwa 1455 anzusetzen ist, finden sich sowohl der Talki-Paß als auch der Issik-Kol, charakteristische Punkte auf der Karawanenstraße durch Mittelasien nach China, die nicht aus den Angaben des Marco Polo bekannt sein können, sondern erst auf späteren Reisen wichtig geworden sein müssen. Im fünfzehnten Jahrhundert trat allerdings dann eine Verlagerung der Routen ein, weil der große Eroberer Timur aus seiner Lieblingsstadt Samarkand auch eine glanzvolle Handelsmetropole von großer Attraktivität gemacht hatte. Die Karawanen, die hier aus Peking (!), aber auch aus der uralten Handelsstadt Balch im heutigen Afghanistan und aus Indien eintrafen, hatten nicht selten den Charakter kleiner Völkerwanderungen; der aus Kastilien hierher gereiste Gesandte Clavijo zählte bei einer chinesischen Seidenkarawane nicht weniger als achthundert Reit- und Tragkamele. Aus Indien kamen Ingwer und Zimt, Muskatnuß, Gewürznelken, aber auch Diamanten, verschiedene andere Edelsteine, dazu Moschus, ganz zu schweigen von den in Transoxanien selbst hergestellten Waren. Es gereicht Giosaphat Barbaro zur höchsten Ehre, daß er schon zu diesem Zeitpunkt, als die Portugiesen ihren Indienhandel zwar in Expeditionen anstrebten, aber noch nicht etabliert hatten, seinen Landsleuten in Venedig versicherte: Es habe keinen Sinn, angstvoll zu verfolgen, wie weit die Senhores Diogo Cão, Cabral, Bartolomeu Diaz und wie sie alle hießen sich Indien bereits genähert hätten; viel wichtiger sei es, den Landweg der Gewürze auszubauen und zu sichern; denn auch nach der Eroberung und Schließung der Meerengen durch die Türken gebe es noch Möglichkeiten, rund um das Schwarze Meer herum nach Europa zu gelangen, man brauche nur mit dem Zaren zu verhandeln.

Venedig hörte in diesem Fall nicht auf den Propheten aus dem eigenen Land, vielleicht waren auch die ersten Kontakte mit dem Zarenhof zu entmutigend, denn auch die Genuesen, die Barbaros Ratschlägen zu Beginn des sechzehnten Jahrhunderts zu folgen versuchten, stießen in dem Zaren Wassilij IV. Iwanowitsch (1505-53) auf einen mißtrauischen, fremdenfeindlichen Souverän, mit dem sich kein Transitabkommen abschließen ließ. Paolo Centurione, der für Genua diese Verhandlungen führte, war ein mutiger und energischer Kaufmann und wollte selbst die günstigste Warenroute ermitteln; aber gerade das war es, was den Zaren stutzig machte: kein Fremder durfte sich frei in Rußland bewegen und die Straßen und Brücken studieren. Das kühne Projekt war gescheitert, der Seehandel hatte gesiegt.

Der Kampf, den Venedig nach dem Versiegen aller anderer Gewürzquellen in Lissabon, Kairo und Indien lieferte, hat Charakter und Ausmaß eines modernen Wirtschaftskrieges und wurde auch von der Gegenseite als solcher erkannt. Leonardo da Ca'Masser, der venezianische Spion in Portugal, wurde schon am Tag nach seiner Ankunft in Lissabon zu König Manuel gerufen und ins Gefängnis geworfen, weil die portugiesische Gegenspionage den Venezianer bereits auf hoher See enttarnt hatte. Erst als die großen Vasco-da-Gama-Expeditionen nicht mehr zu gefährden waren und Portugal sich alle wichtigen Plätze bereits mit Waffengewalt gesichert hatte, durfte da Ca'Masser den Kerker verlassen und unbehelligt in Lissabon bleiben.

Die im Herbst 1503 nach Portugal heimgekehrte portugiesische Flotte (an der auch deutsche Handelshäuser beteiligt waren), hatte in der Gesamtausrüstung etwa 200000 Dukaten gekostet, brachte jedoch Gewürze für eine Million Dukaten mit, darunter allein 5000 Tonnen Pfeffer. Hatte den Hauptgewinn auch die Krone, die schließlich seit hundert Jahren viel Geld für die Entdeckungsfahrten ausgegeben hatte, so erzielten doch auch die beteiligten Handelshäuser Gewinne im Verhältnis von 2:5, bezogen auf das eingesetzte Kapital.

Das bedeutete für die Venezianer nicht nur einen Ansporn, es lieferte ihnen auch Argumente gegen die geschäftstüchtigen Osmanen am Nil, die immer noch hohe Gewürzpreise verlangten, obwohl der Pfeffer in Portugal inzwischen um 20% billiger angeboten wurde. Venedig aber hatte mit Kairo einen Vertrag, der eine jährliche Abnahmemenge festlegte, und dies zu den alten Preisen!

Diese Andeutungen mögen genügen, um klar zu machen, daß die Stadt einen Zweifrontenkrieg führte. Militärisch hatte sie sich gegen den von keinem Geringeren als dem Kaiser unterstützten Raubkrieg der Liga von Cambrai zu wehren, wirtschaftlich aber gegen die Überflügelung durch die iberischen Seefahrerstaaten. Aus dieser Katastrophe nicht nur lebendig, sondern auch lebensfähig hervorzugehen, das glich einer echten Wiedergeburt.

Waren die Fernverbindungen entwertet oder abgeschnitten, so hatte das Umland von Venedig dadurch an Wert gewonnen. Aus den Kriegsjahren den Festlandbesitz einigermaßen gerettet zu haben, nach dem Krieg die eingetretenen Verluste durch Rückkäufe, also durch Geldopfer, wieder wettmachen zu können, das erwies sich nun als entscheidend für den Neubeginn, der die alte See- und Handelsmacht in einer neuen Rolle sieht. Wer die gewohnten Waren nicht mehr zu erträglichen Preisen heranschaffen kann, muß für Eigenproduktion sorgen oder wenigstens durch die Veredlung die Gelder hereinholen, die der simple Umschlag nicht mehr zu bringen vermag. Venedig wird, seit dem vierzehnten Jahrhundert, zu einer handwerklichen und industriellen Produktionsstätte von außerordentlicher Leistungskraft.

Da im Herzen der Stadt für solche Anlagen nur wenig Raum vorhanden war – man braucht nur zu sehen, unter welchen Verhältnissen die Kunsttischler noch heute in Venedig arbeiten –, verlagerte sich nun ein Gutteil des venezianischen Wirtschaftslebens auf geräumigere Inseln wie die Giudecca, wo wir schon Coppios Webereien fanden. Im allgemeinen siedelten sich die Wollwebereien in den Festlandsgebieten Venedigs an, vor allem in Belluno, wo die großen Schafherden der Alpengebiete nicht fern waren, aber auch in Padua, Vicenza und Brescia. Um gegenüber Flandern konkurrenzfähig zu sein, entwickelte Venedig besondere Kunstfertigkeit bei den Ausführungs-Techniken wie vor allem der Stepp-Stickerei für Mäntel und schwerere Oberkleidung. Daß hier eine Dogaressa persönlich eingriff und die

Ausbildung leitete, daß Giovanna Dandolo, Gemahlin des Dogen Pasquale Malipiero, sich dieser neuen Techniken besonders annahm und sie zum Erfolg führte, ist eine der wenigen, aber um so beachtlicheren weiblichen Initiativen in Venedigs Geschichte.

Da uns Nachrichten bestätigen, daß selbst in West- und Nordeuropa diese venezianischen Wollwaren geschätzt wurden, können wir ermessen, daß die speziellen Bemühungen, etwas Venezianisches auch auf diesem Sektor zustandezubringen, sich gelohnt hatten; der Einbruch in einen Wirtschaftsraum, der vom flandrischen Tuch und von der Hanse beherrscht wurde, war geglückt. Das Rezept wurde auch bei der Seide beibehalten und führte zur Entstehung einer mit besonderen Künsten arbeitenden Seidenindustrie, die zum Beispiel allein ihre Goldseidentücher für nicht weniger als eine Viertelmillion Dukaten jährlich in die Lombardei exportierte. Um die Mitte des fünfzehnten Jahrhunderts waren bereits 16000 Venezianer in der Seiden- und Baumwollindustrie als Weber tätig, und in den folgenden Jahrhunderten wurden es noch mehr. Damals bot Venedig also noch Arbeitsplätze, und eine Stadt, die ihrem Volk Arbeit gibt, stirbt auch nicht, weil niemand sie sterben lassen will.

Die dritte der erfolgreichen Textiltechniken wurde die Spitze, was an sich verwunderlich ist, wenn man die anderen europäischen Zentren der Spitze, nämlich Belgien und die Normandie, zum Vergleich heranzieht. In Alençon war die Einführung der Spitzenklöppelei ebenso wie im flachen flandrischen Land ein Behelf gewesen, eine Organisation der Hausindustrie, weil das flache Land anders nicht vor Not bewahrt werden konnte. In Venedig wurde die Spitze zu einem städtisch und in Werkstätten betriebenen Industriezweig. Es war allerdings auch zunächst die sogenannte Näh-Spitze, die in Venedig Einzug hielt und von levantinischen Meistern unterrichtet wurde; erst später kam die Klöppelspitze hinzu, wie man sie in Mailand und Florenz schon vor Venedig gepflegt hatte.

Auch die venezianische Glas- und Mosaikenindustrie hat ihren Ursprung in der Levante, kam aus Byzanz an die Lagune und fand seit 1291 eine Stätte auf der Insel Murano, deren Name damit zum weltgültigen Begriff wurde. In solchen Entwicklungen liegt immer auch etwas Ungerechtes, vor allem, weil Murano ja sehr viel mehr ist als eine Glasbläser-Insel. Ehe die Terra Ferma mit ihren Villen Lieblingsaufenthalt der venezianischen Patrizier wurde, hatten sie ihre Gärten und kleinen Landhäuser auf der idyllischen Laguneninsel, wo sie innerhalb der vertrauten Melancholie des flachen Meeres und seiner kleinen Wellen, der Fischernetze und der Brackwasserdüfte doch mehr Platz hatten als in den nicht selten düsteren Palazzi an den engen Kanälen der großen Stadt. Dazu kommt, daß das gut verdienende Glasbläservölkchen zwar die Hauptbevölkerung der Insel stellte, daß es aber seit byzantinischen Zeiten auch anderes Kunstgewerbe auf Murano gab: Die Elfenbeinschnitzer, die vielbewunderte Schmuckkästchen und Heiligenschreine verfertigten, und die Malerfamilien, von denen sich die Vivarini bis in die Bereiche der großen Kunst aufschwangen: Antonio, bald Antonio da Murano genannt, schuf gemeinsam mit dem deutschen Meister Johannes (Giovanni Alemanno) gotische Altarbilder auf dem byzantinischen Goldgrund, ja ganze Altäre, deren Stuck-Zierat auf eine besonders rührende Weise Ernst und Lieblichkeit vereinigte. Die thronende Madonna mit den vier Kirchenvätern in der Accademia ist das Hauptwerk der beiden. Sein Bruder Bartolomeo überflügelte ihn, drang über Venedig hinaus, wo er immerhin für die Frari-Kirche Altarwerke schuf, und erregte Bewunderung in Mailand, Turin, ja sogar in Wien.

Diese *pittori da Murano,* zu denen noch ein begabter Sohn des Bartolomeo kam, arbeiteten also ebenso mit den Deutschen zusammen wie die Glasbläser. Zwar scheint es, daß Deutschland nicht eben seine besten und ruhigsten Handwerker nach Italien ziehen ließ, denn die Ratsprotokolle spiegeln ein Rabaukentum der Deutschen, wie man es sonst nur aus den rauheren hansischen Gegenden zwischen Nowgorod und Bergen kennt; aber in ihrer Arbeit scheint es den Deutschen doch gelungen zu sein, den Ausfall der byzantinischen Anreger und Künstler wettzumachen.

Sie brachten vor allem die technischen Kenntnisse mit, wie sie etwa zur Spiegel-Herstellung nötig waren, und sie zeigten sich anpassungsfähig, so daß sie aus den bunten Gläsern, ihren Kombinationen, der Erhöhung ihrer Leuchtkraft und dem wirkungsvollen Eingießen glänzender und funkelnder Partikelchen bald gefragte Luxusartikel machten, die neben den böhmischen Gläsern in der ganzen Welt bestehen konnten. In besonderen Aufträgen, wie etwa der großen bunten Glasschale mit dem Wappen der Dogenfamilie Barbarigo, erreichte die Kunst von Murano schon vor Jahrhunderten ein durch alle technischen Behelfe der Moderne nicht mehr zu überbietendes Raffinement. (Es ist ja bekannt, daß zum Beispiel die Herstellung falscher Diamanten, die auf Murano mit unwahrscheinlicher Vollkommenheit gelungen war, verboten werden mußte, weil der Mißbrauch dieser hübschen Steine den Ruf Venedigs im Ausland zu gefährden drohte.)

Dank dieser blühenden, zu verblüffenden Leistungen aufsteigenden Industrie hatte sich in Murano ein besonderes Leben mit einer eigenen Idiomatik entwickelt. Ganz ähnlich wie etwa in den alten deutschen Salz-Orten wurden die speziellen Verwendungen eines Mannes bei der Glasfabrikation zu Rängen innerhalb der insularen Gesellschaft: die Fioleri, die Cristellarii, die Bocaleri und Scudeleri und andere vererbten ihr Wissen und ihre Fertigkeiten von Generation zu Generation, und insofern erwies sich die Abschließung dieser Kunsthandwerksstätte auf einer Insel als sinnvoll und fruchtbar. Und immer, wenn die Inzucht sich in der technischen Brillanz zu verlieren drohte, kamen zu gelegener Zeit Einflüsse von außen, erst aus Byzanz, dann aus Deutschland, danach aus Mallorca und in unserem Jahrhundert aus Frankreich.

Auch in Bereichen, die man auf den ersten Blick nicht dem Kunsthandwerk zurechnen würde, konnte sich der venezianische Sinn für die Perfektion, für die besondere Ausformung bestätigen: Im Schiffbau, in dem Venedig bis zum Ende des fünfzehnten Jahrhunderts im ganzen Mittelmeerraum unangefochten an der Spitze stand, und im Baugeschäft überhaupt. Während aber der Schiffbau starke Wandlungen erfuhr, als die Kogge und die Karavelle ihre spektakulären Erfolge erzielten und damit die Galeere übertrafen, blieb Venedig in den Nebengewerben noch lange eine gesuchte Fabrikationsstätte, vor allem im Geschützgießen, aber auch bei der Herstellung nautischer und optischer Instrumente.

Auch am Bau glänzten die Venezianer mehr im Detail als in der imposanten Wucht eines Gebäudes, das der schwache Boden der notdürftig miteinander verbundenen Laguneninseln ohndies nicht hätte tragen können. Die Bauten, die im fünfzehnten und sechzehnten Jahrhundert entstanden, haben bis heute eine architektonische Erinnerung an jene Reliquienschreine und Schmuckschatullen bewahrt, die eine venezianische Spezialität waren, und eben dieser Hauch von Intarsia und Schnitzwerk, der Geschmack der Caselleri und der Intagliatori, kehrt wieder im Chorgestühl und in den hölzernen Zimmerdecken. Carpaccio hat sie uns am Werk gezeigt, aber auch das Werk selbst ist noch zu sehen, z. B. in der Soffito-Decke von Santa Maria della Carità, der im fünfzehnten und sechzehnten Jahrhundert völlig erneuerten alten venezianischen Kirche. Aus diesem Bereich kennen wir auch einige Namen: Moranzone, Cozzi, Caterino di Andrea und jener Marco di San Piero, der Meister des Chorgestühls der Frari-Kirche. Das sind italienische Namen, aber auch hier gab es viele deutsche Mannschaften oder Werkgruppen, wie das damals eben üblich war, ganz gleich, ob in Straßburg oder Prag, in Worms oder in Padua gebaut wurde.

Im vierzehnten Jahrhundert wuchsen unter anderen die Kirchen der Frari und San Giovanni e Paolo in den venezianischen Himmel, und der Dogenpalast erhielt im wesentlichen seine heutige Gestalt.

Das fünfzehnte Jahrhundert wird zur reichsten Bau-Epoche Venedigs, das nun schon ein Gutteil seiner berühmten

Kirchen besitzt oder gerade fertigstellt (Frari, San Giovanni e Paolo), mit eindrucksvollen Fassaden versieht (Santa Madonna dell'Orto), dem Campanile von San Marco gar ein weithin leuchtendes Golddach aufsetzt. San Stefano, erst im Jahrhundert zuvor vollendet, wird umgestaltet, mit Fresken geschmückt und erhält im nächstfolgenden Jahrhundert dann seinen berühmten Kreuzgang.

Noch gibt es hölzerne Gewölbe, auch über dem Hauptschiff einer Kirche, in San Stefano etwa oder im Soffitto von La Carità, aber Venedig als Stadt ist zu Stein geworden und wird immer mehr zu jenem steinernen Schiff, als das es in die Vorstellung seiner Besucher eingegangen ist. Immer wieder höhlen Brände und Verwüstungen alles aus, was nicht aus Stein ist, machen herrliche Kirchen wie Santa Maria della Carità zu solchen steinernen Anklagen, nötigen uns, Holzwerk, das die Zeitgenossen bewunderten, in Bruchstücken in Museen zu besichtigen.

Auch die Paläste jener Epoche haben sich gewandelt, weil Venedig eben doch eine lebendige Stadt geblieben ist und noch nicht zum Museum geworden. Die Palazzi Manolesso-Ferro und Dandolo, aus jener Epoche stammend, sind in unserer Zeit zu Hotels geworden, andere haben in ihrer Elfenbeinschnitzer-Verspieltheit die Diskussion über den Palaststil der Epoche am Kochen gehalten, wie die Ca'd'Oro, die sich das Dogengeschlecht der Contarini zwischen 1424 und 1430 erbauen ließ. Die beiden Baumeister des goldenen Hauses waren Vater und Sohn Bon.

Am 25. Februar 1500 nächtigte hier der Feldhauptmann Giovanni Caracciolo, rachebrütend, weil Cesare Borgia ihm die Frau weggenommen hatte, und 1780 wurde in diesem Palast die *Accademia degli Ardenti* gegründet, der Flammenden, wie sie sich nannte, weil sie die besondere Pflege der Deklamation und des theatralischen Vortrags fördern und damit einigen hochgeborenen Herren Beschäftigung verschaffen wollte.

Damals entstand auch der große spätgotische Palast der Cavalli unweit des Ponte dell'Accademia, an dem uns interessiert, daß die Cavalli – nach Tassini – ein ursprünglich bajuwarisches Geschlecht waren. Sie erwarben sich vor allem militärische Verdienste um Venedig und wurden mit anderen Familien nach dem schweren Sieg von Chioggia in den Adelsstand erhoben. Auch der Dogenpalast ging seiner Vollendung entgegen, und wenn er auch 1577 innen ausbrannte, wenn es rundum Brände gab und andere Gefahren, so steht der Palast heute doch in seiner gotischen Gestalt vor uns als das Werk vieler Meister und vieler Generationen, mit Innenfresken (von Guariento und anderen) anstelle so manchen stattlichen Gemäldes. Mit den fernen Anklängen byzantinischer Architektur in den Säulen, mit der düsteren Erinnerung an seine militärischen Aufgaben in den Jahrhunderten der größten Gefahr, hat dieses Prunkstück mediterraner Palastarchitektur sich auf eine einzigartige Weise mit Leben und Geschichte erfüllt, mit Politik, Intrigen und Verbrechen. Man müßte vielleicht vor allem um dieses Palastes wegen einmal alles zu vergessen suchen, was man von Venedig weiß, und ihn nur als Bau erleben. Aber wer kann es? Wer vermag die Herzkammer herauszuschneiden und isoliert zu betrachten? Kretschmayr, der soviel von Venedig weiß, wird angesichts des Palasts von Schauern überfallen und schreibt über ihn die schönsten zwei Zeilen seines dreibändigen Werkes: »Halb ein Wellenschloß, schimmernd und zaubervoll, und halb eine Staatsburg, unheimlich und böse.«

Goethe, Juriste und Weltkind, hatte noch das Glück, das Venedig der Dogen zu erleben und den Palast als Regierungssitz, und da die Götter mit ihm ja stets etwas Besonderes vorhatten, bescherten sie ihm mitten im Dogenpalast auch einen Prozeß – gegen die Gemahlin des Dogen. Das waren venezianische Spätzeit-Bizarrerien, aber der am Reichskammergericht zu Wetzlar mit solchen Farben nicht verwöhnte Dichter genoß das Schauspiel und dazu den Palast als Staffage:

»Fideikommisse haben in diesem Staat die entschiedenste Gunst; ein Besitztum, welchem einmal dieser Charakter aufgeprägt ist, behält ihn für ewige Zeiten, es mag durch irgendeine Wendung oder Umstand vor mehreren hundert Jahren veräußert worden, durch viele Hände gegangen sein: zuletzt, wenn die Sache zur Sprache kommt, behalten die Nachkommen der ersten Familie recht, und die Güter müssen herausgegeben werden.

Diesmal war der Streit höchst wichtig, denn die Klage ging gegen den Dogen selbst, oder vielmehr gegen seine Gemahlin, welche denn auch in Person auf dem Bänkchen, vom Kläger nur durch einen kleinen Zwischenraum getrennt, in ihren Zendal gehüllt dasaß. Eine Dame von gewissem Alter, edlem Körperbau, wohlgebildetem Gesicht, auf welchem ernste, ja, wenn man will, etwas verdrießliche Züge zu sehen waren. Die Venezianer bildeten sich viel darauf ein, daß die Fürstin in ihrem eigenen Palast vor dem Gericht und ihnen erscheinen müsse. (. . .)

Der Vorleser rezitierte soeben ein Dokument, wodurch einer jener als unrechtmäßig geachteten Besitzer über die fraglichen Güter disponierte. Der Advokat hieß ihn langsamer lesen, und als er die Worte deutlich aussprach: *Ich schenke, ich vermache*! fuhr der Redner heftig auf den Schreiber los und rief: ›Was willst du schenken? Was vermachen? Du armer ausgehungerter Teufel! Gehört dir doch gar nichts in der Welt an. Doch‹ fuhr er fort, indem er sich zu besinnen schien, ›war doch jener erlauchte Besitzer in eben dem Fall, er wollte schenken, wollte vermachen, was ihm so wenig gehörte als dir‹. Ein unendliches Gelächter schlug auf, doch sogleich nahm die Sanduhr die horizontale Lage wieder an. Der Vorleser summte fort, machte dem Advokaten ein flämisch Gesicht, doch das sind alles verabredete Späße«.

Soweit also Goethe, der Dogenpalast und die Signora Renier, Gemahlin des vorletzten Dogen, der schon so wenig zu tun hatte, daß er in reifstem Alter noch Homer auswendig lernen konnte. Ihm war die Staatsburg an der Piazzetta tatsächlich schon zum Komödienhaus geworden, war nicht mehr unheimlich noch böse wie in jenem fünfzehnten und sechzehnten Jahrhundert, da die Republik wieder einmal ums Überleben kämpfte.

Immerhin zeugen auch so eindrucksvolle Bauten wie dieser Palast und wie die großen Kirchen, zeugen die Fronten am Canal Grande und die ausgedehnten Werften des Arsenals von einem Überlebenswillen, den zumindest seit Chioggia nicht mehr nur die Oberschicht trägt, sondern längst das ganze Venedig mit den Popolanen, mit Handwerkern und Arbeitern; sie bleiben nur alle auf eine seltsame Weise unsichtbar, seltsam vor allem für den deutschen Leser. Das Zunftgepränge fehlt, der biderbe Massenauftritt der Hans Sachse und der Beckmesser, und wenn sich die venezianischen Handwerksmeister auch diskret und zugleich praktisch ihre eigenen Bruderschaften geschaffen haben, in denen sie wohlweislich die Öffentlichkeit meiden, ja die Plätze der Republik überlassen, so möchte man doch gerne wissen, warum sich manches so ganz anders begab und entwickelte als etwa in Nürnberg.

Dabei stoßen wir auf eine ganze Menge transalpiner Beziehungen; man karrte recht eifrig von Süd nach Nord und von Nord nach Süd, nur konnte man eben auf dem Weg über die Alpenpässe die Warenmengen nicht sonderlich steigern: selbst der sanfteste dieser Pässe, der Brenner, war und blieb ein Schrecknis, wie uns Reisende und Fuhrleute in Aufzeichnungen und Aussagen bestätigen. In den vierunddreißig Regierungsjahren des Dogen Francesco Foscari (gestorben 1457, beigesetzt bei den Frari) war es vor allem das Nürnberger Handelshaus der Behaim, das sich mit Agenten in Salzburg Villach, Pettau und anderen am Weg liegenden Städten dem Handel mit *Vineding* (so in den Briefen!) widmete. Der Grazer Historiker Othmar Pickl hat errechnet, daß der Behaim-Handel mit Venedig allein zwischen September 1442 und März 1443 einen Umsatz von etwa 20000 Gulden erreichte. (Hausmann-Festschrift 1977, p. 379ff) Der Handel, der um die Mitte des vierzehnten Jahrhunderts begann, war gut organisiert, Briefe und Waren hatten relativ kurze Laufzeiten, z. B. von Salzburg nach Nürnberg manchmal nur vier Tage! Gegenstand des Handels waren flämische Tuche, die über Speyer und Aachen angeliefert und nach diesen Städten benannt wurden, aber auch Ochsenhäute aus Ungarn, ja sogar Lebendvieh und Pferde. Im Winter aber – wenn die Ware durch die Kälte vor dem Verderben geschützt war – wurde Fisch transportiert, der in Salzburg und Kärnten abgesetzt wurde. An feineren Gütern lieferte Venedig Konfekt, Seife in Tafeln, Windlichter und Zucker von den Plantagen auf Zypern.

Mochte dies alles den Venezianern nicht unwillkommen sein, so waren die Umgangsformen der deutschen Kaufleute (die sich ja erst seit wenigen Jahrzehnten des Schriftverkehrs bedienten) im Süden wohl ebenso ungewohnt wie die der Handwerksburschen auf Murano oder auf den Baugerüsten in Venedig. Denn in den Behaim-Briefen drücken die Österreicher und Deutschen sich weit unverblümter aus als die an ihre venezianische Diplomatensprache gewöhnten Partner aus dem Süden. Zwar schließen die Briefe alle mit der treuherzigen Formel *Damit pfleg mich Gott*, aber wenn sich zum Beispiel ein Nürnberger darüber beklagt, daß die Tuchschererinnen mangels Aufträgen ohne Arbeit sind, dann antwortet Michel Vischer ungerührt aus Salzburg: *Item ob die frawen und jungfrawen nicht zu spinnen hieden* (hätten), *so hayst sie, die fud oder foczen schern*! (Germ.Nat.Museum, Behaim-Archiv 8)

Bekennt man sich zu dem Gedanken, daß auch eine Stadt als Ganzes ein Kunstwerk sein könne, so muß man sich auch darüber klarwerden, daß es niemals ein vollkommeneres Stadt-Kunstwerk gab und geben wird als Venedig. Anderswo haben Menschen Häuser nebeneinandergesetzt, um Städte zu schaffen; in Venedig ist auch der Stadtgrund, der Boden schon Menschenwerk, und diese Umkehrung all dessen, was wir als Vernunftgrundsätze der Stadtentstehung und der Stadtarchitektur ansehen, setzt sich über der Wasserlinie dann im gotischen Venedig fort: Eben diesem gefährdeten Wasserbau hätten alle Stile besser entsprochen als gerade die Gotik. Über den soliden romanischen Bogen und Pfeilern hätte sich ein unverwundbares Venedig erheben können; die Renaissancebaumeister und noch ein Vauban wären mit den Salzen und den Wellen der Lagune weit besser fertig geworden als jene byzantinisch-verspielten Palasterbauer, die für ihre arroganten Auftraggeber am liebsten noch die Naturgesetze auf den Kopf gestellt hätten, nur um der Welt zu zeigen: Wir sind ganz anders, wir haben unsere eigene Welt, unser eigenes Meer, unsere eigene und einzigartige Stadt.

Hinter diesen diaphanen Fassaden, in den hohen, schweigenden und mit längst nachgedunkelten Bildern der großen Meister gezierten Räumen, lebt die Familie, für die diese Stadt erschaffen zu sein scheint; denn wenn ein paar Dutzend alter Geschlechter mehr als tausend Jahre miteinander leben, stets nur untereinander heiraten und die Macht mit niemand anderem teilen müssen, dann ergibt sich die blutsmäßige und besitzmäßige Situation einer einzigen großen Familie, der Familie einer einzigen Stadt mit einem einzigen Stil und einem allen gemeinsamen Leben.

Auch die Oberhäupter dieser Familie, die Dogen, sind nun durch die Bank alte Herren. Die in früheren Jahrhunderten gelegentlich – nach spektakulären militärischen Erfolgen – in jungen Jahren auf den Dogenthron geratenen Männer sitzen nun zwar im Großen Rat und gelegentlich auch im Rat der Zehn. Das komplizierte Verfahren der Dogenwahl jedoch begünstigt jene Greise, von denen keine Gefahr mehr droht und von denen man annehmen darf, daß sie nicht mehr lange genug leben werden, um an die Stelle der Oligarchie eine Monarchie zu setzen. In den hundert Jahren zwischen Andrea Gritti (gest. 1538) und Niccolò Contarini (gest. 1631) herrscht kein Doge länger als zehn Jahre, ja einer sogar nur vierzig Tage. Dann kommt Francesco Erizzo, in Pestzeiten erwählt (1631), eine vergleichsweise jugendliche Erscheinung von großer Kraft. Er blieb fünfzehn Jahre auf dem Thron, ehe er am Vorabend der Flottenausfahrt gegen die Türken im Kreta-Krieg plötzlich, vermutlich an einem Herzinfarkt, starb. Der zweite länger regierende Doge unseres Zeitraums überschritt die Zehnjahres-Grenze nur, weil er das gesegnete Alter von einundneunzig Jahren erreichte: Domenico Contarini, gestorben 1675, der Mann, unter dem Venedig die Insel Kreta bis auf ein paar Stützpunkte an die Türken verlor, aber trotz dieser Niederlage keine Einbußen an Macht und Glanz hinnahm, sondern prächtige Empfänge für illustre Gäste wie den Herzog von Modena oder den Kardinal d'Este gab und es riskieren konnte, Papst Alexander VII. wegen seiner Mißachtung venezianischer Handelsinteressen in die Schranken zu weisen.

Die zwei berühmtesten Städte Italiens werden in dieser Zeit von gebildeten alten Herren regiert, das Rom der Päpste und das Venedig der Dogen. Unter dem weisen Regiment dieser Greise leuchten diese herrlichen Städte im Abendglanz des Alten Europa auf, während die in ihre Schwerter und Armeen verliebten Monarchen der Großmächte einander mit Raubkriegen und Erbauseinandersetzungen überziehen, während die Religionskriege und die Hexenprozesse das ganze siebzehnte Jahrhundert zum grausamsten der europäischen Geschichte machen und die Kriegführung wie die Justiz einen Zustand allgemeiner Barbarei eher bestätigen als ihm entgegenwirken.

So manches Übel der Zeit freilich läßt sich bei aller Weisheit von einer großen Seestadt nicht fernhalten. Man kann im Dreißigjährigen Krieg neutral bleiben, man kann abseits stehen, wenn im Spanischen Erbfolgekrieg beinahe alle Staaten Europas marschieren lassen. Aber man kann der Pest nicht die Tür weisen, und auch die kleinen Katastrophen wie die Brände, wie Mordanschläge, wie Fehlurteile und wie herumschweifende Marodeure bleiben Venedig in dieser Phase seiner Existenz nicht erspart: Unter Pietro Loredan (1567-70), mit sechsundachtzig Jahren erwählt, halbblind und gebrechlich, flog das Arsenal von Venedig in die Luft. Das geschah am 13. Juni 1569 und wurde zu einer der folgenreichsten Katastrophen der europäischen Geschichte überhaupt. Die Verwüstungen waren beträchtlich. Vier bekannte Kirchen wurden völlig zerstört – SS. Trinità, Santa Giustina, San Francesco della Vigna und La Celestia – und mehr als zweitausend Menschen starben, aber das war noch nicht das Schlimmste. Die Fama übertrieb die Verheerungen und die Zahl der Opfer, und als die Nachrichten über das Ereignis nach Istanbul gelangten, mußte der Sultan annehmen, Venedig sei im Augenblick unfähig, sich oder seine Besitzungen zu verteidigen – es böte sich also eine einzigartige Gelegenheit, die Insel Zypern zu erobern. Der Zypernkrieg und mit ihm die Insel gingen verloren, aber in Marcantonio Bragadino (1525-71) leuchtete der alte Geist des venezianischen Adels, sein Kampfesmut auf allen Inseln und Küsten des östlichen Mittelmeers, noch einmal auf. Mangels Munition zur Übergabe von Famagusta gezwungen, das er elf Monate lang standhaft verteidigt hatte, schloß Gouverneur Bragadino mit dem türkischen Oberbefehlshaber Mustafa ein Abkommen, das ihm freien Abzug sicherte. Unter Bruch dieser Vereinbarung wurde Bragadino jedoch ergriffen und auf dem Marktplatz von Famagusta fürchterlichen Martern unterworfen. Die Haut, die man ihm bei lebendigem Leib abgezogen hatte (das sogenannte Schinden war neben dem Pfählen die türkische Lieblingsstrafe) wurde danach ausgestopft und im Zeughaus von Istanbul aufgestellt. Welch ein Prunkstück für ein NATO-Museum!

Die Arsenal-Katastrophe, vor allem aber die Kriegspropaganda, die danach mit dem Ereignis getrieben wurde und die zum Zypernkrieg führte, gelten für die venezianische Geschichtsschreibung als Werk des Juan Miquez Nassi, eines portugiesischen Juden von weltpolitischen Ambitionen. Sein Handelsimperium umfaßte ganz Europa von der Hohen Pforte bis nach Frankreich; unter Sultan Suleiman hatte er als Generalpächter der Weinzölle eines der größten Vermögen des Kontinents und sogar die Herrschaft über die Insel Naxos erworben (1566-79), folgte dort also auf die berühmte Familie Crispi. Die in ihrem Ausmaß einen Zufallsbrand weit übersteigende Arsenal-Katastrophe soll auf Agenten des Nassi zurückgehen, ebenso die – wenn man es modern bezeichnen will – publizistische Auswertung der Verwüstungen. Nassis Kuriere wurden verhaftet; da sich in den Schriftstücken belastende Andeutungen fanden, erging ein Ausweisungsbefehl für alle Juden, wurde aber, vermutlich nach einigen Geldopfern der reichen jüdischen Gemeinde von Venedig, im Jahr 1571 zurückgenommen.

Juan Miquez oder Miguez Nassi ist als einer der sogenannten großen Juden der Geschichte einer der gefährlichsten Gegenspieler Venedigs, aber auch eine der interessantesten Figuren der Epoche. Er entstammte der reichen Marranenfamilie Mendes, die vor der Inquisition nach Antwerpen floh, aber auch dort von den Spaniern behelligt wurde und sich zur Auswanderung über Venedig in die Türkei entschloß. Dies benützte König Heinrich II. von Frankreich als Vorwand, eine Schuld von 150000 Talern an die Mendes nicht zu bezahlen. Die Mendes gaben aber nicht auf, sondern wandten sich an den jüdischen Leibarzt Moses Hamon des Sultans, der seine künftigen Staatsbürger unter seinen Schutz nahm. Auf türkischen Druck mußte Venedig die inzwischen dort eingetroffene reiche Familie weiterziehen lassen, was eine beträchtliche Kapitalausfuhr bedeutete, und als nach Suleimans Tod Selim II. auf den Thron kam, den eine enge Freundschaft mit Juan Miquez verband, stand einem weiteren Aufstieg der Mendes nichts im Wege. Juan nannte sich nun Joseph und veränderte seinen Familiennamen in Nassi. Selim gab ihm das Recht, so lange französische Schiffe zu kapern, bis die 150000 Taler eingebracht seien, und das Handelshaus der Nassi wurde zu einer harten Konkurrenz für die Venezianer im ganzen Raum zwischen Ungarn, Flandern und der Levante.

Gegenspieler Nassis am Sultanshof war der zum Islam übergetretene Venezianer Mohammed Sokolli. Als Großwesir versuchte er, alle Pläne Nassis zu durchkreuzen, der mit Hilfe der türkischen Flotte zum Beispiel den judenfeindlichen König Philipp II. von Spanien stürzen wollte. Ein Versuch, jüdische Kolonisten in den Ruinen der palästinensischen Stadt Tiberias anzusiedeln, scheiterte nach vielen Jahren intensiver Bemühungen, obwohl Nassi seine Glaubensbrüder mittels eigener Schiffe in Venedig und Marseille abholen ließ: die Araber rund um Tiberias waren überzeugt (oder überzeugt worden . . .), das Neuaufblühen der jüdischen Kultur in Tiberias müßte den Untergang des Islam zur Folge haben.

Die Siedlungen in und um Tiberias hätten den religiösen und politischen Ehrgeiz des Früh-Zionisten Nassi für Jahre beschäftigen können; da sich jedoch die Schwierigkeiten als unüberwindlich erwiesen, wandte er sein Interesse der Insel Zypern zu, die ihm zur Errichtung eines Judenstaates besonders geeignet zu sein schien. Dazu mußte Zypern freilich erst einmal den großen venezianischen Familien entrissen werden, die sich in die Nutzung der Insel geteilt hatten.

Der Vorgang ähnelt ein wenig der jüdischen Einmischung in die spanische Politik am Ende der westgotischen Reiche. Von den eifernden Bischöfen der eben katholisch gewordenen Westgoten bedrängt, arrangierten sich die Juden, die vordem unter den arianischen Gotenfürsten eine gewisse Duldung genossen hatten, mit den arabischen Eroberern Nordafrikas, die ohnedies nach neuen Zielen und neuen Triumphen des Propheten Ausschau hielten. Die Juden kundschafteten die Machtverhältnisse aus, lieferten die nötigen Informationen für die Landungsoperation und übernahmen in den eroberten spanischen Städten die Verwaltung, damit die maurischen Truppen frei würden zum Weiterstürmen.

Wenn es auf Zypern nicht so vor sich ging, wenn die Insel zwar türkisch, aber danach nicht jüdisch wurde, so lag das einerseits an Don Joseph Nassis unversöhnlichem Gegenspieler Mohammed Sokolli, andererseits aber wohl auch am Fehlen der zionistischen Organisationen. Die aus Venedig und Ancona in größerer Zahl als aus Frankreich gekommenen Juden reichten weder in ihrer Menge noch in ihrer beruflichen Zusammensetzung für die Übernahme eines neuen Staatsgebietes aus, und Selim II. konnte bei aller Freundschaft für Nassi ihm zwar eine wunderschöne Insel geben – nämlich das kleine Naxos mit einigen Nachbarinseln –, nicht aber das unter hohen türkischen Verlusten eroberte Zypern.

Nach dem Tod seines Gönners Selim II. wurde Nassi zwar nicht verfolgt oder gar beraubt – was so ziemlich alle europäischen Potentaten offen oder heimlich mindestens einmal versucht hatten –, aber er verlor doch jeglichen Einfluß auf die türkische Politik. Er lebte zeitweise auf Naxos, meist aber in seinem berühmten Palast Belvedere in Konstantinopel, von wo aus er seine ganz Europa umspannenden Geschäfte leitete. Dabei blieb die Hilfe für die verfolgten Juden und die Erlangung von Privilegien oder Schutzbriefen für jüdische Gemeinden stets ein Nebenzweck seiner Aktivitäten, wie zum Beispiel sein Briefwechsel mit König Sigismund August von Polen beweist. Erst nach Nassis Tod wagten die Türken, die inzwischen von Sultan Murad III. regiert wurden, das große Vermögen Nassis an sich zu bringen. Seiner Witwe beließen sie neben dem Palast, den sie bewohnte, nur die Drukkerei, die Nassi begründet hatte, und ein Vermögen von 90000 Dukaten, von dem sie allerdings weiterhin sorgenfrei leben konnte.

Es ist ungemein bezeichnend für die Rolle, die das Judentum in der Ostwestpolitik spielte, daß nach dem Kriegstreiber Nassi dann abermals ein einflußreicher Jude den Frieden zwischen der Pforte und Venedig zustandebrachte, und zwar Salomo Aschkenasi, auf venezianischem Boden bei Udine geboren, danach als Leibarzt Sigismund II. August in Polen tätig und schließlich an der Seite des Großwesirs Sokolli der zweite Venezianer in hohen diplomatischen Verwendungen des Türkischen Reiches.

Mittlerweile jedoch waren die Dinge weit über die jüdisch-venezianischen Gegensätze hinausgediehen, weil Venedig es noch stets verstanden hatte, durch diplomatisches Geschick wettzumachen, was ihm an Kräften fehlte. Eine heilige Liga der mächtigsten christlichen Seefahrernationen hatte sich gegen die Türken und die von ihnen unterstützten Barbareskenstädte zusammengefunden. Venedig nützte geschickt die Tatsache, daß zwischen der christlichen Seefahrt auf der einen, den nordafrikanischen Piraten und Türken auf der anderen Seite eine Art permanenten Kriegszustandes herrschte, wobei allerdings im Lauf der Jahrhunderte im Interesse aller Beteiligten gewisse humane Regelungen akzeptiert worden waren. Es gab, natürlich gegen gute Dukaten, Freibriefe für einzelne Handelsnationen, vor allem für Frankreich, das über gute Beziehungen zu Algier, Oran und Tunis verfügte, und es gab in Livorno eine Art Rückkauf-Börse, wo unter der selbstlosen Aufsicht von Trinitarier-Mönchen die Verwandten gefangener Christen Lösegelder abliefern und die Ihren mehr oder minder unbeschädigt in Empfang nehmen konnten.

Schicksale aus jener Zeit sind nur bekanntgeworden, wenn sich größere Schriftsteller ihrer literarisch annahmen. Camões spricht von Sklaverei und Freikauf, aber auch Cervantes erlebte Sklavenjahre in Nordafrika, und aus Voltaires Erzählungen lernte schließlich die ganze Welt die doch ein wenig groteske Tragik plötzlicher Gefangenschaften und Umkehr aller Lebensverhältnisse kennen. Wohlbehütete Adelstöchter gerieten, nur weil ihr Schiff irgendwo bei Malta gekapert worden war, in die Hände eines ausschweifenden Beys, wohlhabende Briten sahen sich plötzlich genötigt, dikken Araberwitwen als Beischläfer zu dienen, wenn sie nicht die Bastonade bekommen wollten – Verhältnisse, die sich erst im Dampferzeitalter, nach den geschlossenen großen Flotten-Expeditionen der Großmächte gegen Algier wirklich änderten.

Dem allen wollte Venedig, durch den Verlust Zyperns zutiefst verwundet, durch den Martertod des Marcantonio Bragadino empört, in einer großen gemeinsamen Anstrengung der Christenheit ein Ende machen – und das, obwohl Venedig nicht selten dieser ganzen Christenheit den Rücken gekehrt hatte, wenn es um den Ägyptenhandel ging.

Ort des gewaltigen Kräftemessens war – wie sollte es anders sein – der Ausgang des Adriatischen Meeres, die Epirus-Küste vor Lepanto. Sebastiano Venier, ein Siebziger, führte die venezianischen Schiffe, zu denen die hervorragend disziplinierten Galeeren des Malteser-Ritterordens gestoßen waren. Am längsten wartete man auf die Spanier. Philipp II. hatte in seiner Eifersucht auf Jugend, Tatkraft und Schönheit des Don Juan d'Austria diesem Prinzen zwar den Oberbefehl über die spanische Flotte nicht verweigern können, war Don Juan doch der natürliche Sohn Karls V. (mit der Barbara Blomberg). Aber er schmiedete ihm so viele Ketten ans Bein, daß es ein Wunder sein mußte, wenn Don Juan sich von allen Vorschriften und Zwängen befreien und nach seinem eigenen Genius handeln würde.

Am 16. September 1571 segelten die vereinten Flotten, in vier Treffen zu je 30-60 Galeeren und Galeassen gegliedert, von Messina nach Nordosten, über Tarent und Korfu, wo ein Teil der Schiffe zurückblieb, während die anderen an der Epirus-Küste in der geschützten Bucht von Gomenitzka ankerten. Hierhin brachte eine Kundschafter-Galeere die Nachricht vom Fall Famagustas nach langem Widerstand und von dem entsetzlichen Schicksal, das die Türken unter Bruch der Kapitulationsvereinbarung dem tapferen Bragadino bereitet hatten. Der ganzen Flotte bemächtigte sich Empörung und man brannte darauf, sich an den Türken zu rächen, als die Flotte des Sultans, verstärkt durch die der Barbareskenstädte, am Morgen des 7. Oktober bei der Insel Oxia in Sicht kam.

Die Schlacht begann bei klarem Wetter und leichtem erst östlichem, dann westlichem Wind am Eingang des Meerbusens von Korinth, etwa 50 km westlich von jener Stadt Lepanto, nach der sie später benannt wurde. Der venezianische Flügel umfaßte 63, der genuesische 64 Schiffe. In der Mitte bildeten Spanier und Malteser ein starkes Zentrum. Hier weilten auch Don Juan und die ihm unterstellten Admirale Venier und Colonna, dazu die sechs venezianischen Galeassen mit besonders großer Feuerkraft als Vordertreffen des Zentrums.

Gegen die 205 Schiffe der Christen führten die Anhänger des Propheten deren 220 oder 230 heran und hatten auf ihnen auch noch Kriegsvolk aus Festlandgarnisonen untergebracht, waren aber an Bewaffnung unterlegen. Oberbefehlshaber war Ali, der junge, verwöhnte Capudan Pascha, ein Günstling des Sultans, unterstützt von Mahomet Siloco, dem Pascha von Alexandria, und dem italienischen Renegaten Uluch Ali, der die Seeräuberschiffe kommandierte.

Mittags trafen die Flotten aufeinander. Die ersten Erfolge erzielte die genau schießende Artillerie der venezianischen Galeassen. Zwei Türkengaleeren sanken, andere verließen beschädigt die Schlachtlinie. Weniger gut ließ sich der Flügelkampf an, weil die Türken ortskundige Lotsen an Bord hatten und sich in den seichten Küstengewässern mit größerer Sicherheit bewegten als die Venezianer. Auch die Genuesen hatten Schwierigkeiten. Um nicht überflügelt zu werden, hatte ihr Admiral Andrea Doria seine Schiffe weit auseinandergezogen; sein flinker Gegner Uluch machte sich dies jedoch zunutze, durchbrach die schüttere Linie, versenkte einige Galeeren und eroberte das Flaggschiff des Malteser-Ordens.

Zwar griff die spanische Reserve ein und vermochte Uluch die wertvolle Beute wieder abzujagen, aber als das Schlepptau gekappt wurde, war auf dem maltesischen Flaggschiff kein Mensch mehr am Leben: Die Piraten hatten an ihrem tüchtigsten und unerbittlichsten Gegner blutige Rache genommen. Aber auch sonst hatte die große Schlacht erstaunliche persönliche Züge, wenn Don Juan d'Austria mit seinem Schiff das Flaggschiff Alis suchte und sich ein wütender Enterkampf entspann, bei dem die beiden Admirale statt mit Megaphon und Seekarte mit dem Degen kämpften und ihren Gegensatz als Edelleute beinahe im Duell austrugen.

Bei diesem Kampf zeigte Don Juan d'Austria soviel Tapferkeit und rücksichtslosen Todesmut, daß er die ganze Flotte zu größten Leistungen anspornte. Dennoch konnte diese Phase der großen Schlacht erst zum Erfolg gewendet werden, als der wachsame spanische Admiral de Santa Cruz, der die Eingreif-Reserve kommandierte, auch hier zur Stelle war. Ali fiel, und der Türken bemächtigte sich, obwohl sie sich noch standhaft wehrten, doch eine gewisse Ratlosigkeit. Die Schlacht löste sich in zahlreiche Enter-Duelle auf, so daß die Feuerkraft der venezianischen Galeassen nicht mehr viel nützte. So mancher Name der alten Geschlechter Italiens strahlte hier noch einmal auf, etwa wenn Alessandro Farnese eine der größten türkischen Galeeren angriff und eroberte, oder wenn die Venezianer die Alexandriner endlich in die Untiefen drängen konnten, wo die Türken und Ägypter dann in Panik ins Wasser sprangen und sich an Land retteten. Auch hier setzten sich die Admirale voll ein: Den venezianischen Flügel kommandierte der Generalprovveditore Barbarigo, ein Verwandter des unglücklichen Gouverneurs von Famagusta; er erhielt einen Pfeilschuß ins Auge, während Giovanni Loredan und Caterino Malipier mit ihren Galeeren untergingen. Aber auch viele andere der großen venezianischen Familien hatten an diesem blutigen Tag Tote zu beklagen, so die Cornaro und Contarini, die Venier, Querini, Soranzo und Canale. Unter den achttausend toten Christen waren viertausend Venezianer. Die Türken verloren ebensoviele Tote, aber mehr ihrer Schiffe, und wenn Salomon Aschkenasi nachher, bei Beginn der Friedensverhandlungen, seinen Landsleuten ein wenig ironisch sagte: »Der Sultan hat euch einen Arm abgehackt, indem er Zypern eroberte, ihr aber habt ihm nur den Bart versengt«, so war das eine diplomatische Untertreibung. Das Mittelmeer war nach

Lepanto tatsächlich durch Jahrzehnte weitgehend frei von mohammedanischen Piraten, und die Siegesnachricht linderte den Schmerz der Venezianer über den Verlust der Insel Zypern.

Am 18. Oktober gelangte die Nachricht von dem Seesieg nach Venedig, und sosehr man es eigentlich hätte bedauern müssen, die große Plantageninsel verloren zu haben, so überwog in dem mit einer glücklichen Natur gesegneten Volk von Venedig doch die Freude über den Sieg. Messen für die Toten wurden gelesen, und sogar der toten Türken gedachte man, wenn auch scherzhaft, denn die Geschäfte, die ihre Läden schlossen um zu feiern, klebten Zettel an, wie sie bei Todesfällen in der Familie üblich waren – nur daß darauf stand: Wegen der toten Türken.

Niemand wußte, daß unter den Schwerverwundeten der Schlacht der Dichter Don Miguel de Cervantes gewesen war, aber fünfhundert andere Dichter feierten den Sieg in Gelegenheitsgedichten, die man 1572 in Venedig zu einem schmucken Band vereinigte. Ein wenig länger brauchten die Maler, denn ist es schon schwierig, eine Seeschlacht in ihren Verkeilungen und Verwirrungen zu überblicken, so ist es noch schwieriger, die nach Tausenden zählenden ineinander verkeilten Ruder und Taue, Planken und Waffen bildnerisch darzustellen.

Dem großen Tintoretto, in Pracht- und Schlachtgemälden erfahren, gelang es auf glanzvolle Weise, aber das Seltsame begab sich, daß schon sechs Jahre nach der Schlacht das große Prunkgemälde im Dogenpalast verbrannte und daß auch ein anderes großes Bild der Lepanto-Schlacht im Jahr 1867 in Flammen aufging. Aber das Ereignis war bedeutend genug, einen Tizian zu inspirieren, der es für Philipp II. festhielt. Paolo Veronese und Girolama Campagna malten ebenfalls Lepanto-Bilder.

Da Uluch-Ali als neuer Oberbefehlshaber die restlichen Türkenschiffe geschickt von einem Versteck ins andere dirigierte, blieb eine politische Ausbeute der großen Schlacht freilich aus. Zypern kehrte nicht unter venezianische Oberhoheit zurück, nur die Beziehungen zur Pforte besserten sich im Jubeljahr 1574, als das wieder einmal aus einem Krieg glücklich hervorgegangene Venedig herzhaft feierte.

Das politisch wichtigste dieser festlichen Ereignisse war der Friedensschluß mit der Pforte, um den sich am meisten Versöhnung zwischen Venedig und seinen Juden zustande reitete darum die Stadt auch einen prächtigen Empfang, und Aschkenasi erwies sich seines großen Lehrmeisters Nassi insofern als würdig, als er bei dieser Gelegenheit auch eine Versöhnung zwischen Venedig und seinen Juden zustande brachte. Das war eigentlich auch durchaus folgerichtig: Don Joseph Nassi, der große Jude, hatte der Stadt die Arsenal-Katastrophe und den Krieg gebracht, und Salomon Aschkenasi, um eine Nummer kleiner, brachte nun den Frieden und auch die Versöhnung.

Eine Begegnung anderer Art, beinahe ein Besuch unter Geistesverwandten, war der Aufenthalt Heinrichs III. von Frankreich in der Lagunenstadt. Dieser letzte Valois, ein Sohn der Katharina von Medici, war am 19. Juni 1573 zum König von Polen gewählt worden – das war in dynastischen Zeiten durchaus möglich, Rußland hatte deutsche Geschlechter, Spanien französische, Polen französische und sächsische und Griechenland einmal sogar bayrische Souveräne, woraus man sieht, daß sich niemand um sonderliche Harmonien kümmerte. Die Venezianer kannten Heinrich bereits aus Berichten des Botschafters Morosini, der den Prinzen in Paris beobachtet hatte; sein Porträt gibt uns Gelegenheit, einen der berühmten venezianischen Nuntiaturberichte zu zitieren, die in ihrer Gesamtheit eine der wertvollsten Quellen europäischer Politik- und Kulturgeschichte darstellen:

»Heinrich beendet jetzt sein zwanzigstes Lebensjahr; seine äußere Erscheinung ist sehr günstig, er hat ein edles und gewinnendes Benehmen, die schönsten Hände in Frankreich, und würde sogar sehr würdig erscheinen, wenn nicht übermäßige Affektation die ihm von der Natur gegebenen Gaben schmälern würde; aber die Art, sich zu kleiden und die Schmucksachen, die er liebt, geben seiner Erscheinung etwas Weiches, fast weiblich Zartes. Außer seiner herrlichen Kleidung, deren Reiz er noch durch kostbare Edelsteine und Perlen zu heben liebt, trägt der Herzog von Anjou (*das war damals sein frz. Titel*) die raffinierteste und verschwenderischeste Unterwäsche und kunstvoll gekämmte Haare. Gewöhnlich trägt er eine doppelte, in Gold gefaßte Ambrakette, die den angenehmsten Duft ausströmt. Den Rest an Ernst nehmen seiner Erscheinung die wie bei Frauen durchlochten Ohren, was man wohl auch an anderen Franzosen sieht; Heinrich aber begnügt sich nicht mit je einem Ohrring, sondern trägt deren zwei mit langen Perlenanhängern und kostbaren Edelsteinen . . .«

Dennoch war Heinrich zumindest zu diesem Zeitpunkt seinen Mignons noch keineswegs verfallen, sondern hing aus ganzer Seele an den Frauen und schrieb zum Beispiel aus Krakau eigenhändige Briefe mit eigenem Blut an seine Pariser Geliebte, zu welchem Zweck ihm sein Leibarzt Fingerwunden immer wieder auf- und zumachen mußte. Um sich die Zeit in dem ihm fremden Polen zu vertreiben, spielte er im Krakauer Schloß Karten mit Polinnen, woran wenig Ungewöhnliches wäre, hätten die jungen Damen dabei irgendein Kleidungsstück auf dem Leib getragen. Da sie das nicht taten, lenkten sie ihren königlichen Spielpartner so nachhaltig ab, daß er Unsummen verlor und es zuwegebrachte, den Polen innerhalb eines einzigen Regierungsjahres den gesamten Kronschatz zu verschleudern.

Durch ein kaiserliches Kurierschreiben vom Tod seines Bruders, des neunten Karl, unterrichtet, entschloß er sich, dem polnischen Thron zu entsagen und floh heimlich bei Nacht mit kleiner Suite über Mährisch-Ostrau nach Wien. Da keiner der Franzosen die Wege kannte, kam es auf dieser Flucht zu geradezu grotesken Szenen, aber um so wohler fühlte sich Heinrich dann, als er wieder unter Menschen seinesgleichen war, als er in Wien tagelang feiern und in Venedig sogar kräftige Kredite aufnehmen konnte. Auch für Venedig wird der Aufenthalt Heinrichs III. als eines der glanzvollsten Ereignisse in der Stadtgeschichte angesehen, war auch seine politische Bedeutung nur gering gewesen. Palladio entwarf zum Empfang des Königs Triumphbogen, die von Tintoretto und Veronese dekoriert wurden. Heinrich III. wurde in einem von vierhundert Rudersklaven fortbewegten Schiff, von vierzehn Galeeren eskortiert, über die Lagune gefahren. Auf einem Floß, das neben dem Prunkschiff herfuhr, stellten Glasbläser aus Murano zur Unterhaltung des Königs bunte Glasfiguren und -geräte her. Der Ofen hatte die Gestalt eines riesigen Seeungeheuers, das Flammen aus dem Rachen spie. Dem Zug fuhr eine Flotte von seltsam dekorierten Schiffen entgegen, die von Delphinen und Meeresgöttern bevölkert schienen.

Das Zimmer im Palazzo Ca'Foscari am Canal Grande war mit Orientteppichen und Gemälden von Bellini, Tizian, Paris Bordone und Veronese ausgeschmückt. Im großen Ratssaal des Dogenpalastes fand ein Bankett statt, für das die Gesetze gegen den Aufwand aufgehoben worden waren: Die schönsten Frauen Venedigs erschienen in weißen Seidenkleidern, geschmückt »mit Juwelen und Perlen von erstaunlicher Größe, nicht nur an Schnüren um den Hals, sondern auch die Haartracht bedeckend und die Umhänge auf ihren Schultern«. 1200 Gerichte verzeichnete die Speisekarte. Dreitausend Gäste waren geladen, die alle von silbernem Geschirr aßen, und die Tafeln waren mit Zuckerfiguren von Päpsten, Dogen, Tugenden, Göttern, Tieren und Bäumen auf das kunstvollste dekoriert. Als der König seine Serviette vom Teller nahm und sie entfalten wollte, merkte er, daß auch sie ein kleines Meisterwerk aus Zucker war.

Dreihundert verschiedene Sorten von Desserts beendeten das Mahl. Danach sah der König die erste Oper, die je in Italien aufgeführt wurde. Als er dann den Dogenpalast verließ, ankerte am Quai eine Galeere, deren Bestandteile ihm vorher im Arsenal gezeigt worden waren. Das Schiff war bestückt mit einer noch heißen Kanone, die man während des Banketts, zwischen Suppe und Soufflé, gegossen hatte.

Der König geriet, so wird berichtet, über die Pracht, die Venedig ihm zu Ehren entfaltet hatte, so aus der Fassung, daß er den Rest seines kurzen Lebens in einem Zustand ständiger Benommenheit verbrachte.

Vielleicht sollte man gleich hier einfügen, daß die Republik Venedig auch zu Heinrich IV. ausgezeichnete Beziehungen unterhielt. Der hugenottisch gesinnte König von Navarra war von Heinrich III. zum Nachfolger ausersehen worden und durch das Attentat auf den letzten Valois ziemlich plötzlich, im Jahr 1589, in die Notwendigkeit versetzt worden, sich diesen Thronanspruch gegen die katholische Liga des französischen Adels zu erkämpfen. Schon im August 1589 wies die Republik, damals durch Giovanni Morosini in Paris vertreten, ihren Botschafter an, König Heinrich IV. von seiner Anerkennung durch Venedig zu informieren. Damit war die Lagunenstadt allen anderen europäischen Mächten zuvorgekommen, zum Entsetzen des Papstes und zum größten Ärger Spaniens. Frankreichs Gesandter, Monsieur de Maisse, wurde bei der Regierung der Republik akkreditiert. Papst Sixtus hatte also nach der Zerstörung der spanischen Armada im Jahr 1588, die England katholisch machen sollte, eine zweite Niederlage hinnehmen müssen, weil Frankreichs König nun zumindest Toleranz übte und den Hugenotten nichts in den Weg legte. Es bedurfte der ganzen traditionellen Geschicklichkeit venezianischer Diplomatie, den Papst einigermaßen zu versöhnen. Zwei Herren aus alten Dogengeschlechtern, nämlich Alberto Badoer und Leonardo Donato, brachten das Kunststück zuwege, und schließlich kehrte der bereits abberufene Nuntius an die Lagune zurück. »Ich will sagen, daß ich mit Euch gezürnt habe«, erklärte damals Seine Heiligkeit, »daß ich aber von euch besiegt worden bin«.

Nicht wenige unter den frommen Venezianern mochten allerdings der Meinung gewesen sein, daß man sich mit den unheiligen Königen Frankreichs zu tief eingelassen habe, und daß der Himmel Venedig dafür bestrafe, die Stadt, in der man in früheren Jahrhunderten Gott so prachtvoll gefeiert hatte wie nirgendwo sonst. War nicht in dem Jahr, das auf den Besuch des ausschweifenden dritten Heinrich folgte, die schlimmste aller Pestseuchen über die Stadt hereingebrochen und hatte mehr als 50000 Opfer gefordert? War nicht am 13. Januar 1578, wenige Wochen vor dem Tod des uralten Sebastiano Venier, in den Prunkräumen des Dogenpalastes ein Feuer ausgebrochen, das auch den Ratssaal vernichtete, so daß nicht nur die alten Dogenbildnisse ein Raub der Flammen wurden, sondern auch vielbewunderte und unersetzliche Gemälde von Tizian, Carpaccio und Bellini? Auch Kreta hatte eine schwere Pestzeit durchzustehen, aber die Dogen ließen sich nicht beirren: Der böse Heinrich, der Ketzerkönig, der so viele schöne Freundinnen hatte wie nicht einmal Franz I. sie gehabt, der streute seinen Charme auch über die Lagunenrepublik, ließ ihr seine gesamte prächtige Kriegsrüstung als Ehrengabe überreichen, da er seine Feinde ja nun besiegt habe, und wurde mitsamt seiner jungen Gemahlin, der Erzherzogin Maria von Medici, in das Libro d'Oro eingetragen. Vielleicht hätte es den vielgewandten Mann gefreut, eines Tages zum Dogen gewählt zu werden und La Belle Gabrielle oder eine andere seiner Amouren eigenhändig durch die Kanäle zu rudern.

Da Heinrich IV. kräftig und tüchtig war, da er ausgezeichnete Berater hatte und Frankreich von Grund auf erneuerte, hätte die Republik mit dieser Freundschaft ganz gewiß eine gute Wahl getroffen, wäre nicht abermals ein Dolch dazwischengekommen: Als der Wagen des Königs in einer engen Gasse wegen anderer Fahrzeuge einen Augenblick halten mußte, sprang ein Mann namens Ravaillac den Monarchen an und tötete ihn.

Wie friedlich lebten dagegen Venedigs Dogen im siebzehnten Jahrhundert ihre vielen Jahre zu Ende, Leonardo Donato, den Papst Paul V. exkommuniziert hatte, dem Venedigs Klerus aber trotzdem treu blieb, oder Antonio Memmo (1612-1615), der noch im höchsten Alter als der schönste Mann von Venedig galt.

Dabei hatte Venedig unter diesem Dogen aus dem ältesten

Kern der adeligen Geschlechter nach geraumer Zeit wieder einmal Bedrohung vom Land her verspürt: Die Uskoken kamen, in plündernden Horden und auf erbeuteten Schiffen. *Uskociti* ist ein kroatisches Wort und bedeutet Flüchtlinge. Wie die Türken bei ihren Eroberungen auf dem Balkan hausten, kann man sich vorstellen nach allem, was wir von ihnen aus Konstantinopel und Famagusta gehört haben. Die Bevölkerung weiter Landesteile in Serbien und Bosnien flüchtete vor den Osmanen und schloß sich, ohne Land, ohne Unterhalt, in äußerster Not, zu wütendverzweifelten Banden zusammen, die sich, da sie ihre Familien verloren hatten, mindestens ebenso grausam aufführten wie die Türken.

Von den Besitzungen des Magnaten Peter Krusitsch, auf denen sie sich gesammelt hatten, durchzogen sie jahrzehntelang den Raum der nordöstlichen Adria-Ufer, bekämpften Türken und Venezianer, säten Unfrieden zwischen Venedig und Österreich und wurden erst durch Cristoforo Venier vernichtend geschlagen, der ihre Stützpunkte Sign und Novi niederbrannte. Der Venezianer fiel dabei in die Hände der Uskoken, die ihm den Kopf abschlugen und sein Blut tranken. So unterschiedlich warf das Schicksal die Lose innerhalb eines einzigen Geschlechts: es hatte kein friedlicheres Regiment gegeben als das des Dogen Francesco Venier, der die Künste gefördert hatte, und keinen schlimmeren Tod als den des Cristoforo Venier ein Halbjahrhundert später.

Wenn die Stadt sich von solchen Schrecknissen immer wieder erholte, so wurde dieser nur zu oft nötige Läuterungsvorgang, dieses Wiederaufflammen von Hoffnung und Selbstvertrauen zweifellos durch die Kunst erleichtert und vielleicht sogar erst ermöglicht: durch die große Kunst, die sich in Kirchen und Palästen der Stadt gesammelt hatte. Das war zwar auch in Florenz geschehen, wo schon der fürstliche zweite Gatte der Bianca Capello die Uffizien eingerichtet hatte; das hatte auch die Stadt Rom gesehen, wo die Päpste der Renaissance und auch nicht wenige Kardinäle in ihrem beachtlichen Kunstverstand die größten Kunstwerke des Abendlandes in Auftrag gegeben hatten.

Aber im Widerschein der Kanäle und der Lagune, in den leichten Nebeln über dem Meer und der Stadt, in den hohen Räumen der gotischen Kirchen und Paläste, da nahm sich die auf besonders engem Raum zusammengedrängte Elite der abendländischen Künstler vollends aus wie eine Gruppe Verzückter, wie eine inspirierte Familie, die in engster Zusammengehörigkeit Werke schuf, die anderswo vielleicht nicht oder doch nicht so entstanden wären. Denn es war die Zeit, da an verschiedenen Orten Europas und zunächst unabhängig von den Mitstrebenden die wie durch ein Wunder etwa gleichzeitig erweckten Genien ihre Entdeckungen machten. Und an den Punkten der alten Welt, wo die Kunstwanderer und die Kunstkonsumenten zusammenströmten, kurz, wo alle Wege sich kreuzten, da kam es zu den fruchtbarsten Begegnungen, zu jenen Filiationen, zu jenem Weiterreichen und Übertroffenwerden durch Schüler, aus denen der herrliche Kosmos der europäischen Renaissancemalerei sich bildete.

Venedig saß wohnlich in der besten Ecke; hier glitzerte noch ein wenig byzantinischer Goldgrund lockend in den Kirchen, hier hielten die Emissäre des Sultans Ausschau nach Künstlern, hier fischte gelegentlich sogar ein knoblauchduftender Magnat aus den Karpaten nach einem Verschönerer für sein Dracula-Schloß.

Man mag Schulen gegenüber mißtrauisch sein, einmal, weil sich auch in der Malerei der Genius selbst nicht tradieren läßt, zum andern aber, weil solch ein Begriff durch die Kunstgeschichte treibt wie eine Schilfinsel auf dem Nil – bald setzt sich sanft ein Grasbüschel an, bald reißt ein kritisches Krokodil wieder ein Stück heraus. Die Skizze dessen, was die Franzosen noch brav *Ecole vénitienne* nennen, während es in den deutschen Nachschlagewerken inzwischen fehlt, ist darum gewiß nur eine von einigen möglichen. Man könnte tatsächlich bei den Byzantinern anfangen, die sich über Aquileia und Torcello ins Herz der Lagunenstadt geschlichen haben und von Ravenna wohl noch stärker herüberwirkten; man könnte die Markuskirche als Zentrum erwählen und den gestohlenen Heiligen aus seiner bunten Umgebung heraus die Hände breiten lassen über die Entwicklung der venezianischen Malerei. Aber das Nachweisbare aus dem Gespinst der Einflüsse wird doch erst später sichtbar, von Norden und Süden kommend, aus dem lebhaften Rheinmarkt Köln und aus der großen Stille Umbriens.

Giovanni Alcmanno hatte in Köln bei Meistern gearbeitet, gelernt und die Malkunst entdeckt, die flandrische und rheinische Kunstfertigkeiten kannten und an ihn weitergaben, so wie er es später auf Murano selbst tat und in den Vivarini hochbegabte Schüler und eigenständige Anreger fand.

Aus Umbrien aber kam Gentile da Fabriano (um 1360-1427). San Giovanni in Laterano zu Rom schmückte er mit Fresken aus dem Leben Johannes des Täufers, und für Venedig malte er ein Kolossalbild der Seeschlacht von Pirano, das ihm nicht nur die Patriziertoga einbrachte, sondern eine lebenslängliche Pension von einem Dukaten täglich.

Sein Einfluß ist in der venezianischen Malerei besonders deutlich und fand die eindrucksvollste Weitergestaltung durch die Bellini-Familie.

Jacopo Bellini war der Sohn einen Zinngießers und folgte Meister Gentile nach Florenz. Dort hatte der auswärtige Maler jedoch solchen Erfolg, daß die Florentiner Konkurrenten eines Tages sein Atelier stürmten. Bellini verteidigte es so herzhaft, daß die Angreifer mit blutigen Köpfen abzogen und der junge Venezianer von den erbosten Behörden ins Gefängnis geworfen wurde. Meister Gentile da Fabriano hatte bei all dem keinen Finger gerührt.

Die Nachwelt meinte es besser mit Jacopo, denn während das große Gemälde, in dem Gentile den Seesieg der Republik über Kaiser Otto III. feierte, beim Dogenpalastbrand von 1578 zugrundeging*, hat selbst das feindselige Florenz eine *Maria mit Kind* von Bellini in den Uffizien, die venezianische Galleria dell'Accademia zwei Marienbilder, Verona eine

* Der Palast brannte am 13. 1. 1578, nicht, wie man oft lesen kann, im Dezember 1577.

Kreuzigung und der Louvre eine *Maria mit dem knienden Lionello d'Este.*

Bellinis wertvolle Skizzenbücher weisen nach, daß er neben seinem Meister aus Umbrien ernsthaft und eifrig die Antike studierte, wie sie sich damals noch reicher als heute in verschiedenen italienischen Städten präsentierte. Wertvolle Anregungen kamen ihm auch aus Humanistenkreisen Paduas zu, und dem Maler Mantegna, den er dort kennenlernte, gab er seine Tochter Nicolosia zur Frau.

Bellinis ältester Sohn, nach dem umbrischen Meister Gentile genannt, blieb der Heimat nicht lange treu, sondern nahm die Einladung des Sultans nach Konstantinopel an. Als er wiederkehrte, als seine orientalischen Eindrücke seinen Gemälden ein prunkhaft-auftrumpfendes Gewicht gaben, war es vor allem der junge Vettore Carpaccio, der sich von dieser Kunst angerührt zeigte und der begabteste Schüler des Gentile Bellini wurde.

Reicher war die Saat, die Giovanni Bellini ausstreute, der unstreitig Größte der Familie und doch nur – wie man annimmt – ein natürlicher Sohn des Malers Jacopo, nicht erbberechtigt, ein Genie im Schatten.

Während Gentile im engen Anschluß an seinen Vater dessen Eleganz im Beiwerk und im Hintergrund übernahm, eine im Ganzen wohlgepflegte Darstellungsweise von nicht selten höfischer Pracht, ging Giovanni den Weg der Verinnerlichung. Er wird als sanft und gütig geschildert und lebte mit dem offenbar nur wenig älteren Gentile in einer oft bezeugten Harmonie, obwohl Gentile ihm als Maler nachstand, bei allen offiziellen Anlässen ihm jedoch stets vorgezogen wurde. Giovanni zeigte sich den neuen Renaissance-Strömungen stärker aufgeschlossen als Vater und Bruder; auch Schwager Mantegna beeinflußte ihn, vor allem aber zeigte sich sein Genie in unvergleichlichen Madonnengestalten, die nicht wenige wegen ihrer zarten Seelensprache noch über Raffael stellen. Vergleicht man etwa die venezianische Szenerie des Bildes *Errettung des wahren Kreuzes aus dem Wasser* von Gentile Bellini mit der *Allegorie des Fegefeuers* seines Bruders Giovanni, so scheint das Bild des Jüngeren ein Halbjahrhundert später entstanden zu sein, ist in Wahrheit jedoch um zehn Jahre älter als das Gentiles!

Franco-flämische Einflüsse, die über Antonello da Messina zu Giovanni Bellini gelangten, scheinen Giambellino, wie er kurz genannt wurde, besonders gefördert zu haben und wirken sich auch in den Madonnen aus, von denen die *Madonna mit dem Vögelchen* (heute im Metropolitan-Museum of Art in New York) besonders berühmt wurde. Venedig verdankt Giovanni auch das vielleicht eindrucksvollste Dogen-Bildnis, das je geschaffen wurde, das auf Holz gemalte Portrait von Leonardo Loredan (regierte 1501-21).

Die Saat des Giovanni, das, was er im Verein mit Mantegna und Antonello der Malkunst hinzugewonnen hatte, ging in kleinen und großen Meistern auf, in Cima da Conegliano und Marco Basaiti, die sich vor allem in ihren Landschaften beeinflußt zeigen, aber auch in Lorenzo Lotto, Sebastiano del Piombo und am glanzvollsten in dem großen Poeten des Pinsels, in Giorgione.

Zorzo (venezianisch für Giorgio) wurde 1478 in Castelfranco bei Treviso geboren und ist vielleicht ein Mitglied der dort begüterten Familie Barbarelli oder Sohn eines Barbarelli mit einem Mädchen aus dem kleinen Ort. Obwohl das nahe Treviso eine Kleinstadt von hoher Kultur mit bemerkenswerten Baudenkmälern war, empfing Zorzo die entscheidenden Eindrücke naturgemäß in der Metropole Venedig. Wichtige Verbindungslinien laufen auch zum Musenhof der Caterina Cornaro (vgl. S. 181 ff.), denn der ihr nahestehende einstige Condottiere Tuzio Constanzi scheint einer der ersten Auftraggeber des jungen Genies gewesen zu sein: Zorzo malte die Hauskapelle der Constanzi in Castelfranco nicht nur mit Fresken aus, sondern schuf auch ein großes Altarbild – übrigens eines der ganz wenigen Werke dieses Malers, deren Urheberschaft unbestritten ist. (Heute im Dom S.Liberale zu Castelfranco)

Constanzi war es auch, der Zorzo den ehrenvollen Auftrag verschaffte, beim Neubau des durch einen Brand zerstörten

Fondaco dei Tedeschi die Fassade mit Fresken zu verzieren. Der Plan des Neubaus stammte von einem Deutschen, der in den venezianischen Urkunden jedoch nur mit dem Vornamen Girolamo aufscheint, und der Meister, mit dem sich Zorzo in die große Arbeit teilte, war kein geringerer als der etwa gleichaltrige Tizian.

Bedenkt man, daß der bald Giorgione (der große Giorgo) genannte junge Maler neben den Lehren seines Meisters Giovanni Bellini auch Einflüsse des Gentile-Schülers Carpaccio aufnahm, daß kurz vorher Leonardo in Venedig weilte und nun zwei kongeniale junge Männer, Giorgione und Tizian, auf einem Gerüst arbeiten und ihre Kartons miteinander abstimmen, dann erkennt man, wie sich hier der Knoten der Einflüsse, Anregungen und Befruchtungen schürzt dank der einzigartigen Rolle einer Stadt wie Venedig als Schmelztiegel der Begabungen.

Um die Arbeit am Fondaco dei Tedeschi gab es Honorarstreit, dem wir die wenigen Dokumente aus Giorgiones kurzem Leben verdanken. Giovanni Bellini, der Sanfte, der Gutmütige schlichtete ihn, aber schon wenige Jahre darauf, am 25. Oktober 1510, erlag Zorzo, der erst zweiunddreißigjährige Künstler, dem schon die Zeitgenossen größte Verehrung zollten, der Pest.

Die frühe Beachtung seines Werkes führte dazu, daß der Patrizier Marcantonio Mihiel eine Liste jener Bilder machte, die Giorgione für die verschiedenen großen Familien Venedigs malte. Da dieses Verzeichnis freilich nur die Themen enthielt, da sich unter diesen Themen aber auch offensichtliche Nachahmungen fanden, gewann die Forschung auch durch Mihiel keine Gewißheit, aber immerhin Anhaltspunkte für die Umgrenzung jenes genialen Oeuvres.

Die Schwierigkeiten liegen darin, daß die Entwicklung der Malerei zu den neuen Gegenständen und Techniken der Renaissance bereits in vollem Gang war, und daß die Maler allesamt reisten, wohin ihre Aufträge sie eben führten, wohin sie reisen zu müssen meinten, um lernen zu können. Möglicherweise hat auch Dürer in Venedig Giorgione kennengelernt, und augenscheinlich hat der spätere Giorgione mit seinen figuralen Motiven, mit seiner Hinwendung zum weiblichen Akt auf seinen Meister Giovanni Bellini zurückgewirkt. Das Gewirr der Fäden wird vollkommen dadurch, daß Giorgione, wie viele Frühvollendete, eine gewisse Hast in seiner Lebensarbeit verrät und angefangene Bilder durch andere vollenden läßt; diese anderen aber waren, wie etwa Sebastiano del Piombo, ebenfalls bedeutende Maler, so daß sich die persönlichen Anteile an der Arbeit schwer trennen lassen.

»Giorgiones Schaffen war kurz, doch intensiv und revolutionierend«, schreibt Zanetti. »Er hatte keine Schüler im engeren Sinn des Begriffs, doch ist ihm jene Erneuerung der Ausdrucksmittel zu verdanken, die der venezianischen Malerei zu einer führenden Stellung in der europäischen Kunst verhalf. In seiner Malerei erhielt die Farbe mit ihren unendlichen Möglichkeiten und ihren vielerlei Lichtwerten grundlegende Bedeutung; die Aufgabe der Zeichnung trat zurück.«

Die an Venedig besonders interessierte französische Kunstgeschichtsschreibung faßt den Begriff der Schule ein wenig weiter als Zanetti und die meisten deutschen Gelehrten; sie sieht eine deutliche Linie, die von Giorgione zu Jacopo Palma il Vecchio, also dem Älteren führt, aber auch zu Tizian. Von Tizian setzte sich die Tradition venezianischer Prägung dann fort zum jüngeren Palma, zu Domenico Campagnolo, Pordenone und Paris Bordone, aber auch zu weniger bekannten Meistern wie Mosello oder Jacopo Basran, während Tintoretto und Veronese neue, eigene Ansätze repräsentieren.

Fügt man Tizian hier an, dessen Leben das sechzehnte Jahrhundert beinahe bis zum Ende erfüllte, so bedeutet das, die venezianische Schule in ihrer Geltung drei Epochen umfassen zu lassen, von Gentile da Fabriano und den als die letzten Primitiven bezeichneten Paysagisten Cima da Conegliano und Marco Basaiti bis zu dem großen Maler aus Venedigs Terra Ferma, in dem die Barockkunst schon so deutlich anklingt.

Tiziano Vecellio kam 1477 in Pieve di Cadore bei Belluno zur Welt, ein paar Monate vor Giorgione, den er um sechsundsechzig Jahre überlebte. Da zwischen 1510 und 1520 auch Leonardo und Raffael starben, gehört Venedigs sechzehntes Jahrhundert Tizian und Veronese, dem Meister Paul aus Verona (1528-88). Geringfügige zeitliche Verschiebungen durch neueste Forschungen ändern daran nichts: Daß Tizian in Santa Maria dei Frari beigesetzt wurde, beweist, daß er nicht an der Pest, sondern an einer gewöhnlichen fiebrigen Erkrankung starb, und daß im Sterberegister von San Candiano bei seinem Todestag ein Alter von 103 Jahren angegeben ist, rückt sein Geburtsdatum ins Jahr 1474 oder 1475. In der Stadt der neunzigjährigen Dogen scheint sich jedenfalls niemand darüber gewundert zu haben. Sicher ist, daß Tizian beinahe noch als Knabe erst bei Gentile, danach aber bei Giovanni Bellini gearbeitet hat und 1506 mit Dürer zusammentraf.

1510, als Giorgione starb, vollendete Tizian unter anderen Gemälden des toten Freundes auch dessen berühmte *Ruhende Venus*, floh dann aber selbst vor der Pest nach Padua. Der große Auftrag eines Schlachtenbildes für den Dogenpalast rief ihn nach Venedig zurück, und nach einem Aufenthalt in Ferrara folgten weitere Venedig-Jahre mit offiziellen Arbeiten wie dem Bild des Dogen Andrea Gritti oder dem Tod des hl. Petrus Martyr (beide Bilder gingen in Feuersbrünsten zugrunde, doch hat sich ein anderes Porträt des Dogen erhalten). Wie so mancher große Maler vor und nach ihm verdankte Tizian seinen außerordentlichen Ruhm seinen Bildnissen, und von Franz I. bis zu Karl V. malte er unermüdlich die Häupter des damaligen Europa, unbesorgt, ob sie nun miteinander verfeindet oder befreundet waren. Es gibt auch ganze Familienbilder, also Porträtgruppen von ihm, wie sie erst Goya übertroffen hat (die Familie Vendramin, Bilder aus der päpstlichen Familie Farnese u. a.).

Bei besonderen Gelegenheiten wie etwa dem Augsburger Reichstag von 1548 häuften sich die Aufträge so sehr, daß Tizian die hohen und höchsten Herrschaften nur noch zufriedenstellen konnte, indem seine Mitarbeiter nicht unbeträchtliche Anteile an den Arbeiten übernahmen. Auftraggeber wie Kaiser Karl V., die Königin Maria von Ungarn, Philipp II. von Spanien und Bischöfe wie Minister des spanischen Hofes entfremdeten Tizian zeitweise seiner Heimat. Während Pietro Aretino unablässig und nicht selten ein wenig penetrant das Lob des Malers sang, reiste der große Porträtist mit seinen Gehilfen kreuz und quer durch Europa, ehe ihn ein Auftrag von Francesco Venier 1555 wieder nach Venedig führte. Damals entstand wohl auch in Tizians Werkstatt die *Ausgießung des hl. Geistes* für die Kirche Santa Maria della Salute.

Erstaunlich ist, welche Freiheiten der glaubensstrenge, ja mönchische Philipp II. diesem Meister ließ. Er beauftragte ihn nämlich nicht nur mit historischen Prunkgemälden wie dem *Seesieg von Lepanto* und *Spanien hilft der Religion* (Allegorie von 1571), sondern erwarb auch mythologische Darstellungen nach Motiven aus Ovids *Metamorphosen*. Dieser Zyklus, *Poesie* genannt, hatte so außerordentlichen Erfolg, daß Tizian nicht nur einzelne Motive mehrfach ausführte, sondern einen zweiten Zyklus schuf, der zwischen 1565 und 1568 entstand und zum Teil von Kaiser Maximilian II. erworben wurde (*Bestrafung der Nymphe Kallisto*, Wien).

Es gab zu jener Zeit kaum einen Weg an Tizian vorbei, und die Meister, die an Begabung mit ihm wetteifern konnten wie der Venezianer Tintoretto oder der Grieche Theotokopulo, der später als El Greco berühmt wurde, verdanken ihre Entwicklung zur Eigenständigkeit und zu eigenem Ruhm dem Umstand, daß sie die stark beschäftigte Werkstatt Tizians rechtzeitig verließen. Tintoretto freilich blieb räumlich lange in Tizians Nähe, denn wenn dieser große Meister die Könige und Fürsten als Auftraggeber gewonnen hatte, so blieben Jacopo Robusti (1518-94), genannt Tintoretto, dafür die vermögenden venezianischen Bruderschaften, die hier die Rolle der Zünfte spielten, und die Republik selbst mit den sie tragenden alten Geschlechtern.

Von gleicher Emsigkeit und Produktivität, ergänzten Tizian und Tintoretto einander: während Tizian sich in Madrid, Augsburg oder Wien huldigen ließ, ist nur eine einzige kleine Reise des Tintoretto mit Sicherheit belegt, die ihn 1580 nach Mantua führte. Er muß als Grandseigneur gelebt und viel ausgegeben haben, denn er ließ seine Witwe in arger Bedrängnis zurück. Man kennt ihre Eingabe an die Signoria, in der sie eine Jahresrente von 12 Dukaten erbittet, weil ihr Mann für sein Kolossalgemälde *Der Seesieg bei Lepanto* (verbrannt) niemals ein Honorar erhalten habe.

Trotz der furchtbaren Verluste jenes Brandes im Dogenpalast, zu dem es am 13. Januar 1578 gekommen war, der aber durch einen Kalenderirrtum von den meisten Kunstgeschichten ins Jahr 1577 verlegt wird, bleibt noch genug, was wir an Wänden und Decken des Palazzo Ducale bewundern können, den geschickten Vicentino, der mit seinen Kolossalgemälden manche Brandlücke füllen mußte, die als der schönste Tintoretto überhaupt geltende Gruppe *Bacchus, Venus und Ariadne* (Sala dell'Anticollegio) oder so großartige Kompositionen wie die *Eroberung Zaras im Jahr 1346* (Sala dello Scrutinio) – trotz aller Zerstörungen im Lauf der vielen Jahrhunderte, trotz der starken Werkstattbeteiligung vor allem bei Tintoretto. Hier entstand, nicht zuletzt durch die einzigartige Schaffenskraft und Gestaltenfülle eines Paolo Veronese, ein künstlerischer Reichtum, wie er sich an keinem zweiten Regierungssitz der Welt findet. Nur die Regierung selbst, die findet man nicht mehr.

Es gibt gewiß kein deutlicheres Zeichen für die Fülle wirtschaftlicher Macht, für die Freiheit der Bewegung in den Bereichen von Geld und Pracht, als den Umstand, daß Venedig – die Republik und ihre großen Familien – neben so fruchtbaren und anspruchsvollen Malern wie Tizian und Tintoretto auch noch einen Paolo Veronese beschäftigen konnte und zu halten imstande war (ganz zu schweigen von den *diis minores* wie Giuseppe Salviati, Zelotti, Battista Franco, Giovanni Demio, Giulio Licinio usf). Der Veroneser kam mit Venedig in Berührung, als er, erst dreiundzwanzig Jahre alt, die Villa der Patrizierfamilie Soranzo in der Terra Ferma ausmalen durfte. Er blieb auch später an Aufträgen dieser Art interessiert und überließ nicht selten riesige Prunkgemälde in venezianischen Palästen seinen Schülern, um sich in der Stille der Villen des Veneto seiner Kunst widmen zu können: In der Villa Colleoni in der Nähe von Vicenza war 1560 zum erstenmal der große Farbenrausch über ihn gekommen, und die Arbeiten, die vielleicht überhaupt den Höhepunkt seines Schaffens darstellen, was den Reiz und die Freiheit der Erfindung betrifft, die entstanden bei Asolo, also im geistigen Umkreis der Caterina Cornaro, für die Villa der Familie Barbaro. Diese in vielen Generationen profilierten Patrizier waren um die Jahrhundertmitte, in der letzten Blüte venezianischen Handels, zu besonderem Reichtum gelangt. Daniele Barbaro war zudem Patriarch von Aquileia und damit der erste Prälat der ganzen Lagunenlandschaft, Marcantonio Barbaro hatte sich vielfach für die Republik verdient gemacht und als Diplomat die Höfe Europas kennengelernt. Für den Patriarchen, der Vitruv übersetzt hatte, und den vielgewandten Botschafter der Republik schuf Veronese in der von Palladio entworfenen Villa Fresken von olympischer Sorglosigkeit, in der sich Veroneses eigene Hochstimmung in seiner jungen Ehe mit einer Tochter des Malers Badile ausleben konnte. Außerdem mochte es der Arbeitsstimmung zugute gekommen sein, daß Veroneses Bruder Benedetto neben ihm arbeiten durfte.

Es scheint heute festzustehen, daß die architektonisch stark interessierten Patrizier nicht nur mit Palladio den Plan der Villa vorbesprochen, sondern auch gegenüber Veronese Wünsche hinsichtlich der Figurengruppen geäußert hatten. Das erstaunliche Kunstwerk dieses Landhauses in Masèr bei Treviso wäre demnach tatsächlich eine geglückte Gemeinschafts-Schöpfung aus dem Geist Venedigs, aus dem vereinten Kunstverständnis eines gebildeten Kirchenfürsten, eines Humanisten, Ministers und Diplomaten und der drei beteiligten Künstler. Schöner konnte man wohl nicht beweisen, daß auch die Handelsstadt Venedig ihren Anteil an der großen Strömung des Humanismus und an ihren Früchten hatte. Es mußten ja nicht immer gelehrte Episteln sein. Patrizier sprechen eben nicht nur die Sprache der Feder, sie haben andere Möglichkeiten . . .

Was hatte der Große Rat, was hatten die Dogen, was hatte Venedig erlebt, während ihm die größten Maler der Zeit die Paläste ausschmückten, sich mit Deckengemälden, Lünetten und Fresko-Kompositionen plagten und dabei mit der wahrhaftigen Geschichte der Republik gar nicht auskamen, so daß sie fiktive Schlachten schildern mußten?

Es war alles schon dagewesen, ausgenommen vielleicht das, was dem Dogen Niccolo Donato widerfuhr. Er regierte im Jahr 1618 genau vierzig Tage, ehe der Tod ihn von der Bürde erlöste, und just in diesen sechs Wochen brach abermals eine Verschwörung in Venedig aus. Sie hatte diesmal Spanier als Urheber, den spanischen Botschafter, einen Marques de Bedmar, und den Vizekönig von Neapel, einen Herzog von Ossuna. Die Spanier zettelten allerlei an in jener Zeit, weil das Gestirn ihrer Weltmacht unterging, aber in Venedig hatten sie besonderes Pech. Es waren nämlich zwei französische Edelleute, die sich als Konfidenten in das Komplott einweihen ließen und es dann verrieten.

Unter dem nächsten Dogen, er hieß Antonio Priuli, konnte endlich jener Unhold gefangen werden, der dem tapferen Cristoforo Venier den Kopf vor die Füße gelegt hatte. Es war eine ziemlich wilde Balkanmischung, an der am meisten überrascht, daß dieses Produkt desolater Zustände einen Namen hatte: Vincenzo Voisich. Man richtete ihn auf der Piazzetta und leider im Jahr 1622 auch den edlen Antonio Foscarini, dessen Unschuld sich bald darauf herausstellte. Die bedrohte Signoria witterte eben überall Verrat, und unschuldige gesellschaftliche Kontakte mit den in Venedig akkreditierten Diplomaten genügten schon, einen Edelmann verdächtig zu machen.

Unter Francesco Contarini (1623-24) besuchte nicht nur ein polnischer König Venedig, der zugleich Großherzog von

Moskau war, sondern auch ein weitgereister bartloser Jüngling, der sich als Sohn des Kaisers von China und damit als Enkel des Himmels ausgab. Man empfing ihn, ohne seine Herkunft lange nachzuprüfen, mit großzügigster Gastfreundschaft. Francesco Contarini hatte nämlich die Ansicht vertreten, daß es weniger schade, sich gegenüber einem falschen Prinzen höflich als gegenüber einem echten unhöflich zu zeigen. Dieser Doge war, wie man sieht, ein sehr kluger Mann, der auch ein von der Wissenschaft geschätztes Buch über die Türken geschrieben hatte.

Ein anderer herzoglicher Schriftsteller war Niccolò Contarini, Doge von 1629 bis 1631: Er herrschte also nur zwei Jahre und schrieb über einen Zeitraum von sieben Jahren seine *Historie venetiane dal 1597 al 1604*. Unter Contarini und seinem lange herrschenden Nachfolger Francesco Erizzo verheerte die Pest abermals Venedig und ganz Norditalien. Die Kriege der Zeit spielten sich auf den Wellen ab, vor allem im östlichen Mittelmeer, und Venezianer wie Türken kämpften um eine Reihe von Inseln, vor allem aber um Kreta. Als es vor den Küsten dieses wertvollen Eilandes zu den letzten Gefechten kam, hatte Venedig einen Dogen, der eben achtundneunzig Jahre alt geworden war, nämlich den hochintelligenten, als Diplomaten sehr erfolgreichen Giovanni Pesaro. Er starb 1659, ohne das hundertste Lebensjahr erreicht zu haben, und unter seinem Nachfolger Domenico Contarini ging Kreta endgültig verloren.

1676 bestieg abermals ein Contarini den Dogenthron. Er hatte so friedliche Regierungsjahre, daß die Venezianer sich mit ihren Erzfeinden literarisch und wissenschaftlich zu beschäftigen begannen. Der Doge selbst schrieb *Memorie Storiche dei Monarchi Ottomani*, also historische Porträts der verschiedenen Sultane, und Battista Donato, Venedigs Gesandter bei der Pforte, verfaßte eine dreibändige türkische Literaturgeschichte und dazu eine bis heute wertvoll gebliebene Sammlung türkischer Sprichwörter, die er ins Lateinische und ins Venezianische übersetzte – bemerkenswerte Aktivitäten für Politiker, die Venedig besondere Ehre machen.

Mit Francesco Morosini (1688-94) kam nach so manchem Gelehrten wieder einer der großen venezianischen Admirale auf den Dogenstuhl. Er hatte sich seine Verdienste schon bei den Kämpfen um Griechenland erworben, hatte Venedigs Banner auf der Akropolis flattern lassen und kämpfte als Doge unermüdlich unter persönlichem Einsatz weiter, gegen Türken und Barbaresken. Sein Begräbnis nach einem Tod in der Fremde war besonders feierlich: Er ruht in der Krypta unter dem Kloster, das an Santo Stefano stößt.

Auch solche späte Großtaten lassen jedoch keinen Zweifel darüber, daß Venedigs Rolle als Militärmacht sich ebenso dem Ende zuneigt wie seine wirtschaftliche Bedeutung. Alvise Mocenigo II. konnte von 1700 bis 1709 regieren – in einer Zeit, in der beinahe alle europäischen Staaten einander bekriegten – ohne daß aus diesem verhältnismäßig langem Regnum anderes zu berichten wäre, als daß der König von Dänemark Venedig besuchte und daß die Lagune zufror.

Erst unter Giovanni Cornaro entschlossen sich die Venezianer, einen letzten Versuch zur Änderung ihres Schicksals zu wagen, das unaufhaltsam auf den Niedergang der Republik zuzusteuern schien. Wie Städter sind, die aus einem kleinen Bereich große Dinge beurteilen wollen, sahen sie nicht das ganze brennende Europa, sondern starrten immerzu nur auf die Erzfeinde, die Türken. Und als es einen Augenblick lang schien, als hätte der Sultan seine Kräfte gegen den Kaiser in Wien verbraucht, da vergaßen die Venezianer, wieviel Blut um die griechischen Inseln, um den Peloponnes und um Athen schon geflossen war. Da sie schon seit geraumer Zeit keinen Landkrieg mehr geführt hatten, hielten sie, auf ihre Dukaten vertrauend, nach einem Generalissimus Umschau, der es den Türken zeigen sollte. Daß sie in Johann Mathias, Reichsgrafen von der Schulenburg den richtigen fanden, verhalf Venedig noch einmal zu einer glanzvollen Eintragung im Buch der Weltgeschichte.

Es war eine kriegerisch bewegte Zeit. Das Habsburgische Kaiserreich stand kurz vor der Jahrhundertwende sogar in einem Zweifrontenkrieg: Im Westen drängte Ludwig XIV. in immer neuen Anläufen an den Rhein, im Osten mußten die Türken Schritt für Schritt aus Ungarn zurückgeworfen werden. Kaum war mit dem Frieden von Karlowitz 1699 die Türkengefahr für Mitteleuropa gebannt, so brach gleich nach der Jahrhundertwende der Streit um die spanische Erbfolge aus, in dem Frankreich und Habsburg einander als Hauptgegner gegenüberstanden. 1709, in der Schlacht von Malplaquet, kommandierte General von der Schulenburg vierzig von den sechzig Bataillonen des kaiserlichen Heeres. Seit dieser Schlacht, in der Österreicher und Engländer gemeinsam einen Sieg gegen die Soldaten des Sonnenkönigs errangen, gehörte Schulenburg zu den Berühmtheiten seiner Zeit.

Nach einer diplomatischen Mission in London und Paris zog sich Schulenburg auf sein im Magdeburgischen gelegenes Gut zurück. Er schien alles für ihn Erreichbare erreicht zu haben: einen hohen Offiziersrang, militärischen Ruhm und Vermögen. Er stand in persönlichem Kontakt mit dem Prinzen Eugen von Savoyen, dem Philosophen Leibniz, dem schwedischen König Karl XII., mit August dem Starken von Sachsen, mit dem Herzog von Marlborough.

Wir wissen nicht, was den Dreiundfünfzigjährigen bewog, den Frieden und die Ruhe, die Kunstschätze und die Bibliothek seines Gutshauses zu verlassen und nochmals Kriegsdienste zu nehmen. Dabei mußte sich Schulenburg klar darüber sein, daß er sich diesmal auf ein mehr als riskantes Abenteuer einließ. Von dem Gutshaus Schulenburgs in Emden bei Magdeburg liefen Fäden zu allen Staatskanzleien. Schulenburg überblickte die politischen Verhältnisse Europas und konnte voraussehen, wie der Krieg verlaufen mußte, den die Türken vorbereiteten, um die Bestimmungen von Karlowitz zu revidieren, und daß Ungarn einer der Kriegsschauplätze sein würde. Prinz Eugen würde hier genug zu tun haben, die türkischen Armeen aufzuhalten.

Zum zweiten Kriegsschauplatz mußten die Besitzungen Venedigs in der Levante, an den Küsten des östlichen Mittelmeers, werden. Es war vorauszusehen, daß die venezianischen Festungen auf Morea von den Türken ohne große

Mühe eingenommen werden konnten. Dann mußte der Angriff auf die Schlüsselstellung der Adria, der Angriff auf Korfu, folgen: Veraltete venezianische Befestigungen, unzureichende Streitkräfte und eine berühmte Flotte, deren Schlagkraft zweifelhaft geworden war, das waren die einzigen Hindernisse auf dem Weg der Türken. Venedig selbst, die glanzvolle aber wehrlose Stadt, wäre nach dem Fall von Korfu dem Angriff der türkischen Flotte und ihrer Landungstruppen preisgegeben gewesen.

Die Republik war längst nicht mehr die einstige Großmacht, aber noch immer beherrschte Venedig die Adria, noch immer besaß es eine bedeutende Flotte und gewaltige Geldmittel. Es ging mit Venedig abwärts, aber man versuchte, diesen unaufhaltsamen Abstieg durch den Pomp und den Glanz von Staatsakten, durch alle Künste des diplomatischen Positionsspieles zu verlangsamen und zu verschleiern. Österreich sah sich bereits als Erben der venezianischen Großmacht und wußte, daß ihm die Besitzungen, und früher oder später auch die Stadt Venedig selbst, zufallen würden. Darum war es für Österreich wichtig, Venedig vor dem zu erwartenden Ansturm der Türken zu unterstützen. Man förderte daher von Wien aus die Bemühungen der Lagunenrepublik, sich im bevorstehenden Krieg gegen die Türken die Dienste des erfahrenen und berühmten Generals von der Schulenburg zu sichern. Für Venedig aber war Schulenburg mehr als ein kühner und erfahrener General. Er war auch ein Vertrauensmann des Wiener Hofes und ein Vertrauter des Prinzen Eugen.

Nach einem Besuch des Philosophen Leibniz auf seinem Gutshaus reiste Schulenburg 1715 nach Wien, um mit dem venezianischen Gesandten zu verhandeln. So wichtig es auch für Venedig war, das Talent Schulenburgs zu gewinnen, so zogen die Verhandlungen sich doch sehr lange hin. Die Venezianer zögerten, den Bedingungen Schulenburgs zuzustimmen; zahllose Kuriere reisten zwischen Venedig und Wien hin und her, brachten Weisungen und widerriefen sie wieder. Auf die Verhandlungen im Palast des venezianischen Botschafters wirkten Intrigen des sächsischen Hofes ein, wo man sich gleichfalls Schulenburgs Dienste sichern wollte. Auch der türkische Geheimdienst hatte überall seine Agenten, ja sogar Agentinnen unter den adeligen Damen und den Abenteurern, von denen Wien voll war. Schließlich kam der Vertrag dennoch zustande, und Schulenburg trat als Feldmarschall in den Dienst der Republik Venedig. Zur gleichen Zeit wurde er vom Kaiser in den Stand eines Reichsgrafen erhoben. Vor der Abreise Schulenburgs nach Venedig teilte Prinz Eugen ihm mit, daß Österreich ein Bündnis mit Venedig abschließen werde.

Die kaiserlichen Truppen eröffneten im Sommer 1716 den Feldzug gegen die Türken in Ungarn, während die türkische Hauptarmee die Besitzungen und Festungen Venedigs auf dem Peloponnes angriff. Die meisten dieser Festungen ergaben sich beim Erscheinen der feindlichen Truppen widerstandslos. Wütend vermerkt Schulenburg, daß die Streitkräfte Venedigs auf dem Peloponnes bei mutigem Einsatz hätten hinreichen müssen, die Halbinsel wesentlich länger zu verteidigen. Und die venezianische Flotte wagte gar nicht erst, die türkische Kriegsflotte anzugreifen, sondern blieb untätig.

Schulenburg schiffte sich am 2. Februar 1716 nach Korfu ein, wo er am 15. eintraf. Er fand die Festung in einem denkbar schlechten Zustand vor. Die Festungswerke waren veraltet, und Schulenburg wußte, daß es an Zeit und Mitteln fehlte, neue zu errichten. Seit der Zeit, da diese Befestigungen erbaut worden waren, hatten sich Reichweite und Wirksamkeit der Artillerie gewaltig erhöht. Besonders beunruhigt war der Feldmarschall über die im Vorgelände der Festung liegenden Berge Abraham und St. Salvator, da sie, wie Schulenburg vermerkte, »zu nichts anders dienten, als den Belagerten die Mühe und Arbeit zu vermehren, den Feinden aber die Eroberung des Platzes zu erleichtern«.

Als im Vorgelände der Festung eben die ersten Schanzarbeiten begannen, erhielt der Feldmarschall Befehl, mit der Flotte bis zur Insel Zante vor der Küste des Peloponnes zu fahren. Während dort noch beraten wurde, was man im Fall der Annäherung der türkischen Flotte tun sollte, brachte ein englisches Schiff die Nachricht, daß die türkische Flotte an der Insel Zante vorbeigesegelt sei, ohne daß die Venezianer dies bemerkt hätten. Das Ziel der Türken konnte nur Korfu sein. Schulenburg entschloß sich, an Bord eines französischen Schiffes nach Korfu zu segeln.

Als Oberkommandierender der Landstreitkräfte Venedigs war Schulenburg in keiner Weise verpflichtet, sich persönlich in die Festung zu begeben, deren Lage aussichtslos schien; noch weniger war er dazu verpflichtet, selbst die Leitung ihrer Verteidigung zu übernehmen – aber er tat es. In Korfu angelangt, fand Schulenburg Soldaten und Bevölkerung in höchster Panik. Die Befestigungsarbeiten, die er angeordnet hatte, waren erst zum Teil durchgeführt worden. Während die Türken ihr etwa 30000 Mann starkes Heer ausschifften und ihre schweren Belagerungsgeschütze in Stellung brachten, bemühte sich Schulenburg, die Berge Abraham und St. Salvator, so gut es in der Eile ging, zu befestigen. Angesichts der 2245 Soldaten, die ihm zur Verfügung standen und von denen nur etwa 1500 einsatzfähig waren, war es ein kühner Entschluß, sich den Türken schon im Vorgelände der Festung zu stellen.

Inzwischen flüchteten Bauern von der ganzen Insel in die Stadt. Die Flüchtlinge gefährdeten die Lebensmittelversorgung der Festung und »veranlaßten Unordnungen«, wie Schulenburg grimmig vermerkt. Er ließ aus Griechen und Juden einige Kompanien formieren. Dann traf ein Transport von tausend Soldaten und Munition ein. Um ein Haar wären die venezianischen Schiffe, die keine Ahnung davon hatten, daß die türkische Flotte vor Korfu lag, in die Hände der Feinde gefallen.

Die Türken brauchten zwölf Tage, um ihre Truppen aus Griechenland auf die Insel überzusetzen und ihre Geschütze einzubetten. Die venezianische Flotte, die inzwischen im Hafen von Korfu eingetroffen war, machte seltsamerweise keinen Versuch, die Türken bei der Ausschiffung zu stören. Das

Verhalten der venezianischen Flotte, auf das später sogar der türkische Befehlshaber mit Hohn hinwies, war für die Zeitgenossen rätselhaft und ganz dazu geeignet, Schulenburg und seine Truppen zu entmutigen. Es läßt sich nur aus dem damaligen allgemeinen Zustand der Republik Venedig erklären, daß *Capitano generale* Pisani, der venezianische Admiral aus berühmter Familie, die Schiffe nicht einsetzte und sich sogar in dem Augenblick höchster Bedrängnis weigerte, Marineinfanterie und Matrosen der Festung zur Verfügung zu stellen. Die Republik war so unsicher geworden, daß sie den Einsatz ihrer Kriegsflotte nicht mehr wagte . . . Es war schlimm genug, wenn man die Festung Korfu verlor, man wollte nicht auch die Flotte aufs Spiel setzen! So starrte der Hafen der belagerten Festung von den Masten venezianischer Kriegsschiffe, deren Matrosen und Soldaten wie unbeteiligte Beobachter dem Kampf auf Leben und Tod zusahen, den Schulenburg für Venedig kämpfte.

Schulenburg war sich im klaren darüber, daß die Übermacht der Türken und die Überlegenheit ihrer Artillerie die Lage der Festung aussichtslos machten. Er hatte eine einzige Chance, und diese wahrte er mit allen ihm zur Verfügung stehenden Mitteln und mit jenem Mut, der die Bewunderung der Zeitgenossen und der Späteren erregte: Der erfahrene Offizier wußte, daß eine so große Menschenansammlung wie die türkische Armee unter den Verhältnissen der damaligen Zeit mit unüberwindlichen Schwierigkeiten und Gefahren verbunden war. Es stand nur unzureichend Wasser zur Verfügung, und dieses Wasser war schlecht. Mit jedem Tag, um den der Fall der Festung hinausgezögert werden konnte, mußten all die Seuchen, die damals die Geißeln der Armeen waren, stärker wirksam werden: Ruhr, Typhus, Darmerkrankungen aller Art. Es galt, Zeit zu gewinnen und die Angriffe der Türken, die in dieser Lage vor Verlusten nicht zurückschrecken durften, mit möglichst großen Verlusten zurückzuschlagen. Es war ein Kampf um Zeit, um Tage, um Stunden.

Das Artilleriefeuer der Türken bewirkte, daß in der Stadt

ein Großteil der Häuser zerstört wurde, daß Brände zu wüten begannen. Die Bevölkerung und die zahlreichen Flüchtlinge retteten sich in die Keller. Die Festungswerke verwandelten sich in Trümmerhaufen. Das Bombardement ging ohne Unterbrechung weiter. Die Besatzung von Korfu war auf etwa 1500 Mann dienstfähiger Mannschaften zusammengeschrumpft. Die Soldaten waren erschöpft und entmutigt, jeden Augenblick konnte der Generalsturm der Türken auf die zerschossenen Festungswerke einsetzen.

Am 14. August brachte ein kleiner Geleitzug aus Venedig Verstärkungen: 1500 Mann, darunter allerdings etwa 300 Kranke.

Am 17. und 18. August deutete alles, was man im Lager der Türken beobachten konnte, darauf hin, daß der gefürchtete Generalsturm unmittelbar bevorstehe. Der Feldmarschall setzte aus diesem Grund eine Stunde nach Mitternacht einen Ausfall an. Es gelang, bis tief in die Schützengräben der Türken vorzudringen und ihnen Verluste zuzufügen, aber es gelang nicht, auch nur einen einzigen Türken gefangenzunehmen, obgleich der Feldmarschall zwanzig Dukaten Belohnung dafür versprochen hatte. Schulenburg hatte gehofft, aus dem Verhör eines Gefangenen Einzelheiten über die Vorbereitungen des türkischen Angriffs zu erfahren. Es konnte jedoch kaum ein Zweifel darüber bestehen, daß der Angriff der Türken sich gegen das Hornwerk Scarpone richten werde.

Wenn wir heute alte Stiche mit Ansichten barocker Festungsanlagen betrachten, ist es schwer, sich die Funktion all jener vorspringenden und zurückweichenden Rundungen und Kanten, Wälle und Gräben vorzustellen und die furchtbare Kraft, die diese Befestigungen dem Verteidiger gaben. Diese Art, Festungen anzulegen, war bedingt durch die Reichweite und Wirksamkeit der Artillerie, aber auch durch die Eigenschaften der Söldnersoldaten, mit denen Krieg geführt wurde. Es fehlte ihnen verständlicherweise am Elan im Angriff, aber auch in der Defensive. So dienten die Festungswerke nicht allein dazu, die Verteidigung stark zu machen, sondern auch, die Soldaten zu hindern, bei einem Angriff die Stellungen fluchtartig zu verlassen. Flüchtende Soldaten riskierten, unter Feuer genommen zu werden, wenn sie versuchten, zum Feind überzugehen oder auch nach hinten zu laufen. Der Scarpone war ein Hornwerk (Ouvrage à corne), das heißt, das Außenwerk der Festung, bestehend aus zwei halben Bollwerken und einem Zwischenwall. Die Halbkreise der halben Bollwerke, die mit der geraden Linie des Walles verbunden waren, gaben der Befestigung tatsächlich das Aussehen zweier gebogener Hörner eines Rindes.

Der Angriff der Türken gegen den Scarpone wurde dadurch erleichtert, daß Mineure, die zum Feind desertiert waren, ihnen die Standorte der Minen im Vorgelände des Festungswerkes verraten hatten. Im Morgengrauen des 19. August verließen die Türken ihre Schützengräben und stürmten mit Leitern gegen das Festungswerk. Nun trat ein Ereignis ein, mit dem Schulenburg nicht gerechnet hatte: Beim ersten Ansturm der Türken flüchtete die Besatzung des Scarpone. Wie Schulenburg vermerkt, »erleichterte die Furcht jenen Feigen den wegen der Höhe des Grabens gefährlichen Sprung«.

Der Feldmarschall, der sich mit seinem Stab hinter dem Scarpone bei den Hauptfestungen befand, sah mit Entsetzen, wie die vierhundert Soldaten von der Festungsmauer heruntersprangen und auf ihn zugerannt kamen. Bevor er sich noch darüber klar war, daß die Soldaten aus keinem anderen Grund die Flucht ergriffen hatten als aus Angst, unter dem Schock des Anblicks der gegen sie anstürmenden Türken, sammelte Schulenburg die Flüchtenden um sich und führte sie zum Scarpone zurück. Heftiges Feuer aus dem Hornwerk belehrte ihn, daß die Türken sich bereits im Scarpone festgesetzt hatten. Der türkische Angriff gegen die übrigen Werke konnte zwar zurückgeschlagen werden, die Festung wäre aber nach dem Fall des Scarpone nicht mehr zu halten gewesen. Die von den Türken eroberten Geschütze wurden gegen die venezianischen Festungswerke in Stellung gebracht und eröffneten aus nächster Nähe das Feuer.

Damit war der Augenblick gekommen, der alles entscheiden mußte. Schulenburg rief mit lauter Stimme, man müsse entweder die Türken aus dem Scarpone vertreiben oder hier das Leben lassen. Er gab Befehl, daß aus allen Werken die Türken anzugreifen seien, er ließ Leitern holen und rannte, die Staatsperücke wegwerfend, mit kahlem, unbedecktem Kopf, den Degen in der Faust, auf den Scarpone los, gewiß, daß die bunt aus Slawonen, Deutschen und Schweden zusammengesetzte Söldnerschar, die soeben noch vor den Türken geflohen war, ihm folgen würde.

Die Söldner folgten ihm tatsächlich. Sechsmal stürmten sie gegen die Befestigung, beim sechsten Mal gelang es, den Scarpone zurückzuerobern. Den Türken mußte dieser Angriff, der aller Kriegskunst widersprach und nicht die geringsten Aussichten hatte, als sinnloser Verzweiflungsakt erscheinen. Sie kamen gar nicht auf die Idee, daß dieses verrückte Unternehmen für sie gefährlich werden könnte. Als Schulenburg, die Leiter emporstürmend, den Fuß auf eine Festungszinne setzte, erkannte ein türkischer Offizier in dem kahlköpfigen Mann mit dem pulvergeschwärzten Gesicht und der zerfetzten Uniform den Feldmarschall. Mit gesenktem Säbel trat der Türke auf Schulenburg zu und sagte auf französisch: »Ergeben Sie sich, *mon Général*!« Im gleichen Augenblick brandete wie eine Welle der Ansturm der Soldaten Schulenburgs über die Festungsmauer.

Ein Unternehmen war geglückt, für das es keinen Präzedenzfall gab; der Kampf hatte drei Stunden gedauert, und die Türken hatten schwere Verluste erlitten. Auf dem Scarpone allein und im Vorfeld des Werkes zählte man zwölfhundert ihrer Toten. Ihre Verluste mußten aber größer gewesen sein, da die Türken ihre Toten und Verwundeten nach Möglichkeit mit sich nahmen. Die Belagerten verloren fünfhundert Mann, darunter eine Anzahl ihrer besten Offiziere.

Schulenburg konnte den erschöpften Mannschaften keine Ruhe gönnen. Die Leichen mußten begraben, die Befestigungen so gut es ging instandgesetzt werden. Die Bitte des Feldmarschalls an den *Capitano generale*, tausend Mann Marinesoldaten von den Galeeren auszuschiffen und ihm zur Verfügung zu stellen, wurde selbst in dieser Lage von Pisani abgelehnt.

Schulenburg lobte und belohnte alle, die sich mutig verhalten hatten. Er glaubte aber, sich dafür rechtfertigen zu müssen, daß er die Söldner nicht bestrafe, die den Scarpone flüchtend preisgegeben hatten. »Ich glaubte durch dies Betragen und durch diese Nachsicht für den noch bevorstehenden schweren Dienst vorteilhaft zu wirken.« Er ließ immerhin aber bekanntmachen, daß jeder, der seinen Posten »feigherzig verlasse, ohne Gnade durch ein Standrecht verurteilt würde, entweder erschossen oder gehangen zu werden«. Er befahl, den rotmaskierten und rotgekleideten Scharfrichter und seine Gehilfen zur Abschreckung im Hauptgraben zu postieren. Der Tagesbefehl des Feldmarschalls bestimmte auch, daß die Tore der Festung beim ersten Anzeichen eines neuerlichen Sturms der Türken geschlossen würden, und daß vor beendigtem Gefecht kein Verwundeter abtransportiert werden dürfte. Der Befehl schließt mit den Worten: »Nachdem es durch die göttliche Hilfe gelungen ist, die Festung aus einer so augenscheinlichen Gefahr zu retten, hege ich die feste Überzeugung, daß, wenn man meinen Befehlen Folge leistet, der Feind sich nimmermehr derselben bemächtigen werde.« Seltsamerweise wurde während des Generalsturms nur ein einziger Türke und auch dieser schwerverwundet, gefangengenommen. Er sagte aus, das türkische Heer sei durch das Feuer der Festung und durch Krankheiten stark vermindert worden.

Am 20. August entlud sich ein schweres Gewitter über der Festung. Alles wurde durchnäßt, sämtliche Munition war unbrauchbar, kein Gewehr hätte abgefeuert werden können. Schulenburg war überzeugt, daß die Türken diesen Augenblick ausnutzen würden. Diese aber zogen sich »durch das Unwetter ebenso wie die Belagerten belästigt« aus den Laufgräben in ihr Lager zurück.

Am 21. verstärkten die Belagerer ihr Artilleriefeuer. Die Belagerten verbrachten die Nacht vom 21. zum 22. August in

Erwartung eines neuerlichen Generalsturms. Nur die Hälfte der Mannschaften durfte in dieser Nacht ruhen, die andere behielt die Waffen in der Hand. So gut man vermochte, erleuchtete man das gesamte Vorfeld der Festung mit Raketen. Bis Mitternacht feuerten die Türken aus allen ihren Stücken und Mörsern. Es schien sicher, daß bei Tagesanbruch der Angriff erfolgen würde.

Im Morgengrauen meldeten ausgesandte Patrouillen, daß sich in den Laufgräben der Türken zwar Geschütze befänden, aber keine Mannschaften. Dann brachten griechische Kundschafter die Nachricht, das türkische Heer habe sich bereits während der Nacht zum Teil eingeschifft; der andere Teil der türkischen Armee sei im Begriff, auf die albanische Küste überzusetzen.

Die Türken hatten eine große Anzahl von Büffeln und Schlachtvieh und fast alle Pferde ihrer Reiterei zurückgelassen, ebenso einen Teil der Belagerungsgeschütze. Einige türkische Soldaten, die nun gefangengenommen werden konnten, erzählten, daß fast die Hälfte der türkischen Armee im Kampf gefallen oder Krankheiten erlegen sei. Allein die Verluste des Generalsturms vom 19. August hätten fünftausend Tote und Verwundete betragen.

Am Abend des Tages, an welchem die Türken abgezogen waren, brachte ein Schiff die Nachricht, daß die österreichischen Truppen am 5. August bei Peterwardein die Türken vernichtend geschlagen hätten. Der türkische Befehlshaber hatte die Nachricht vom Ausgang der Schlacht bei Peterwardein bereits zwei Tage vor Schulenburg erhalten. Von dem schleppenden Fortgang der Belagerung informiert, hatte der Sultan dem Kapudan Pascha den Befehl erteilt, entweder durch einen Hauptschlag die Festung zu nehmen oder die Expedition abzubrechen. Die Janitscharen aber waren durch den unerwarteten Ausgang des Sturms vom 19. August entmutigt und nicht zu bewegen, einen zweiten großen Angriff zu unternehmen. Dazu kam, daß das Herannahen des Herbstes mit seinen Stürmen ein Seegefecht für die Türken zu einer immer riskanteren Sache machte. Überdies war die strategische Lage der türkischen Flotte schwierig: die venezianischen Schiffe hatten bei ungünstigem Ausgang einer Seeschlacht immer einen sicheren Zufluchtsort im Hafen von Korfu, die türkische Flotte hingegen hätte nach einem Seesieg der Venezianer ihre Landungstruppen im Stich lassen müssen.

Die erfolgreiche Verteidigung von Korfu brachte dem Grafen von der Schulenburg alle nur vorstellbaren Ehrungen. Unter seinen Papieren fand man später einen Glückwunschbrief seines Landesherrn, des Königs Friedrich Wilhelm von Preußen, einen Glückwunschbrief des Königs August von Sachsen und Briefe anderer Monarchen. Am 10. August berichtete Eugen von Savoyen in einem aus dem Feldlager zu Peterwardein datierten Brief Schulenburg von seinem Sieg. Der Brief ist in deutscher Sprache verfaßt und lautet:

»Demnach Gott der Allmächtige denen Kayserlichen Waffen den 5. huius einen vollkommenen Sieg wider den Erbfeind verliehen, also habe Eure Excellenz hiervon um so mehr part geben wollen, als die beiderseits angefangenen Operationen erheischen, daß man einander die benötigte Communication thue. Ich überschicke hierbei Eurer Excellenz das Journal, aus welchem Sie das mehreren entnehmen werden, was hiesiger Orten passiert ist, nicht zweifelnd, Sie werden den Antheil hieran nehmen, welche die Sache selbsten mit sich bringt. Womit verbleibe Eurer Excellenz dienstwilliger Diener

Eugenio von Savoyen«

Als Prinz Eugen von den Ereignissen auf Korfu erfuhr, schrieb er am 9. Oktober 1716 aus Temesvar an Schulenburg und beglückwünschte ihn. Aus dem Französischen übersetzt lautet der Brief:

»Ich habe nunmehr dank den Mitteilungen und der Karte, die zu übersenden Eure Exzellenz mich geehrt haben, von den denkwürdigen Umständen der Belagerung von Korfu erfahren, und daß Sie sich so ruhmreich gegen die Ungläubigen behauptet haben und diese zwangen, sich, ihre Geschütze und anderes Kriegsmaterial zurücklassend, zurückzuziehen. Ich beglückwünsche Eure Exzellenz um so mehr, als Sie dank Ihrer Erfahrung und Voraussicht es vermocht haben, die Mängel der Festung und den Mangel an notwendigsten Dingen wettzumachen, und ich kann nur von ganzem Herzen hoffen, daß jetzt jene, die für die Seefahrt zuständig sind, im gemeinsamen Interesse der Christenheit Ihrem Beispiel folgen werden und die Flotte der Türken zu einem Zeitpunkt angreifen werden, da diese eine Schlacht zu vermeiden suchen.«

Prinz Eugens größter Triumph stand jedoch noch bevor: Ein Jahr später vernichtete er die türkische Hauptmacht bei Belgrad völlig. Feldmarschall von der Schulenburg führte indessen mit wechselndem Erfolg noch einige Operationen gegen die Türken in Dalmatien, bis der Krieg 1718 durch den Friedensschluß von Passarowitz beendet wurde. Schulenburg bestürmte den venezianischen Senat, die notwendigen Summen für die Vervollständigung der Festungswerke von Korfu zu bewilligen, und man gab seinem Drängen nach. Die Festung Korfu wurde nach allen Erfahrungen der Belagerung umgebaut und verstärkt, die Berge Abraham und St. Salvator erhielten Festungswerke.

Als der Graf von der Schulenburg 1719 neuerlich in Korfu eintraf, fand er die Festung fast vollständig vernichtet. Ein Blitz hatte in das Pulvermagazin eingeschlagen und die Gebäude der sogenannten alten Festung in Trümmer gelegt. 2000 Personen waren bei der Explosion getötet oder verletzt worden. Unter den Toten befand sich jener Generalkapitän Pisani, der sich so ängstlich bemüht hatte, jede Seeschlacht gegen die Türken zu vermeiden.

Die Explosion war so gewaltig gewesen, daß fast alle Geschütze der Festung zerstört und zum Teil ins Meer geschleudert worden waren. Unversehrt geblieben war lediglich das Denkmal, das der venezianische Senat im Mai 1718 zu Ehren Schulenburgs am Eingang der Festung hatte aufstellen lassen. Dieses erstaunliche Ereignis bestimmte den Senat, der schmeichelhaften Inschrift noch die Worte »Intacto fulmine laurus« hinzuzufügen (Der Blitz schont den Lorbeer).

Die richtigen Worte wußte man also noch immer zu finden, in der Stadt Venedig und im Dogenpalast. Aber dies änderte nichts an der Tatsache, daß der Untergang der Republik nur noch drei Vierteljahrhunderte entfernt war. Und es ist sehr fraglich, ob es selbst einem Schulenburg gelungen wäre, Venedig vor Napoleon zu retten . . .

Drittes Buch
DIE STADT

Venedig sitzt am Gestade des Meeres wie eine schöne Frau, deren Erscheinung bei Sonnenaufgang vergehen wird: der Abendwind spielt in ihrem duftenden Haar, und sie stirbt, umgeben von den Grazien und dem Lächeln der Schöpfung.

FRANÇOIS RENÉ VICOMTE DE CHATEAUBRIAND

Giovanni Cornaro, der Doge der Jahre 1709 bis 1722, hatte es miterlebt, wie die Türken binnen weniger Wochen sechzehntausend Mann verloren, und er durfte hoffen, daß das neue Jahrhundert wenn schon keinen Wiederaufstieg der Republik, so doch auch keinen weiteren Niedergang bringen werde. Die großen Familien und mit ihnen die Stadt, sie waren reich und klug; auch das Bürgertum, Christen wie Juden, hatte sich in den letzten Jahrhunderten erheblich bereichert, und wenn es in Venedig selbst keine großen Feldherren mehr gab, so mußte man sie sich eben aus jenen Ländern kommen lassen, wo seit neuestem so hervorragend exerziert wurde, wie es vordem nur die Schweizergarde zuwege gebracht hatte.

An diesen Erwartungen war viel Wahres, und die letzten zehn Dogen der Republik sollten denn auch mehr durch Geist, Bildung und literarische Lorbeeren auffallen als durch kriegerische Taten. Aber im übrigen zeigte dieses letzte Jahrhundert der Republik, daß auch sie keine Ausnahme von den Naturgesetzen für sich beanspruchen konnte. Fehlte es an Türken, denen man den Kopf spalten konnte, fehlte es an Kriegen, in denen unruhige Adelssprossen sich austoben konnten, dann wandte sich die jugendliche Unruhe, die adelige Abenteuerlust eben gegen die friedlichen Mitmenschen. Venedig wurde in diesen letzten Zeiten seines Bestehens als selbständiger Staat zu einer Stätte der Abenteurer, der Räuber, der Hochstapler, der Spieler, des Talmigesindels aus allen Ländern Europas, und das, obwohl die Polizei an der Lagune so wachsam blieb wie nur je.

Einen der schlimmsten dieser Bravi (wozu die Einzahl seltsamerweise Bravaccio lautet) hatte der Stadt noch das siebzehnte Jahrhundert geliefert, den Nobile Leonardo Pesaro. Wegen einer schönen Person namens Lucretia Baglioni gab es durch ihn und seinen Raufbruder Camillo Trevisan Mord und Totschlag in der Lagunenstadt, und schließlich kommandierte er eine ganze Bande, die sich auf Murano und Mestre, auf Venedig und Noale verteilte. Brauchten sie Geld, so überfielen sie Juden wie den reichen Caliman, oder eine vornehme Gesellschaft, in der sie dann den Frauen unter Verwünschungen die Juwelen vom Hals und von den Armen rissen. Brauchten sie Frauen, so entführten sie diese von Festen, aus Gondeln, bei hellichtem Tag und behielten die Schönen monatelang bei sich, bis die ganze Bande sie genugsam genossen hatte und die Ärmste nur noch in irgendeinem Asyl weitervegetieren konnte. Als auch noch ein Morosini zu den beiden verfemten Nobili stieß, machte die Republik ernst und beschlagnahmte das Erbgut der drei, verbannte sie und setzte zugleich hohe Belohnungen auf ihre Köpfe; das waren Beschlüsse, die gegen die Söhne so reicher und berühmter Familien gewiß nicht leicht durchgesetzt werden konnten.

Nicht besser erging es 1760 dem Grafen Allemanno Gambara, dessen Besitzungen auf venezianischem Gebiet bei Brescia lagen. Als Anführer einer Bande von Straßenräubern hatte er sich seines alten Namens nicht sonderlich würdig gezeigt. Auch er wurde des Landes verwiesen, als habe die Signoria in diesem letzten Jahrhundert ihrer Macht eine gewisse Scheu entwickelt, so hochgeborene Verbrecher hinzurichten. Das verwundert ein wenig, da eben in diesem Jahrhundert die Welt durch einen anderen Venezianer, nämlich durch Giacomo Casanova, von jener sinnreichen und festeingebauten Garotte erfuhr, mittels deren in den Kellern des Dogenpalasts lautlose Hinrichtungen durchgeführt werden konnten.

Noch aber sind wir nicht bei ihm, der dieses venezianische Jahrhundert in gewissem Sinn beherrschen wird, sondern bei den alten Herren, die alle etwa gleiche Lebenswege hatten, die als Diplomaten begannen, als Schöngeister ihrem vornehmen Namen ein wenig Lorbeer hinzugewannen und schließlich auf den Herzogsstuhl erwählt wurden: Pietro Grimani etwa, Doge von 1741-52, zuvor jedoch venezianischer Gesandter am Hof der Königin Anna und Freund des großen Isaac Newton, oder auch Marco Foscarini (1762–63), der als Botschafter beim Heiligen Stuhl eine Geschichte der venezianischen Literatur geschrieben hatte und als Botschafter in Wien seine Geheim-Memoiren. Paolo Renier (1779-89) mußte zwar mittels einer maritimen Strafexpedition nach Tunis die Ermordung des dortigen Venezianischen Geschäftsträgers rächen und hatte dazu in Admiral Emo auch den letzten Krieger Venedigs zur Verfügung; immerhin aber blieb ihm Zeit genug, eine venezianische Platon-Ausgabe herauszugeben, die er selbst übersetzt hatte, und emsige Homer-Studien zu betreiben.

In einem jedoch blieben alle diese klugen Männer gleichermaßen blind: Sie empfanden nicht die geringste Veranlassung, an der Verfassung oder der Verwaltung der Republik auch nur das I-Tüpfelchen zu ändern; sie bemühten sich lediglich, die Substanz der Nobili gegen den Ansturm der Zeiten und Gefahren zu bewahren. So durfte sich zum Beispiel duellieren, wer wollte – nur die Familien aus dem Goldenen Buch waren verpflichtet, sich dieser männermordenden Händel zu enthalten. Carlo Goldoni, 1707 in Venedig geboren und mit seinem Todesjahr 1793 langlebig wie ein Doge, hatte als Sekretär am Kriminalgericht von Chioggia Gelegenheit genug, solche Affären zu studieren und läßt seinen *Avvocato veneziano* darum auch ständig mit der Hand am Degen herumstolzieren. Aber er wäre kein Dichter, würde er nicht auch die niedrigeren Schichten zu Wort kommen lassen. Er zeigt uns, daß ein Barcaiulo – wir sagen schlicht Gondoliere zu ihm – im gesellschaftlichen Leben der Lagunenstadt so überfordert war wie ein Barbier in Sevilla. »Mit Tagesanbruch, befiehlt die Gnädige Frau, soll die Gondel bereit sein. Flink, Menego, fahr zur Friseuse, sie soll augenblicklich kommen. – Menego, fahr schnell zum Arzt, die Gnädige ist seekrank geworden – hol den Barbier, Menego, die Gnädige Frau will ein Lavement haben. Seit dem frühesten Morgen sitzt Menego in seiner Gondel; den Tag über fährt er die Gnädige durch die Stadt – nachmittags wandelt sie über den Markusplatz und Menego wartet in der Gondel – abends muß er ins Theater mit ihr, und um Mitternacht endlich geht's endgültig nach Hause.«

Nicht alle Damen sind so wie die Herrin Menegos, zumindest eine sei als Beweis dafür genannt, jene Caterina Corner, die sich nicht Cornaro schreibt wie die Dogen ihres Geschlechts, um sich von der einstigen Königin von Zypern zu unterscheiden. Wie diese ist sie eine geistvolle und schöne Frau, sprichwörtlich berühmt durch ihre Eleganz und ihre Liebenswürdigkeit im gesellschaftlichen Umgang. Und obwohl sich heute erkennen läßt, daß sie ein starkes Penchant zu den Männern und zahlreiche Verehrer hatte, gab es dank ihrer Vorsicht und ihres Takts nie einen Skandal, ja nicht einmal eine Affäre. Sie wurde – wie in Paris die Récamier – die vielumschmeichelte Göttin eines Salons, in dem die ein wenig schwächliche und leicht erregbare Spezies des angeblich so starken Geschlechts zu ihren Füßen kauerte. Die Briefe, die der gebildete und vornehme Niccolò Venier ihr aus Paris schrieb, wo er sich heftig nach ihr sehnte, gehören zu den aufschlußreichsten Dokumenten aus jener Zeit; ihr Herz aber gehörte, wie das oft so ist, dem gefühlvoll-melancholischen Pietro Pesaro, 1795/96 Botschafter Venedigs beim Heiligen Stuhl.

Am ersten Oktobersonntag begann in Venedig alljährlich der Karneval; Weihnachten unterbrach ihn kurz, die Fastenzeit länger, aber nach Christi Himmelfahrt folgten noch zwei Karnevalswochen, ehe die vornehmen Familien aufs Land gingen. Somit war im Grunde stets Karneval, wenn man in Venedig weilte, und die kurzen Unterbrechungen reichten nicht zu, jene strengen Sitten wiederherzustellen, die man anderswo nur für ein paar Karnevalswochen vergaß.

Begonnen hatte dieses Treiben mit dem Jahrhundert, »diesem achtzehnten Jahrhundert mit seiner tausendfachen Verderbnis, seiner Eleganz, seinem Geist, seiner Unbekümmertheit um das Morgen, diesem Bild in dem kostbarsten Rahmen und auf dem zauberhaftesten Grunde, der sich denken läßt« (Théophile Gautier), aber Venedig hätte, falls es zu einem Prozeß gekommen wäre, mildernde Umstände geltend machen können. Der eine war, daß die alte Handelsstadt notwendigerweise toleranter sein mußte als ihre binnenländischen Schwestern in Christo, denn in Venedig gingen Griechen, Armenier, Juden, Ägypter, Syrer und die Kaufleute, Schiffer und Diplomaten anderer Nationen ein und aus. Venedig hatte Besitzungen jenseits der osmanischen Dardanellen gehabt, ein volkreiches Venezianerviertel am Bosporus unterhalten, sich selbst zur Kreuzzugszeit der Duldung Saladins erfreut und dafür Waffen an die Sarazenen geliefert. Es war eine Stadt, die, wie man heute sagen würde, etwas außerhalb des Christentums und der abendländischen Völkerfamilie lag und sich vielleicht auch darum ihren Stadtheiligen aus der ägyptisch-griechisch-mohammedanischen Hafenstadt Alexandria geholt hatte.

Seit dem Jahre 1718, seit dem Friedensschluß von Passarowitz, hatte die Stadtrepublik noch ein zweites Argument für eine gewisse politische Zurückhaltung und für die selbstgenügsamen Feste an der Lagune: Nachdem im Spanischen Erbfolgekrieg französische und österreichische Truppen Venetien durchzogen und verwüstet hatten, ließen diese christlichen Großmächte Venedig auch noch ohne wirksame Hilfe gegen die Türken. Morea, wie man damals die Peloponnesische Halbinsel nannte, ging verloren, Korfu und Dalmatien konnten nur mit Mühe gehalten werden, und die einst meerbeherrschende Republik verfügte 1722 nur noch über etwa zweieinhalb Millionen Untertanen.

In dieser kleinen Schar waren die Einwohner der Stadt Venedig selbst eine Art Elite oder hielten sich zumindest dafür; sie hatten feine Ohren und vermochten zu unterscheiden, ob jemand das Venezianische mit dem Tonfall von Treviso oder Mestre oder aber von San Marco sprach. Und nur im letzten Falle gehörte er zu jener Runde, in der sich seit beinahe tausend Jahren dieselben Namen immer wiederholten. Es sind Namen, die uns vertrauter klingen als die aller anderen historischen Personen, weil sie uns von Monumenten, Straßenekken und Brücken grüßen, die allesamt auf einem Geviert von wenigen Quadratkilometern beisammenliegen: Bragadino, Mocenigo, Grimani, Manin, Rezzonico, Contarini, Foscarini und so weiter. Andere Venezianer wurden jenseits der Grenzen ihrer Heimat berühmt: Tizian und Canaletto, Goldoni und Gozzi, Sebastiano Caboto und Cadamosto. Und zwei wurden sogar zu Begriffen für die ganze Menschheit, zu Legenden: Marco Polo und Giacomo Casanova.

Der große Reisende bezeichnet die erste Glanzzeit der Lagunenrepublik, jenes dreizehnte Jahrhundert, da es Venedig war, das zuerst die engen Grenzen des Abendlandes sprengte, den Sperriegel der Mohammedaner umging und die Brücke nach Ostasien und Indien schlug. Und Casanova, der ein halbes Jahrtausend nach ihm kam, bezeichnet jenes Venedig, das nur noch glänzte, das kaum noch anderes zu tun hatte, das überall Gesandtschaften unterhielt, aber keine Politik mehr betrieb, das von Ruhm und Reichtum zehrte und in seinen Palästen das versinkende *Ancien Régime* reiner und strahlender aufleuchten ließ, als dies irgendwo anders in Europa der Fall war.

Marco Polo wie Casanova schrieben ihre Memoiren, der eine im Gefängnis, der andere im Exil, und beide taten es auf französisch. Dem einen glaubte man die Urheberschaft, aber nicht das, was er sagte, und nannte ihn höhnisch Messer Milione, seiner großen Ziffern wegen. Casanova sah noch im venezianischen Karneval einen mit Turban und Kaftan asiatisch aufgemachten Popanz mitspringen, der jenen Messer Milione, den Kaufmann Marco Polo, verkörperte. Und als er selbst schließlich die Feder aus der Hand legte, weil der Tod sich näherte, stand er an der Schwelle des gleichen Schicksals; man glaubte Casanova nicht die Leistung der zwölf Bücher seiner Lebensgeschichte und schob sie dem großen Stendhal zu, und als sich nicht mehr leugnen ließ, daß tatsächlich der Venezianer Casanova nahezu viertausend Seiten über sein Leben geschrieben habe, da setzte man bei einigen Erinnerungslücken des Alten von Dux den Hebel an, um das Werk wenigstens seinem Inhalt nach aus den Angeln zu heben und als die Altersphantasien eines Scharlatans und Abenteurers abtun zu können.

Heute, mehr als ein Vierteljahrtausend nach dem Geburtsjahr Casanovas (1725–98), hat dieser unstete Herzensbrecher, dieser allzuerfahrene Weltmann und allzuweltliche Ritter vom Geiste einen Sieg auf der ganzen Linie errungen, ja mehr als das: er hat nach der Frauenliebe seines Lebens noch die Liebe (wenn auch nicht immer die Achtung) seiner zahllosen Leser gewonnen.

Daß die in den letzten Jahrzehnten neu aufgetauchten Dokumente auch bisher bezweifelte Einzelheiten seiner Lebensgeschichte überraschend bestätigten*, hat dabei nicht sehr viel zu sagen; Irrtümer in den Jahreszahlen mußte man ihm von Anfang an verzeihen. Daß die meisten jener Damen, die er galant mit falschen Namen oder nur mit ihren Initialen in seinen Erinnerungen anführte, inzwischen identifiziert und mit gnadenlos-deutlichem Nationale versehen wurden, erhob viele Partien der *Historie de ma Vie* aus dem Bereich des galanten Romans in den der Chronique Scandaleuse eines Jahrhunderts. Daß diese Lebensgeschichte selbst aber noch heute, trotz ihres beträchtlichen Umfangs, trotz der zeitlichen Distanz und der Abfassung in einer Casanova immerhin nicht zugeborenen Sprache die lebendigste und unterhaltsamste Lektüre insbesondere für den Gebildeten ist, das wurde entscheidend und verbannt alle denkbaren Einwände ins Ephemere.

Sucht man die Bücher zusammen, die aus dem achtzehnten Jahrhundert bis heute lebendig, beliebt und tatsächlich im allgemeinen Bewußtsein geblieben sind, so kommt man kaum auf ein halbes Dutzend: *Gullivers Reisen*, *Robinson Crusoe*, *Candide* und Casanovas *Memoiren* stehen wohl als einzige über der Diskussion; selbst beim *Werther*, bei *Tristram Shandy*, bei Rousseaus *Konfessionen*, beim *Ardinghello* und bei *Manon Lescaut* kommen uns Zweifel. Unter den Vergessenen aber sind so viele Erzeugnisse der gewagten Literatur, daß damit auch der Vorwurf widerlegt ist, Casanovas Erinnerungen hätten sich lediglich wegen der ausführlichen Schilderungen

* und, »mit an Sicherheit grenzender Wahrscheinlichkeit (Rives Childe) auch die Tatsache, daß sein Vater der Nobile Michele Grimani war«.

seiner Liebeshändel solange in der Gunst der Leser behauptet.

Wäre Giacomo Casanova, le Chevalier de Seingalt, somit als Schriftsteller neben Defoe, Voltaire und Swift zu stellen? Überragte er die Vergessenen oder doch selten Gelesenen von Goldsmith bis Richardson und Montesquieu bis Wieland? Gewiß nicht. Er war zwar nichts so sehr wie Schriftsteller. Er war weder Jurist, noch Geheimagent, noch Alchymist oder Finanzgenie wirklich; nur zum Schreiben trieb es ihn tatsächlich, ob er nun eben zweiundvierzig Tage Haft dazu benützte, die Venezianische Geschichte eines Franzosen zu widerlegen, oder ob er, um vor Zorn nicht zu bersten, wütende Pasquille verfaßte. Er hat zweifellos an da Pontes bestem Libretto, dem *Don Giovanni*, erheblichen Anteil und schrieb einen polemischen Stil, der sich noch heute sehen lassen kann. Aber das große Kunstwerk war all dies nicht, das Kunstwerk war sein Leben, und was die Erinnerungen an dieses Leben so lesenswert macht, das sind die in ihnen gespiegelten Tugenden des Erzählers, die Tugenden und Untugenden des Verfassers, und die Sitten und Unsitten seiner Zeit wie seiner Zeitgenossen. Er hatte viel erlebt und folglich viel zu sagen; wer viel zu sagen hat, kann sich im Stil bescheiden, die Schnörkel sparen und Geistreichelei jenen überlassen, die mit dem Stoff nicht auskommen. Das Wunder jener inneren Ökonomie, die allein ein umfangreiches Werk lesbar macht, kann man ohnedies nicht lernen; es fällt nur dem Genie in den Schoß: in diesem Falle eben einem Genie des Lebens, das dadurch zu einem der Literatur wurde.

Als das Urbild des Libertins war Casanova für die einsichtigen und freisinnigen Naturen unter seinen Zeitgenossen keine negative Erscheinung, sondern das Endprodukt einer Entwicklung. Im sechzehnten Jahrhundert hatte der *Uomo universale* der Renaissance die anderen Männer überstrahlt; im siebzehnten Jahrhundert ging vom Hofmann der stärkste Glanz aus, und im achtzehnten hatte die Degeneration der Höfe und der Gesellschaft den unabhängigen Außenseiter als halb belachtes und halb bewundertes Spiegelbild des eigenen Niedergangs ausgeschieden und in verschiedenen Formen ausgeprägt: als Abenteurer, als Spieler, als Scharlatan.

Daß Männer dieser Art bei Frauen mehr Erfolge hatten als der ansässige, durch Rücksichten auf Umgebung, Familie und Geschäft gebundene Bürger, wäre auch ohne die Diagnose Diderots klar. Nehmen wir hinzu, daß Casanova viel Zeit und große Bewegungsfreiheit, gutes Auftreten und eine sehr gepflegte Erscheinung hatte, so ergeben sich weitere Gründe für seine oft bestaunten Erfolge beim anderen Geschlecht. Hält man all das zusammen, so erübrigt sich beinahe die immer wieder gestellte Frage, welches Geheimrezept dem Venezianer all seine Siege einbrachte. Denn wenn er auch an einer Stelle von den tausend Frauen seines Lebens spricht und an einer anderen von einigen hunderten, so sind unter dieser unbestreitbaren Fülle doch kaum ein Dutzend, die ihm besondere Verführungskünste abnötigten und damit die Behauptung rechtfertigen, daß sie sich einem anderen als Casanova nicht ergeben hätten.

Der Hauptvorzug, den Casanova ins Treffen führen konnte, war seine Grundeinstellung gegenüber den Frauen. Obwohl er sich gelegentlich als Gelehrter bezeichnete, war er durchaus kein Intellektueller und verachtete die zu seiner Zeit recht häufige Unbildung der Frauen keineswegs. Er hatte ein feines Organ für den Hausverstand, zog jedes muntere Kammerkätzchen der dazugehörenden Primadonna vor und gab damit den Frauen stets die Gewißheit, daß sie selbst es seien, um die es gehe, nicht um die Aufmachung, den materiellen oder geistigen Schmuck und andere Accessoires. Aus dieser Einstellung floß auch seine Ritterlichkeit. Man liest noch heute in sehnsüchtigen Heiratsanzeigen nicht mehr ganz junger Damen von den Kavalieren der alten Schule. Vergegenwärtigen wir uns, daß diese Schule von einer Umwälzung zur anderen ihr Lehrziel immer tiefer stecken mußte und endlich am 13. März 1938 ihre Pforten definitiv schloß, dann läßt sich ermessen, um wieviel mehr Frauenträume durch einen Chevalier de Seingalt erfüllt wurden, der den Minnedienst in Venedig, Rom und Paris, in Wien, Warschau und Petersburg erlernt hatte, noch ehe die erste der großen Revolutionen das alte Europa erschütterte.

Sollte es wirklich daneben noch Bedeutung haben, daß unser Venezianer ein paar kleine Tricks anzuwenden pflegte wie den, besonders spröde junge Mädchen möglichst mit einer gefügigen Gefährtin zusammenzuspannen, damit deren Beispiel enthemmend wirke? Oder daß er, wenn sich ein Mädchen ihm nicht ergab, vor allem nach den tieferen seelischen Ursachen forschte, wie ein moderner Tiefenpsychologe zunächst geistig-seelische Lockerungsübungen machte und geduldig Laufgraben um Laufgraben aushob, ehe er zum Sturm auf die Festung ansetzte? Da scheint es uns wichtiger, festzuhalten, daß Casanova ein erklärter Feind jeglicher Brutalität war, denn in diesem Punkte mögen sich die Methoden seiner Nachfahren am deutlichsten geändert haben. Widerstand, der über das übliche Zaudern hinausging, ein Widersetzen, dessen Ernsthaftigkeit offenbar war, veranlaßten Casanova mehr als einmal, alle Bemühungen abzubrechen und zu gehen. Er war durch solche Zwischenfälle in einer uns kaum mehr verständlichen Weise beleidigt, was nur eine Erklärung zuläßt: er zürnte in solchen Augenblicken sich selber, die Situation falsch eingeschätzt und die Dame unzureichend vorbereitet zu haben.

Er war zutiefst überzeugt, daß die Frauen in ihrem innersten Wesen mindestens so ausschweifend seien wie die Männer, so daß zum Erfolg seiner Bemühungen nichts weiter nötig sei, als eine Gelegenheit zu schaffen, in der die Umstände keine Hemmungen aufkommen ließen. Zu diesem Zweck nahm er selbst jedes Opfer auf sich und demonstrierte dadurch den Frauen überzeugend, daß man das Glück der Lust mit einiger Energie herbeizwingen könne. Die Überraschten hatten oft keinen Ausweg als den, sich zu ergeben, hatte ihr Ritter doch ihretwegen zehn Stunden in einer kalten Kirche oder vier Stunden in einem Wandschrank zugebracht, wo ihm der Käse vor der Nase lag und Ratten über seine Füße huschten.

Wäre das Rezept also noch immer der Ritter ohne Furcht und Tadel, der zu jedem Minnedienst unerschrocken Bereite? Nicht ganz, wenn wir nach Casanova urteilen, dessen Jahrhundert doch einige feinere Würzen empfahl. Die eine war die Rede. Sie stand dem Schauspieler- und Patriziersproß, dem gelernten Juristen und einstigen Abbé, dem Bürger der alten Handelsrepublik und Schüler des alten Crébillon in einem erstaunlichen Maß zu Gebote und verließ ihn nur, wenn man ihn sehr empfindlich kränkte (dann nämlich sprach er nicht mehr, sondern schrieb, was ihn als einen echten Pamphletisten ausweist). Er wußte seine Sprache zu nuancieren wie wenige andere, und selbst aus seinen Fehlern – als er des Französischen noch nicht mächtig war – eine Tugend zu machen und zusätzlichen Charme zu gewinnen. Die Redegabe erst machte ihn zu dem Mann der vielen Masken, unter denen die Annäherung gemeinhin vor sich ging. Man hißte ja im achtzehnten Jahrhundert nicht gleich die Flagge des Eroberers, man manipulierte nicht mit dem Ultimatum: ergib dich oder ich verlasse dich, das heute jedem Kommis die Wege ebnet. Solche Siege hätten einen Casanova nur über seine eigene Erbärmlichkeit weinen lassen. Griff er zu wirtschaftlichen Gründen, benützte er das Geld, dann war damit nie eine Pression verbunden. Alles, was er ausgab und aufwendete, sollte nur in dem Pfauenrad glitzern, das er vor der Dame schlug. Er verschwendete, aber nicht um sie zu bezahlen, sondern um sich großzügig zu zeigen, um sich das immer interessante Air des Verschwenders zu geben, und wenn er schenkte, so geschah dies ohne Kalkül, mit der Absicht, zu verblüffen wie ein Zauberkünstler:

»Ich lag noch im Bett, als mein Kammerdiener mir meldete, eine hübsche Dame bitte um die Ehre, mich zu sprechen. Ich ließ sie eintreten und sah mit Vergnügen, daß es Agatas Mutter war. Ich bat sie, sich neben mein Bett zu setzen, und lud sie ein, eine Tasse Schokolade mit mir zu trinken. Als wir allein waren, zog sie die Ohrgehänge aus der Tasche, die ich ihrer Tochter gegeben hatte, und sagte mir lachend, sie habe sie einem Juwelier gezeigt, der ihr tausend Zechinen dafür geboten habe. ›Er ist verrückt‹, rief ich, ebenfalls lachend, ›Sie hätten sie ihm lassen sollen, denn sie sind keine vier Zechinen wert.‹ Zugleich ergriff ich ihre Hand, zog sie an mich und umarmte sie. Da ich fühlte, daß sie meinen Kuß erwiderte und gefügig war, ließ ich es dabei nicht bewenden, so daß wir schließlich ein paar Stunden damit zubrachten, uns gegenseitig zu beweisen, wie sehr wir einander schätzten. Nach dieser entzückenden Szene sahen wir beide ein bißchen erstaunt aus; die reizende Mutter brach zuerst das Schweigen und fragte lächelnd: ›Soll ich meiner Tochter erzählen, auf welche Weise Sie mich überzeugt haben, daß Sie sie lieben?‹«

Eine winzige, aber brillante Szene, die wir uns in ihrer Leichtigkeit nur bei Hofmannsthal denken können. Ungekünstelt ergibt sich alles von selbst. Die Dame weiß nicht, daß die Ohrgehänge ein Geschenk der alten Marquise d'Urfé an unseren Chevalier sind, aber sie weiß, daß sie echt sind. Casanova tut, als interessiere ihn das überhaupt nicht. Es ging ja nur um den einen Theatercoup, eine Ballettelevin mit Ohrgehängen ungeheuren Werts in den Ballsaal zu schicken. Der Baum ist geschüttelt, und statt der einen Frucht fallen gleich zwei. Wollte einer versuchen, diesen Erfolg gleichsam mit System zu erlangen, so fiele ihm statt des Obstsegens höchstens ein Ast auf den Kopf.

Solche Gelöstheit ist naturgemäß besonders dazu angetan, Hemmungen aus dem Weg zu räumen. Darum scheut Casanova sich auch nie, sein Genießertum zu bekennen. Einer jungen Dame, die ihm eben ihre Reize enthüllt hat, versichert er: so schön sie sei, was sie wirklich unwiderstehlich mache, sei die Kombination von Chambertin und Roquefort, die sie ihm eben vorgesetzt habe. Und als er sich zwischen den kühlen Mauern des Waldsteinschen Schlosses an den Abend erinnert, an dem eine schöne Genfer Theologin und deren taufrische Nichte zugleich seine Beute wurden, da fällt ihm sogleich ein, daß die beiden Damen ihm vorher ein prächtig getrüffeltes Hühnchen mit einer Flasche alten Neuburgers aufgetischt hatten. Das eine gehört zum anderen. Es gibt keinen

Grund, sich ein gutes Mahl zu versagen, und selbst als die ihrer Wiedergeburt entgegenhoffende Marquise d'Urfé diamantenbehängt neben ihm sitzt und in Gedanken an den Erzzauberer Oromasis nur Fisch zu essen wagt, gibt sich Casanova ungehemmt seinem gesunden Appetit hin.

So unbekümmerter Lebensgenuß schafft Heiterkeit, schafft eine gelöste Atmosphäre. Den Liebesszenen der viertausend Memoiren-Seiten fehlt alles Dumpfe, Schuldhafte, Sündige. Casanova versteht, seinen Partnerinnen, woher immer sie kommen mögen, stets das eine klarzumachen: daß man mit der wahren inneren Heiterkeit nicht sündigen könne. Man fühlt deutlicher, als man es aus seinen Zeilen herauslesen könnte, daß Frauen und Mädchen in der Begegnung mit Casanova nicht unterworfen werden, sondern befreit; ja, daß in dem Augenblick, da sie sich ihm ergeben haben, alles von ihnen abzufallen beginnt, was ihr Leben verdüsterte: die kleinstädtische Umgebung, die adelige oder kleinbürgerliche Familie, die Aufsicht durch den Pfarrer, die Gemeinschaft mit einem ungeliebten Mann. Das Glück, das sie Casanova geben, ist auch das ihre, und es ist viel mehr als der bloße Genuß in seiner kathartischen Funktion, es ist der intime weibliche Triumph, zu dem er ihnen verhilft, sehr oft als erster, oft als einziger Mann ihres Lebens.

Muß man sich wundern, daß sie alle ihn nicht vergessen? Ja mehr, daß sie in Freude und Dankbarkeit an ihn zurückdenken und durch ihr späteres Leben den Schritt, den sie ohnedies nie wirklich bereut haben, auch noch bestätigt finden? Während andere Herzensbrecher Fluten von Tränen hervorrufen, lächeln die Heldinnen dieser Abenteuer Casanova zu, wenn er sich wieder zeigt, ob es nach zwei oder nach zwanzig Jahren ist. Sie führen ihm ihre Töchter zu mit der Bitte, diese ebenso glücklich zu machen, und sei es nur für eine Nacht. Sie stellen ihm ihre Gatten vor, damit auch diese dem Venezianer danken können, und sie öffnen ihm ihre Schmuckschatulle, um dem gealterten und verarmten Chevalier wenigstens im Materiellen abzugelten, was er für sie getan und ihnen gegeben hat.

Wenn es ein Jahrhundert der Abenteurer gibt, so ist es das achtzehnte; und gibt es eine Stadt der Abenteurer, so heißt sie Venedig. Dem Venezianer Casanova konnte es an gleichgesinnten Landsleuten und Zeitgenossen also nicht fehlen, ja es waren ihrer so viele, daß ein volles Jahrhundert verging, ehe man sich darüber klar wurde, daß Giacomo Casanova sie in gewissem Sinne alle überrage – und zwar nicht nur durch sein Memoirenwerk, sondern auch durch seine Gesamterscheinung.

Er hatte nicht die urwüchsige Kraft des Sizilianers Cagliostro und nicht die Selbstbeherrschung und intellektuelle Überlegenheit, die ein Saint-Germain stets zu wahren wußte; er war Genußmensch und daher in all seinen Bemühungen um die Geheimwissenschaften einem Beireis, in seinen finanziellen Zauberkunststücken einem John Law unterlegen. Er hatte weder die eiskalte Verachtung für europäische Sitten, die einen Lord Baltimore mit einem ganzen Harem durch Europa reisen ließ, noch hatte er das Herz, dieses Europa mit seinen Grenzen und Riten von sich zu werfen, wie es der Abenteurer Bonneval tat, der als Achmet Pascha bis zum Gouverneur volkreicher Provinzen aufstieg. Casanova war nicht so verschlagen wie Ange Goudar, Gaetano Costa oder die Brüder Zanovich, hatte andererseits aber nicht soviel menschliche Substanz wie der Chevalier d'Eon oder wie Beaumarchais. Aber nimmt man Casanova im Ganzen, den Menschen, das Leben, die Taten und die Werke, dann scheint es doch so, als könne das Jahrhundert auf ihn zuletzt verzichten, und als sei er unter den Abenteurern jene Schlüsselfigur, wie sie die Literatur in Voltaire hervorgebracht hat.

Vergleichen wir Casanovas Memoiren mit den Lebensberichten, die wir von anderen Venezianern besitzen, so wird allerdings deutlich, daß es nicht so sehr das venezianische Element ist, das sie zu einem Buch und vielleicht sogar zu *dem* Memoirenbuch des Jahrhunderts macht, sondern der weite Horizont, den Casanova sich und damit seinen Lesern erschließt. Die nächst ihm bekanntesten venezianischen Memorialisten verließen, wie Carlo Gozzi, Venedig nur einmal in verhältnismäßig jungen Jahren oder erst sehr spät zu einem Lebensabend anderswo, wie der nach Paris gegangene Carlo Goldoni. Graf Gozzi (1720–1806) ist, wie Casanova, Mitglied einer hochbegabten Familie, die jedoch nicht Schauspieler, Maler, Abenteurer und Schriftsteller hervorbrachte, sondern ausschließlich Literaten, diese allerdings in der buntesten Vielfalt. Obwohl Gozzi als geistvoller und poetisch fruchtbarer Reaktionär gegen die Aufklärung des Abbé Chiari und den Realismus eines Goldoni eine geistesgeschichtlich sehr reizvolle Persönlichkeit ist, interessiert an seinen Memoiren heute doch mehr das skurrile Detail dieses Lebens, die Lebensführung eines charmant verkommenden Grafen, der schließlich sogar in der großen Liebe seines Lebens scheitert und die Angebetete, die verheiratete Schauspielerin Teodora Ricci, sich nur in einer seiner Komödien bissig-eifersüchtig zu eigen machen kann. Diese Affäre war es schließlich auch, die ihn veranlaßte, seine *Memorie inutili* niederzuschreiben.

Zwischen Carlo Gozzi und seinem älteren Bruder Gasparo (1713–86) hat es nicht viel Streit darüber gegeben, wer von ihnen der Größere sei; denn erstens waren es zuviele Gozzi, die schrieben, wurden doch sogar die angeheirateten Damen aus anderen Geschlechtern von diesem Literatenhospital infiziert. Zweitens aber hatten die Brüder viel zu viel zu tun, um sich der literarischen Gegner zu erwehren, denn das Venedig des achtzehnten Jahrhunderts exzellierte in seinen Pamphleten. Den Dramatiker Carlo Gozzi mit seinen schwärmerischen und oft allzu ortsgebundenen Bühnenmärchen kann man dem heutigen Leser einigermaßen erfaßbar machen, indem man ihn mit Raimund, Goldoni aber mit Nestroy vergleicht. Wohin aber mit einer so eminent venezianischen Erscheinung wie jenem Gasparo Gozzi, der dürr wie Hiob durch die lebenslustige Stadt wandelt und schließlich zu ihrem obersten literarischen Zensor wird; der eine Tiepolo zur Mutter hat und die Tochter eines Schusters aus dem Piemont zur Frau; der ein Dichter ist, wie Venedig keinen zweiten hervorgebracht hat und doch seine besten Arbeiten in drei Zeitungen veröffentlichte: dem *Osservatore Veneto,* der von ihm selbst herausgegebenen *Gazetta Veneta* und einem Blatt mit dem seltsamen Titel *Il Mondo morale.* Diese Zeitungen, die das ganze Venedig enthalten, vom Heiratsinserat bis zum moralischen Pamphlet, spiegeln auch den kaustisch-kaleidoskopischen Geist dieses Mannes, der sich als ein nicht ganz seltenes Extrem damit begnügte, zu beobachten und zu beschreiben und der aus dem Fenster seiner Literatenburg in die Brenta sprang, als ihm aufging, daß die Contemplatio eben doch nicht das Leben sei.

Da ihm nichts wirklich gelang, da er nicht einmal die Literaturlehrkanzel zu Padua erhalten konnte, obwohl er dem großen Dogen Foscarini alle Materialien seiner Venezianischen Literaturgeschichte geliefert hatte, mißlang ihm auch dieser Selbstmord und diente eigentlich nur dazu, die Liebe zu offenbaren, mit der die Patrizierin Caterina Dolfin-Tron dieses Dichterleben erträglich zu gestalten suchte.

Nach einigen Jahrzehnten, in denen die publizistische Arbeit des älteren Gozzi nur gering geschätzt wurde, hat sich heute die Erkenntnis durchgesetzt, daß wir in ihm – der sich selbst einen Lohnsklaven der Verleger nannte – den geistvollen Chronisten Venedigs in seiner letzten und zugleich intensivsten Blüte vor uns haben. Eben der Umstand, daß er viel schreiben und nach allen Stoffen, allen Materialien greifen mußte, ließ die Fülle venezianischen Lebens in seine Artikel und Räsonnements eingehen. Gozzi ist es, der sich durch die zwanzig Bände seines Werkes als Kontrapunkt gleichen Wertes und gleichen Gewichts gegenüber dem überschäumenden dramatischen Schaffen der Epoche anbietet. Gewiß konnte es zu jener Zeit niemand mit dem Theater aufnehmen, mit den sieben Bühnen, von denen herab selbst eine tragische Medea noch kleine Liedchen trällerte, weil man in Venedig eben alles zur Komödie machte, weil ohnedies das halbe Jahr hindurch ganz Venedig eine Bühne war, auf der alle Akteure Masken trugen. Aber die Spielbücher dieser oft ungedruckten Vaudevilles haben sich als ungleich zeitgebundener, zeit-bezogener erwiesen; die Prosa des Gasparo Gozzi blitzt bald skurril, bald elegant, bald scharf wie ein Florett aus dem Brimborium der streitenden Parteien und des Kaffeehausgezänks.

Die Zeiten haben die Lose noch einmal geschüttelt. Der Hiob ist als Sieger hervorgegangen, obwohl Carlo Gozzi die Bühnen beherrschte, obwohl seine Frau, die Schusterstochter, mit ihren musikalischen Tragödien mehr Anklang fand als Gasparo mit seinen Bühnenwerken und seiner Lyrik. Durch sein Genie überlebten die Gazetten, obwohl doch gerade sie als Eintagsfliegen gelten; die das ganze Jahrhundert mit ihrem fröhlichen Lärm erfüllende Musik Venedigs aber, die Oper und das heitere Singspiel, hat der Charme der Mediokrität nicht in unsere Zeiten herüberretten können. Wenn irgendwo das Wort vom süßen Pöbel schicksalhaft verstanden werden mußte, so war dies in Venedig der Fall. Er regierte und agierte, bevor sich der Vorhang hob, er schwieg auch nicht wirklich, sondern nur scheinbar, während die Schauspieler schritten, sprangen und sangen: Innerlich schwang dieses Publikum mit wie kein anderes, hob die oft allzu schnell geschriebenen Komödien und Opern mit seiner Emphase in den Charakter eines Erlebnisses und begrub all dies, als das heitere Volk der alten Republik mit einemmal einsehen mußte, daß es keinen Staat und eben nur noch eine Stadt habe.

Cavalli, Cesti, Legrenzi und Lotti, die großen venezianischen Meister der Oper, sind vergessen; überlebt haben hingegen die in Venedig unter tobendem Beifall gespielten Neapolitaner und Deutschen, die Paisiello und Cimarosa, Händel, Gluck und Hasse. De Brosses berichtet uns, daß schon die Musik vom vorigen Jahr, die Opern, die Venedigs Komponisten ihrem Volk schon einmal dargeboten hatten, nicht mehr besucht wurden. Es war frenetisch bejubelte Eintagskunst, wie es sie nirgendwo sonst auf Opernbühnen gab, und während Venedig ganz Europa mit seinen Schauspieltruppen versorgte, verschleuderten die Venezianer selbst ihren Überfluß. »Man singt auf den Plätzen, auf den Straßen und auf den Kanälen; die Kaufleute singen, wenn sie ihre Waren anpreisen, die Arbeiter singen, wenn sie ihre Werkbank verlassen, die Gondolieri singen, während sie auf Kundschaft warten«, sagt Goldoni, und dem Dichter aus dem Norden, dem von Venedig mehr als von Rom verwirrten Goethe, erscheinen diese Klänge als die Stimme einer Stadt: »Als Stimme aus der Ferne klingt es höchst sonderbar, wie eine Klage ohne Trauer; es ist darin etwas Unglaubliches, bis zu Tränen Rührendes . . .«

Der Stadtrat Albrecht Altdorfer hatte einmal für den Abbruch einer Synagoge gestimmt, worauf dann der Maler Altdorfer hinging und dieses ehrwürdige Gebäude in einer Skizze für die Nachwelt bewahrte. Daran muß man denken, wenn man die Bilder betrachtet, die im achtzehnten Jahrhundert in Venedig gemalt wurden. Da gibt es zwar am Anfang noch die großen Darstellungen mit religiösen und mythischen Motiven von Sebastiano Ricci und Gianantonio Pellegrini; sogar eine schlafende Venus breitet Ricci vor uns hin, und im *Bad der Diana* von Jacopo Amigoni triumphiert noch einmal die helle Nacktheit der Frauen über die düsteren Hintergründe. Dann aber, schon mit Luca Carlevarijs, setzt sich eine Tendenz durch, die man im Rückblick beinahe eine Bestandsaufnahme nennen möchte, eine vielfache Bemühung um die Stadt, ihre Feste, ihre Veranstaltungen und ihre Persönlichkeiten, aber auch um das kleine venezianische Leben und das Spezifische, Unverwechselbare einer Existenz zwischen Stadt und Meer, zwischen Schiff, Kai, Canal Grande und Palazzo. Es ist eine Aufgabe, der sich die Meister mit der Hingabe einer verschworenen Brüderschaft widmen, als besäßen sie gemeinsam das geheime Wissen von bevorstehendem Untergang.

Da gibt es, als in ganz Europa die anmutigen Spielereien einsetzen, in Venedig noch einen der ganz großen Meister, jenen Giambattista Tiepolo (1696–1770), der natürlich ebenfalls auf der Terra Ferma zur Welt kam und das berauschende Settecento in das neue Jahrhundert hinüberzieht, an Paolo Veronese gebildet, ihm an Prunk und Fertigkeiten vielleicht sogar überlegen, in der Tiefe freilich hinter ihm zurückstehend, so wie alles nun ein wenig mehr an der Oberfläche bleibt. Tiepolo ist auch nicht mehr so monomanisch Venezianer; man reist viel im neuen Jahrhundert, und so finden sich seine größten Werke keineswegs nur in Venedig, sondern auch in Würzburg und in Madrid. »Hat man seine Plafonds gesehen«, ruft Maupassant aus, »die Vielfalt seiner

Ornamentik, die unwandelbare Frische seines Kolorits, so empfindet man das unbezwingliche Verlangen, immer unter diesen Deckengemälden zu leben.«

Zugleich aber beginnen die Mißverständnisse; sie müssen beginnen, weil Venedig seine eigene und eigentümliche Malschule hat, während sich das übrige Europa einem neuen Weltgefühl verschreibt. Maupassant nennt Tiepolo »Elegant und kokett wie Watteau und Boucher«, aber auch begeisterte Liebhaber und Kenner Venedigs wie der unvergleichliche Philippe Monnier und wie Octave Uzanne erliegen der Versuchung allzuschneller Annäherungen, wenn sie den großen Pietro Longhi in die Enge der Genre-Malerei einschließen und wie einen Bouguerau behandeln, obwohl er der große Sittenschilderer venezianischen Daseins in diesem Jahrhundert ist. Bilder überraschender Thematik wie etwa seine *Masken im Café, Der Zahnarzt, Die Wahrsagerin* oder *Die Eheschließung* gehören zum Köstlichsten, was wir aus diesem Maler-Jahrhundert besitzen. In dem Bild *Besuch beim Lord,* das er 1746 malte, zeigt er uns den reichen Fremden beim Mahl; zwei Diener warten ihm auf, während eine alte Kupplerin eine prangende junge Schönheit hereinführt. Das köstliche Gemälde *Das Rhinozeros* von 1751, heute in der Cà Rezzonico, hat das italienische Fernsehen nachgestellt und den jungen Abbate Casanova dazu Konversation machen lassen. Nicht nur die Stadt, sondern die ganze Lagune und die Terra Ferma sind gegenwärtig in Longhis zahlreichen Jagdbildern, von der Entenjagd vom Boot aus, bei der Hemingways Herz wohl höher schlug, bis zu den Studien aller Jagd-Phasen, wie sie sich in der Pinacoteca Querini-Stampalia finden.

Bei dem großen Familienbild der Pisani vereinten sich die Pinsel von Vater und Sohn Longhi, im übrigen aber ist Alessandro der größere Bildnismaler: er hat uns die *Avogadori* von 1759 erhalten (im Dogenpalast), die feinen Altherrengesichter aus den Dogenfamilien der Contarini, Foscari, Gradenigo und anderen und zwischen all dieser Würde und Weisheit den bestrickenden Liebreiz einer ganz offensichtlich zu allem bereiten *Dame am Cembalo* (Sammlung Barnabo).

Eine zweite, zweifellos ebenfalls aus dem Settecento herkommende Linie führt über die Ideale Landschaft der Zuccarelli und der Visentini immer tiefer in die Architektur hinein. Domenico Pecchio verwirrt uns mit kuriosen Phantasie-Veduten, als sei Venedig ihm nicht interessant genug; Battaglioli exzelliert in den Perspektiven, aber erst Bernardo Bellotto und Antonio da Canal vollenden diese Tendenzen, gewinnen der Studie die Wärme, der Wirklichkeit den vollen Glanz der Kunst hinzu, wobei Bernardo, der Neffe, bisweilen mehr Atmosphäre auf die Leinwand bringt als Antonio da Canal (1697–1768), nach dem sie beide Canaletto genannt werden. In Farbe und Licht übertraf sie alle Francesco Guardi (1712–93), Stadt-Venezianer, Schüler des älteren Canaletto, der Maler, aus dessen Bildern die Welt Venedig kennenlernte, Bilder, die man im Herzen trägt, ehe man zum erstenmal an die Lagune reist, und die man im Abendlicht auf dem Ponte dell'Accademia wiederfindet, im Anblick von Santa Maria della Salute.

Kommt man vom älteren Canaletto her, so ist man im ersten Augenblick überrascht über die Auflösung der Kontur, ja der Zeichnung im Ganzen, bis man das Licht über der Lagune, die Brechungen in der Salzluft, den Dunst vor Santa Maria Maggiore und die Morgennebel an der Riva degli Schiavoni selbst gesehen und als zu Venedig gehörig empfunden hat. Guardi hatte sein Atelier in jenem armen Viertel Venedigs, in dem er zur Welt gekommen war, am Campo della Madonna, neben der Kirche San Canciano. »Welcher Sinn für Farbe, Licht, Leben und Bewegung«, ruft der französische symbolistische Lyriker Henri de Régnier vor Guardis Bildern aus, »wieviel Wissen vom Himmel und vom Wasser . . .«

Und doch übertraf sie an Ruhm, an Reichtum und in der Gunst der Fremden eine Frau. Venedig, wo es keine weiblichen Gesandten gab und keine Frau in den Ratskollegien, krönte als Malerin Rosalba Carriera, die ein wenig unscheinbare, lange Zeit bescheidene und letztlich dann doch unglückliche Dame aus der Calle di Cà Cent'anni, in der auch

Goldoni geboren wurde (falls er nicht in Chioggia zur Welt kam, wie die Bürger dieser kleinen tapferen Stadt so standhaft behaupten). Rosalba gehört unbedingt hinein in dieses familiäre Kunstleben, denn so, wie die Dichter untereinander verschwistert und verschwägert waren, bilden auch die Maler eine Großfamilie, wenn Guardi Francesco Casanova unterrichtet (den als Schlachtenmaler bekannten Halb-Bruder des Abenteurers), wenn Guardis Schwester Cecilia den großen Tiepolo heiratet und Rosalbas Schwester Angela den weitgereisten Paduaner Giovanni Antonio Pellegrini. Die Schwestern helfen auch, als Rosalba soviel zu tun bekommt, daß es schnell gehen muß, daß sie flinke Hände beim Grundieren braucht, denn die Auftraggeber haben oft nicht viel Zeit: es sind die Fremden, die in Rosalbas Atelier kommen und sich die begehrten Miniaturen zeigen lassen, und die dann ganz schlicht die Namen jener Damen nennen, die sie porträtiert zu besitzen wünschen, nachdem sie sie in Natura besessen haben – die *Zentildonne.*

Gewiß, sie hat sie schließlich blitzschnell und aus dem Gedächtnis zu malen vermocht, die berühmtesten Kurtisanen der Lagunenstadt, aber sie hat natürlich keineswegs nur solche Dienste verrichtet, die Malerin mit dem schmalen, strengen, ein wenig enttäuschten Gesicht: neben den charmanten Namenlosen, deren eine im Pariser Louvre hängt, finden sich in diesem Oeuvre nicht nur die vielen wohlhabenden Fremden, die Venedig besuchten (Philip of Wharton, Graf Niels Bielke u. a.), sondern auch Porträts aus dem venezianischen Patriziat wie das der melancholisch schwärmenden Caterina Barbarigo (Dresden), einer der geistvollsten, freilich auch gesprächigsten großen Damen jener Zeit.

Felicita Sartori, die in der Werkstatt der Rosalba Carriera deren Technik erlernt hatte, heiratete einen deutschen Beamten namens Hoffmann und ging mit ihm nach Dresden, wo ja auch Casanovas Mutter als Hofschauspielerin Triumphe feierte. Die sächsisch-venezianischen Beziehungen erreichen damit beinahe die Intensität der alten Wanderschaften zwischen Wien und Venedig.

Damit kündigt sich, keineswegs nur im Atelier der Rosalba Carriera, eine gewisse Verwandtschaft, eine geheime Sympathie zwischen einigen europäischen Zentren an, Beziehungen, die mitunter stärker sind, als es den Monarchen lieb sein kann. Die große Maria Theresia zum Beispiel führt einen lebenslangen Abwehrkampf gegen die Schönheiten aus der Lagunenstadt, die Kaunitz, aber auch ihr eigener lebenslustiger Gatte immer wieder importieren. Das kunstsinnige Dresden schlägt über das österreichische Prag eine Brücke um die andere in den Süden, und selbst das ferne London, von den Hannoveranern im Stil eines aufgeschlossenen deutschen Provinzial-Musenhofes regiert, empfängt die erotischen Würzen aus der Lagunenstadt bei aller britischen Zurückhaltung mit unverkennbarem Vergnügen – man lese dies bei Casanova nach, aber auch bei Ange Goudar. Und tatsächlich, es war ja auch kein Zufall:

Wenn es eine Stadt gab, die sich mit dem georgianischen London an Freiheit der Sitten vergleichen ließ, so war es Venedig. Es war ein Welthafen wie die Themsestadt, es war Residenz und Verwaltungszentrum einer immer noch bedeutenden Seemacht mit Kolonien und Welthandelsinteressen, und es war eine Stadt, die von so vielen Fremden besucht wurde wie zu jener Zeit wohl nur noch Rom und nicht einmal Paris.

War in London James Boswell jener junge Adelige aus der Provinz, der uns die etwas anrüchigen Reize der großen Stadt zunächst erstaunt, dann amüsiert und bald ein wenig blasiert schildert, so besitzen wir aus Venedig die *Vertraulichen Briefe,* die Charles de Brosses, Comte de Tournai, Baron de Montfaulcon und Sohn eines burgundischen Obergerichtsrates, an die Freunde richtete, die zu Hause in Dijon geblieben waren, der durch ihren Senf so berühmt gewordenen französischen Provinzstadt. Und da diese Freunde eben wieder einmal protestiert hatten, de Brosses erzähle für einen Dreißigjährigen viel zuviel von Gebäuden und Gemälden und viel zuwenig von Sitten und Unsitten, ging der junge

Mann aus Dijon in sich und schrieb am 14. August 1739 an Herrn von Blancey:

»... ich will Ihnen verraten, daß nirgends in der Welt Freiheit und Läßlichkeit unbeschränkter herrschen als hier, in Venedig. Laßt nur die Regierung in Frieden, im übrigen tut, was ihr lustig seid. Ich meine nicht die Betätigung, aus der wir selbst neben unserem Vergnügen auch unseren Ursprung ableiten, das Ding der Dinge: es erregt hierzulande nicht mehr Anstoß als irgendeine natürliche Verrichtung, und das ist ein guter Brauch, der überall gelten sollte. Aber auch in dem, was für gesunde Begriffe Frevel heißt, herrscht hier völlige Straflosigkeit. Dabei ist aber der Volkscharakter so wenig bösartig, daß trotz der leichten Gelegenheit, die das Maskentragen, das Nachtleben, die engen Straßen und vor allem die Brücken ohne Geländer ... dem Verbrechen geben, noch keine vier (Morde) während eines Jahres geschehen, und dann sind meist Fremde die Täter.«

Damit entkräftet de Brosses zunächst die Stilett-Furcht, die damals in ganz Europa verbreitet war; die Lauten waren verklungen, die Dolche jedoch blitzten noch wie in der Renaissance-Novellistik und spukten in den Köpfen wenn schon nicht der Reisenden, so doch der Daheimgebliebenen. Ein zweites Vorurteil war die Annahme, daß es in Venedig ein leichtes sei, selbst Damen aus den vornehmen Familien zu verführen und um so schwerer, nicht von ihnen verführt zu werden. De Brosses hatte sich, wie junge Herren von Stand dies zu tun pflegen, wohl zunächst an seinen Gesandten, den französischen Geschäftsträger in der Republik Venedig gewendet – mit doppeltem Recht übrigens, denn unter allen Diplomaten in der Lagunenstadt waren es in erster Linie die französischen Herren, die neben der Gesellschaft Venedigs auch die venezianische Halbwelt in ihre Studien miteinbezogen.

»Unser Gesandter sagte neulich, er kenne nicht mehr als fünfzig Damen der guten Gesellschaft, die mit ihren Verehrern schliefen, die übrigen hält die Frömmigkeit zurück. Die Beichtväter haben mit ihnen abgemacht, daß sie sich der

Hauptbetätigung enthalten, und daß sie ihnen dafür den ganzen Rest, soweit der auch gehen mag, zu billigem Preise lassen.«

Der Verehrer hatte in Venedig eine besondere Funktion, wie wir sehen, und einen besonderen Namen: Cicisbeo. Da er, von den fünfzig Ausnahmen abgesehen, nicht zum Ziel gelangen durfte, hatte seine Rolle etwas Lächerliches, was noch heute dem Wort Cicisbeo anhaftet, ohne daß man weiß, warum. In Venedig ist der Verehrer der Gefoppte, nicht der Gatte, der Herr im Hause bleibt, solange er sich nicht durch eine Eifersucht lächerlich macht, zu der bei einiger Toleranz kein Grund besteht. Denn welche Venezianerin würde es wagen, einen Vertrag mit ihrem Beichtvater zu brechen!

Der Cicisbeo durfte schuften und dienen, immer zur Hand sein, zweifellos auch intime Dienste leisten, wenn das Strumpfband anzulegen, das Mieder zu schnüren, eine Nadel festzustecken war. Als ein ewig Schmachtender sorgte er dafür, daß die Venezianerin beim Lever entsprechend bewundert wurde; Negligé und weibliche Toilette hatten für ihn nicht mehr Geheimnisse als für die Zofe, aber was immer er empfing, blieb ein Almosen. Das täglich angeheizte und nie gelöschte Feuer trug er dann, je nach seinen Verhältnissen, zu Dirnchen oder Kurtisanen, vielleicht auch an die Mauer eines jener Inselklöster, zu denen verschwiegene Gondolieri hinausruderten:

»Wenn zwei sich einig sind, ist es nicht unmöglich, im Schutze der Gondeln, welche die Damen immer allein betreten, einen raschen Stoß zu machen; die Gondel ist ein geheiligtes Asyl. Es ist noch nicht vorgekommen, daß etwa ein Gondolier der Gnädigen sich durch den gnädigen Herrn kaufen ließe; schon am nächsten Morgen wäre er durch seine Kameraden ertränkt. Diese jetzige Praktik der venezianischen Damen tut den Nonnen, die einst eine Art Monopol auf das Liebesspiel hatten, sehr Abbruch. Doch gibt es ihrer noch eine gute Zahl, die sich mit Auszeichnung, ich wollte sagen: mit edlem Wetteifer zu behaupten wissen, denn gerade in diesem Augenblick wird zwischen den drei Stadtklöstern leidenschaftlich darum gefochten, welches von ihnen den Vorzug haben wird, dem soeben angekommenen neuen Nuntius die Mätresse zu stellen.«

Wem fielen bei diesen Zeilen nicht MM und CC ein, die schönen jungen Nonnen des Klosters Santa Maria degli Angeli, denen Casanova und der französische Gesandte Bernis im Jahr 1753 gemeinsame Huldigungen darbrachten? Der junge de Brosses ist der gleichen Meinung wie die beiden großen Kenner:

»Tatsächlich würde ich mich an die Nonnen halten, wenn ich hier zu bleiben hätte. Alle, die ich während der Messe durch das Gitter gesehen habe, schwatzend und lachend, solange der Gottesdienst dauerte, schienen mir außergewöhnlich hübsch und sehr vorteilhaft angezogen. Sie tragen ein charmantes Häubchen, ein schlichtes, wohlverstanden stets weißes Gewand, das Hals und Schultern gerade so weit zeigt wie das Bühnenkostüm unserer Römerinnen . . .«

Hatten die Nonnenklöster gelegentlich auch in anderen Städten und Ländern einen schlechten Ruf, so haben sie doch nirgends eine so bedeutende Rolle im Liebeshaushalt einer einzigen Stadt zu spielen vermocht wie in Venedig, und nirgends ist auch so offen darüber gesprochen worden. In der Lagunenstadt konnte man einfach kein Geheimnis daraus machen; die schönen Nonnen waren die eine Spezialität Venedigs, die außerordentliche Verbreitung des widernatürlichen Verkehrs zwischen Männern und Frauen die andere. Doch während diese (oft etwas mißverständlich kurz Sodomie genannte) Abart sich erst als Folge der ansteckenden Geschlechtskrankheiten einstellte, waren die Nonnen ein seit alters unbestrittener Vorzug der auf viele kleine und große Inseln verteilten Stadt.

Über dem stillen Wasser der Lagune ragten schweigend und geheimnisvoll die Klostermauern auf. Keine Straße führte zu ihnen, nur die Gondeln glitten lautlos in das Dunkel überhängender Pinien; Kleider raschelten, dann stieß der Gondolier wieder ab, Tausende von Gondeln in Tausenden von Nächten. Nur ganz ausnahmsweise erfuhr man davon, etwa, wenn zwei Äbtissinnen wegen des eleganten Abbés de Pomponne einander ein Duell mit Stiletten lieferten, oder wenn die schöne Maria da Riva sich dem Comte de Froullay, Gesandten des Königs von Frankreich, ergab.

Sie waren so berühmt, die keusch gewandeten und doch so verlockenden Nonnen von Venedig, daß die Zuhälter für die vornehme Welt und das diplomatische Korps ihre Ware oft als Nonnen ausgaben: So bot ein echter, aber verkommener Graf Capsocefalo dem britischen Gesandten in Venedig ein Mädchen als die berühmte Nonne MM an, von der alle Eingeweihten wußten, sie sei die Geliebte des französischen Gesandten de Bernis. Erst, als ein venezianischer Freund beider Rivalen den Briten in das Kloster mitnahm, in dem MM Beschließerin war, gab sich Albions Gesandter geschlagen und erkannte, einem Betrüger aufgesessen zu sein. Er wird es verwunden haben, denn er war niemand anderer als jener John Murray, von dem die stets offenherzig-rauhe Lady Montagu schreibt, er sei ein skandalöser Typ im vollsten Sinn des Wortes, ein Mann, dem man keinen Dukaten zum Wechseln geben kann, ein Diplomat, der sein Amt zum Schmuggeln mißbraucht und sich mit einem ganzen Hofstaat von Zuhältern umgibt. Murray hatte nicht nur eine ganze Sammlung von Miniaturen, deren jede eine seiner Geliebten darstellte, sondern war auch mit einigen der bekanntesten Kurtisanen Venedigs liiert. Einer von ihnen, der Cattarina Pocarinolli, vermachte er sein ganzes Vermögen, da er ihre vier Kinder adoptiert oder legitimiert hatte . . .

Waren es nicht die Nonnen, so waren es die Kurtisanen; dem einen oder dem anderen reizvollen Übel mußte der Besucher Venedigs offenbar in die Hände fallen. »Um den Abschnitt über die Weiblichkeit zu erschöpfen«, schreibt de Brosses in seinem langen Brief, »muß ich Ihnen, hier eher als in irgendeiner anderen Stadt, ein Wort von den Kurtisanen sagen. Sie bilden eine wirklich beachtenswerte Körperschaft durch ihre guten Manieren, und man darf es nicht glauben, wenn behauptet wird, ihrer seien so viele, daß man förmlich auf sie trete. Das ist nur während der Karnevalszeit so, während welcher Sie unter den Arkaden der Prokuration ebensoviel Frauen liegend wie stehend und gehend finden; außerhalb dieser Zeit ist die Zahl der Kurtisanen in Venedig nicht mehr als doppelt so groß wie in Paris – darum sind sie auch alle sehr beschäftigt. Regelmäßig jeden Tag um vierundzwanzig oder vierundzwanzigeinhalb Uhr sind alle besetzt, das ist schlimm für die Zuspätkommer. Zum Unterschied von Paris sind hier alle von einer bezaubernden Sanftmut und Dienstwilligkeit. Sie mögen begehren, was immer Sie wollen, immer wird sie Ihnen antworten: *Sarà servito, sono ai Suoi commandi!* (denn es wäre unhöflich, jemanden anders als in der dritten Person anzureden). Tatsächlich sind ja, wenn man den Ruf bedenkt, den sie genießen, die gewöhnlich an sie gerichteten Ansprüche sehr mäßig; ich fand neulich eine so niedliche, daß . . . Was konnte ich tun? Durfte ich ihr noch mißtrauen, nachdem sie mir bei der beatissima Madonna di Loreto geschworen hatte, daß mein Abenteuer keine Folgen haben würde?«

Es war zweifellos dasselbe, was sie taten, Nonnen wie Kurtisanen, aber bei dem einen wurde es zur Schande, bei den anderen wunderte man sich, wie charmant und höflich sie seien. Sie alle, auch die vornehmen Damen und die kleinen Mädchen mit nur gelegentlichen Abenteuern dazugenommen, waren eben echte Venezianerinnen, ein offenbar ganz besonderer Menschenschlag, eine Spielart der Weiblichkeit, die ebenso sicher bestrickte wie die Lagunenstadt selbst, obwohl jeder weiß, daß es hier auch Folterkammern und Verliese, die Bleidächer, den Sklavenhandel und eine in keinem Jahrhundert durch ethische Rücksichten getrübte Gewinnsucht gegeben hat. Ein Spaßvogel vergangener Jahrhunderte behauptete einmal, das Gehirn einer hübschen Venezianerin seziert zu haben. Es enthielt ein Spiel Karten, Miniaturen der Verehrer, ein Fetzchen eines Karnevalskostüms, unbezahlte Schneiderrechnungen und eine winzige Weckeruhr, die rechtzeitig zu jeder Mahlzeit klingelte. Ein anderer Kenner Venedigs, nämlich Philippe Monnier, sagt hingegen, die Uhr der Venezianerin zeigte nur die Schäferstunde richtig. In den

Kurtisanen jedenfalls hat ganz Europa Venedig gleichsam von innen her kennengelernt, und es gibt der Zeugnisse über solche Begegnungen so viele, daß man meinen möchte, die Stadt der Hochzeitsreisenden des zwanzigsten Jahrhunderts sei in früheren Zeiten das Lieblingsziel aller Junggesellen gewesen.

Je berühmter die Fremden waren oder noch werden sollten, desto deutlicher zeigte sich, daß die angeblich so merkwürdiges Gerümpel im Kopf tragende Venezianerin es durchaus mit ihnen aufnehmen konnte. Die schlechten Verlierer schwiegen oder schmähten wie Montaigne, der sich bei den berühmten Kurtisanen herumreichen ließ und dann diktierte:

»An den venezianischen Damen fand Herr de Montaigne nicht die gefeierte Schönheit, die man ihnen nachrühmt, obwohl er die vornehmsten jener sah, die ein Gewerbe daraus machen. Hingegen beeindruckte es ihn, den fürstlichen Aufwand mitanzusehen, den mindestens hundertfünfzig dieser Damen an Möbeln und Kleidern trieben, obwohl sie für ihren Unterhalt doch nichts anderes hatten als eben diesen Handel.«

Einer der guten Verlierer, die sich zum Sieg der Venezianerinnen bekannten, war Jean-Jacques Rousseau, der freilich kein Reisetagebuch diktierte, sondern Bekenntnisse niederschrieb, der in Italien nicht von Bad zu Bad eilen mußte, weil ihn Wasser und Winde plagten, sondern mit der Naivität des Dichters und dem Erkenntnishunger des Philosophen jedem Wunder sein Recht beließ und erst recht dem größten aller Wunder, der Frau:

»Gegen öffentliche Dirnen habe ich stets Widerwillen empfunden, aber in Venedig waren alle anderen Mädchen außerhalb meines Bereichs, da mir meiner Stellung wegen der Eintritt in die meisten Häuser der Stadt untersagt war.« Rousseau spielt dabei auf die Tatsache an, daß das gesamte diplomatische Korps in Venedig streng überwacht wurde, vor allem aber jene Venezianer, die mit den fremden Diplomaten Umgang hatten. Als einmal ein junger Patrizier – bezeichnenderweise auf der Treppe zu einem Kurtisanenquartier – mit dem österreichischen Gesandten Orsini-Rosenberg zusammentraf, so daß er also mit einem ausländischen Diplomaten unter einem Dach weilte, ging er schnurstracks zu den Inquisitoren und meldete den Vorfall, ehe er hinterbracht und mißdeutet werden konnte. Unter diesen Umständen war ein freundschaftlicher Verkehr mit einheimischen Familien oder gar die Annäherung an eine der heiratsfähigen Töchter für fremde Diplomaten praktisch ausgeschlossen.

»Die erste Gelegenheit wurde mir durch den wackeren Edelmann Vitali verschafft . . . Man sprach bei Tisch von den Vergnügungen Venedigs. Die Herren warfen mir meine Gleichgültigkeit gegen die reizvollste aller Zerstreuungen vor und rühmten den Liebreiz der venezianischen Kurtisanen, die ihresgleichen auf der ganzen Welt nicht fänden. Vitali sagte, ich müsse unbedingt die Bekanntschaft der liebenswürdigsten von allen machen, erbot sich, mich bei ihr einzuführen, und versicherte, ich würde es zufrieden sein. Ich mußte über dieses verbindliche Anerbieten lachen, und der Graf Peati, ein schon älterer, ehrwürdiger Herr, sagte mit einer Offenheit, die ich einem Italiener niemals zugetraut hätte, er hielte mich für zu vernünftig, um mich von einem Feinde zu Mädchen bringen zu lassen.«

Mehr um nicht verlacht zu werden als aus wirklichem Verlangen, ließ Rousseau sich zu einer der berühmtesten Kurtisanen bringen, die wie die meisten ihres Faches keinen richtigen Familiennamen hatte, sondern nach ihrer Herkunft aus dem nahen Padua benannt wurde:

»Die Padoana, zu der wir gingen, hatte ein hübsches, ja sogar schönes Gesicht, jedoch von einer Art Schönheit, die mir nicht gefiel. Vitali ließ mich bei ihr. Ich ließ Sorbett kommen, hieß sie mir etwas vorsingen, und nach Verlauf einer halben Stunde schickte ich mich an, wieder fortzugehen, wobei ich einen Dukaten auf den Tisch legte. Sie aber hatte die sonderbare Bedenklichkeit, ihn nicht annehmen zu wollen, und ich die sonderbare Torheit, ihre Bedenken zu beheben. Als ich in die Gesandtschaft zurückkehrte, war ich so fest davon überzeugt, daß sie mich mit den Franzosen beschenkt hatte, daß ich eilends nach dem Arzt schickte. Ich konnte es nicht fassen, daß man aus den Armen der Padoana sollte ungestraft hervorgehen können.«

Ein zweites Abenteuer vermittelte Rousseau ein Kapitän, dem der junge Gesandtschaftssekretär eine bedeutende Gefälligkeit erwiesen hatte. Rousseau schmollte eben, daß man ihn, als er zum Bordfest auf das Schiff kam, nicht mit einem Kanonensalut begrüßt hatte, als er auch schon die Überraschung gewahrte, die der Kapitän für ihn bereithielt:

»Ungefähr um das erste Drittel der Mahlzeit sah ich eine Gondel herannahen. Wohlan, mein Herr, rief mir der Kapitän zu, jetzt müssen Sie auf der Hut sein: der Feind naht! Ich fragte, was er damit sagen wolle, er antwortete jedoch mit Scherzen. Indessen legte die Gondel an, und ich sah ein junges, blendend schönes, reizend gekleidetes und flinkes Frauenzimmer an Bord steigen, das sich mit drei Schritten in der Kajüte befand und ebenso schnell an meiner Seite Platz nahm, ehe ich noch gewahr geworden war, daß man dort ein Gedeck für sie eingeschoben hatte. Sie war eine Brünette von höchstens zwanzig Jahren und ungemein reizvoll und lebhaft. Sie sprach nur italienisch, und ihr Tonfall allein hätte genügt, mir den Kopf zu verdrehen . . . Ihre großen, schwarzen, morgenländischen Augen schleuderten ganze Feuerbrände in mein Herz, und obgleich mich die Überraschung zunächst etwas ablenkte, so erwachte meine Sinnlichkeit doch schnell genug, und zwar in einem Maße, daß trotz aller Zuschauer die Schöne sich bald gezwungen sah, mich in Schach zu halten, denn ich war trunken oder vielmehr rasend. Als sie mich so auf dem Punkte sah, auf dem sie mich haben wollte, mäßigte sie zwar ihre Liebkosungen ein wenig, nicht aber ihre Lebhaftigkeit . . . Sie ergriff Besitz von mir, als sei ich ihr Leibeigener, gab mir ihre Handschuhe, ihren Fächer, ihren Cinda und ihren Hut zu tragen, hieß mich hierhin oder dorthin gehen, dies oder jenes tun, und ich gehorchte ihr.«

In der Gondel der französischen Gesandtschaft fuhr man nach Murano, wo Jean-Jacques und ein Freund die Ehre hatten, alles zu bezahlen, was die Schöne aussuchte, während sie mit Trinkgeldern um sich warf, die mindestens ebensoviel ausmachten. Als man wieder in Venedig und vor ihrem Haus war, schied der Freund, und Rousseau genoß den Vorzug, der Abendtoilette des Mädchens beizuwohnen, das Zulietta hieß. Zwei Pistolen, die zwischen Dosen und Fläschchen auf dem Schminktisch blinkten, erklärte sie mit einer bezeichnenden Maxime:

»Wenn ich Männern, die ich nicht liebe, meine Gunst gewähre, so lasse ich mich für die Langeweile dieser Stunden bezahlen; das ist nur recht und billig. Ich bin bereit, mir ihre Liebkosungen gefallen zu lassen, nicht aber, irgendeine Roheit zu ertragen. Den ersten, der mir gegenüber eine Verfehlung begeht, würde ich gewiß nicht verfehlen.«

Das eigentliche Abenteuer begann dann, als sie nur noch das *vestito di confidenza* trug, ein mehr als galantes Nachtgewand, wie man es nur in südlichen Ländern kennt, und »mit dessen Beschreibung ich mich lieber nicht aufhalten will, obgleich ich mich seiner nur noch allzugut erinnere«, wie Rousseau sagt. »Man versuche nicht, sich den Liebreiz und die Anmut dieses berückenden Mädchens vorzustellen, man würde stets von der Wahrheit weit entfernt bleiben; die jugendlichen Nonnen sind weniger frisch, die Schönheiten des Serails weniger lebendig und die Huris des Paradieses weniger verführerisch; niemals hat sich dem Herzen und den Sinnen eines Sterblichen ein gleich süßer Genuß geboten. Ach, wenn ich es doch nur auch einen einzigen Augenblick lang verstanden hätte, ihn bis auf den Grund auszukosten . . .«

Er konnte es nicht, die widersprechendsten Empfindungen wogten in ihm hin und her, er hielt bald sich für unwürdig, diesen herrlichen Körper zu berühren, bald erschien wieder sie in ihrer Schönheit ihm als ein Blendwerk des Teufels. Kurz, er saß auf dem Bett und weinte und beging noch allerlei andere Fehler, bis Zulietta es aufgab:

»Sie ging, sich Kühle zufächelnd, im Zimmer auf und ab

und sagte endlich kalten und verächtlichen Tones zu mir: *Zanetto, lascia le donne, e studia la matematica.*«

Hätte Zulietta Jean-Jacques alle Liebeswonnen bereitet, sie wäre nicht so berühmt geworden wie durch dieses Abschiedswort, und es gibt wohl im ganzen Siebenten Buch der *Confessions* kein packenderes Porträt als das der jungen Italienerin in Gehaben, Auftreten, Worten und Gebärden, weil wir daraus zugleich erkennen, was den Reiz dieser venezianischen Spielart des weltweiten Kurtisanentums ausmachte. Sie waren leicht, gewiß, aber fern aller Gemeinheit. Man begehrte sie nicht nur, man vermochte sie zu lieben. Sie gaben sich erst, nachdem sie schon gewonnen hatten, und die Präludien waren kein Markten und Feilschen, sondern waren an sich schon ein Fest der Verheißung. Zweifellos hatte der Kapitän im vorhinein alles bezahlt, aber Zulietta ging aufs Ganze; sie wollte sich nicht nur ihr Honorar verdienen, sondern sie wollte entzücken und begeistern und geliebt werden.

Sie scheint, allerdings in ihrer Blüte, tatsächlich die Schönste der Schönen gewesen zu sein, denn de Brosses, der sie wenige Jahre vor Rousseau kenenlernte, äußert sich in ähnlich hymnischen Ausdrücken über sie:

»Ich glaube, wenn sich die Engel mit den Feen zusammentäten, so brächten sie mit ihren zehn Fingern noch keine zwei so süße Geschöpfchen wie Ancilla und Zulietta fertig. Lacurne ist ganz wild nach der ersten und ich nach der zweiten, zumindest seit dem Tag, da ich sie im Gewande der Venus von Medici erblickte und mindestens ebenso schön gewachsen fand. Sie gilt mit Recht als Italiens schönste Frau. Mir scheint, unser Botschafter möchte recht gern der Geliebte der ersten werden, und der neapolitanische sei schon recht gut Freund mit der zweiten . . .«

Die Diplomaten und andere Fremde mögen die Hauptkundschaft der Kurtisanen in der Lagunenstadt gestellt haben, während die Einheimischen vollauf damit beschäftigt waren, entweder den liebenden Gatten oder den schmachtenden Cicisbeo oder bald das eine, bald das andere zu spielen. Und die Mädchen machten es den Fremden nicht schwer, sie gaben sich nicht spröde, sie geizten nicht mit ihren Reizen, nicht einmal Zulietta, die, als de Brosses sie kennenlernte, vermutlich erst achtzehn Jahre alt war: das Gewand der Medicäischen Venus ist nämlich nichts anderes als eine Umschreibung für die völlige Nacktheit, wohl um die Freunde in Dijon nicht durch allzu starken Glanz zu blenden.

Ancilla, die Zulietta bald überflügeln sollte, war in diesem Punkt nicht kleinlicher: Als sie den französischen Gesandten mit dem britischen vertauscht hatte und dieser – der uns schon bekannte John Murray – seinen Freund Casanova mitbrachte, hatte sie gegen die Anwesenheit eines sachverständigen Zuschauers nichts einzuwenden: »Meine Anwesenheit störte die beiden nie in ihrem Liebesspiel, bei dem er sich wacker hielt, während die wollüstige Ancilla es sichtlich genoß, mir ihre Schönheit vor Augen zu führen. Dennoch tat ich den beiden nie den Gefallen, mich aktiv zu beteiligen. Ich liebte MM, aber das war nicht der einzige Grund. Ancilla war stets heisrig und klagte von Zeit zu Zeit über Schmerzen in der Kehle, so daß ich eine schwere Geschlechtskrankheit vermutete, obwohl Murray offensichtlich gesund blieb.« (Mem. IV, 137)

Der Schmerz in der Kehle war ein Vorbote des nahen Todes; die schöne Ancilla, Tänzerin und Kurtisane zugleich, erlag dem Krebs 1755, noch ehe sie vierzig Jahre alt war. Dennoch war auch Casanovas Verdacht berechtigt, denn die Ancilla ließ sich von dem venezianischen Modearzt Lucchesi gegen Syphilis behandeln, was zu einem der merkwürdigsten Prozesse im Grenzgebiet der Rechts- und der Sittengeschichte führte und uns beweist, daß die Ancilla ihrer Konkurrentin Zulietta an Keckheit nicht nachgab: Ancilla hatte Lucchesi für eine Quecksilberkur das hohe Honorar von hundert Zechinen versprochen; ehe sie aber bezahlte, verlangte sie, daß er durch sein eigenes Beispiel beweise, daß beim Umgang mit ihr keine Ansteckungsgefahr mehr bestehe. Aus dem Verlangen spricht die gleiche illusionslose Einstellung zu ihrem Beruf wie aus den Pistolen, die Zulietta auf dem Schminktisch liegen hatte, aber während gegen die Pistolen niemand Einwände erhob, drang Ancilla mit ihrer Forderung nicht durch. Lucchesi, der seinem Quecksilber nicht traute, verweigerte den Beweis und verlangte sein Honorar vor Gericht, und der Richter gab ihm Recht, weil eine Probe aufs Exempel sittenwidrig sei und dem Arzt nicht zugemutet werden könne . . .

Zulietta überlebte Ancilla um ganze fünfunddreißig Jahre. Sie erfüllte das ganze Jahrhundert zunächst mit ihrer Schönheit, dann mit ihrem Charme und schließlich mit ihren Intrigen. Ein vornehmer Venezianer namens Muazzo hatte ihre Schönheit bemerkt, als sie, noch ein Kind, ihm einen Gehrock brachte, den ihr Vater gereinigt hatte. Der nächste war ein reicher Advokat, der sie singen lernen ließ, ein Mäzen also, und Zulietta debütierte in der Kastratenrolle einer Metastasio-Oper ausgerechnet am prüden Hoftheater der Maria Theresia. Der Reiz der Venezianerin war so auffallend, daß die Kleine ausgewiesen wurde, ehe sie sich's versah, und nun eine Sfrattata war (denn wehe der Künstlerin, die in jenen Tagen als so reizlos befunden wurde, daß Maria-Theresia sie in Wien duldete).

Mit diesem Ehrentitel eroberte sie das freisinnige Venedig, zunächst einen Adeligen namens Querini, danach den Marchese Sanvitali, der eine Ohrfeige, die seine Marchesa dem Wäschermädchen gegeben hatte, mit Tausenden Dukaten abgelten zu müssen glaubte. Mit dem Hintergrund eines solchen Vermögens konnte sie sich die Liebhaber aussuchen. Sie brauchte nicht mehr im Dirnenviertel Rialto zu logieren, sondern hatte eine vornehme Wohnung unweit der Kirche San Paterniano Vescovo und ging bald darauf in die Stadt, in der in jenem Jahrhundert schöne Frauen am schnellsten ihr Glück machen konnten: nach Paris. Ludwig XV. fand sie nicht nach seinem Geschmack, während der österreichische Gesandte, Wenzel Anton Graf Kaunitz, alles gutmachte, was einst Maria-Theresia der hübschen Venezianerin angetan hatte. Selbst einen Grafen Zinzendorf zog die Unwiderstehliche in Paris in ihre Netze, doch dürfte es sich kaum um den frommen Stifter der Herrnhutischen Brüdergemeinde gehandelt haben, da dieser nur bis 1747 aus seiner Heimat verbannt war, die Zulietta aber erst nach 1750 in Paris weilte.

Kaunitz scheint jedoch nicht sehr generös gewesen zu sein, und als auch noch ein Marquis von Saint-Simon sich seiner Frau zuliebe von Zulietta zurückzog, mußte die Schöne einen Teil ihrer Diamanten verkaufen, um standesgemäß heimreisen und den Sohn ihres Mäzens, den drei Jahre jüngeren Francesco Antonio Uccelli heiraten zu können, womit eine kurze, aber glänzende Kurtisanenlaufbahn ihr offizielles Ende fand. Nach London, wo die Ancilla ganze vier Jahre lang auftrat, scheint Zulietta nicht gekommen zu sein; Paris mocht ihr gezeigt haben, daß ihre venezianischen Landsleute ihre Reize am meisten zu schätzen wußten.

Niedliche Geschöpfe, die ein wenig trällern konnten wie die Zulietta oder das Tanzbein schwangen wie die Ancilla, exportierte das Venedig jener Jahre in alle Teile Europas. In Stuttgart war es die Gardella, die sich in Venedig noch gar nicht so teuer verkauft hatte, es am Hof Karl Eugens von Württemberg jedoch zur gefeierten Mätresse gebracht hatte, während eine andere Venezianerin namens Binetti damit vorliebnehmen mußte, die Geliebte des österreichischen Gesandten am württembergischen Hof abzugeben. In Barcelona war eine Nina die allmächtige Mätresse des greisen Gouverneurs Ricla, und in Paris, London oder Petersburg verdrehten ganze Schwärme venezianischer Schauspielerinnen der Herrenwelt ebenso den Kopf wie in Warschau oder Antwerpen, ganz zu schweigen von den reisenden Sonderkommandos, die sich jeder geschickte Venezianer in der Lagunenstadt selbst zusammenstellen konnte: Ein Spieler, zwei hübsche Nichten, allenfalls noch eine Duenna, so machten sie Europa unsicher, wenn ihnen aus irgendeinem Grund der Boden der Heimat zu heiß geworden war.

Im allgemeinen aber vertrug sich die Regierung der kleinen Handelsrepublik ganz gut mit ihren Kurtisanen, und als man sie in einer Aufwallung der Sittenstrenge einmal alle aus der Stadt verjagt hatte, kam es alsbald zu jenem reumütigen Rückruf, in dem sich die ebenso bestaunte wie belachte

Wendung *nostre bene merite meretrici* fand: unsere Dirnen mit ihren guten Verdiensten.

Welcher Art diese Verdienste waren, läßt sich leicht erraten, wenn man sich vergegenwärtigt, daß die Kurtisanen und das diplomatische Korps im achtzehnten Jahrhundert so eng fraternisierten wie in keiner anderen Epoche. Und da Venedig zu jener Zeit kaum noch andere Machtmittel als seine Staatskunst besaß, war es für die Republik buchstäblich lebenswichtig, besser informiert zu sein als Freund und Feind. Nur wenn man stets alles wußte, konnte man mit Erfolg jene Vermittlerrolle spielen, die zu allen Zeiten der letzte Trumpf der Schwachen gewesen ist. Die zurückgekehrten Dirnen wurden nicht nur in Ehren wieder aufgenommen – ein Kunststück, das des Großen Rates würdig war –, sondern erhielten auch Entschädigungen für die verlorengegangenen Wohnungen und den Verdienstausfall. Sie waren schon so sehr ein Element der venezianischen Politik geworden, daß die geheimen Kontakte, die über sie liefen, die Vielzahl der Informationen, die sie im Tête-à-tête erlauschten, einfach unentbehrlich geworden waren.

Dieses erotisch-politische Zwielicht, in dem sich im damaligen Europa so mancher Abenteurer sonnte, kam jenen Damen zustatten, die sich scheuten, den letzten Schritt zum Kurtisanendasein zu tun: den Schönheiten, die sich noch von ihrer Mutter begleiten ließen, die hin und wieder an toleranten Höfen einem Fürsten präsentiert wurden, damit er ihnen ins Mieder blicken könne, die Kapriziösen, die einen Salon als das geeignete Wartezimmer ihres Schlafgemachs ansahen. Sie trugen große Namen, wie jene MM, die wir schon kennenlernten, die schöne Camerlenga von Santa Maria degli Angeli auf der Insel Murano, deren bürgerlicher Name, wie man heute weiß, Maria-Eleonora Mihiel lautete und die einen Prokurator von San Marco zum Bruder hatte. Nicht ganz so schön, aber als Dichterin und durch ihre charmanten Selbstbekenntnisse berühmt, war Signora Renier-Mihiel, die man, als sie einmal in Rom weilte, »die kleine venezianische Venus« nannte. Auch Cornelia Gritti, eine geborene Barbaro, trug ihren großen Namen mit mehr Anmut als Anstand. Ihre Dichtungen sind vergessen, aber sie ist unsterblich geworden als die geistvolle Freundin eines Goldoni, eines Metastasio und jenes Francesco Algarotti, dem die Dresdner Galerie die Holbeinsche Madonna verdankt und den paradoxerweise nicht August III. von Sachsen, sondern Friedrich II. von Preußen zum Grafen machte. Keiner dieser drei Berühmten unter ihren Verehrern konnte ihr aber mehr Freude bereiten als der trotz eines Oeuvres von fünfzehn Bänden heute völlig vergessene Carlo Frugoni, der ihren Hüften den Vers weihte: *Sogno il bel fianco in suo giacer vezzoso.* Man darf sicher sein, daß auch die eifrigste Dichterin solches Lob lieber hörte als die wohlmeinendste Kritik ihrer Verse . . .

Es sind halbverwehte Namen voll von Geheimnissen, hinter denen Lebensläufe von kaum zu erschöpfendem Reichtum stehen, wie im Fall der Cecilia Tron, die ihre Schönheit und ihren Geist gleichermaßen freigebig unter die Freunde verteilte, oder der Marina Querini-Benzon, die nach einem hemmungslosen Leben noch Byron kennenlernte und ihm die schöne Guiccioli zuführte. Andere wieder wurden erst in Venedig zu jenen großen Liebenden, als die sie in die galanten Chroniken eingingen, weil die Lagunenstadt eben ein unvergleichliches Sprungbrett bildete. Für Griechen und Griechinnen war sie das Tor nach Europa, für manche Europäer die erste Begegnung mit dem Reiz der Griechinnen. Ugo Foscolo, der viel zu früh verstorbene herrliche Feuergeist, lernte hier Isabella Teotochi kennen, der er die schönsten Briefe seines Lebens schrieb und die von der Vigée-Lebrun gemalt wurde, als diese glänzende Porträtistin längere Zeit in Venedig weilte.

Diese Griechinnen waren nicht immer echt, das war schon so im alten Rom, wo sich die Mädchen vom Tiber den großen Ruf der athenischen Hetären zunutze machten. Eine Venezianerin namens Anna Gazzini empfing wohlhabende Ausländer unter dem Decknamen »die Griechin«, und so wie der Gesandte Murray seine Venezianerin noch über seinen Tod hinaus auszeichnete, versorgte und ihre Kinder legitimierte, ob sie nun von ihm stammten oder nicht, so ehelichte auch der Baronet Richard Wynne jene vermeintliche Griechin. Diese überaus häufigen britisch-venezianischen Querverbindungen riefen wiederum die englischen Damen auf den Plan, von denen einige offenbar nur durch die Welt reisten, um jeden Skandal an der Quelle aufzuspüren. Sie wollten verhindern, daß solch eine venezianische Kurtisane dann unangefochten als Lady Wynne in London akzeptiert werde – was, wie man heute weiß, so schlimm freilich nicht gewesen wäre: Filipo Gazzini, Vater der sogenannten Griechin, war ein Nobile di San Maura, und die Tochter, die diese schöne und kluge Frau dem Sir Richard Wynne geboren hatte, noch ehe die beiden heirateten, ist eine der interessantesten Figuren aus Casanovas Memoiren. Sie ist jene schöne Miss XCV, der er sich unter schändlichen Vorspiegelungen aufs allerintimste näherte und die später eine bemerkenswerte Karriere als Schriftstellerin machte. Sie heiratete 1761 den Grafen Orsini-Rosenberg, österreichischer Botschafter in Venedig, und starb 1791 in Österreich. Sie war es, die in einem Brief Venedig »das angenehmste Land für den freien Menschen, der sich einmal ausrasten will« nannte.

Giustiniana Wynne ist eine jener Figuren, die besonders gut auf die große Bühne Venedig passen und durch ihr Dasein, ihre Herkunft und ihr Schicksal beinahe mehr über diese herrliche Stadt aussagen als über sich selbst. Aus dem Zwielicht zwischen Adel und Lebewelt kommend, wie es sich in Venedig seit Jahrhunderten in Straßen und Palästen hält, steigt sie zunächst als Opfer und Objekt, danach aber als Subjekt und Siegerin selbst in diesen Adel auf. Einer der bekanntesten Diplomaten jener Zeit scheut sich nicht, ihr seinen guten alten Namen zu geben, sie aber macht diesen Namen erst wirklich berühmt und bringt ihn sogar (wenn auch dank eines kleinen Irrtums des großen Goethe) in das Register der Sophienausgabe. Es ist alles ein wenig zu glatt und zu glänzend in dieser heiteren Stadt, es gibt viel Talmi in dieser Republik, weil man den Republikanern ihre Nobilität ja doch nicht so recht glauben will; aber die Wege führen überallhin. Der Terra-Ferma-Jude da Ponte schreibt die Libretti für einen Mozart, ein Apostolo Zeno wird zum Lehrer des Metastasio und damit ein wenig auch des Wiener Hofes, und auf den hübschen Dosen aus der Werkstatt der Rosalba Carriera (welch ein Name!) tritt das Lächeln der venezianischen Zentildonne seinen Weg in die ganze Welt an, ohne zu erstarren, als Venedig durch ein paar hundert französische Soldaten zur simplen Stadt reduziert wird. Und so, wie Venedigs unermüdliches Theaterpublikum am Ende der Vorstellung auch die phantasievoll abgeschlachteten Helden zu sehen begehrte und sein heiter-ironisches *Bravo i Morti* zur Bühne hinaufrief, so verbeugen sich die machtlosen Großen, die ihrer Ämter beraubten Herren mit den jahrtausendalten Namen, wie eine wohlerzogene Truppe noch einmal vor der ganzen Welt. Das konnte schon Goldoni, der jahrelang dem Foltern zusah und wohl auch selbst die Folter befahl, der einmal ein Schlachtfeld mit Tausenden nackter, ausgeraubter Leichname überquerte und, was für ihn vielleicht sogar schlimmer war, einmal versehentlich ein fertiges Opernlibretto verbrannt hatte.

»Indem ich mit der Feuerzange die Asche meines Manuskripts durchwühlte, um die Überreste vollends der Vernichtung zuzuführen, kam mir der Gedanke, daß ich nie, bei welcher Gelegenheit es auch sein mochte, meine Mahlzeit einem Kummer geopfert hatte; ich rufe den Burschen und lasse mir auftragen; lange brauche ich nicht zu warten: Ich aß gut, trank noch besser, legte mich zu Bett und versank in einen ruhigen Schlummer.«

So, wie sein großer Komödienschreiber, schlummert Venedig neben der Asche seiner Schöpfungen, der Republik, der Nobilität, der Maskenfreiheit, der Daseinsfreude, der Selbstironie und der unschuldigen Schönheit seiner schönsten Sünderinnen.

Wir kennen sie aus den Porträts der Rosalba Carriera, diese feinen, ein wenig müden Züge, die Haltung, die nicht ganz so hoheitsvoll ist wie die der dazugehörenden Herren, aber menschlicher, der alterslose Blick unter Stirnen, von denen der Reichtum der Generationen die Sorgenfalten vertrieben hat. Von vielen kennt man gar nicht die Namen; die Porträts hängen in den Museen mit Unterschriften wie *Bildnis einer vornehmen Dame, Porträt einer Patrizierin,* weil sie nämlich einander so ähneln, daß selbst die Kundigen nicht zu sagen vermochten, ob sie zum Clan der Cornaro oder Grimani, der Memmo oder Gritti oder Trevisan gehören.

Gegen Ende des achtzehnten Jahrhunderts wird dieses milde Lächeln der venezianischen Damen ein wenig mühsam, und die Herren verfallen in eine gegenüber den Traditionen beinahe unwürdige Hast diplomatischer Aktivitäten; denn Europa ist nicht mehr, wie es war, und unter dem Begriff Republik scheint man plötzlich etwas durchaus anderes zu verstehen, als dies die Venezianer zwölf- oder dreizehnhundert Jahre lang taten. Eine große Revolution in Paris und in Frankreich hat nicht, wie im Jahrhundert zuvor in England, eine parlamentarisch eingeschränkte Königsmacht hervorgebracht, sondern den König, wiewohl er in seiner friedfertigen Gefräßigkeit der schlimmste nicht war, völlig entmachtet; ja man hatte ihm schließlich den Prozeß gemacht.

Die Dogen, an der Spitze des bestverwalteten Staates im ganzen Abendland, hatten das monarchische System niemals überschätzt; aber es hatte für Venedig den großen Vorteil gebracht, die europäischen Throne überwiegend mit mediokren Intelligenzen auszustatten. Ganz zweifellos hatte es schon bisher in Frankreich, in Italien, in Deutschland, Österreich und auf dem Balkan Einzelerscheinungen von genialem Impetus gegeben wie nun, am Jahrhundertende, diesen Napoleon. Aber erst im Verein und im Gefolge einer großen Revolution konnten diese Energien auch für Venedig gefährlich werden und wurden es dann auch.

Dabei scheint der große Korse keine persönlichen Antipathien gegen Venedig gehabt zu haben wie etwa gegen Genua oder das Haus Savoyen, gegen England und die eine oder andere Fürstlichkeit des zu erobernden Europa. Venedig interessierte ihn nur nicht sonderlich, da er wohl ahnen mochte, daß er eines Tages auf einem Thron sitzen und vielleicht sogar eine Kaiserkrone tragen würde, daß man aber niemals den Sohn eines eben erst geadelten korsischen Advokaten in das Goldene Buch der Lagunenrepublik aufnehmen und damit als Dogen wählbar machen würde. Der ganze adriatische Raum, von Frankreich zu weit abliegend, um wie Piemont oder die Lombardei unter unmittelbaren französischen Einfluß geraten zu können, war für Napoleon eigentlich nur wichtig, weil die Österreicher diesen Gegenden große Bedeutung beimaßen. Noch hatte der Erste Konsul, trotz großer Erfolge auf den Schlachtfeldern, nicht die volle Souveränität in seiner Rolle als Neuordner Europas erlangt; noch war der große Gegner Österreich in seinem Gesamt-Potential dem verarmten Frankreich der Revolution deutlich überlegen. Venedigs Festlandbesitz mit den dalmatinischen Ausläufern war daher das geeignete Mittel, bei den Friedensschlüssen, die Frankreichs neue Existenz garantieren sollten, die Österreicher von Mitteleuropa abzulenken und nach Süden zu orientieren. Der revolutionäre Idealismus war in Napoleon vermutlich nie sehr stark; die Befreiung Italiens von seinen Fürsten, die Schaffung eines Kranzes italienischer Republiken unter französischer Patronanz, das war ein Gedanke, den ein Lucien Bonaparte wohl eher hegen mochte als sein Bruder Napoleon. Aber man konnte mit dem gleißenden Schild solcher Absichten immerhin unter dem venezianischen Mittelstand Anhänger sammeln, die Intelligenz der Lagunenstadt verunsichern und die Dogen selbst auf das ihnen durchaus ungewohnte Parkett ideologischer Auseinandersetzungen locken.

Der Plan gelang so vollständig, daß man heute, im Rückblick, erkennt, um wieviel der neue europäische Stil eiskalter Gewaltpolitik mittels Waffendruck und Wortbruch jener alten Diplomatie der Ränke und halben Versprechungen überlegen war, die der Vatikan und Venedig brillanter als alle anderen Staatswesen gehandhabt hatten . . .

Venedigs letzter Doge war Lodovico Manin, am 9. März 1789 im Alter von dreiundsechzig Jahren auf den Herzogsthron gewählt. Während die große Revolution in Frankreich ausbrach, gab Venedig nicht weniger als 50000 Dukaten für die Inaugurationsfeste aus, und als Ludwig XVI. seinen dicken Kopf unter das Fallbeil streckte, feierte Venedig eben den Karneval. Feste und Masken verschlangen wie stets große Summen, und man hat später die Ansicht geäußert, daß sie sinnvoller für die Verteidigung des Staatswesens ausgegeben worden wären. Aber Napoleon hat schließlich auch Militärstaaten wie Preußen und Großmächte wie Österreich besiegt, die besser gerüstet waren als die Sansculottenarmeen, und Venedig war weder Militärstaat noch Großmacht und schon lange außerstande, seinen Festlandsbesitz wirksam mit eigenen Kräften zu verteidigen.

Gefährlicher als die Tatsache, daß Manin nicht auf die Kriegspartei unter Francesco Pesaro hörte, war der Umstand, daß er an den Idealismus eines Bonaparte glaubte, daß er Verhandlungen mit dem jungen General einer Revolutionsarmee, mit dem Ersten Konsul einer Revolutionsregierung für sinnvoll, aussichtsreich und aufrichtig hielt und vielleicht sogar annahm, die altvenezianischen Listen würden über diese tüchtigen Krieger aus Westeuropa genauso triumphieren wie in den Tagen eines François I. oder Henri IV. Allein die Selbstverständlichkeit, mit der sich Franzosen und Österreicher auf venezianischem Boden schlugen, hätte Manin warnen müssen, ihm zeigen, was von den großen Mächten zu erwarten war.

Es war völlig vergeblich, daß Venedig Rettung in einer Verfassungsänderung suchte, daß Manin abdankte und als Chef der provisorischen Regierung ein Corner, also abermals ein Herr aus einer der Dogenfamilien, die Verantwortung übernahm. Es war verfrühter Jubel, unter dem Napoleon der goldene Schlüssel zum Arsenal übereicht wurde, nachdem am 16. Mai 1797 dreitausend zerlumpte Franzosen als erste Streitmacht seit den Langobarden die Lagune besetzten. Die Franzosen hätten zweifellos Venedig gegen Österreich schützen können, aber da ihnen das Hemd näher war als der Rock, da es um Deutschland ging und die Sicherheit der französischen Grenzen, zogen am 18. Januar 1798 österreichische Truppen in Venedig ein. Napoleon hatte alle seine Zusagen gebrochen, ja er hatte fünfhundert wertvolle Manuskripte aus venezianischen Archiven beim Abzug mit sich genommen und dazu zwanzig Gemälde großer Meister aus Venedigs Kirchen und Palästen (vergleichsweise wenig, wenn man bedenkt, wie großzügig sich Napoleons kunstsinniger Onkel, der Kardinal Fesch, an anderen Orten der eroberten Gebiete selbst bedient hatte).

Venedigs entwürdigende Wanderschaft zwischen Frankreich und Österreich hatte damit jedoch erst begonnen. Hatte Frankreich die Oberhand gewonnen, wie durch Napoleons glanzvollen Sieg in der Dreikaiserschlacht von Austerlitz (1805) kam Venedig an italienische Staatsgründungen unter französischer Patronanz; neigte sich das militärische Glück Österreich zu, wie 1813/15, wurde die Lagunenstadt von Wien aus regiert.

Lodovico Manin, den letzten Dogen, kümmerte das nicht mehr, er war am 23. Oktober 1802 vergrämt gestorben und hatte es auch nicht mehr erleben müssen, daß der Enkel eines jüdischen Advokaten den alten Dogennamen führen und sich in den Wirren der Jahre 1847/49 zum Dikator von Venedig aufschwingen durfte. Die antiösterreichische Aufstandsbewegung des Daniele Manin (eigentlich Fonseca, 1804–57) zeigte, daß die Volksmassen mit der Idee einer Wiedererrichtung alter Dogenherrlichkeit nicht mehr zu gewinnen waren. Das neue Ziel hieß nicht mehr Venedig, auch nicht Repubblicca di San Marco, wie man sich kurzfristig genannt hatte, sondern Italien. Mit Daniele Manin, den die Österreicher nach der Eroberung des rebellischen Venedig im August 1849 von der Amnestie ausgeschlossen und damit nach Frankreich vertrieben hatten, gab es nun wenigstens einen Patrioten des Einigungskampfes auch in der so lange selbstherrlich-distanzierten Serenissima, einen Lagunen-Garibaldi mit einem Dogennamen!

Moltke mußte bei Königgrätz siegen, damit Napoleon III. – also doch noch ein Napoleon – Venedig den Österreichern abnehmen und jenem Italien hinzufügen konnte, das bis dahin mit großen Worten und stark rauchenden Bömbchen heftiger als mit den Waffen für seine Einigkeit und Freiheit gekämpft hatte. Am 21. und 22. Oktober 1866 wurde in allen Städten Venetiens eine Volksabstimmung über den Anschluß an das Königreich Italien abgehalten, die 641758 *Ja-* und nur 65 *Nein*-Stimmen erbrachte. Am 7. November 1866 hielt daraufhin König Viktor Emanuel II. feierlich Einzug in Venedig.

Damit war, vom Wiener Kongreß an gerechnet, ein Halbjahrhundert venezianisch-österreichischen Zusammenlebens zu Ende, das für keinen der Partner besonders rühmlich verlief. Es hatte eben schon zuviel Theater gegeben, und das seit gut einem Menschenalter. Venedig wurde nicht mehr ernst genommen und nahm sich leider auch selbst nicht mehr ernst.

Da hatte am 9. April 1797 ein französisches Kriegsschiff mit dem bezeichnenden Namen *Liberateur d'Italie* versucht, sich die Einfahrt in die Lagune zu erzwingen, war von einer venezianischen Batterie unter Feuer genommen und schließlich von den Venezianern erobert worden. Aber anstatt den mutigen Fortkommandanten zu dekorieren, warf ihn der verschreckte Senat in den Kerker. Daß dies völlig sinnlose Liebedienerei gewesen war, zeigte sich, als Napoleon in seinem korsisch getönten Italienisch erklärte: *Io non voglio più inquisitori, non voglio più senato* (Ich will keine Inquisition mehr und keinen Senat). Man öffnete dem Korsen eilends die Gefängnisse Venedigs und heraus kam – ein einziger Staatsgefangener. Im Durchschnitt des achtzehnten Jahrhunderts waren die berüchtigten Verliese von sieben Gefangenen bevölkert gewesen, weniger, als in einer einzigen Kasematte österreichischer oder preußischer Festungen wie Spielberg, Glatz oder Küstrin gefangensaßen. Die letzte Hoffnung, darzutun, wie scheußlich und verrucht diese nun endlich vernichtete Republik Venedig sei, bot das vielumraunte Gift, mit dem die Dogen mißliebige Gefangene umgebracht haben sollten und in der Spätrenaissance vielleicht tatsächlich umgebracht hatten. Das vertrocknete Restchen des Giftes vermochte jedoch nicht einmal einer Fliege gefährlich zu werden, und das Rezept, es zu bereiten, war nirgends aufzufinden.

Auch zwischen Venedig und Österreich, zwischen dem österreichischen Venedig und Wien, zwischen Venetien und Dalmatien herrschten Operettenintrigen und Miniaturgegensätze, an denen dennoch die Chance der gemeinsamen Zukunft zugrundeging. Sie war durchaus möglich und keineswegs utopisch, diese österreichische Zukunft einer Adriagroßstadt, deren alte Geschlechter von der Terra Ferma und aus Istrien gekommen waren, deren Binnenland-Partner schon seit Jahrhunderten von den österreichischen Erblanden gestellt worden war. Und wenn man bedenkt, wie alt die venezianisch-genuesischen oder die venezianisch-pisanischen Gegensätze waren, so mochte man meinen, das dogenlose Venedig des neunzehnten Jahrhunderts würde sich zu seinen istrisch-dalmatinisch-österreichischen Nachbarn beinahe mehr hingezogen fühlen. Aber diese Vernunftlösung hatte eben so wenig Romantisches, man konnte sie auf kein Banner schreiben, man konnte mit ihr keine Proklamationen füllen und keinen Ruhm erringen in der großen Stunde Italiens, in jenen Wochen, da ein seit eineinhalb Jahrtausenden von Fremden beherrschtes Land einen geschichtlichen Augenblick lang zu hoffen wagte, daß dies anders werden könnte.

Die österreichische Chance bestand durchaus, denn im Rahmen der Österreichisch-Ungarischen Monarchie kam es auf ein Völkchen mehr oder weniger keineswegs an, und man hatte darum auch nicht die Absicht, Venedig zu germanisieren. Die Marine-Akademie, die in einem Palazzo am Canal Grande eingerichtet wurde, hatte als einzige Unterrichtssprache Italienisch, und auch die dort lehrenden Nicht-Italiener bedienten sich dieser Sprache. Wilhelm von Tegetthoff, Schüler dieser Akademie und späterer Sieger von Lissa über die überlegene italienische Flotte, erhielt ein Abgangszeugnis aus Venedig, das für einen jungen Nobile nicht anders ausgefertigt worden wäre:

Talenti: *molti*
Applicazioni: *moltissime*
Condotta: *buonissima*
Temperamento: *docile e buono*
Esercizii: *molto bene*

Es war das beste Zeugnis, das man haben konnte, das italienische Zeugnis des künftigen österreichischen Seehelden . . .

1848, in der Pseudo-Maninschen Revolte, wurde auch diese Chance vertan; die venezianischen Seeoffiziere hatten sich kompromittiert, das Marinekommando Kaiser Franz Josefs wechselte den Standort nach Triest, und Triest wurde auch die Stadt des Österreichischen Lloyd. Venedig, das als Meerespforte eines großen Reiches die besten Möglichkeiten gehabt hätte, wurde der ungeliebte Nordost-Ableger eines jungen Staates, der von Anfang an mit ungeheuren Schwierigkeiten zu kämpfen hatte. Und wenn heute, beinahe zweihundert Jahre nach Napoleons Verrat an Venedig, im einst venezianischen Friaul Kundgebungen für die Rückgliederung an Österreich stattfinden, weil der größere italienische Staat nicht einmal die lokalen Erdbebenschäden zu beheben imstande war, dann ist dies gewiß mehr als eine kuriose Coda: Es ist, als habe der Verwaltungsgenius des alten Rom alles verbraucht, was an Rechtschaffenheit und Organisationstalent auf dieser Halbinsel für immer vorhanden gewesen sei, so daß nun in dem am schlechtesten regierten europäischen Land nicht einmal jenes Quentchen Selbsterhaltungsmöglichkeiten übriggeblieben ist, dessen man zum Wiederaufbau in Friaul und zur Rettung des vom Untergang bedrohten Venedig bedürfte.

In diesem neunzehnten Jahrhundert unseres Mißvergnügens, in dem Napoleon III., Cavour und Bismarck sich zur Schaffung eines größeren Italien vereinten und dabei das größere Deutschland zerschlugen, begann für Venedig jene durchaus ungewohnte Existenz musealen Charakters, die diese einzigartige Stadt auch heute noch führt. Nach letzten Großtaten gegen die Barbareskenhäfen hatte die venezianische Flotte die Ehre gehabt, an der Seite der französischen bei Aboukir von Lord Nelson versenkt zu werden. Aber anstelle der Schiffe gab es ja nun ein neues Verkehrsmittel, nämlich die Eisenbahn, und sie eignete sich für Venedig-Reisen um so besser, als man in der Stadt der Gondeln und der Kanäle eine eigene Karosse ohnedies nicht verwenden konnte, ganz gleich, ob sie von Pferden gezogen oder – gegen Ende des Jahrhunderts – mit einem Motörchen angetrieben wurden.

Reisende hatte die Stadt seit jeher gesehen, mehr wohl als die meisten anderen Städte, London, Paris und Wien ausgenommen. Die deutschen Kaiser und die französischen Könige waren gekommen, Päpste und Kardinäle, Fürsten aus dem Orient und Gesandtschaften selbst noch aus dem japanischen Kaiserreich. So manchen hatte es aus Italien hierhergezogen, weil er sich in seiner Heimatstadt nicht mehr sehen lassen konnte wie zum Beispiel der freche Aretino. Andere hatten hier den Süden und die Farben entdeckt wie Albrecht Dürer oder Michel de Montaigne, den Süden und die Frauen wie der Präsident de Brosses und Jean-Jacques Rousseau und wohl auch Johann Wolfgang von Goethe, wenn dieser auch das Versmaß seiner *Venezianischen Epigramme* keineswegs einer Zentildonna auf den Rücken gezählt hat, wie man seinem Willen nach meinen sollte, sondern bereits wieder seiner häuslichen Venus, der wohlgerundeten Christiane Vulpius.

Jene, die nach ihnen kommen, wissen, daß sie eine Tote besuchen. Gewiß, man hat sie hinausgetragen und in allen Ehren bestattet und jeder der betreßten Führer, die an der Seite damals noch kleiner Gruppen durch den Dogenpalast schreiten, hält seine eigene Grabrede auf die Republik, auf die Dogen, auf die Selbstherrlichkeit der Serenissima, die ein etwas zu klein geratener großer Mann mit ein paar übelgelaunten Sätzen vernichtet hat. Die Fröhlichkeit der früheren Besucher ist dahin; man lärmt nicht in einem Totenhaus, und sei es noch so schön. Und es kommen mit Vorliebe jene, die von der Aura des großen Todes angezogen sind, wiewohl er ein Tod ohne Größe war: die in den Untergang verliebten Adepten einer Schwarzen Romantik wie Chateaubriand und Théophile Gautier, die ihnen gleichgesinnten Neuromantiker wie Hugo von Hofmannsthal, Makart oder Thomas Mann. Die Kraftmeier mit dem Tod im Herzen wie Friedrich Nietzsche oder d'Annunzio, die großen Jäger, die doch nur Frauen erlegten und endlich den Selbstmord anvisierten wie Guy de Maupassant und Ernest Hemingway. Mit ihnen allen, durch sie und ihre Werke, beginnt Venedig ein neues Leben, an dem auch ein wenig jene teilhaben, die von sich aus nichts dazu beitragen können und nur einsam in ihren Palästen sitzen, bis der große Tod von Venedig sich ihrer annimmt und einen Richard Wagner mit der gleichen Selbstverständlichkeit in den perlmuttfarbenen Himmel über der Lagune entführt wie einst einen Tizian.

Dabei würde man nun gerne verweilen, ja eine Anthologie anschließen: D'Annunzio und William Beckford über die Brenta-Ufer, Nietzsches herrliches Brückengedicht über die braune Nacht von Venedig und ein Menschenalter später der scheue Bretone Julien Gracq, der 1967 den Satz schreibt: ›Der Reiz dieser toten Stadt besteht für mich vor allem darin, daß sie *lebt* wie keine andere.‹ Man könnte die großen Liebenden von Venedig aneinanderreihen, jene, die man zu kennen meint wie Casanova, da Ponte, Gasparo Gozzi, und die anderen, Glücklicheren, denen die Liebe zufiel wie dem jungen Lord Byron: »Im Sommer 1817 ritten Hobhouse und ich eines Abends gemächlich der Brenta entlang, als wir in einer Gruppe von Bauersleuten zwei Mädchen bemerkten, die hübschesten, die wir seit langer Zeit gesehen hatten. Ungefähr um diese Zeit herrschte große Not auf dem Land, und ich hatte verschiedentlich ein wenig geholfen. Freigebigkeit vermag hier viel, ohne große Unkosten in venezianischen Pfunden, und meine war vermutlich übertrieben worden, da ich Engländer war. Ob sie merkten oder nicht, daß wir zu ihnen hinüberschauten, weiß ich nicht; aber die eine rief mich auf Venezianisch an: ›Warum denken Sie, der anderen hilft, nicht auch an uns?‹ Ich drehte mich um und antwortete ihr: ›*Cara, tu sei troppo bella e giovane per aver' bisogno del' soccorso mio* (Liebling, du bist viel zu schön und jung um meiner Hilfe zu bedürfen). Sie gab zurück: ›Wenn Sie meine Hütte und mein Essen sehen könnten, würden Sie das nicht sagen.‹ Das ging alles halb im Spaß vor sich, und die nächsten Tage sah ich sie nicht wieder. Wenige Tage später aber trafen wir die Mädchen wieder, und sie redeten mehr im Ernst mit uns; sie waren Cousinen und versicherten uns, was sie erzählt hätten, sei wahr.«

Es erwies sich, daß die eine, kleinere, ledig war; für sie interessierte sich Byrons Freund Hobhouse. Die größere, Margarita, war hingegen mit einem Bäcker verheiratet, und das erleichterte alles, denn hier – so Byron – tut's keine unter dem Ehebruch. Während also die eine Cousine fürchtete, durch ein Verhältnis mit einem Fremden ihre Ehechancen zu vermindern, wurde die junge Bäckerin Byrons Geliebte.

»In den nächsten zwei Jahren«, schreibt der Dichter, »in deren Verlauf ich mehr Frauen hatte als ich zählen oder erzählen kann, war sie die einzige, die einen Einfluß auf mich besaß und ihn bewahrte, einen Einfluß, der ihr zwar oft bestritten, aber nie beeinträchtigt wurde. Wie sie selbst öffentlich zu sagen pflegte: ›Es macht nichts, er kann auch fünfhundert haben; zu mir wird er immer zurückkommen.‹

Die Gründe dafür lagen erstens in ihrer Person – sehr dunkel, groß, das venezianische Gesicht, sehr schöne schwarze Augen – und gewisse andere Eigenschaften, die ich nicht zu erwähnen brauche. Sie war zweiundzwanzig Jahre alt, und da sie nie Kinder gehabt hatte, war ihre Figur unverdorben geblieben . . . Sie war außerdem durch und durch Venezianerin, in ihrem Dialekt, in ihrer Denkweise, in ihrer Haltung, in allem, mit der ganzen *naiveté* und dem burlesken Humor ihrer Landsleute. Zudem konnte sie weder lesen noch schreiben und mich also nicht mit Briefen belästigen – außer zweimal, als sie einem öffentlichen Schreiber unterhalb der Piazza Sixpence bezahlte, damit er Briefe an mich fabriziere, als ich gelegentlich einmal krank war und sie nicht empfangen konnte. In anderer Hinsicht war sie reichlich heftig und *prepotente*, das heißt anmaßend: sie pflegte einzutreten, wann immer es ihr paßte, ohne Rücksicht auf Zeit oder Ort oder andere Besucher. Und wenn ihr eine Frau im Wege stand, so schlug sie sie nieder . . .«

Da sich die Forschung mit dem kurzen Leben des Dichter-Lords sehr eingehend beschäftigt hat, ist Margarita Cogni in die Literaturgeschichte eingegangen; sie hatte die Herrschaft der *Fornarina*, einer stadtbekannten Schönheit, über Byron abgelöst, wohl auch, weil jene Dame wenig zuvor ein wertvolles Schmuckstück, das Byron ihr geschenkt, veräußert hatte. Der geschickte Händler bot es zwar dem reichen Engländer relativ günstig zum Rückkauf an, da er der Fornarina nicht sehr viel dafür bezahlt hatte, und Byron verehrte der Schönen das Geschmeide abermals, aber das Verhältnis hatte damit doch einen Sprung, und der rauhe Charme Margaritas, ihre Offenheit, ihre wilde Zuneigung zu dem jungen Briten triumphierten über das Raffinement der schönen Lebedame.

Diesen sehr venezianischen Impressionen des glühenden Lords setzt sein bretonisches Widerspiel, der große französische Romantiker Chateaubriand, eine eher kontemplative Liebe zu Venedig entgegen – obwohl er sich monatelang in der Stadt aufhielt, die so ganz anders war als die Felsennester der bretonischen Riffküste, wo er seine Jugend verbracht hatte. Und er litt auch dort, wo Byron einige der schönsten Damen seines venezianischen Kreises kennengelernt hatte, die ärgsten Qualen, nämlich im Salon der Madame Benzoni, die so schön gewesen war, daß ein venezianisches Volkslied sie bis heute feiert. *La Biondina in gondoletta*, wie sie dort genannt wird, plazierte Chateaubriand neben sich auf eine Ottomane, und die Schönheiten der Stadt kamen, um den berühmten Franzosen mit Augen und Sinnen zu verschlingen:

»Eine ganze Weile blieb ich so sitzen, allein in der Mitte jenes unglücklichen Sofas, fasziniert und zitternd unter den Blicken einer schwarzhaarigen Dame, die den Blick einer schläfrigen Schlange hatte. Es war, als wolle sie mich in ihren Bann ziehen, und ich war plötzlich überzeugt, daß es Frauen mit magnetischen Kräften gebe, denen man nicht entrinnen könne. Eine Blondine im Frühling ihres Lebens erhob sich leicht mit dem Geräusch einer Blume, trat auf mich zu und neigte ihre Gesicht zu mir, das von verblüffender Frische war: sie war ganz Neugierde, ganz Mysterium, man mochte meinen, eine Rose beuge sich unter dem zarten Gewicht ihrer Düfte und ihres Geheimnisses.

Ich weiß, daß man in Venedig Elixiere verkauft, welche die Liebe herbeiführen, ja erzwingen, und auch ich hätte es gern einmal versucht, doch hinderte mich eine Geschichte, die mich erschreckt, so oft ich an sie denke: Ein Neapolitaner hatte sich in eine Französin verliebt, die sich in einer bizarren Laune als Haustier eine Ziege hielt. Als nun der Neapolitaner seinen Liebestrank mischte, irrte er sich in der Zusammensetzung oder bei der Verabreichung, kurz, es war nicht die Dame, die ihm um den Hals fiel, sondern die Ziege . . .«

Man sieht: an Venedig schieden sich die Geister, auch wenn es sich um Zeitgenossen, um Dichter, um Romantiker und um zwei Kelten handelte, denen man ja besonders mühelosen Zugang zu den Zaubern eines Ortes und zum Zauberreich der Liebe nachsagt. Zugleich lernen wir aber auch jenes *Malentendu de Venise* kennen, unter dem hundert Jahre nach Chateaubriand noch Rainer Maria Rilke leiden wird: unter der Erwartung des Wunders, die diese Stadt uns in die Adern gießt, wobei es dann doch uns selbst überlassen bleibt, ob diese Erwartung sich auch tatsächlich erfüllt . . .

Am Ende des Jahrhunderts wandten sich die feinsten Geister Europas noch einmal Venedig zu. Die Venedig-Begeisterung des *Fin-de-Siècle* kam unversehens, gewiß, aber nicht von ungefähr. Heinrich Mann verrät uns die Gründe in seiner spät erschienenen, überraschenden Besprechung der Novelle *Tod in Venedig*, in der sein Bruder in die Figur Aschenbachs und in die Kulisse der Lagunenstadt geschlüpft war, mit einer Wahlverwandtschaft, die alle anderen Masken auszuschließen schien:

»Es würde das Schicksal dessen, der Gustav Aschenbach heißt, sich nicht haben vollenden können, wäre nicht eine ganze Stadt ihm gefügig gewesen. Es handelt sich nicht um Einwirkung des Milieus. Es liegt vielmehr so, daß Abenteuer einer Seele auf dem Wege sind, und daß irgendwo das Abenteuer einer Außenwelt ausbricht, wie gerufen von jenem Einzelschicksal, und sich ihm verschränkt. Die Stadt Venedig, von der unheimlichen Krankheit befallen, und ein seltener Mensch, an der letzten, gefährlichsten Wendung seines Erlebens, sie rufen einander . . .«

Die kranke, die scheinbar unrettbare, die noch im Tod unendlich schöne und anziehende Stadt wird zu einem Symbol für das alte Europa, das seinen ersten Tod starb mit der Republik Venedig, und das seinen zweiten Tod mit der Stadt Venedig zu sterben scheint in einem farbenprächtigen Untergang, der die glühendsten Federn, die prächtigsten Farben, die weichsten Melodien nur eben als gemäß empfindet. Man hat Fäden geknüpft von Gustav Aschenbach zu Gustav Mahler, dem Schöpfer eines einzigen tatsächlich genialen Werkes, der *Kindertotenlieder*, herzzerreißender Kunst schmerzvollen Untergangs. Und eine der stärksten filmischen Annäherungen an den morbiden Reiz der versinkenden Stadt beginnt, auf ähnlich enervierende Weise, mit dem Ertrinkungstod eines kleinen Mädchens, mit der tödlichen Umarmung durch die weiche Zärtlichkeit der Wellen, bei der es vom Spiel zum Sterben nur ein Schritt ist: *Wenn die Gondeln Trauer tragen*.

Das Jahrhundertende hat sie alle zu einer einzigen großen Familie vereint, die Geister, deren geheimste Sympathien, deren tiefstes Seelen-Schicksal mit jenem der Lagunenstadt verbunden zu sein scheint oder gar verschränkt, wie Heinrich Mann es ausdrückt. Nur ausnahmsweise gelingt es ihnen, wie dem Erzähler in Prousts Roman *Albertine disparue*, sich im letzten Augenblick von Venedig loszureißen, dem schicksalhaften Charme der Stadt zu entrinnen und zu entdecken, daß – wie ausgerechnet Proust es feststellt – auch dieses Wasser nur aus Sauerstoff und Wasserstoff gemischt, auch diese Palast-Reihe nur aus Marmor aufgeführt ist. Diese Geretteten jedoch bleiben in der Minderzahl, sie bilden die Ausnahmen. Was sie alle an Venedig anzog, war der über den Kanälen und zwischen den Fassaden schwebende Tod, der Tod von Venedig, der hier ebenso sanft wie unentrinnbar zugreift, ob es sich nun um den feinsinnigen Aschenbach handelt oder um das Rauhbein Richard Cantwell, zum Obersten degradierter ehemaliger Brigadegeneral, Held von Hemingways Drei-Tage-Erzählung *Across the River and into the Trees*.

Als ihr auslösendes autobiographisches Moment gilt die Tatsache, daß ein Arzt Hemingway über seine schwere Herzkrankheit aufgeklärt habe, woraufhin dann binnen weniger Wochen an verschiedenen Orten Italiens dieser Kurzroman entstand – ein Roman, dessen Schauplatz Venedig sein *mußte*. Nun wußten sie es ja alle, wußten es seit einem Menschenalter, daß dieses Wunderwerk einer Stadt unaufhaltsam versank wie die Welt, an der sie alle hingen, die einen offen und pathetisch wie Richard Wagner, der Fürstendiener und Pseudorevolutionär, oder wie Hans Makart, der seiner Caterina Cornaro zuliebe sogar auf die gewohnte Staffage der nackten Frauenleiber verzichtete; wie alle die großen Ästheten, die anderswo nicht mehr auf ihre Rechnung kamen, weil sich für das untergehende bürgerliche Europa die volle Schönheit nur in der Nachbarschaft des Todes entfaltete: André Suarès und Rainer Maria Rilke, Gabriele d'Annunzio und Maurice Barrès, Stefan Zweig und D. H. Lawrence. Ja wir wagen es sogar, Simone de Beauvoir hier anzuschließen, die sich eine lange venezianische Nacht um die Ohren schlägt, weil sie aus Sparsamkeit ihr Zimmer aufgegeben hat, und Louis Aragon, für den Venedig natürlich nicht ein Symbol des Untergangs ist: Ihm geht ja eine neue Welt auf, an der das Bürgertum zugrundeging, und sein Held Pierre Mercadier, Professor für Geschichte der Stadt Paris (welch ein

Lehrauftrag!) entscheidet sich plötzlich *d'assassiner sa vie ancienne*, also sein bisheriges Leben zu ermorden. Danach begibt er sich ins winterliche Venedig zu seiner Lehrzeit als neuer, freier und einsamer Mensch . . .

Damit sind wir nun endgültig an dem Punkt angelangt, da Bekenntnisse fällig würden, wie sie dem Sachbuchautor keineswegs anstehen: Dichter mögen sie artikulieren oder auch lallen, sie haben das Recht dazu. Wir deuten nur vorsichtig an, daß jeder von uns sein Venedig in der Seele trägt und im Laufe eines langen Lebens vielleicht sogar verschiedene Erscheinungsbilder dieser ewigen und doch so vergänglichen Stadt. Wenn sie tatsächlich untergehen sollte, was wir in einem halbherzig, weil technisch orientierten Schlußkapitel zu untersuchen haben werden, so wird sie als Schemen neu aufgehen und über Europa wie eine ewige Fata Morgana am Himmel bleiben, an einem dann wohl schon ziemlich dunstigen oder vielleicht sogar atombestäubten Himmel.

Venedig ist aus den Zeiten entschwunden, um jedem Zeitalter zu gehören, aber auch jedem Lebensalter von der ersten verblüfften und noch ahnungslosen Begeisterung bis zur ergriffenen Wiederkehr und vielleicht sogar der letzten Begegnung eines Lebens, so etwa, als legte der Nachen Charons nirgends sanfter an denn an der Riva degli Schiavoni. Je mehr wir uns dieser geheimnisvollen Stimme aus dem alten Europa öffnen, desto mehr scheint auch das Leben aus uns zu schwinden, weil Vergangenes eben hinabzieht, wie sollte es auch anders. Den großen Meistern nachsinnend und nicht mehr nacheifernd, wie sie uns am Rialto und in San Marco gesammelter und eindrucksvoller entgegentreten als irgendwo sonst in der Welt, fühlen wir uns vielleicht in unseren höchsten Augenblicken wie die Jünger des sterbenden Tizian, die Hofmannsthal in seinem frühen dramatischen Fragment in einer Villa des Veneto versammelt. Dieser Landsitz, von den Manen der großen Kunst beschützt, wird für Venedig wie für die Terra Ferma zu einem magischen Bereich, in dem die Erynnien schweigen: nur den Eingeweihten zugänglich, aber durch den Tod bedroht.

Ist der Meister tot, so erkennen wir, daß Venedig sich verändert und wandelt mit jedem seiner Großen, und daß ein unwandelbarer Rest bleibt, der eher verwirrt als beruhigt, der aufs neue anzieht und aufs neue enttäuscht. »Andreas entfernte sich ein paar Schritte von dem Haus, durch dessen Tür Zorzi verschwunden war«, schreibt Hofmannsthal in einem anderen Fragment, in dem zu seinen Spätwerken zählenden unvollendeten Roman *Andreas oder die Vereinigten*, »und ging bis ans Ende der ziemlich engen Gasse. Sie endete in einem Schwibbogen, unter diesem aber führte seltsamerweise eine Steinbrücke über einen Kanal auf einen kleinen, eiförmigen Platz hinüber, auf dem eine kleine Kirche stand. Andreas ging wieder zurück und war ärgerlich, daß er nun schon nach wenigen Minuten unter den ziemlich einfachen und gleichartigen Häusern das richtige nicht wiedererkennen konnte ... So überschritt er die Brücke; unter ihr hing auf dem dunklen Wasser eine kleine Barke angebunden, nirgend war ein Mensch zu sehen oder zu hören: der ganze kleine Platz hatte etwas Verlorenes und Verlassenes.«

Verloren, verlassen und doch wiedergefunden in den Spiegelungen ohne Zahl, so daß man meint, das Inbild der versunkenen Marmorgaleere aus Büchern und Bildern, aus der Musik und dem Echo verklungener Lieder wiedergewinnen zu können wie ein kostbares Destillat, alterslos, einzigartig, mehr Duft als Liquidum, mehr Ahnung als Erlebnis.

Wir haben uns alle gefragt, warum es so ist, zumindest jene, die im Angesicht der Schönheit und des Todes noch Fragen stellen. Es ist für jeden, der Venedig mit seinem eigenen Leben umkreist und einzufangen sucht, ein endloses Spiel von Fragen und Antworten wie gewiß bei keiner anderen Stadt, weil die Städte, die uns als Partner solchen Spiels geeignet erscheinen, uns gehören müssen, *uns angehören*, nicht ihren vielen alltäglichen Facetten wie die grauen Metropolen der Moderne.

Hofmannsthal hat beinahe noch als Gymnasiast diese uralte Stadt mit dem vollen Ahnungsvermögen seiner kurzen genialen Phase umworben wie kein zweiter, mit den Fragmenten, den Dramoletts, den Briefen und Gedichten seiner ersten Zeit, denen er selbst ›den Schmelz der ungelebten Dinge‹ zuspricht. In einem Aufzug, überschrieben *Der Abenteurer und die Sängerin oder die Geschenke des Lebens* steht ein Umgetriebener mit dem Namen Baron Weidenstamm dem Lorenzo Venier gegenüber, einem Herrn aus einer Dogenfamilie; es ist immer diese Begegnung ältesten Venedigs mit dem Fremden, die fruchtbar wird, in der sich die Stadt artikuliert bis herauf zu Hemingways Obristen, der seine Romanze mit der Contessa Renata erlebt. Das Gespräch begibt sich in Venedig um die Mitte des achtzehnten Jahrhunderts, aber es sagt uns Menschen des zwanzigsten Jahrhunderts alles über unser Verhältnis zu dieser Stadt:

Baron: Welch eine Luft ist das! In solcher Nacht ward diese Stadt gegründet. Ihre Augen schwammen in Lust, er hing an ihrem Hals, sie tranken nichts als aufgelöste Perlen.

Venier: Wer?

Baron: Weißt du's nicht? Weißt du den Anfang nicht? Ihr seid die Letzten nur von ihrem Blut.

Venier: Wovon den Anfang?

Baron: Von Venedig. Hier war solch ein öder Wald am Rand des Meeres wie bei Ravenna, aber Fischer zogen an Perlenschnüren und an ihrem langen goldroten Haar Prinzessinnen ans Ufer.

Venier: Prinzessinnen?

Baron: Von Serendib, was weiß ich! Sie waren nackt und leuchteten wie Perlen und lebten mit den Fischern. Andre kamen dann nach, auf Ungeheuern durch die Luft und durch das Meer gefahren. Tra la la – (er sucht eine Melodie) wie war das, was sie sang? Tra la la la . . .

Venier (aufstehend): Wer sang?

Baron: Die Mandane! Heut in der Oper. Oder Zenobia, wie? Sehr schön, sehr schön! (Er fährt in seiner Erzählung fort) Doch später dann zerging die Zauberstadt – nicht ganz! Es blieb ein Etwas in der Luft, im Blut! Mit rosenfarbnen Muschellippen küßte das Meer und leckte mit smaragdnen Zungen die Füße dieser Stadt! Die Kirchen stiegen wie Häuser der verschwiegnen Lust empor . . .

Auch wer wenig von Venedig weiß, hat schon von jener einzigartigen und in ihrer mythischen Kraft faszinierenden Zeremonie gehört, in der sich der Doge, das Oberhaupt der Republik, mit dem Meer vermählt. Man feierte viel in Venedig und mit Emphase, neben den üblichen Festen der Kirche und des Jahres noch Santa Maria della Carità zur Erinnerung an die Aufnahme Alexanders III., des aus Rom vertriebenen Papstes; Mitte Juni feierte man die Niederwerfung der Tiepolo-Verschwörung; am 17. Juli feierte man die Sprengung der Liga von Cambrai. Man gedachte der Übergabe von Famagusta und der Eroberung von Konstantinopel durch Enrico Dandolo. Aber kein anderes Fest glich der *Sensa* (venezianisch für Ascension, Himmelfahrt), der am Sonntag nach Christi Himmelfahrt vor sich gehenden Ausfahrt des Staatsschiffes *Bucentoro*, einer prachtvollen, schimmernden Galeere, von deren hohem Bord aus der Doge den Vermählungsring in die Adria warf.

Im Jahr 1765 hatte es danach einen großen Skandal gegeben. Der *Espion Chinois*, ein anonymes Korrespondenzblatt, das sich hinter einem spionierenden Mandarin verschanzte, hatte diese erhabenste aller venezianischen Zeremonien äußerst spöttisch abgehandelt und unter anderem geschrieben: »Obwohl die Polygamie bei den christlichen Fürsten verboten ist, darf der Herzog von Venedig alljährlich von neuem heiraten. Der Doge heiratet also immer wieder, aber er konsumiert keine dieser Ehen; er allein darf sich der Impotenz ungestraft erfreuen, und das zu seinem Glück, denn würde er seiner Gemahlin tatsächlich in die Arme sinken, so wäre dies sein Tod und das Hochzeitsbett ein kühles Grab. Mit anderen Worten: Damit diese Hochzeit wirklich vollzogen werde, müßte man eigentlich den Dogen selbst auf den Meeresgrund versenken, aber man begnügt sich damit, lediglich einen Ring ins Wasser zu werfen . . . Man sagt, daß diese Zeremonie an die Herrschaft erinnert, die Venedig einst über das Adriatische Meer ausübte; aber von dieser Herrschaft ist nichts mehr übrig geblieben, und darum sollte man die sinnlos gewordene Zeremonie endlich ändern . . .«

Der Mann, der diese für jeden Venezianer blasphemischen Zeilen schrieb, war der Abenteurer, Glückspiel-Schwindler und Journalist Ange Goudar, wohlbekannt aus den Memoiren Casanovas, wohlbekannt auch als der Entdecker schöner Frauen, die er an seine Freunde weiterreichte, nicht immer zu deren Segen. Casanova vermittelte er die junge Dirne Charpillon, die den Venezianer körperlich und seelisch ruinierte; Sir William Hamilton schob er die hübsche und kluge Emma Harte zu, die später als Lady Hamilton und Geliebte Lord Nelsons Weltruhm erlangte. Die Schönste, eine Irin mit dem Vornamen Sara, behielt Goudar schließlich für sich – allerdings nur, weil es ihm nicht gelungen war, sie ins Bett Ludwigs XV. zu praktizieren.

Dieser smarte Edelmann aus Montpellier stach Venedig also den Star, aber er konnte nicht ahnen, daß zweihundert Jahre nach jener Skandalnummer des *Espion Chinois* die tödliche Umarmung der Adria Wirklichkeit werden würde – eine Wirklichkeit, der sich die Dogenstadt nicht durch feierliche und symbolische Akte wie das alljährliche Opfer eines Ringes wird entziehen können.

Venedig, die marmorne Galeere, das steinerne Staatsschiff und wie immer man die Lagunenstadt genannt hat, ist nämlich im Lauf der Jahrhunderte zu einem Stück Natur geworden. Auf Fundamenten, Pfählen und Inseln errichtet, hat das Stadt-Kunstwerk sich wie eine Korallenburg mit ihrem Untergrund zu einer gemeinsamen Existenz besonderer Art verbunden, zu einem symbiotischen Gleichgewicht, das ebensowenig gestört werden durfte wie das uralte Gleichgewicht der Natur. Das Kommen und Gehen der Flut, die Strömungen des Meeres durch die Lagune, hatten die Stadt mit Hunderttausenden von Einwohnern von ihrem Unrat befreit, hatten die Wasserstraßen zwischen den Palästen gesäubert, den Muschelbefall an den Fundamenten und Dükdalben in Grenzen gehalten. Ja, zu diesem natürlichen

Haushalt gehörte in gewissem Sinn auch die Regierung der alten Geschlechter, die mit der Stadt schließlich eins gewordene Herrschaft der Familien, die hier seit dem sechsten, siebenten und achten Jahrhundert, also mindestens seit tausend Jahren, lebten und an den Geschicken von Stadt und Lagune teilhatten. Sie wußten, was Venedig frommte; sie ahnten, wo sie nicht wußten, aus uralter Vertrautheit, was der Stadt an Neuem zugemutet werden durfte und was ihr wohl besser erspart blieb. Sie verzichteten gelegentlich schweren Herzens auf Industrien, die das Gefüge der Gemeinschaft gefährdet hätten, und brachten noch im achtzehnten Jahrhundert, als Venedig politisch wie militärisch keine Macht mehr besaß, wenigstens die wirtschaftliche Kraft zu dem gigantischen Werk der Murazzi auf, der Schutzdämme im südlichen Raum der Lagunensandbänke.

Seit Venedig nicht mehr für sich selbst sorgen kann und darf, seit es einbezogen ist in einen besonders komplexen und von vielen Problemen befallenen Wirtschaftsraum, hat all diese alte Weisheit ebenso ausgespielt wie das legendäre Ahnungsvermögen der Dogenfamilien. Die Industrialisierung des nördlichen Italien hat sich überstürzt, seit den Auguren des Großkapitals bekannt ist, wie leicht sich die kostspieligen Verordnungen zum Schutz der Umwelt und der Belegschaften in Italien umgehen lassen, wie leicht man sie hinausschieben kann, wie preisgünstig Lobby und Korruption südlich des Alpenhauptkamms funktionieren im Vergleich zu anderen Gebieten Europas.

Auf den ersten Blick sah dies alles recht freundlich aus. Die Venezianer, die ja weder auf den Ionischen Inseln noch auf Kreta, weder in Zara noch im heimischen Arsenal Arbeitsplätze vorfanden, mußten irgendwie ernährt werden, und die Lagunenlandschaft nimmt sich noch heute stellenweise recht leer aus. Man siedelte also Industrien an, ein wenig wahllos, denn das Kapital hatte mehr zu sagen als die Stadt selbst. Man mußte nehmen, was sich anbot, und als die kostspieligen Bauten einmal standen, als Tausende in ihnen Arbeit fanden, da hatte man es nicht mehr nur mit den Direktoren und Aktionären zu tun, sondern auch mit den Gewerkschaften, die um jeden Arbeitsplatz kämpften und von Arbeitsplätzen eben unendlich viel mehr verstanden als von all dem, was einst Wissen und Weisheit eines Dogen, eines Prokurators, ja nur eines Rats der Republik ausgemacht hatte . . .

Freilich: manche Binsenweisheit alter Zeiten hat das ihre zu der heutigen Situation beigetragen, etwa die Vorsicht, die Wasserläufe der Terra Ferma, soweit dies anging, um die Lagune herumzuleiten, damit diese nicht versande, damit Venedig nicht eines Tages vollständig auf dem Trockenen sitze. Dieses Süßwasser fehlte den Industrien des zwanzigsten Jahrhunderts, sie mußten es sich erbohren und taten dies unbesorgt mit einer Anzahl artesischer Brunnen, die niemand genau kennt, die aber vierstellig sein soll. Damit ist nun Süßwasser für die Industrie vorhanden; die Fabriken breiten sich nicht nur auf der Terra Ferma aus, sondern umgreifen die Lagune mit ihren Anlagen und Werksgeländen.

Dadurch ist für die Stadt und für ihre Menschen eine völlig neue Welt mit veränderten natürlichen und wirtschaftlichen Bedingungen entstanden. Von unten angefangen, bedeutet dies: Das Wasser aus dem Sanduntergrund der Lagune steigt empor, wird abgesaugt und verarbeitet, und wo es fehlt, da entstehen fein verteilte, aber darum doch existente Hohlräume. Der solchermaßen gelockerte Boden gibt langsam nach; aus dem Sandkuchen wird ein Soufflé, und in dieses sinkt zehnmal so schnell wie bisher das inzwischen doch recht schwer gewordene steinerne Staatsschiff.

Fahren wir durch die kleinen Kanäle – es gibt da eigene Rundfahrten zu festen Preisen und ohne berühmte Zielpunkte – so gleicht dies heute schon einer Geisterbahn-Runde. Überall schlägt das grünliche Lagunenwasser über die dritte, vierte Stufe der Treppen; die Holztüren der Hintereingänge, die Lieferantenpforten also, liegen bereits im Wasser, so daß man sich vorstellen kann, wie hoch im Hausinnern die Pfützen bereits reichen. Immer häufiger müssen bei winterlichem Flutenandrang die komischen Stege über die

Plätze gebaut werden, auf denen die Venezianer sich dann hurtig aneinander vorbeischieben, während die Taubenschwärme nicht wissen, wohin sie sich setzen sollen. Ja es gibt Zeitungen, die behaupten, bereits im Jahr 2000 werde der Bischof von einer Gondel aus predigen müssen, wobei offenbleibt, wo sich dann die Gläubigen versammeln, es sei denn, man gibt statt der Gesangbücher Rettungsringe und Schwimmwesten aus.

Das Absinken der Gebäude ist ein Vorgang, der etwas Elementares hat und daher am Einzelobjekt schwer aufgehalten werden kann. Benito Mussolini schon hatte deswegen nach zentraler Abhilfe gesucht und mit dem bedenkenlosen Selbstvertrauen der Faschisten gewaltige Betonarbeiten befohlen, durch die wenigstens die Hauptkanäle in Wannen gefaßt werden sollten; der Wellenschlag, die Abwässer, die wechselnden Wasserstände, das alles hätte man damit wenigstens teilweise in den Griff bekommen, aber die Natur spielte nicht mit: Der natürliche Faulschlamm, der eine weise Selbstreinigung aller Gewässer besorgt, war zwangsläufig unterhalb der Betonwannen geblieben; das Wasser innerhalb der Wannen wurde nicht mehr gereinigt, und Venedig stank, wenn möglich, noch mehr als sonst auch . . .

Damit war es also nichts, und als auch niemand mehr den Zorn des Duce zu fürchten brauchte, tat die Industrie erst recht, was sie wollte, und baggerte von der Lido-Pforte bei Malamocco bis zum Industriehafen von Marghera einen vierzehn Meter tiefen Schiffahrtskanal aus. Mit einer Länge von annähernd zwanzig Kilometern durchzieht er nun die im Schnitt zwei bis drei Meter tiefe Lagune und hat in ihr völlig neue Strömungsverhältnisse geschaffen. Um die Paläste Venedigs vor dem Wellenschlag zu schützen, waren zeitweise alle privaten Motorboote verboten oder Beschränkungen unterworfen worden; heute kann nicht nur jedes Boot wie es will am Palazzo Vendramin vorbeibrausen, heute ziehen auch Ozeanschiffe mit riesigen Schrauben ihre Kielwasserwirbel quer durch die Lagune und schädigen damit ganz Venedig auf das Bedenklichste.

Und schließlich, um uns vom Meeresgrund über den Wasserspiegel und in die Luft zu erheben – auch die Luft ist nicht mehr so, wie sie war, als Turner hier seine zartesten Lichtbrechungen studierte. Die Autos sind es wohl nicht, von ihnen ist Venedig verschont geblieben, und die Vaporetti reichen nicht zu, um die Luftverschmutzung, um die Durchsetzung der Luft mit ätzenden Partikelchen und Gasen zu bewirken. Das besorgt hier unmißverständlich und unabweisbar die chemische Industrie, die sich in Italien noch allerlei erlauben kann, was anderswo längst verboten ist. Die Ziegelwände und Fassaden, die Säulen und Statuen liegen stumm im Gifthauch, lautlos zerbröckelnd, unaufhaltsam zerfallend, so daß schon heute Ziegel um Ziegel ersetzt, eine Kirche nach der anderen kostspielig ausgebessert werden muß. Und weil die Kirchengelder im wesentlichen ihrem Zweck zugeführt werden, während die staatlichen Mittel für die Renovierungen sich mit erstaunlicher Schnelligkeit verflüchtigen, wird dereinst wohl nur noch das christliche Venedig über die Fluten emporragen, während die Paläste und andere weltliche Gebäude als gaszerfressene Ruinen geisterhaft dazwischenliegen. Niemand weiß natürlich, wie sich dies auswirken wird in einer Stadt, in der seit Jahrhunderten ein Haus das andere hält und jeglicher Einsturz die alphafte Kettenreaktion im ganzen versinkender Straßenzüge nach sich ziehen kann.

Es gibt Spezialziegel von besonderer Widerstandskraft, mit denen dem allem zu begegnen wäre, vorausgesetzt, sie stünden für alle gefährdeten Bauten zur Verfügung – vorausgesetzt aber auch, die konstanten Ursachen des Verfalls würden nach und nach beseitigt oder doch in ihren Auswirkungen vermindert. Italienische und internationale Geldhilfen hätten sogar die Anschaffung dieser trevisanischen Wunderziegel und ihren Einbau ermöglicht, aber die in den sechziger Jahren dafür flüssig gemachten Mittel – nach damaligem Kurswert etwa 180 Millionen DM – verschwanden so vollständig, gingen unwiederbringlich für andere Arbeiten auf, daß Indro Montanelli, Italiens journalistisches Gewissen, in den verzweifelten Ruf ausbrach: *Rettet Venedig vor den Venezianern*.

Nun ist die Industrie in einer autolosen Stadt zwar mit Sicherheit für die schlechte Luft verantwortlich zu machen, andererseits aber für die Bevölkerung ein lebenserhaltendes Übel: nicht jeder Venezianer kann sich als Kellner oder Stubenmädchen, als Museumsportier oder Gondolier durchs Leben schlagen, und die Zeiten, da man in emsiger Handarbeit von Spitzen und Glasbläsereien, vom Sticken und vom Geschmeide leben konnte, die kehren wohl niemals wieder. Vielleicht hat Bürgermeister Longo – oder wer immer es war – angesichts jener 180 Millionen für die Rettung Venedigs an den greisen Enrico Dandolo gedacht, der ein ähnlich großartiges Unternehmen, nämlich die imposante Kollektiv-Anstrengung eines Kreuzzugs, ebenfalls zugunsten Venedigs umfunktionierte. Eine Stadt braucht eben – von der Kommunalpolitik her gesehen – Gewerbesteuern und Arbeitsplätze nötiger als Kunstwerke, die eine nächste Wahlperiode ja doch wohl überdauern.

Uns steht es jedenfalls nicht zu, den Stab zu brechen. Als im Ersten Weltkrieg die Kathedrale von Reims durch deutsche Artillerie schwer beschädigt wurde, wandte sich Romain Rolland in einem offenen Brief an Gerhart Hauptmann und fragte ihn, wie er solch eine Barbarei seiner Landsleute beurteile. Und Hauptmann, der damals erst wenige Jahre von seiner *Rose Bernd* und noch viele Jahre von seinem Shakehands mit Goebbels entfernt war, der antwortete wunderschön, daß die Zerstörung von Kunstwerken zwar unendlich bedauerlich sei, daß *die zerrissene Brust des Menschenbruders* jedoch die eigentliche Trauer verursache.

Die Menschenbrüder aus den Industrien rings um Venedig fahren inzwischen mit dem Auto zur Arbeit, nicht mit dem Vaporetto, denn sie wohnen nicht mehr oder nur noch zum geringsten Teil in den absinkenden, schwer zu sanierenden, unter Denkmalschutz verkommenden Altbauten Venedigs. In Mestre und Marghera und vielen anderen Nestern mit richtigen Straßen haben sie jene scheußlichen Wohnblocks zur Verfügung, die über die Annehmlichkeiten von Wasserspülung und Zentralheizung verfügen, die kurze Anmarschwege zum Arbeitsplatz bieten und sonntags die Möglichkeit zum Familienausflug im Fiat. Venedig entvölkert sich und wird zum Museum, zu einem Freilicht-Museum mit einer allzu ausgedehnten Hydrokultur im Untergeschoß und mit Ausmaßen, die eben jene eines Ägyptischen Tempels ganz beträchtlich übersteigen. Dennoch scheint es Rettungsmöglichkeiten zu geben, vor allem, wenn nicht mehr allzulange gewartet wird:

Unesco-Experten haben einen Plan ausgearbeitet, nach dem durch drei riesige Schleusentore der Zu- und Abstrom des Meerwassers in der Lagune geregelt und auch dosiert werden könnte. Die geologische Tatsache, daß der Meeresspiegel auf der ganzen Welt wieder langsam ansteigt, verlöre dadurch zumindest für Venedig ebenso ihren Schrecken wie die aktuelle Entwicklung, die den Boden unter der Stadt absinken und zusammensacken läßt. Bei Flutdruck würde nicht mehr Wasser eingelassen, als der Situation der Plätze und Gebäude Venedigs zuträglich und zumutbar ist, und auch die sanitäre Durchspülung der Stadt ließe sich in zweckdienlichen Strömungsverhältnissen abwickeln.

Der Gedanke der Flut-Tore ist uralt. Otto von Bamberg, der Preußenmissionar, berichtet, daß die auf einem Polder der Odermündung gelegene Stadt Vineta solche Tore gehabt habe, und aus der bretonischen Sage wissen wir von den gewaltigen Flut-Toren der Königsstadt Ys, deren Schlüssel nur König Gradlon selbst verwahrte. Als seine sittenlose Tochter eines Tages diesen Schlüssel an sich brachte und ihrem diabolischen Liebhaber aushändigte, ging Ys in den anstürmenden Wogen zugrunde.

Gewiß mag es nachdenklich stimmen, daß solche Rettungsversuche sich Städte zum Vorbild nehmen, die inzwischen versunken sind; man müßte daraus folgern, daß auch Venedig eines Tages eine Legende sein wird wie Ys und Vineta, und daß die Glocken des schlanken Campanile aus den Tiefen herauf leise klagend anschlagen würden. Aber die

Gegenwart bietet ermutigendere Beispiele zu solchen Versuchen. Nach Sturmflutkatastrophen, die Hunderten von Holländern das Leben kostete, führte die Regierung der Niederlande in einer Großaktion von spektakulärer Tatkraft und Kompetenz jene Schutzbauten auf, die heute die Polderküste gegen Fluteinbrüche sichern. Das allerdings war die eindrucksvolle Selbsthilfe eines wohlhabenden, mutigen und rechtschaffenen Volkes. Im armen Italien blickt man den Unesco-Milliarden mit kaum verhehlter Begehrlichkeit entgegen, um so mehr, als die Lockheed-Millionen inzwischen der Vergangenheit angehören. Auch die flankierenden Maßnahmen, die den großen Kapitaleinsatz von Unesco und Weltbank erst rechtfertigen würden, sind für die Italiener vor allem aus dem venezianischen Raum ein Stein des Anstoßes: die sofortige Kontrolle der Fernwasserleitungen und ihre stufenweise Ersetzung durch Wasserzubringer aus den Bergen, Abgasfänger und Entgiftungseinrichtungen in den Industrieanlagen, Errichtung von ausgedehnten Kläranlagen und dergleichen mehr.

Gewiß, es ist ein ganzer Rattenschwanz von Schwierigkeiten, und selbst wenn man – nur zu gerne – annehmen möchte, daß auf allen Seiten Idealisten am Werke wären, daß Lobby und Eigennutz angesichts der großen Aufgabe ausnahmsweise einmal verstummten, blieben noch genug ehrliche Interessenkonflikte übrig, naturgegebene Gegensätze zwischen einheimischen Gewerkschaften und fremden Geldgebern zwischen Denkmalschützern und Erneuerern. Um dies alles zu überbrücken, um aus all dem ein Konzept zu erarbeiten, das alle akzeptieren können und das dann auch tatsächlich durchgeführt wird, bräuchte es nicht nur die Diplomaten der alten Dogenrepublik mit ihrer feinsinnig-geduldigen Gesprächskunst, sondern wohl auch ein paar Gramm von den schnell wirksamen Giften aus den Bleikammern. Und man wird sich auch um Arbeitsplätze für jene Handwerker umsehen müssen, die inzwischen und wohl nicht ganz schlecht vom großen Untergang leben: vom Zerfall der Häuser, von der Verrottung der Fassaden, vom Ausbessern des alten Mobiliars. Bei einem Roundtable-Gespräch des *Centro Internazionale di Studii Andrea Palladio* kam im Jahr 1976 zutage, daß dieser nun allgemeine und immerwährende Verfall beinahe schon mehr Menschen ernährt als der Fremdenverkehr. *La lagrema piu grossa xe quela che va in carozza* wie die Venezianer sagen: Die dickste Träne ist immer noch die, welche in der Karosse vorfährt . . .

VENEZIANISCHE VERSENKUNGEN
Ein Schlußwort über Autoren und Bücher

Über Venedig zu schreiben, ist der Versuch einer Annäherung aus der Ferne – der Annäherung an etwas, das man auch nicht völlig begriff, als man noch mittendrin war. Bei jedem Wort und jedem Satz beneidet man die Maler, die das Unaussprechliche mit einem zarten Guardi-Schleier verhüllen durften, und man beneidet sogar die Fotografen, die ihre Hasselblad keuchend durch die taxilosen Gassen schleppen, weil dann am Ende doch etwas von dem herauskommt, was man sagen wollte und nicht konnte, was man festzuhalten suchte und was doch entschwand.

Ein ganz klein wenig leichter wird dies alles, wenn wir die Historie zu Hilfe nehmen, uns mit der Republik beschäftigen, die als Größe erfaßbarer ist als die Stadt allein, und sie nicht vor uns aufbauen als das unbegreifliche Inbild einer seltsamen Schönheit, sondern durch die Jahrhunderte begleiten, in denen sie sich mit anderen Mächten messen mußte, in denen sie in Aktionen und Gegenaktionen an Kontur gewann.

Nach vielen Reisebüchern, die mir sehr viel Freude brachten und auch erstaunlich viele Leser, schrieb ich dieses Venedig-Buch darum nicht als Erlebnisbuch über die Stadt oder als Hilfsbuch für den Venedig-Wanderer, sondern als den Versuch einer Lebensgeschichte: eines Lebens hochorganisierter politischer Gemeinschaften im Unikum eines Stadt-Staates, der urban orientiert blieb, mochten sich auch zeitweise nicht unbeträchtliche Ländereien rund um die Villen der Nobili auf der Terra Ferma angesetzt haben. Die einzigartige Polis Venedig blieb darum doch auf eine beinahe antikische Weise in sich selbst beschlossen, so, wie ja auch Athen oder Tyrus ihre Kolonien opferten, wenn die Lage der Metropole dies verlangte.

Daß dies alles nicht ganz einfach zu erarbeiten sein würde, war mir seit vielen Jahren klar. Darum habe ich mein Venedig-Buch ein halbes Leben lang vor mir hergeschoben und das Thema gleichsam nur angeknabbert, vorsichtshalber meist sogar pseudonym: In einem Buch über die Geschichte der Adria *(In der Schaumspur der Galeeren)*, in einem Buch über Casanova *(Reise durch das galante Jahrhundert)*, in einem Roman, bei dem ich in die Person des braven Niccolò Barbaro, Kapitäns der Republik schlüpfte *(Drei Jungfrauen aus Pisa)*, in einem Marco-Polo-Buch und einer Reihe kleinerer Arbeiten über Bianca Capello, über Sara Coppia-Sullam und andere. Ein weiter Weg ins nahe Venedig also, ein Weg aber auch durch viele Jahrzehnte, in denen ich kein besseres Buch über Venedig kennenlernte als Philippe Monniers herrliches Werk über *Venedig im achtzehnten Jahrhundert*, München 1928. Begeistert und begeisternd, ja oft ungeduldig und ungnädig in seiner Auguren-Ekstase, bedarf es naturgemäß des kundigen Lesers und wurde darum seit 1928 auch nicht mehr aufgelegt.

Die nützliche konkrete Ergänzung dieses einzigartigen Buches lieferte P. G. Molmenti schon 1886 mit seiner preisgekrönten Schrift *Die Venetianer*: Geschichte und Privatleben von der Gründung bis zum Verfall der Republik (Hamburg bei J. F. Richter). Es gibt kein zweites Venedig-Buch von so unschätzbaren Details, die *Memoiren* Casanovas ausgenommen. Sie seien darum an dritter Stelle genannt für alle, die Venedig nicht nur optisch erleben wollen. Es verschlägt dabei wenig, wenn sie die alte Conradsche Übersetzung des Wunderbuches lesen. Die Unterschiede gegenüber dem vielgepriesenen Brockhaus-Original sind unerheblich, und die vor einem Menschenalter geschaffene Conradsche Übersetzung mit ihrem Ancien-Régime-Flair ist sympathischer als das Deutsch des Herrn von Sauter in der Übersetzung der von Professor Hübscher besorgten historisch-kritischen Ausgabe. Wer immer kann, der lese Casanova jedoch in den schlanken Dünndruckbänden der Editions Plon, mit Anmerkungen und Register durch den großen Schopenhauer-Editor, womit übrigens ein für allemal der Rang Casanovas bestätigt ist: Mit einem simplen Scharlatan hätte ein Arthur Hübscher sich niemals abgegeben.

Gleichberechtigt steht neben ihm der Wiener Ordinarius Heinrich Kretschmayr, der sich mit dem Schwung der Jugend drei dicke Bände einer *Geschichte von Venedig* abforderte, erstmals 1905 in Gotha erschienen, heute als Scientia-Reprint aus Aalen (Württemberg) lieferbar: ein umfassendes, auch hinsichtlich der Kunst und der Kultur befriedigendes Werk, das man freilich durch Schillmanns Standardwerk (Wien 1933 u. ö.) in dem einen oder anderen Punkt glücklich ergänzt finden wird. Auch Giuseppe Tassinis in vielen Auflagen erprobtes Standardwerk *Curiosità Veneziane* bereichert Kretschmayr, vor allem was die Geschichte einzelner Bauwerke und der großen Familien betrifft. Die beste Ausgabe ist die von Lino Moretti bei dem Reprint-Verleger Filippi; man findet sie (ich muß mich beinahe mittelalterlich ausdrücken) in der von Kostbarkeiten vollgestopften Offizin Filippis an der Salizada San Lio neben anderen Neudrucken zum Thema Venedig.

Von nun an zaudere ich, denn wenn ein Staat mit seiner Historie so glanzvoll gelebt und ein so unrühmliches Ende gefunden hat, dann ist es ja eigentlich die agierende Persönlichkeit, die uns heute noch anzieht, nicht die große, sondern die kleine Geschichte, sind es nicht die großen Daten, sondern die bunten Begebenheiten, die wir suchen. Und davon findet sich erstaunlicherweise etwa bei Léon Galibert (deutsch 1848 bei Gustav Mayer in Leipzig) mehr als bei Götz von Pöllnitz, während Ritschel und Morris sich ehrlich bemühen, auf kleinem Raum Bestes zu geben.

Dringt man ernsthaft und tief zur Geschichte einzelner Campi, Kirchen oder Paläste vor, so erweisen sich trotz Tassini die neuen italienischen Prachtwerke als unentbehrlich, Bücher voll von Plänen und Ansichten auf kostbarstem Papier, deren Prunk sich ausnimmt wie ein Alibi, wie der Versuch, die versinkende Stadt auf dem Bücherbord zu bewahren: *Venezia scomparsa* (Das versunkene Venedig) in zwei Bänden, deren erster die Geschichte dieses Zugrundegehens aufzeichnet, während der zweite ein Repertorium der nicht mehr existierenden, verfallenden oder umgebauten Bauwerke der Stadt birgt (Alvise Zorzi mit Mitarbeitern, Verlag Electra Editrice, Mailand o. J.).

Kühler, mechanisch-systematisch, im Ergebnis aber gleichwertig: *Die Villa im Veneto* von Martin Kubelik, die Ergänzung des vorgenannten Werkes in Richtung jenes Festland-Streifens, wo sich die reichen Venezianer vor allem im Quattrocento ihre herrlichen Villen bauten und sie von den größten Künstlern der Zeit ausstatten ließen (Text- und Tafelband, Süddeutscher Verlag, München 1977). Orientierung und Bestandsaufnahme vereinigt mit wohlgelungenen großformatigen Ansichten der Band *Le Chiese di Venezia* (Die Kirchen von Venedig), architektonisch von Umberto Franzoi, historisch von Dina Di Stefano erarbeitet (Alfieri s.l.s.a.).

Das Schrifttum zu Einzel- und Randfragen ist, wie man sich denken kann, zu umfangreich, um hier angeführt zu werden. Zwei Standardwerken muß ich jedoch meinen Dank abstatten für entscheidende Auskünfte und Aufhellungen: Der *Geschichte des Levantehandels im Mittelalter* von Heyd (Olms-Reprint, Hildesheim), ein Buch, so großartig wie ein Fresko im Dogenpalast, und der zehnbändigen *Weltgeschichte des Jüdischen Volkes* von Simon Dubnow (Jüdischer Verlag, Berlin 1919ff.). Erstaunlicherweise hat keines der großen jüdischen Nachdruckshäuser in Nendeln, London oder New York dieses einzigartige und unersetzliche Werk in seinem Programm; man muß sich die Teile einzeln zusammenkaufen. Es bedurfte eines Jahrzehnts und der Freundschaft eines Antiquars wie Jackie Renka (†) aus München-Schwabing, ehe ich alle zehn Bände besaß . . .

An den Schluß dieser Bücher-Revue möchte ich einen Trost für jene setzen, die ich schon mit der Lektüre dieses meines Buches überfordert habe. Es gibt auch ein Venedig-Erlebnis ohne Bücher oder doch ohne Buchstaben, etwa in den Filmen *Tod in Venedig* und *Wenn die Gondeln Trauer tragen* oder in dem atmosphärisch und motivisch wirklich gelungenen Bildband, den Lord Snowdon für die Firma Olivetti geschaffen hat. Beide Erlebnisse sind allerdings inzwischen in den Rang echter Raritäten avanciert . . .

Die lohnendste Suche freilich wird immer Venedig selbst bleiben, die Stadt, in der man sich so gründlich verirren kann wie nirgends sonst und in der dieses Verirren mehr einbringt, als man erwarten durfte: Plätze, die man nie gesehen, obwohl man Venedig zu kennen meinte, kleine Hinterhöfe, die an eine uralte Kirchenfassade stoßen, winzige Gassen, die sich auf einen verträumten Palazzo öffnen. Ich für meine Person kann mir keinen schöneren Lebensabend denken, als – von einem Standquartier, etwa einer Jahreswohnung auf dem Campo S. Maria Formosa aus – selbst schon im Dogenalter durch die Gassen zu trippeln und über die Brücken zu keuchen, auf den Spuren der Barbarigo und Venier, der Mocenigo, der Loredan und ihrer Frauen. Am Ende solch herrlicher Mühen wird unweigerlich die Erkenntnis stehen, daß es die von Schnellstraßen und Wolkenkratzern aufgerissenen Städte wie Paris sind, die sterben, während das untergehende Venedig lebt.

Donau
Wien
Belgrad
LOMBARDEI
FRIAUL
Monza
Mailand
Verona
Venedig
Gorizia
Grado
Triest
Parenzo
Po
Mantua
Piacenza
Chioggia
Ferrara
Pola
Veglia
Arbe
Genua
Modena
Comacchio
Ossero
DALMATIEN
Ravenna
ADRIA
Zara
Lucca
Pisa
Florenz
Fano
Ancona
Sebenico
Spalato
Trau
Lissa
Curzola
Ragusa
Lagosta
Cattaro
Rascia
Skutari
KORSIKA
Siena
Tiber
TYRRHENISCHES MEER
Civitavecchia
Rom
Termoli
Manfredonia
Durazzo
Gaeta
Benevent
Neapel
Amalfi
Salerno
Bari
Brindisi
APULIEN
Taranto
Otranto
Gallipoli
Kastoria
Algero
SARDINIEN
KALABRIEN
Crotone
Korfu
Nikopolis
Kephalonia
Palermo
Messina
SIZILIEN
Catania
Syrakus
Modone
Sapientza
Tunis
Malta
MITTELLÄNDIS.S
Djerba
Tripolis
Venezianischer Besitz
Venezianische Lehen
Venezianische Handelsrouten

DIE SEEMACHT VENEDIG
KRIM
Kaffa
Sudak
SCHWARZES MEER
Trapezunt
Sinope
Bosporus
Adrianopel
Konstantinopel
Chalcedon
Nicäa
Bursa
Serres
Dardanellen
Tenedos
Lemnos
ÄGÄIS
Lesbos
Smyrna
Chios
Andros
Athen
Tinos
Naxos
Rhodos
RHODOS
Monemvasia
ANATOLIEN
Lajazzo
Aleppo
Antiochia
ZYPERN
Famagusta
Beirut
Damaskus
Sidon
Tyrus
Galiläa
Akkon
Haifa
Caesaria
Jaffa
Jerusalem
Ascalon
Kandia
KRETA
N
W
O
S
Alexandria
Kairo

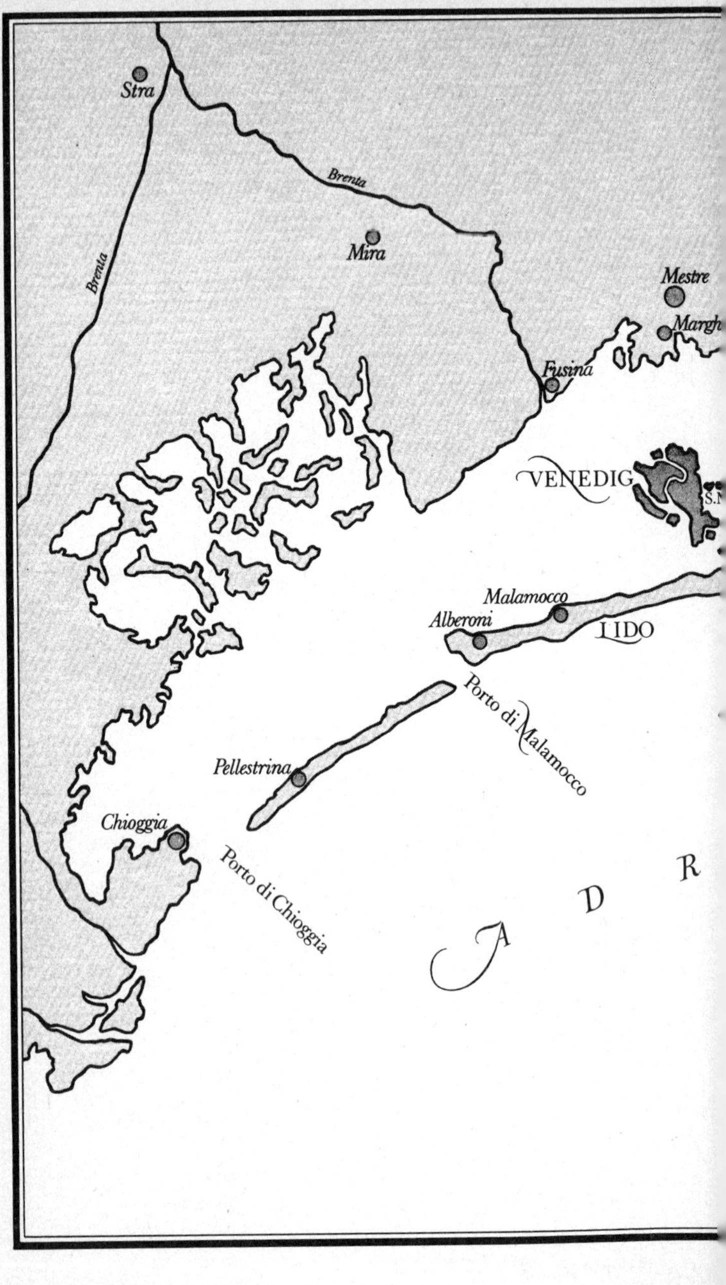

Stra
Brenta
Brenta
Mira
Mestre
Margh
Fusina
VENEDIG
S.M
Malamocco
Alberoni
LIDO
Porto di Malamocco
Pellestrina
Chioggia
Porto di Chioggia
A D R

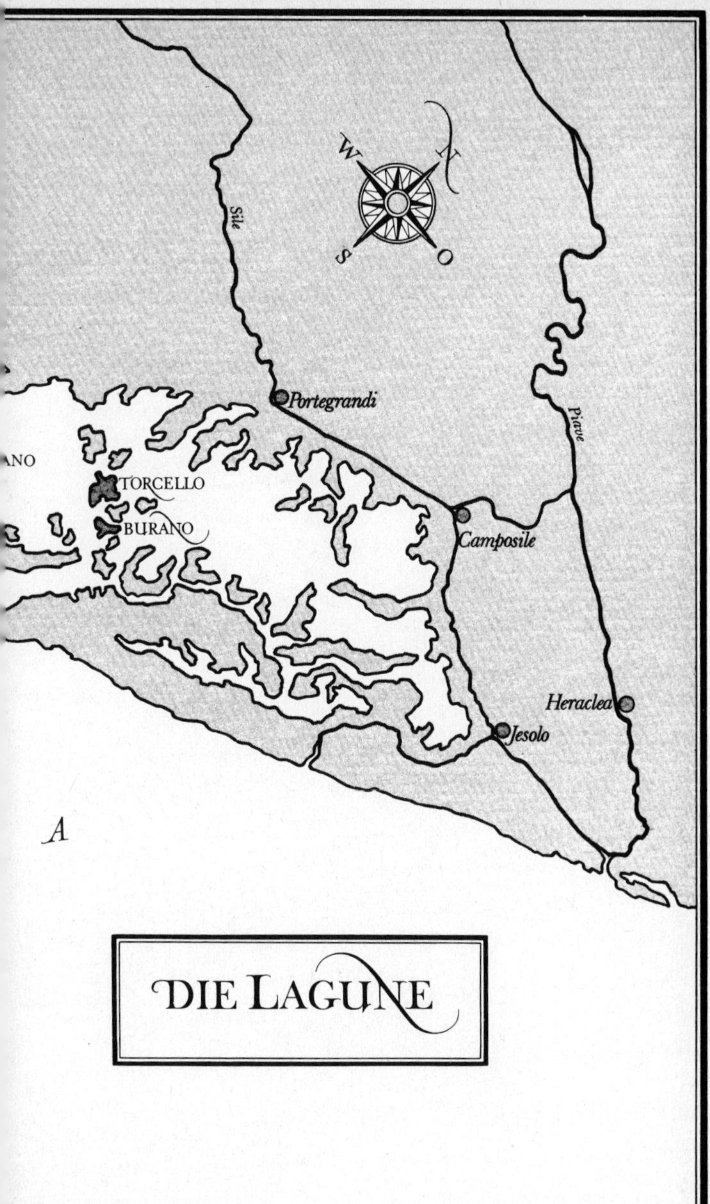

W
N
S
O
Sile
Portegrandi
Piave
ANO
TORCELLO
BURANO
Camposile
Heraclea
Jesolo
A
DIE LAGUNE

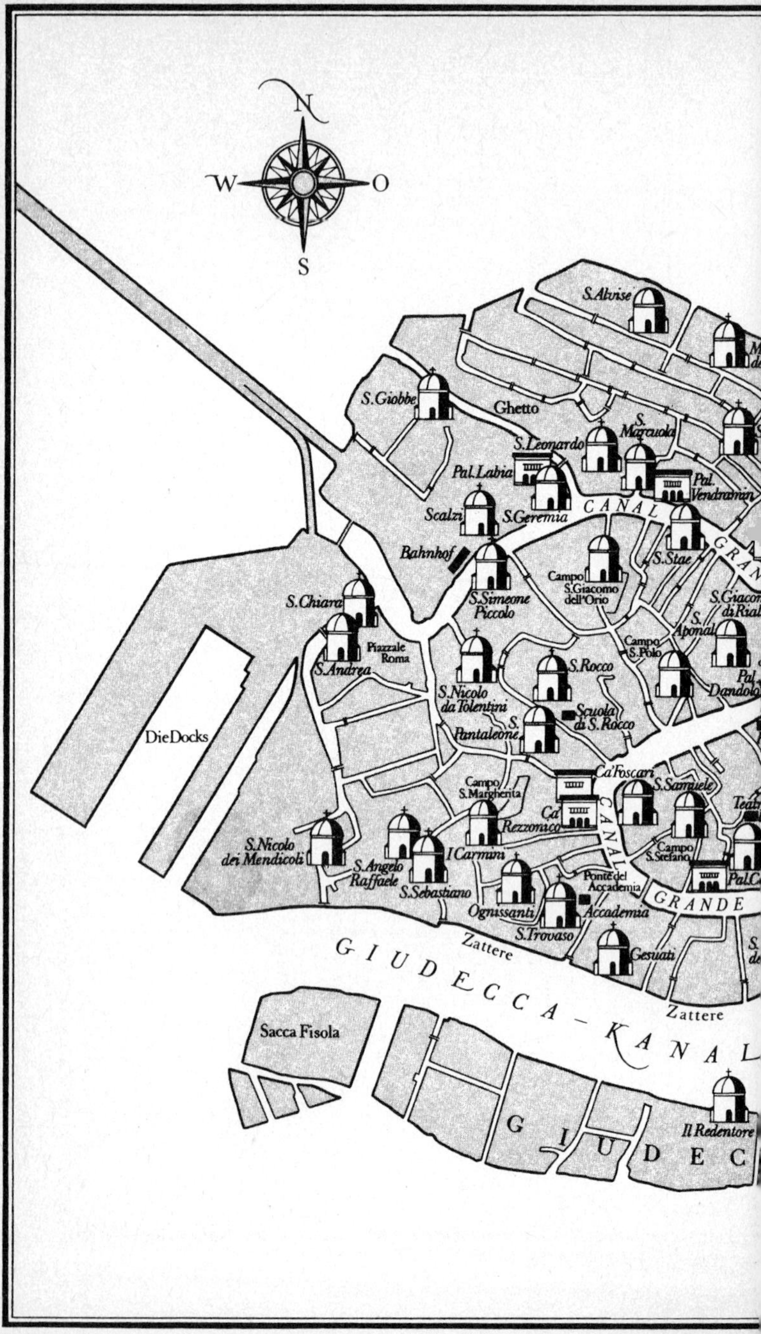

N
W
O
S
S.Alvise
S.Giobbe
Ghetto
S.Leonardo
S. Marcuola
Pal.Labia
Pal. Vendramin
Scalzi
S.Geremia
CANAL
GRAN
Bahnhof
S.Stae
Campo S.Giacomo dell'Orio
S.Chiara
S.Simeone Piccolo
S. Aponal
Campo S.Polo
Piazzale Roma
S.Andrea
S.Rocco
S.Nicolo da Tolentini
Scuola di S.Rocco
Pal. Dandolo
DieDocks
S. Pantaleone
Ca'Foscari
S.Samuele
Campo S.Margherita
Ca' Rezzonico
CANAL
S.Nicolo dei Mendicoli
S.Angelo Raffaele
I Carmini
Campo S.Stefano
S.Sebastiano
Ponte del Accademia
Ognissanti
Accademia
GRANDE
S.Trovaso
Zattere
Gesuati
GIUDECCA-KANAL
Zattere
Sacca Fisola
Il Redentore
GIUDEC

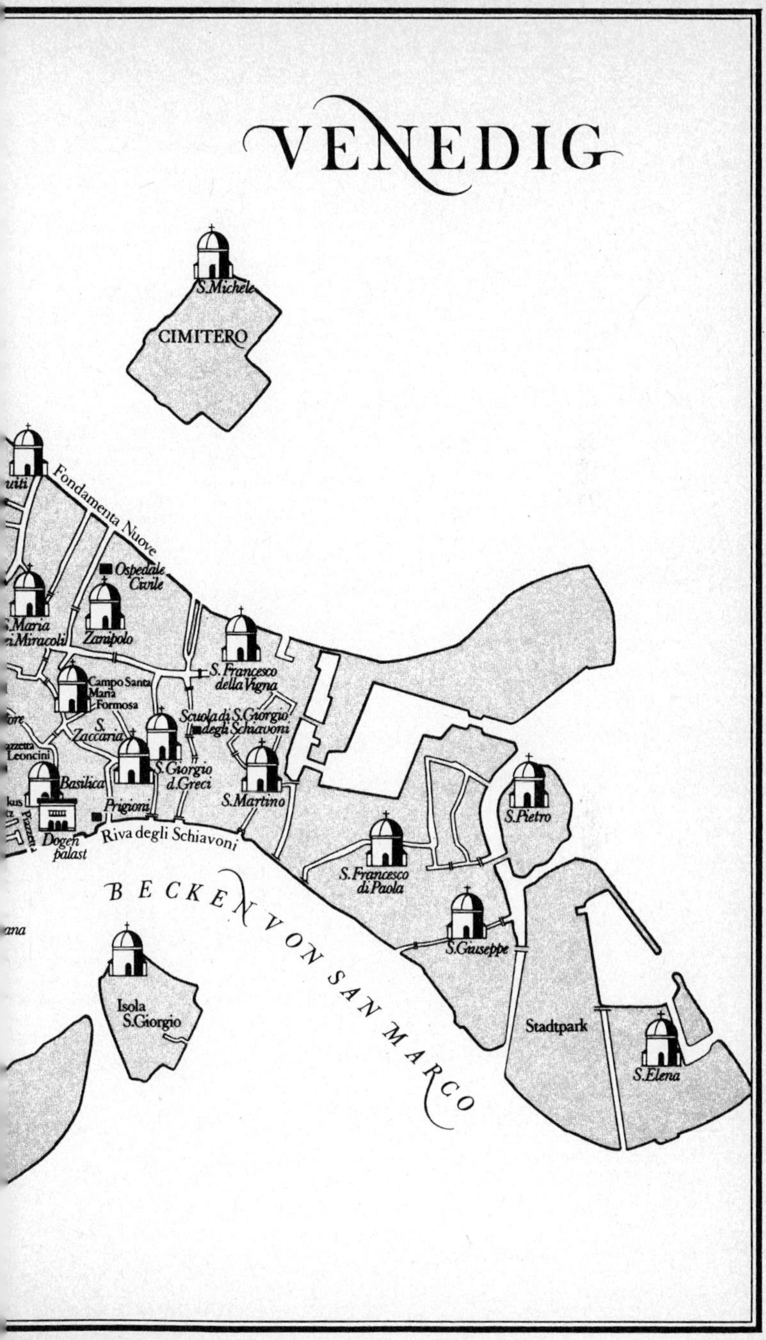

VENEDIG
S. Michele
CIMITERO
Fondamenta Nuove
Ospedale Civile
S. Maria d. Miracoli
Zanipolo
S. Francesco della Vigna
Campo Santa Maria Formosa
Scuola di S. Giorgio degli Schiavoni
S. Zaccaria
Leoncini
Basilica
S. Giorgio d. Greci
S. Martino
Prigioni
Dogenpalast
Piazzetta
Riva degli Schiavoni
S. Pietro
S. Francesco di Paola
S. Giuseppe
BECKEN VON SAN MARCO
Isola S. Giorgio
Stadtpark
S. Elena

Anhang

452 n. Chr.	Vor dem Hunnen-Ansturm auf Aquileia fliehen Stadtbürger nach Gradus (Grado) und auf die bis dahin nur von Fischern bewohnten Laguneninseln.
480–580	Lebenszeit des Cassiodorus, der 507–540 in hohen Ämtern des italienischen Gotenstaates tätig war. Seine Briefe beweisen, daß die Laguneninseln Sitz einer Fernhandel treibenden Bevölkerung geworden sind.
500–700 (ca.)	Zuzug von Flüchtlingsfamilien aus Padua u. a. Orten.
697	Nach der Herrschaft von Konsuln und Tribunen im Lagunenbereich wird von Paolo Anafesto, genannt Paoluccio, der erste Doge gewählt.
809	Angelo Partecipazio (Doge von 810-827) überläßt Pippins Invasionstruppen nur Malamocco, verteidigt aber Rialto, das damit zum Zentrum von See-Venetien wird.
828 od. 829	Venezianische Kaufleute erstehen von Grabräubern den Leichnam des heiligen Markus und bringen ihn glücklich nach Venedig.
864–881	Doge Orso Partecipazio I. verbietet den Handel mit Christensklaven.
932–939	Doge Pietro Candiano II. Dalmatinische Seeräuber bemächtigen sich der ›Bräute von Venedig‹, müssen sie aber wieder herausgeben.
959–976	Pietro Candiano IV. schafft durch seine Ehe mit Waldrada Verbindungen zum römisch-deutschen Kaisertum, wird aber mit seinem Sohn ermordet.
991–1008	Pietro Orseolo II. gilt als der bedeutendste Staatsmann seiner Zeit. Freundschaft mit Kaiser Otto III., der Venedig heimlich besucht.
1177	Venezianischer Seesieg über 65 kaiserliche

Galeeren vor Istrien. Friedrich I. Barbarossa kommt nach Venedig, um mit Papst Alexander III. Frieden zu schließen.

1192–1205 Doge Enrico Dandolo erobert mit einem Kreuzzugsheer Zara und Konstantinopel; das lateinische Kaisertum ersetzt das griechische.

1205–1265 Schwere Rückschläge, Wiederherstellung des byzantinisch-griechischen Kaisertums, erste Angriffe der Genuesen.

1289–1311 Doganat des hochbegabten Pietro Gradenigo, Sieger über den plebejischen Gegenkandidaten Giacomo Tiepolo. Bajamonte, Bruder des Unterlegenen, scheitert mit seinem Aufstand (1310). In der Folge wird das Aufsichtsorgan des Rats der Zehn begründet und die Mitgliedschaft im Großen Rat als erblich erklärt.

1323 Marco Polo stirbt in Venedig.

1342–1354 Regierungszeit des Andrea Dandolo, in der Venedig von einem schweren Erdbeben und der von Boccaccio geschilderten Pest heimgesucht wird.

1362 Petrarca stiftet seine Bibliothek der Republik Venedig und erhält einen Palazzo als Wohnung zugewiesen.

22.6.1380 Vittore Pisani und Carlo Zeno entreißen Chioggia den Genuesen.

1453 Die Türken erobern Konstantinopel und berauben Venedig, aber auch Genua und Pisa des wichtigsten Umschlagplatzes am Ostmittelmeer.

1462–71 Doganat des Cristoforo Moro, unter dem Venedig wertvollen griechischen Besitz an die Türken verliert (u. a. Euböa) und in Venedig das erste Buch gedruckt wird (1469).

1468 Caterina Cornaro heiratet Jakob II. von Zypern, was die Insel schließlich in venezianischen Besitz bringt.

Seit 1492	Durch die Entdeckungen der Spanier und Portugiesen orientiert sich der Welthandel um. Die Seewege zu den Gewürzinseln und nach Amerika schwächen die Handelsposition Venedigs entscheidend.
1501–1521	Schwere Zeiten für Venedig unter Leonardo Loredan. Die 1508 gegründete Liga von Cambrai vereint beinahe ganz Europa gegen die Lagunenstadt, die nach achtjährigem Krieg mit geringen Gebietsverlusten davonkommt; ein Erdbeben (1512) und die Pest (1510) suchen die Stadt heim.
1500–1750	Venedigs große Zeit in allen Künsten.
1571	Martertod des venezianischen Gouverneurs Bragadino von Zypern nach Bruch der Kapitulationsvereinbarung durch die Türken. Seesieg der spanisch-venezianischen Flotte unter Don Juan d'Austria über die Türken und Barbaresken vor Lepanto.
1716/18	Heldenhafte Verteidigung Korfus unter Schulenburg; dennoch verliert Venedig im Frieden von Passarowitz die meisten seiner Besitzungen. Die weitgehend entmachtete Stadtrepublik beginnt ein neues Leben im Reich des Geistes und der Künste, als Reiseziel und Stadt-Wunder.
1743/44	Jean-Jacques Rousseau in Venedig.
1751/55	Bernis frz. Gesandter in Venedig, Freund des Giacomo Casanova (1725–98) und der schönen Nonnen von den Inselklöstern.
1763–79	Regierungszeit des Alvise Mocenigo, der durch Verträge mit Algier, Tunis und Marokko Venedigs Handel gegen Piratenangriffe schützt.
1786 und 1790:	Goethe in Venedig.
16.5.1797	Venedig kapituliert vor Napoleon Bonaparte. Lodovico Manin, der letzte Doge, dankt ab.

1798–1805 und 1815–1866:	Venedig österreichisch.
Ab 4.11.1816:	Lord Byron fünf Jahre in Venedig. Im Herbst 1818 trennt er sich von der Fornarina und wendet sich Margarita Cogni zu.
1833	Zweiter Aufenthalt Chateaubriands in Venedig.
1834	George Sand sieben Monate in Venedig.
1858/59	Richard Wagner arbeitet in Venedig an *Tristan und Isolde*.
1866	Venedig wird dem neugegründeten Italienischen Staat einverleibt.
Herbst 1900	Marcel Proust zwei Monate in Venedig.
14.7.1902	Einsturz des Campanile auf dem Markusplatz, Wiedererrichtung (1903) nach Volksabstimmung.
1907	Henry James zum zehnten (und letzten) Mal in Venedig.
1907–13	Hofmannsthals Arbeit an dem Erziehungsroman *Andreas oder die Vereinigten*.
1913	Thomas Manns Novelle *Der Tod in Venedig*.
1950	Hemingways Roman *Across the River and into the Trees*.

PERSONEN- UND ORTSREGISTER

BILDQUELLENNACHWEIS

Archiv für Kunst und Geschichte, Berlin: 11, 23
Interfoto – Friedrich Rauch, München: 10, 24, 25, 26, 30, 32
Staatl. italien. Fremdenverkehrsamt, München 28, 29
Chris Nowotny: 1, 2, 3, 4, 5, 6, 7, 8, 9, 13, 14, 15, 16, 17, 18, 19, 20, 21, 22, 27, 31, 33, 35
Foto Rizzoli, Mailand: 12

Dem 1680 bei Antonio Remondini in Bassano erschienenen Werk des Padre Frà Noe ›Viaggio da Venetia al S. Sepolcro‹ ist eine Reihe von Holzschnitten entnommen worden, die sich auf folgenden Seiten unseres Venedig-Buches befinden: 33 (Markusplatz), 45 (Venezian. Senatoren, die die Pilger nach Jerusalem begleiten), 138/39 (Korfu), 197 (Tunis), 199 (Alexandrien).

Geschichte

Helga Grebing:
Geschichte der deutschen Arbeiterbewegung
dtv 647

Walther Heissig:
Die Mongolen
Ein Volk sucht seine Geschichte
dtv 1342

Arnold J. Toynbee:
Der Gang der Weltgeschichte
2 Bände
Band 1: Aufstieg und Verfall der Kulturen
Band 2: Kulturen im Übergang
dtv 4035

Das Täuferreich zu Münster 1534–1535
Berichte und Dokumente
Hrsg. v. Richard van Dülmen
dtv 4150

Bernard Law Montgomery, Viscount of Alamein:
Weltgeschichte der Schlachten und Kriegszüge
2 Bände
dtv 4167

Hans-Ulrich Wehler:
Bismarck und der Imperialismus
dtv 4187

Richard van Dülmen:
Reformation als Revolution
Soziale Bewegung und religiöser Radikalismus in der deutschen Reformation
dtv 4273

Steven Runciman:
Die Eroberung von Konstantinopel 1453
dtv 4286

Georg von Rauch:
Geschichte der baltischen Staaten
dtv 4297

Wolfgang Lindig und Mark Münzel:
Die Indianer
Kulturen und Geschichte der Indianer Nord-, Mittel- und Südamerikas
dtv 4317

Philippe Ariès:
Geschichte der Kindheit
dtv 4320

Johanna Maria van Winter:
Rittertum
Ideal und Wirklichkeit
dtv 4325

Lewis Mumford:
Die Stadt
Geschichte und Ausblick
2 Bände
dtv 4326